本书由
中央高校建设世界一流大学（学科）
和特色发展引导专项资金
资助

中南财经政法大学"双一流"建设文库

创│新│治│理│系│列

基于风险智能管理的企业社会责任价值创造研究

王清刚 等著

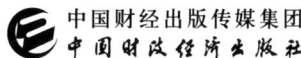
中国财经出版传媒集团
中国财政经济出版社

图书在版编目（CIP）数据

基于风险智能管理的企业社会责任价值创造研究／王清刚等著．--北京：中国财政经济出版社，2019.12
（中南财经政法大学"双一流"建设文库．创新治理系列）

ISBN 978-7-5095-9440-7

Ⅰ.①基… Ⅱ.①王… Ⅲ.①企业责任－社会责任－研究－中国 Ⅳ.①F279.2

中国版本图书馆 CIP 数据核字（2019）第 253431 号

责任编辑：孙 琛　　　　责任校对：胡永立
封面设计：陈宇琰

基于风险智能管理的企业社会责任价值创造研究
JIYU FENGXIAN ZHINENG GUANLI DE QIYE SHEHUI
ZEREN JIAZHI CHUANGZAO YANJIU

中国财政经济出版社 出版

URL：http://www.cfeph.cn
E-mail：cfeph@cfemg.cn

（版权所有　翻印必究）

社址：北京市海淀区阜成路甲28号　邮政编码：100142
营销中心电话：010-88191537
北京财经印刷厂印装　各地新华书店经销
787×1092 毫米　16 开　21.25 印张　350 000 字
2019 年 12 月第 1 版　2019 年 12 月北京第 1 次印刷
定价：89.00 元
ISBN 978-7-5095-9440-7
（图书出现印装问题，本社负责调换）
本社质量投诉电话：010-88190744
打击盗版举报热线：010-88191661　QQ：2242791300

总 序

"中南财经政法大学'双一流'建设文库"是中南财经政法大学组织出版的系列学术丛书,是学校"双一流"建设的特色项目和重要学术成果的展现。

中南财经政法大学源起于1948年以邓小平为第一书记的中共中央中原局在挺进中原、解放全中国的革命烽烟中创建的中原大学。1953年,以中原大学财经学院、政法学院为基础,荟萃中南地区多所高等院校的财经、政法系科与学术精英,成立中南财经学院和中南政法学院。之后学校历经湖北大学、湖北财经专科学校、湖北财经学院、复建中南政法学院、中南财经大学的发展时期。2000年5月26日,同根同源的中南财经大学与中南政法学院合并组建"中南财经政法大学",成为一所财经、政法"强强联合"的人文社科类高校。2005年,学校入选国家"211工程"重点建设高校;2011年,学校入选国家"985工程优势学科创新平台"项目重点建设高校;2017年,学校入选世界一流大学和一流学科(简称"双一流")建设高校。70年来,中南财经政法大学与新中国同呼吸、共命运,奋勇投身于中华民族从自强独立走向民主富强的复兴征程,参与缔造了新中国高等财经、政法教育从创立到繁荣的学科历史。

"板凳要坐十年冷,文章不写一句空",作为一所传承红色基因的人文社科大学,中南财经政法大学将范文澜和潘梓年等前贤们坚守的马克思主义革命学风和严谨务实的学术品格内化为学术文化基因。学校继承优良学术传统,深入推进师德师风建设,改革完善人才引育机制,营造风清气正的学术氛围,为人才辈出提供良好的学术环境。入选"双一流"建设高校,是党和国家对学校70年办学历史、办学成就和办学特色的充分认可。"中南大"人不忘初心,牢记使命,以立德树人为根本,以"中国特色、世界一流"为核心,坚持内涵发展,"双一流"建设取得显著进步:学科体系不断健全,人才体系初步成型,师资队伍不断壮大,研究水平和创新能力不断提高,现代大学治理体系不断完善,国际交流合作优化升级，综合实力和核心竞争力显著提升，为在2048年建校百年时，实现主干学科跻身世界一流学科行列的发展愿景打下了坚实根基。

"当代中国正经历着我国历史上最为广泛而深刻的社会变革，也正在进行着人类历史上最为宏大而独特的实践创新"，"这是一个需要理论而且一定能够产生理论的时代，这是一个需要思想而且一定能够产生思想的时代"①。坚持和发展中国特色社会主义，统筹推进"五位一体"总体布局和协调推进"四个全面"战略布局，实现"两个一百年"奋斗目标、实现中华民族伟大复兴的中国梦，需要构建中国特色哲学社会科学体系。市场经济就是法治经济，法学和经济学是哲学社会科学的重要支撑学科，是新时代构建中国特色哲学社会科学体系的着力点、着重点。法学与经济学交叉融合成为哲学社会科学创新发展的重要动力，也为塑造中国学术自主性提供了重大机遇。学校坚持财经政法融通的办学定位和学科学术发展战略，"双一流"建设以来，以"法与经济学科群"为引领，以构建中国特色法学和经济学学科、学术、话语体系为己任，立足新时代中国特色社会主义伟大实践，发掘中国传统经济思想、法律文化智慧，提炼中国经济发展与法治实践经验，推动马克思主义法学和经济学中国化、现代化、国际化，产出了一批高质量的研究成果，"中南财经政法大学'双一流'建设文库"即为其中部分学术成果的展现。

文库首批遴选、出版二百余册专著，以区域发展、长江经济带、"一带一路"、创新治理、中国经济发展、贸易冲突、全球治理、数字经济、文化传承、生态文明等十个主题系列呈现，通过问题导向、概念共享，探寻中华文明生生不息的内在复杂性与合理性，阐释新时代中国经济、法治成就与自信，展望人类命运共同体构建过程中所呈现的新生态体系，为解决全球经济、法治问题提供创新性思路和方案，进一步促进财经政法融合发展、范式更新。本文库的著者有德高望重的学科开拓者、奠基人，有风华正茂的学术带头人和领军人物，亦有崭露头角的青年一代，老中青学者秉持家国情怀，述学立论、建言献策，彰显"中南大"经世济民的学术底蕴和薪火相传的人才体系。放眼未来、走向世界，我们以习近平新时代中国特色社会主义思想为指导，砥砺前行，凝心聚

---

① 习近平：《在哲学社会科学工作座谈会上的讲话》，2016年5月17日。

力推进"双一流"加快建设、特色建设、高质量建设,开创"中南学派",以中国理论、中国实践引领法学和经济学研究的国际前沿,为世界经济发展、法治建设做出卓越贡献。为此,我们将积极回应社会发展出现的新问题、新趋势,不断推出新的主题系列,以增强文库的开放性和丰富性。

"中南财经政法大学'双一流'建设文库"的出版工作是一个系统工程,它的推进得到相关学院和出版单位的鼎力支持,学者们精益求精、数易其稿,付出极大辛劳。在此,我们向所有作者以及参与编纂工作的同志们致以诚挚的谢意!

因时间所囿,不妥之处还恳请广大读者和同行包涵、指正!

中南财经政法大学校长

前 言

　　将风险管理、智能化应用、企业社会责任与价值创造等议题联系起来研究，是一个很有意义的话题。产品质量、安全生产、环境保护、资源节约、员工权益、公益慈善等企业社会责任问题，事关民生和社会稳定。我国历届党和国家领导人都十分重视企业社会责任，多次强调企业要关心社会，担当社会责任，企业要义利兼顾，自觉履行和管理社会责任。特别是党的十八大以来，明确提出以人为本、和谐稳定、美丽中国、构建人类命运共同体等理念。企业忽视履行和管理社会责任可能带来重大风险。近年来，中国企业频发危及食品安全、环境污染、资源破坏的恶性事件，对企业、社会和公众造成严重危害，对企业价值造成重大毁损。在中国持续全面深化对外开放的背景下，中国企业国际化程度不断提高，越来越多的中国企业走出国门开展国际贸易、境外融资、跨国并购等业务。然而，进入21世纪以来，西方发达国家时常以企业社会责任问题为借口，对中国企业实施贸易制裁。中国企业对外贸易频频遭遇发达国家以劳工权益、生态环境、公平运营等设置的社会责任贸易壁垒，严重影响了企业的可持续发展和"一带一路"倡议的实施。近年来，中国企业履行社会责任情况尽管有很大提升，但管理水平整体仍然较低，极少有企业能站在价值创造高度将社会责任风险纳入企业管理系统，多数企业在战略规划、日常管理和绩效评价等活动中缺少社会责任考量。

　　本书在对国内外相关研究文献、内部控制与风险管理新发展、企业社会责任理论与实践进行回顾和梳理的基础上，基于风险智能管理框架，研究并检验了企业社会责任与企业价值创造、企业风险管理与企业价值创造、风险智能管理与企业价值创造、企业社会责任风险管理与企业价值创造的关系，并以BJNY公司为试点，探索将风险智能管理工具融入企业管理体系的操作路径和实践成效。研究成果能为企业基于价值创造实施社会责任管理及其风险控制提供理论依据、动力支持和系统方案，能为企业建立符合国际标准的社会责任管理体系提供决策参考价值，能促进企业由被动地履行社会责任转向基于创造价值的全面责任管理。

企业是创造财富与履行社会责任的统一体，履行社会责任是企业的义务，是企业打造和提升企业形象、改进发展质量、提升综合价值的重要举措，也是企业实现可持续发展的根本所在。很多企业认为履行社会责任会浪费企业有限的资金、时间及人力资源，实则不然，良好的社会责任管理不需花费大量金钱，甚至有助于企业节省开支。例如，各种环保节能措施可节省电费；减少碳足迹，实施无纸化办公可降低管理费用；具有社会责任的人力资源政策可赢取员工信任和尊重，提高企业生产力等。

当今世界经济形势复杂多变，中国经济全球化进程不断加快，企业经营面临着日益不稳定的国内外环境。在需求、资源、环境约束日益强化的条件下，中国企业必须走内涵式的价值创造之路。企业管理实践应从以质量和营销为中心，转向融入社会责任国际标准的全面责任管理。企业发展必须重视社会责任风险管理，由单纯追求经济利益的最大化，转向为各利益相关者创造综合价值。

随着"互联网+"时代的来临，以云计算、大数据、物联网、区块链为代表的新一代信息技术正与传统产业深度融合。企业生产经营和日常管理更加依赖创新和复杂技术，各种层出不穷的风险为企业管理带来了巨大影响和挑战，单纯依靠人工进行传统的风险管理已变得力不从心。本书借鉴德勤国际会计公司等的先进经验，借助现代信息技术，分析和构建了风险智能管理的基本框架：由风险治理、风险归属及风险管理流程等层次构成，应用工具涉及人员、流程、制度、技术和信息等方面，结合发展战略、经营计划和风险归属配置资源，通过企业文化和价值观培育等可持续发展因素不断改进。

企业的使命主要是为利益相关者创造价值，风险是企业价值创造过程不可避免的影响因素，它可以是负向影响，也可以是正向影响，或两者兼而有之。针对风险需要进行管理和控制。因此，风险管理的目的在于创造、实现和保护企业价值。本书将风险智能管理框架和应用工具融入企业社会责任管理过程，并能与企业现有管理系统有机耦合，结合案例应用的示范效应，形成企业推进社会责任管理的系统方案及操作路径，实现了理论成果与实务应用的无缝对接。

我们分析了企业社会责任风险智能管理创造价值的主要路径，包括：(1) 降低不确定性，稳定经营环境，避免企业因社会责任问题陷入困境或危机，促进企业可持续发展；（2）减少费用或损失，例如，减少碳足迹可降低交通费用，降低能耗可节省电费，无纸化办公可降低管理费用，控制合规性风险能避免企业因社会责任问题遭受处罚或声誉受损，控制安全生产风险能降低事故损失；（3）降低各种代理成本，例如，环境保护、促进就业和公益活动等可享受税收优惠，良好的风险管理能降低融资成本和采购价格；（4）放大收益，例如，避免侵害利益相关者的权益能更好地获取相关资源，具有社会责任的人力资源政策可提高企业生产力，优质的产品和服务能扩大销售；（5）抓住机遇，具有先进风险管理水平的企业善于抓住机遇，变威胁为机遇；（6）智能化应用不仅可以直接为企业创造价值，而且可以通过提升企业风险管理绩效间接为企业创造价值。

本书共分为六章：第一章为国内外研究现状综述；第二章是从内部牵制到风险智能管理，主要介绍了内部控制与风险管理的产生与发展，研究了风险智能管理框架、嵌入人工智能的风险管理及"互联网+"环境下的风险管理等内容；第三章是企业社会责任理论与实践，研究了企业社会责任的内涵与边界、企业社会责任相关理论、企业社会责任国际标准与惯例、国际相关组织对企业履行社会责任的推动以及中国企业社会责任实践等内容；第四章从多个不同角度研究了企业社会责任价值创造机理及实证检验；第五章主要采用案例研究分析了企业社会责任风险管理问题，主要研究了不同企业、不同内容的社会责任风险管理问题；第六章重点研究了风险管理驱动企业价值创造的内在逻辑、作用机理和实现路径，分析了企业社会责任风险智能管理的价值创造机理及其实证检验。

人工智能和大数据等新兴技术在企业生产经营和管理活动中的运用尚处于起步阶段，多数企业仍心存疑虑，对其接受程度相对滞后，并没有大规模应用或将其部署于核心业务中。这导致我们在研究过程中数据收集困难，缺少足够的案例应用实践和大样本支持。如何广泛借助现代信息技术进行风险智能管理，还需要进行深入探索。如何测度企业社会责任风险管理绩效，目前没有权威的文献基础和指标体系，现有数据库也没有直接相关的资料。在部分研究中，我们使用了手工收集数据，也使用文本分析法，从上市公司年报、企业社会责任报告、新闻报道、网站和数据库中采集相关数据，这在一定程度可能影响实证结果的稳定性。针对上述问题，我们计划作为未来进一步深入研究的方向。由于我们专业水平有限，书中难免存在缺陷和不妥之处，敬请广大读者批评赐教。本书是2013年度国家社会科学基金资助一般项目（编号：13BGL056）《基于风险智能管理的企业社会责任价值创造研究》的最终成果，感谢项目组全体成员的积极参与和所做贡献，感谢项目评审专家所给出的宝贵意见和建议，这些意见十分中肯，使我们认识到项目研究的局限和不足。专家们的建议也都富有建设性、专业性和启发性，对本书的修改和完善具有重要的指导价值。

王清刚　等
2019年10月10日定稿于武汉

目　录

第一章　国内外研究现状综述　　1
- 第一节　内部控制与风险管理　　1
- 第二节　企业价值创造的模式和路径　　14
- 第三节　企业社会责任与企业价值创造　　18
- 第四节　人工智能与企业风险管理　　25

第二章　从内部牵制到风险智能管理　　31
- 第一节　内部控制与风险管理的产生与发展　　31
- 第二节　风险智能管理框架　　42
- 第三节　从制度建设到文化引领：风险智能管理的灵魂　　53
- 第四节　嵌入人工智能的风险管理　　63
- 第五节　"互联网+"环境下的风险管理　　73

第三章　企业社会责任理论与实践　　86
- 第一节　企业社会责任的起源、内涵及发展　　86
- 第二节　企业社会责任相关理论　　101
- 第三节　企业社会责任国际标准　　107
- 第四节　相关国际组织对企业社会责任的推动　　112
- 第五节　中国企业社会责任实践　　119

第四章　企业社会责任价值创造机理及实证检验　　128
- 第一节　企业社会责任与公司价值的相关性研究
  ——基于利益相关者视角　　128
- 第二节　企业社会责任的价值创造机理及实证检验
  ——基于生命周期理论　　145

第五章　企业社会责任风险管理研究 **178**

　　第一节　企业社会责任管理中的风险控制研究

　　　　　——以 BJNY 集团的 EHS 管理为例　　　　　178

　　第二节　商业银行社会责任风险的分析及应对研究　　192

　　第三节　PDCA 循环在企业社会责任风险管理中的应用

　　　　　——以国家电网公司为例　　　　　　　　　　202

第六章　企业社会责任风险管理与企业价值创造 **216**

　　第一节　风险管理的价值创造机理及实证检验　　　　216

　　第二节　风险智能管理的价值创造及实证检验　　　　240

　　第三节　社会责任风险管理与企业价值创造　　　　　252

　　第四节　企业社会责任、财务风险与公司价值　　　　270

主要研究结论、对策建议和未来展望 **296**

　　主要参考文献　　　　　　　　　　　　　　　　　　309

第一章 国内外研究现状综述*

内部控制与风险管理是企业重要的管理活动,对企业目标的实现起着至关重要的作用,为利益相关者创造价值是企业的使命和主要运营目标。企业社会责任和风险管理是否有助于企业价值创造?作用机理和影响路径如何?在人工智能等新一代信息技术快速发展的时代,大数据和人工智能的广泛应用会对企业风险管理和价值创造产生哪些影响?如何应对?在展开对这些问题的研究之前,我们先对相关文献做一个全面梳理和分析,以便为我们的进一步研究奠定文献基础。

第一节 内部控制与风险管理

近几十年,经济、社会和技术环境发生着巨大变化,生态和资源环境压力越来越大,组织结构和商业模式(包括外包商业关系)日益复杂化,企业生产经营和日常管理更加依赖创新和复杂技术,金融和商业创新的步伐越来越快。这些内外部环境的变化给组织的内部控制与风险管理带来了巨大影响和挑战,舞弊和内部控制失效事件频发。管理层凌驾、利益冲突、职责分离欠缺、透明度不足、内部监督无效等,都对风险管理的有效性产生影响。同时,这些变化和一系列风险管理失败事件也推动了内部控制与风险管理理论和实践进一步向前发展。

---

* 本章执笔人:王清刚、韩慧丽、郭晓慧。

一、内部控制的内涵及其发展

内部控制（Internal Control）是一种现代企业管理的重要手段，是促进企业实现经营目标和经营计划的必要因素。英文"Control"，不仅意指控制，还有管理、核实、检验、限制、支配、监督、指导等含义，内部控制即规范与监督企业的生产经营活动，使之有效率、有效果，以便完成既定目标。

关于对内部控制的认识，人们存在着多种理解。基于审计视角，内部控制是企业进行管理活动的特定方法和手段，企业通过内部控制提高财务报告的可靠性；基于股东和其他利益相关者的视角，内部控制是一套监督和制衡的制度，企业通过内部控制解决代理人的逆向选择和道德风险问题；基于管理者视角，内部控制是一种管制活动，企业通过内部控制提高企业经营效率，实现企业经营目标。1992年，COSO委员会发布了《内部控制——整合框架》，认为内部控制是由企业董事会、经理层和其他员工实施的，为运营的效率效果、财务报告的可靠性、相关法律法规的遵循性等目标的实现提供合理保证的过程。2013年，COSO发布的《内部控制——整合框架（2013）》认为内部控制是一个由主体的董事会、管理层和其他员工实施的，旨在为实现运营、报告和合规目标提供合理保证的过程。

对于内部控制的内涵，学术界同样持有不同的观点。Elisabetta et al.（2017）认为，内部控制是一种组织的内在机制，通过内部控制制定健全的标准，促进企业业务流程正常运行并实现企业目标。樊行健等（2014）认为，内部控制是一项企业管理活动，企业董事会、管理层和其他员工通过内部控制履行各种职能从而实现企业目标。郑石桥（2017）认为，内部控制是一种控制企业风险的机制，是在既定的风险前提下所实施的各种控制活动。罗劲博（2017）认为，内部控制是一种企业运营过程中的机制和规则，会对企业的微观财务指标和生产效率产生影响。

根据我国2008年发布的《企业内部控制基本规范》，内部控制是一种实现控制目标的过程，内部控制的实施主体为企业董事会、监事会、经理层和全体员工，内部控制的目标是为实现运营、报告和合规目标提供合理保证。

内部控制是由目标、要素、结构三个层面构成的整合框架。白华（2015）认为，内部控制结构是一个管控融合的框架体系。内部控制要全面体现管理职能的要求,将文化与制度相结合,控制活动要体现内部控制要素,且内部控制离不开信息与沟通。2013年5月,COSO委员会发布《内部控制——整合框架(2013)》及其配套指南(包括《内部控制体系有效性评估工具示例》和《基于外部财务报告的内部控制:方法与实例概览》等),对1992版框架进行了修订和完善。2013版框架仍以五要素为基础,转向了原则导向的制定思路,确立了17项原则,同时进一步明确了内部控制有效性的具体要求,扩大了内部控制目标的范围。COSO《内部控制——整合框架(2013)》的主要变化如下:

(一)注重以原则为导向的方法

2013版框架提出基于内部控制五要素的17项原则和相应的关注点,构成了建立与评价组织内部控制的主要标准,这是该框架最显著的变化。例如,控制环境要素的第一个原则是:"组织显示出对诚信和道德价值观的承诺"。该原则有4个关注点:一是确立"高层态度"。董事会和组织各个层级的管理人员都需通过他们的指示、行动和行为证明诚信和道德价值的重要性,从而支持内部控制系统发挥作用;二是建立行为准则。董事会和高级管理层与诚信和道德价值相关的预期都在组织的行为准则中进行定义,并得到组织所有层级人员以及外部服务供应商和业务合作伙伴的理解;三是评价对行为准则的遵守情况、实施有关流程,并根据组织的行为准则来评估个人和团队的表现;四是及时处理表现变差的情况,及时识别偏离组织行为准则的情况并予以及时整改。通过上述"原则+关注点"的模式,COSO进一步充实了内部控制体系的内容,为组织实施该框架提供了更多的支持与指导,能够指导内部控制的设计、实施和执行,能够指导内部控制设计和运行中的相关判断。

以原则为导向的制定思路可以增加框架的广泛性和适用性,该框架适用于任何类型的组织,无论组织规模大小,属于何种行业,具有何种法律架构,处于组织、业务单元或职能部门的何种层面,营利还是非营利主体及政府机构,这些原则都能适用。

(二)扩大了内部控制的目标

该框架提出的报告目标包括外部财务报告和非财务报告目标以及内部财务报告和非财务报告目标。内部控制的经营目标反映管理层的选择,需要考虑风险容忍度,主要内容包括经营和财务业绩目标等,经营目标应作为组织配置资源的基础。内部控制的合规性目标反映遵循外部法律法规、监管要求、相关规则、行业自律、内部规章等的要求。

(三) 控制环境有关的主要变化

关于控制环境要素，该框架更准确地回答了控制环境应包含的内容，加入了五个与道德价值观、董事会或审计委员会、管理哲学和经营风格、组织结构等相关的原则；解释了内部控制各要素之间的联系，揭示了一个有效的内部控制系统究竟有哪些基本的控制环境；阐明了对道德价值观的期望，以反映所学经验教训和道德观念及守法方面的进步。该框架还提出组织应考虑内外部环境变化如领导人更替、业务转型、法规变化、商业模式创新等对内部控制体系产生的影响。管理层需要了解发生在组织内外部的重大环境变化及这些变化是如何影响内部控制体系的。

(四) 风险评估有关的主要变化

关于风险评估要素，旧框架在风险评估阶段对目标设定进行了具体规定，而该框架将这部分内容移到内部控制总论部分论述，认为设定目标是内部控制的先决条件，目标设定并不是内部控制过程，而是组织进行内部控制活动时存在的既有环境。只有明确目标，才能针对影响目标实现的风险，设计和实施控制活动。组织目标及其子目标的设定是组织战略规划及运营计划的一部分，内部控制本身无法表述或设立组织的目标是什么。风险评估过程包括风险识别、风险分析和风险响应三个环节。风险评估致力于明确与经营、报告及合规相关的目标，从而识别和评估任何与目标有关的风险。该框架还强调风险评估要关注与重大漏报、资产保护不足及腐败相关的舞弊风险，在评估可接受风险水平时，要考虑风险容忍度概念。另外，该框架更关注组织面临的动态风险，强调关注各种变化对风险评估的影响，组织需要对这些变化因素进行识别与评估。

(五) 控制活动有关的主要变化

该框架强调控制活动是建立在政策和程序基础上的各类活动，而不是政策和程序本身。信息技术已从用于处理批量交易的独立主机环境，发展为高度复杂、支持移动终端的综合应用平台，其中不仅涉及诸多实时活动，并且横跨众多系统、组织和流程。日益先进的技术会影响所有内部控制要素的实施方式。该框架认为风险评估应与控制活动相结合，并且提出了可操作的程序，如考虑组织的特殊性、确定相关的经营流程、评价混合控制活动、运用不同控制活动以及强调职责分离。同时，该框架强调了与技术相关的风险，并提出相关的操作程序：确定技术应用与技术一般控制的独立性、建立相应的技术设施控制活动、建立相关技术安全管理控制、建立技术获取、开发和维护控制。另外，该框架将控制活动的实施分为一般控制政策及业务流程两个层面，后者作为前者的具体实现方式。政策制定应具备明确的目标，具备实践指导性，具体流程应以政策为依据。

（六）信息与沟通有关的主要变化

关于信息与沟通要素，该框架强调了信息和沟通是整个内部控制系统发挥作用的支持要素，提出了与获取信息有关的重要方面，如确认信息需求、捕获内外部数据源、将数据转化为信息、保证信息质量、考虑成本和收益等。该框架研究了法律和监管要求对信息可靠性和信息安全的影响，强调了信息质量的重要性。旧框架就信息质量提出了五个方面的特征：适当性、及时性、当前性、准确性和畅通性，2013版框架对此进行了补充，认为高质量的信息还应包括保密性、可获得性、充分性、有效性和可验证性。这些特征加强了组织对相关信息的识别和选择。该框架提出了与内外部沟通有关的要求：沟通内部控制信息、与董事会沟通、与外部利益相关者沟通、保证内外沟通顺畅、提供独立的沟通渠道、选择沟通方法。该框架讨论了业务流程复杂化、与外部机构的频繁交流及科技进步等对信息数量、信息来源、信息质量、沟通机制及沟通效率的影响。该框架还增加了有关与第三方信息与交流的探讨，阐述了组织如何从外部机构获取信息并与之交流的重要性。

（七）监控活动有关的主要变化

关于监控要素，新旧框架的变化不大，都要求组织通过持续性监控和独立评估确认内部控制各要素是否存在并发挥作用。该框架更加强调监控活动要达到的目标，以及发现内部控制缺陷后的处理方式。该框架要求组织定期对内部控制进行评价，及时将发现的内部控制缺陷报告给负责执行纠正措施的主体，这些主体包括高级管理层、董事会，具体视缺陷情况而定。

（八）该框架的其他变化

该框架更多地提及了董事会及其专业委员会的治理职能。组织业务和运营环境日益复杂对公司治理提出了更高的要求，战略委员会、审计委员会、薪酬委员会、预算委员会等专业委员会开始在公司治理过程中发挥重要作用。有效的公司治理是内部控制有效性的最大保证，该框架的第2条原则强调了董事会的独立性要求，以及董事会对内部控制体系的监督职能。

该框架考虑了不同商业模式和组织结构的内部控制。随着竞争环境的变化、经济一体化和信息技术的不断进步，组织在经营过程中出现了很多新的商业模式，管理层要更加关注包括供应商和客户在内的价值链管理。例如，该框架单独提出了在引入外部服务提供商时，需要了解与该服务有关的活动和控制，并考虑外包服务提供商的内部控制对本组织内部控制的影响。该提法体现了新经营模式对内部控制的影响。

二、内部控制有效性的认定

理解和把握内部控制有效性的评价依据和认定标准是进行有效监督的方向和基准。内部控制只有促进企业实现内部控制目标，为企业实现经营目标提供更高的保证程度才能称之为有效。内部控制有效性是指企业建立与实施内部控制对实现控制目标提供合理保证的程度，内部控制为目标实现提供的保证程度越高，内部控制就越有效；反之，则无效。

内部控制有效性包括设计有效性和执行有效性。设计有效性是指评估为实现控制目标所必需的内部控制要素是否都存在并且设计恰当，从而判断其中是否存在设计缺陷、是否缺少为实现控制目标所必需的控制。评价设计有效性，应充分考虑：是否为防止、发现并纠正财务报告重大错报及漏报而设计了相应的控制；是否为合理保障资产安全而设计了相应的控制；相关控制的设计是否能够保证企业遵循适用的法律法规；相关控制的设计是否有助于企业提高经营效率和效果，促进发展战略实现。

执行有效性是指现有内部控制按规定程序得到了正确执行。评价内部控制执行的有效性，应充分考虑：相关控制在评价期内是如何运行的，是否得到了持续一致的运行；实施控制的人员是否具备必要的权限和能力；相关控制运行的方式，一般包括人工控制和自动控制、预防性控制和发现性控制。

王东升等（2015）从认定环节、认定方式和认定范围三个方面进行内部控制的有效性认定。在认定环节上，必须要"执行有效"；在认定方式，"目标实现观"优于"重大缺陷认定观"，但"重大缺陷认定观"较容易实现；在认定范围上，区分"合理保证层"和"促进实现层"，且前者是后者的认定基础。Stefan Hunziker（2016）通过对瑞士公司的实证调查，基于理论和经验验证，建立了内部控制有效性认定的相关模型，该模型认为内部控制的有效性取决于四个因素：目标实现标准、投入产出比、协调效率以及组织灵活性的潜力。

内部控制缺陷是描述内部控制有效性的一个负向维度。内部控制缺陷是认定内部控制有效性的重要衡量方法，当企业存在的内部控制缺陷达到了重大缺陷的程度，一般不能说该企业内部控制有效。内部控制缺陷认定具有一定难度，需要运用职业判断，需要借助一套可系统遵循的认定标准。由于企业所处行业、经营规模、发展阶段、风险偏好等存在差异，我国《企业内部控制基本规范》及其配套指引没有对内部控制缺陷认定的具体标准进行统一规定。企业可结合经营规模、行业特征、风险水平等因素，研究确定适合本企业的内部控制重大缺陷、重要缺陷和一般缺陷的具体认定标准。认定标准应从定性和定量的角度综合考虑，并保持相对稳定。在确定内部控制缺陷的认定标准时，企业应充分考虑内部控制缺陷的重要性及其影响程度，重要性和影响程度是相对内部控制目标而言的。

内部控制缺陷按来源划分，包括设计缺陷和执行缺陷。设计缺陷是指缺少为实现内部控制目标所必需的内部控制，执行缺陷是指设计合理且适当的内部控制由于某些因素而无法有效实施内部控制等原因形成的内部控制缺陷。按缺陷对财务报告目标和其他内部控制目标实现的影响，可以区分财务报告内部控制缺陷和非财务报告内部控制缺陷。内部控制缺陷按严重程度划分为重大缺陷、重要缺陷和一般缺陷三个等级。根据我国内部控制规范的要求，企业必须进行内部控制认定，从定性、定量或定性与定量结合等方面界定内部控制缺陷的级别。

杨婧等（2017）运用 BP 神经网络技术进行内部局限性缺陷认定，按照五要素包含的内容采用分类分层结构作为认定的指标，包括公司治理、人力资源、内部审计、社会责任等指标，确定内部控制缺陷的分类等级包括重大缺陷、重要缺陷以及一般缺陷。

三、风险管理的内涵及其发展

风险是一种不确定性因素，可能造成预期目标与实际结果之间的差异，从而影响企业目标的实现。风险只有经过识别、分析和控制才能促进企业实现经营目标。风险管理（Risk Management）是对各种风险进行识别、衡量、分析并适时采取有效方法进行应对的过程。内部控制与风险管理的发展经历了由低级逐渐到高级的演进变化，是国内外学术界和实务界研究的热点问题。

2006 年 6 月，国务院国有资产监督管理委员会发布了《中央企业全面风险管理指引》，明确要求中央企业实施风险管理应围绕总体目标，在生产经营和管理活动的各个环节执行风险管理流程，培育良好的风险管理文化，建立健全风险管理体系，包括风险管理策略、风险管理措施、风险管理组织体系、风险管理信息系统和内部控制系统，从而为实现企业目标提供合理保证。风险管理总体目标包括：一是确保将风险控制在与总体目标相适应并可承受的范围内；二是确保内外部，尤其是企业与股东之间实现真实、可靠的信息沟通，包括编制和提供真实、可靠的财务报告；三是确保遵守有关法律法规；四是确保企业有关规章制度和为实现经营目标而采取重大措施的贯彻执行，保障经营管理的有效性，提高经营活动的效率和效果，降低实现经营目标的不确定性；五是确保企业建立针对各项重大风险发生后的危机处理计划，保护企业不因灾害性风险或人为失误而遭受重大损失。风险管理流程主要包括收集风险信息、进行风险评估、制定风险管理策略、提出和实施风险管理解决方案、风险管理的监督与改进等工作。

2004年9月，COSO委员会发布了风险管理整合框架。该框架认为风险管理是一个持续不断的过程，受到多个主体的影响，其目标是提高企业经营效率，提高财务报告可靠性，促进企业总体目标的实现。COSO委员会在2017年发布的《企业风险管理整合框架》认为，风险管理是企业在创造、保持和实现企业价值的过程中，结合战略制定和执行，赖以进行管理风险的文化、能力和实践。袁琳等（2015）认为，作为财务公司风险的最终承担者，企业集团必须要采取某种行为对风险进行一定的管理和控制。吕文栋等（2017）基于已有的风险管理理论提出了"弹性风险管理"：通过衡量实现企业目标预期能力和企业真实能力之间的差距增强竞争优势的过程和方法。Asta et al.（2018）认为风险管理的内涵主要被理解为一种过程，企业利用一定的方法来管理不良事件及后果，且随着背景和详细程度的不同而不同。

McKinsey et al.（2014）将风险与组织绩效联系起来，不同风险管理所带来的效益因风险管理的目标不同而不同，将风险管理融入组织的绩效管理中会变得更加有效。吕文栋（2017）构建了应对不可评估风险的弹性风险管理框架体系，弹性风险管理的目标是对不可评估的风险提出解决方案。弹性风险管理包含两个主要活动："守底线"和"拓空间"，即风险管理的基础职能和企业的价值创造活动。池毅等（2018）通过建立模型得出结论：风险管理能够显著降低上市公司的财务风险以及市场风险，在降低公司风险的同时，能够提高公司价值,说明风险管理是有效的。

2017年9月,COSO委员会发布《企业风险管理——整合战略和绩效(2017)》,对其2004年版《企业风险管理——整合框架》进行修订和完善。新框架告别了2004年版的立方体8要素框架,采用5要素20项原则模式,更加注重对企业战略和愿景的支撑,与价值创造紧密关联,更加强调和业务活动的融合,倡导决策和目标导向,明确风险管理对于战略计划和嵌入整个组织的重要性。风险管理的五要素包括企业治理与企业文化、战略与目标设定、风险管理执行、审查与修订、信息、沟通和报告;内部控制的基本原则包括20项。新框架的主要变化如下:

(一)优化了风险、风险管理和风险偏好等基本概念

关于风险,原框架定义为事件发生并负面影响目标实现的可能性,只强调风险的"负面性"影响。新框架下,风险被定义为事件发生并影响组织实现战略和商业目标的可能性。风险的范围扩大,不仅包括负面影响,还包括正面影响。

风险管理被定义为:组织在创造、保持和实现价值的过程中,结合战略制定和执行,赖以进行管理风险的文化、能力和实践。明确企业风险管理不是一种职能或部门,而是一种与战略制定及实施相整合的文化、能力和实践,旨在创造、维护和实现价值。新框架将风险管理直接从"一个流程或过程"提升到"一种文化、能力和实践",用以服务组织创造、实现和保护价值。

新框架坚持目标导向,用绩效的波动区间替代原风险承受度的概念,有利于将风险和绩效紧密地联系在一起。新框架中的风险偏好不仅包括风险数量而且包括风险的类型,即"风险偏好是主体为追求价值所愿意承受风险的类型和数量",组织必须根据自身的风险偏好管理基于战略和商业目标的风险。

(二)适用主体更具广泛性

新框架的英文名称是"Enterprise Risk Management—Integrating with Strategy and Performance",似乎该框架只针对企业风险管理框架。但从理论上讲,只要一个主体有明确的使命、战略及核心价值观,树立了期望达到的目标,该主体便可适用该框架进行风险管理。也就是说,该框架适用于任何类型、任何规模的组织,包括营利机构、非营利机构、政府部门等。为此,COSO委员会2018年6月推出了《配套案例》,针对9个不同领域、不同行业、不同规模的组织通过对实施企业风险管理框架所应用的20项原则进行了展示。这9个案例涉及高

等教育、政府机构、金融服务业、能源行业、非营利机构、消费品行业、科技企业、制造业和健康医疗等行业，且每个案例与新版风险管理框架中的 20 项原则相结合进行了阐述，这从另一个侧面证明了新框架适用主体的广泛性。

（三）由"控制框架"打造为"管理框架"

新框架以企业使命、愿景及核心价值观为出发点，阐述了战略、绩效与风险管理之间的内在联系，强调战略制定和绩效提升过程中考虑风险的重要性，使风险管理工作更好地与企业战略和绩效相融合，进而提升主体的价值。框架中的要素、原则和内容等均进行了大幅改动，使得框架不再仅仅是一个"控制框架"，而变身为一个"管理框架"，将风险与企业战略、绩效相结合，强调风险管理不是一项孤立的工作，而是企业整个管理工作的一部分。

（四）新框架运用了"要素＋原则"模式

新框架抛弃了 2004 年版的立方体 8 要素框架，采用"要素＋原则"模式，把风险管理框架中的要素和原则贯穿融入企业战略、绩效和价值提升过程、实践和能力，将原来的 8 要素整合为治理与文化、战略和目标设定、绩效、审查与修订和信息、沟通与报告 5 个要素。新的 5 要素体现了"去风险化"和"去控制化"特征，5 要素中均不包含"风险"一词。新框架不再一味地强调风险内容，而是直接从企业管理的角度将风险管理内容融入其中。每个要素下面都有对应的原则与之适应，共 20 项原则，并以图形方式展示了各要素和原则之间的关系，提高了文件的可理解性和实用性，增强了整个框架的逻辑性。

（五）注重整合，新框架强调了风险管理与战略、绩效之间的内在联系

新框架标题加强了风险与绩效的关联，认识到战略和绩效对组织风险管理的重要性。探讨了企业风险管理实践如何支持可能影响绩效的风险识别和风险评估，强调风险评估和风险报告的目的不在于提供冗长的风险清单，而强调风险管理如何影响和支持战略和业务目标的实现。企业风险管理不是额外的和独立的工作，新框架强调必须将企业风险管理工作融入组织活动的各个方面，包括战略制定过程、确定商业目标、执行商业活动，以及完成并评价绩效等。

（六）淡化风险管理的局限性

COSO《内部控制框架（1992）》和《企业风险管理——整合框架（2004）》都明确列示了企业内部控制和风险管理工作的局限性，而且这两个框架的局限性基本一致。比如：仅能提供合理保证，决策可能出现人为判断错误、员工串通、管理层凌驾、成本效益限制等可能导致企业风险管理失败。新框架删除了

关于风险管理局限性的论述，意在强调其作为一套"管理体系"而非"控制体系"，以求突破原来企业风险管理的局限性。

（七）新框架的其他变化

新框架还有一些其他变化，例如：

1. 强调了文化在风险管理中的重要性。阐述了在风险治理和内部监督的大背景下，理解和塑造文化的重要性，以及文化如何影响框架的其他组成部分。

2. 增加了风险管理对组织战略层面作用的讨论。新框架从战略和商业目标和使命、愿景及核心价值观不一致的可能性、已选战略的影响、战略实施中的风险三个方面提升和扩展了风险管理对企业战略层面的作用，强调了企业风险管理的重要性。

3. 强调风险与价值之间的关系。企业的使命是为利益相关者创造价值，新框架强调了风险管理在创造、实现和保护价值方面的作用。风险管理不再局限于防止组织价值侵蚀而将风险降至可接受水平，相反，它被视为战略制定不可分割的组成部分，并为创造、实现和保持价值的创造机会。

4. 将企业风险管理与决策联系起来。决策发生在价值链的每个阶段，战略选择、商业目标和业绩指标的确立以及资源分配等都离不开决策。决策过程必须融入风险意识，认识到风险信息对提高管理者决策能力的帮助，恰当地理解风险的严重性和类型，及时对决策过程中的相关风险开展识别、评估和应对。

四、内部控制与风险管理之间的关系

企业内部控制与风险管理之间的关系历来受到人们的关注。关于内部控制与风险管理的关系，有不同认识。如前所述，我国《企业内部控制基本规范》和COSO的《内部控制——整合框架》，都认为内部控制比风险管理的范畴大，认为风险的识别、分析和应对是内部控制的一个组成要素，即风险评估。但COSO委员会2004年发布的《风险管理整合框架》则认为风险管理的概念比内部控制涵盖范围更广，风险管理不仅详细解释了内部控制，而且更加从战略层面关注风险治理，内部控制是风险管理不可分割的重要组成部分。内部控制更加关注采取具体措施来降低风险，以保证企业目标的实现。国内外对于内部控制与企业管理之间的关系的认识，主要包括三种观点。

（一）风险管理包含内部控制

从内部控制与风险管理的本质上考虑，丁友刚等（2007）认为，内部控制本质上是解决企业内部代理问题的一种内部风险控制机制，而风险控制是在风险计划的前提下开展的各种控制活动，风险管理包含内部控制。Journal of Accountancy（2015）认为，企业的内部控制能够促进风险管理，企业应该进行风险管理提供更有效的内部控制。从内部控制与风险管理的范围上考虑，张舫（2017）认为，规避风险最有效的途径就是内部控制，风险管理机制相对于内部控制机制涉及的范围更广。

（二）内部控制包含风险管理

加拿大 CICA 报告认为，风险评估和风险管理是内部控制的重要因素，阐明了内部控制与风险管理的关系。有的学者根据不同的行业的特点解释了内部控制与风险管理之间的关系。基于高校的管理，孙莹（2018）提出了"强内控形式论"，也称为"强内控形式论"，认为内部控制包含风险管理分，内部控制主要是对风险进行识别、评估以及应对。从内部控制与风险管理的发展阶段考虑，冯秀果（2018）认为，内部控制是一个总体，风险管理是其现阶段的发展状况，随着企业控制的范围和目标的变化，内部控制的发展状况也会不断变化。

（三）风险管理与内部控制具有一致性

风险管理是对各种风险进行识别、衡量、分析并适时采取有效方法进行应对的过程。按照国务院国有资产监督管理委员会 2006 年发布的《中央企业全面风险管理指引》，企业实施风险管理应围绕总体目标，在生产经营和管理活动的各个环节执行风险管理流程，培育良好的风险管理文化，建立健全风险管理体系，包括风险管理策略、风险管理措施、风险管理组织体系、风险管理信息系统和内部控制系统，从而为实现企业目标提供合理保证。风险管理流程主要包括收集风险信息、进行风险评估、制定风险管理策略、提出和实施风险管理解决方案、风险管理的监督与改进等工作。内部控制是对影响企业目标实现的众多不确定因素进行辨别和评估，实施相应的控制活动，以管理和控制这些风险，从而为企业目标的实现提供合理保证的过程。

内部控制与风险管理有融合之势，两者的内容具有一致性。我国《企业内部控制基本规范》及其配套指引，充分吸收了全面风险管理的理念和方法，始终贯穿着风险导向的基本原则，强调了内部控制与风险管理的统一。内部控制的目标就是防范和控制风险，促进企业实现发展战略，风险管理的目标也是促进企业实现发展战略，两者都要求将风险控制在可承受范围之内。因此，内部控制与风险管理两者不是对立的，而是协调统一的整体。

从内部控制与风险管理的内容考虑，谢志华（2007）对内部控制、公司治理与风险管理的关系及整合进行了研究，认为内部控制与风险管理两者是相互结合的关系，内部控制的对象就是风险。刘玉廷等（2010）认为企业内部控制要以全面风险管理为导向。戴文涛等（2014）认为，内部控制的目的是控制和降低企业风险，而这也是企业进行风险管理的目的，内部控制和风险管理并无本质上的区别，且两者的目的都是控制风险。从内部控制与风险管理的实质考虑，黄胜忠等（2017）认为，内部控制与风险管理别无二致，内部控制与风险管理实质上都是为了及时评估、控制、防范企业风险，以实现企业的经营目标，且两者在发展趋势上也正逐步融合。Levent et al.（2017）认为内部控制与风险管理之间具有线性相关性，管理者对内部控制与风险管理同等重视。

内部控制与风险管理的有机结合，能够将企业发展战略、管理理念、控制要求融入公司治理、企业文化、岗位授权、制度规范和业务流程之中，通过风险评估、风险预警、信息沟通、流程监控、有效性评价、缺陷改进等活动，推动企业管理从单一制度管理向体系化管理转变、从传统管理向风险管理转变、从事后监督向过程监督转变、从职能条块化管理向全流程管理转变，实现企业管理水平的全面提升。实践中，我们应淡化对两者关系的区分和研究。企业在实际工作中应从工作内容、目标、要求以及具体工作执行的方法、程序等方面，将内部控制建设和风险管理工作有机结合起来，避免职能交叉、资源浪费、重复劳动，降低企业管理成本，提高工作效率和效果。

五、当前研究现状述评

内部控制与风险管理是非常重要的管理术语，是促进企业目标实现的关键所在，是使企业的各项生产经营和管理活动高效有序运行的内在要求。国内外关于内部控制与风险管理的研究十分丰富，也颇有成效，为我们的进一步研究奠定了良好的文献基础，但已有研究在以下方面有待改进：

1. 很少有研究将内部控制与风险管理和人工智能等现代信息技术联系起来。快速发展的人工智能等新兴技术被日益广泛地运用到人们工作、生活和学习的各个方面，企业如何趋利避害地用好这把"双刃剑"，尚有很多问题值得进一步研究。

2. 很少有研究将内部控制与风险管理和企业价值创造联系起来。传统的内部控制与风险管理注重规避损失从而实现企业的目标，而随着现代企业的发展，将实施内部控制与风险管理能够创造价值成为企业最终的目标。现代企业内部控制已由单纯规避损失的传统风险管理转向能够创造价值的全面风险管理。

3. 很少有研究将内部控制与风险管理和社会责任联系起来。全球经济的发展，使企业在追求利润的同时也要承担社会责任，通过内部控制与风险管理履行社会责任也越来越受到关注。

我们将在已有研究的基础上，充分考虑信息技术、价值创造以及社会责任的影响，基于风险智能管理，研究企业社会责任的价值创造机理及实现路径并进行实证检验，为企业实施内部控制与风险管理提供建议。

第二节 企业价值创造的模式和路径

企业的主要使命是为利益相关者创造价值，企业在价值追求过程中会面临各种风险，针对风险需要进行管理和控制。风险管理的目的在于创造、实现和保护价值。因此，内部控制与风险管理的使命，要由过去的纠错防弊转向全面服务企业价值创造和价值管理。商业模式是企业通过什么途径或方式来创造价值。例如，饮料公司通过卖饮料来创造价值，快递公司通过送快递来创造价值，网络公司通过点击率来创造价值，超市通过平台和仓储来创造价值等。不同的商业模式，其价值创造的策略和路径也不同。

一、企业价值创造的内涵及理论基础

企业价值创造是指企业生产、供应满足目标客户需要的产品或服务的一系列业务活动及其成本结构，体现在企业生产过程的各个具体活动中。企业不断地为顾客、员工、股东等利益相关者创造价值，并最终实现企业自身价值的创造。

Bryan W. Husted et al.（2009）研究了企业社会责任与企业价值创造的条件，

结果表明,中心性、可见性和自愿性与价值创造有关。Matt Barney(2013)将价值创造视为企业组织成功的焦点,突出了质量、成本、数量和周期时间四个方面的价值流,分析了各个层面对企业价值创造的存在的影响。

(一)基于利益相关者理论

Freeman(1984)给利益相关者(stakeholders)的定义是:那些能影响企业目标的实现或被企业目标的实现所影响的个人或群体。也有学者将利益相关者定义为与企业生产经营行为和后果具有利害关系的群体或个人(Clark,1998)。对企业而言,其利益相关者一般可以分为三类:资本市场利益相关者,如股票持有人和债券持有人等;产品市场利益相关者,如客户和消费者、供应商等;其他利益相关者,如管理层和员工、当地社团和工会、社会公众等。Mouraviev et al.(2015)基于关键利益相关者的企业价值创造角度,提出企业价值是由利益相关者共同创造的。杨柳等(2016)认为企业价值创造的过程是一种循环的创新过程,是企业履行与各利益相关者之间契约的过程。利益相关者以提供各种资源要素的方式参与企业的价值创造,通过在价值创造网络的平台上互补性地进行创新活动,从而提高企业价值创造,进而提高企业的竞争力。王建成等(2017)认为现代企业作为一种产权契约体,利益相关者不同程度地对企业投入了资产和承担风险,利益相关者之间的共同作用创造了企业价值。

(二)基于供应链视角

供应链(Supply chain)是指产品生产和流通过程中所涉及的原材料供应商、生产商、分销商、零售商以及最终消费者等成员通过与上游、下游成员的连接组成的结构网络。有学者基于供应链视角研究了企业价值创造的内涵,企业供应链一般包括供应商、厂家、分销企业、零售企业、消费者以及其他任何供应链的参与者。Choi et al.(2016)认为,供应链各企业通过开放式创新,利用内外部市场渠道获得企业所需要的信息和资源,从而促进企业创造了价值。戴建平等(2017)认为,供应链中各主体的价值链存在于供应链的价值系统中,供应链各企业不是单独的个体,它们需要与其他企业共同作用,才能够促进企业创造价值。万骁乐等(2017)基于"链内主体主要创造+链外主体辅助创造"供应链价值创造逻辑,认为供应链中各主体共同创造了企业价值。

(三)基于生命周期理论

生命周期理论(Life Cycle Theory)是一种常用的企业管理理论,认为企业和产品与人及其他生物一样,也有一个生命周期,会有发展、成长、成熟、衰退几个阶段。有学者基于生命周期理论研究了企业价值创造，从企业不同生命周期阶段的并购能力、智力资本等方面研究企业价值创造。李冬伟等（2012）研究证明了不同生命周期阶段企业智力资本对企业价值创造的产生的作用：在成长期，人力资本、创新资本促进企业创造价值；在衰退期，只有人力资本促进企业创造价值。方洁等（2017）运用因子分析法，研究了成长期到衰退期、短期、成长期到成熟期以及长期这四个不同生命周期阶段企业并购能力如何影响企业的价值创造。

除以上观点之外，还有学者以价值网络、实用主义论调和大数据时代等理论为基础，研究了企业价值创造的内涵。刘国亮等（2016）提出了基于价值网络的企业价值创造，认为企业通过价值网络中各个主体协调实现价值创造，其中，价值网络由价值链活动、供应链活动和产业链整合三部分活动构成。王棣华（2017）认为，关于企业价值创造的认识大多是以资本主义经济理论为基础，而不是马克思的劳动价值论，他采取实用主义论调，认为企业财务可以创造价值且企业价值不会由财务单独创造，而是与企业及财务利益相关者共同创造的。程瑛（2018）认为，基于大数据时代，企业价值创造是运用信息技术围绕客户创造价值。

二、企业价值创造的商业模式及实现路径

（一）商业模式的内涵

商业模式能为企业价值创造提供基本的逻辑。Cardozo（1996）认为商业模式是一个将市场需求与资源结合起来的系统，包含多种要素及其之间的关系，是用来阐明特定实体的商业逻辑。商业模式的要素包括价值定位、核心能力、成本结构、目标消费者群体、分销渠道、收入模型、客户关系、资源和活动的配置等。Timmers（1998）认为商业模式是一种融合产品、服务和信息流的构架，这种商业模式描述了参与者的角色、潜在收益以及收入来源。商业模式是价值创造的有效途径，Winter et al.（2006）从项目价值管理视角提出项目商业模式价值创造基本框架，认为项目商业模式价值创造的核心是处理企业与消费者的关系。

关于商业模式的内涵，国内各学者持有不同的看法。基于价值创造视角，项国鹏等（2015）认为，商业模式是一种概念化模式，是一种连接了价值主张、创造、分配和获取的重要架构，目的是满足客户价值。同样基于价值创造视角，

李鸿磊等（2018）认为，商业模式是利益相关者为实现价值共创、共享、合作共赢基于资源能力所形成的互补性组合。利益相关者包括生产者、消费者、合作伙伴。基于财务视角，李端生等（2016）认为，商业模式的实质就是企业获取利润的逻辑，商业模式的最终目标是价值创造。

（二）商业模式和实现路径

1. 互联网时代的背景

随着互联网的发展，以供给为导向的商业模式逐渐转变为以需求为导向的商业模式。Lino Cinquini et al.（2013）认为，信息技术和其他支持技术提供了新的可能性，改变了传统的商业模式和价值创造途径。罗珉等（2015）认为，互联网时代下的商业模式的要素包括社群、平台、跨界和资源聚合与产品设计。互联网带来的信息流动速度增加和信息不定向流动，对价值链上的环节产生影响，促使企业价值创造的载体、方式和逻辑发生改变。在未来价值载体的发展上，互联网的发展使传统的供应端与消费端相互结合，将供应端作为中间平台，供应端与消费端共同决定产品生产，最终创造企业价值。

2. 基于利益相关者理论

在利益相关者理论中，各个利益相关者的目标是追求自身效益最大化。张茜等（2015）在利益相关者理论的基础上，结合当前科学技术的发展，提出了TV+电商的商业模式，实现电视与其他利益相关之间的结合，提高企业的价值创造。在电视节目的传统商业模式中，利益相关者主要包括制作公司、电视台、观众和广告主。TV+商业模式将电视与电商相结合，实现T2O模式，利用TV打造利益平台，衍生出观众"即看即买"的消费模式，打破传统电视节目的创造的价值边界，增加企业价值创造。

3. 基于价值链理论

波特的价值链框架主要强调了企业层面的价值创造。王锋正等（2015）基于波特的价值链框架，以"价值主张—价值创造—价值获取"为主线，研究了开放性商业模式。价值创造是赋予产品附加价值的过程，价值链中的核心能力、客户关系、营销模式、服务体系和合作伙伴五个方面共同为企业的产品或服务创造价值。同时，企业可以与外部伙伴建立合作关系，将外部伙伴的资源转化为价值，从而创造企业的价值。

4. 基于生命周期理论

企业不同的生命周期阶段会影响商业模式的选择。秦翠娟等（2017）以平台型企业为例，发现了企业在不同的生命周期阶段对于用户群的依赖程度不同，使得商业模式选择也不同。在初创期，企业往往选择免费模式或低价模式，目的是进入市场为企业价值创造奠定基础；在成长期，企业往往选择免费增值模式和多边平台模式，充分发挥平台优势，通过增值服务和衍生产品来创造企业价值；在成熟期，企业会选择战略联盟或反向渗透的商业模式，在市场上进行商业模式创新从而进行价值创造。

三、当前研究现状述评

国内外关于企业价值创造的商业模式和实现路径的研究颇有成效，为本书的研究奠定了良好的文献基础，但在以下方面有待改进：

1. 很少有研究将风险智能管理和企业价值创造联系起来。借助信息技术进行风险管理会影响企业价值创造，而已有研究在风险智能管理和企业价值上没有取得系统成果。

2. 国内外研究很少考虑现代信息技术的发展带来的影响。信息技术的迅速发展使企业价值创造的商业模式和实现路径发生改变，然而已有的研究较少考虑信息技术。

3. 很少有学者研究企业价值创造与企业社会责任价值创造之间的区别。两者之间存在商业模式和机理作用的区别，而已有研究大多是关于传统的企业价值创造。

本书在已有研究的基础上，基于风险智能管理研究企业社会责任的价值创造机理及商业模式和实现路径并进行实证检验，为企业的价值创造提供框架和建议。

第三节　企业社会责任与企业价值创造

各利益相关者依据其价值预期和判断，为追求价值创造凝结而成的开放式系统，即为企业。企业的运营由各利益相关者提供的资源支撑，企业理应承担对他们的责任，为他们创造价值。这里的"价值"不仅包括能用货币计量的经济价值,也包括环境、利益相关者满意度、社会满意度等非经济因素,是一个综合的价值概念。企业价值创造的模式和路径是多元化的。近年来,人们在关注企业所创造的经济效益的同时,开始关注企业的社会效应,不少学者试图分析企业社会责任的履行是否会对其财务绩效及企业价值产生影响,并探究企业社会责任是否能够成为企业价值创造的路径之一。

安全生产、环境保护、资源节约、员工保护等企业面临的社会责任问题事关民生和社会稳定。忽视社会责任履行的企业无形中增大了自身潜在的经营和管理风险。无论是近年来粗放式扩张战略导致企业发生的各种食品安全问题、劳工权益纠纷,还是加入 WTO 之后中国企业遭遇的发达国家设置的社会责任贸易壁垒,严重危害了企业的可持续发展和价值提升。因此,考虑到日益强化的需求、资源和环境约束,中国企业必须走内涵式的价值创造之路。风险智能管理借助现代信息技术,能够为企业规避损失、放大收益、创造价值。企业应重视社会责任风险管理,由单纯追求经济利益的最大化转向为各利益相关者创造价值(Porter and Kramer,2011),实现经济、社会和环境的和谐发展。

一、企业社会责任驱动因素

研究企业履行社会责任与其价值创造的关系,需要明确企业履行社会责任的驱动因素。企业履行社会责任的驱动因素有内部和外部之分。内部驱动因素,如企业文化、发展战略、人力资源政策与实施、企业声誉等。外部驱动因素,如政府管制、竞争压力、环境约束、媒体监督、顾客和供应商诉求等。

(一)企业社会责任的内部驱动因素

企业的特征、管理特点等对其履行社会责任具有内部驱动作用。德国学者 Jörn Hendrich et al.(2015)发现家族企业较为关注社会慈善层面的问题,并因此重视社会责任的履行,他们将企业社会责任观念内化于企业文化,使之成为企业文化的一部分;而非家族企业则更有可能基于企业长远战略的需要发生企业社会责任行为。冯丽丽等(2015)提出,拥有高质量内部控制的企业更倾向于企业社会责任的履行,尤其是关于企业对货币资本利益相关者和人力资本利益相关者责任的履行。梁彤缨等(2016)研究发现,国有企业和民营企业对待社会责任的态度存在差异,我国国有控股的上市公司的社会责任表现显著优于民营控股的上市公司。买生等(2016)以东北地区企业为样本,深入分析了企业性质、规模、上市与否等特征对企业社会责任实践的影响差异以及影响机制，结果显示，这些因素均通过不同的机制显著影响企业社会责任的实践。企业社会责任的履行也会受到企业自身管理特点的影响。Seong et al.（2017）考察了管理效率如何影响企业社会责任，发现效率高的管理者更倾向于从事与企业财务绩效最为直接相关的企业社会责任，而不太可能从事与环境相关的企业社会责任。

企业的利益相关者存在于企业经营管理的各个方面，利益相关者与企业的利益关系是互动式捆绑的，对利益相关者履行社会责任的效果将作用于企业的经营。对于内部利益相关者，廉春慧等（2018）认为，企业涉及员工的安全、培训、职业生涯规划、福利和失业保障等方面的社会责任信息与员工的未来自身利益有关，对求职者的求职意向会有显著影响。余玮等（2017）发现，外资股东可以有效监督民营企业社会责任的履行，并促进形成企业中不同类型的股东之间相互融合、相互制衡的情况。

（二）企业社会责任的外部驱动因素

国外学者较早开始对于企业社会责任外部驱动因素的研究。关于外部制度因素，Arrow（1973）提出企业在经营过程造成了"负外部性"，因而会面临承担社会责任的法律和社会压力。Campbell et al.（2007）对制度因素进行了比较细致的阐述，他认为政府制度的规范性、行业自律体系的有序性及监督组织的有效性都将影响企业社会责任履行的意愿。Gjolberge et al.（2009）揭示，除了政治制度、社会价值观等国家制度因素以外，企业社会责任履行的总体水平也受到全球化进程的影响。

国内方面，于飞等（2015）提出，制度压力能够直接对企业社会责任行为产生显著的正向影响，并且制度压力通过企业高层管理者对社会责任的关注度这一中介变量，正向影响企业的社会责任行为。徐珊等（2015）阐释了媒体监督对企业社会责任履行意愿的影响，并考察了政府干预与行业特征在影响媒体治理效应方面的作用。李长青等（2016）利用2011—2013年139家在华外资企业的微观面板数据，对在华外资企业履行社会责任的主要动力来源进行了实证检验，发现政府规制对在华外资企业的社会责任履行产生了显著的正向影响，而市场驱动因素对在华外资企业履行社会责任的影响则是显著负向的。毕楠（2012）从利益相关者视角出发，通过构建不同利益相关者对企业社会责任的驱动作用机理及驱动框架的理论模型，发现外部利益相关者对于企业承担社会责任的驱动作用有效程度更高。鲁悦（2018）发现，较高的媒体及分析师关注度可以减弱企业与外部利益相关者之间的信息不对称性，加强外部利益相关者对公司投资及社会责任行为的监督，从而会影响企业管理者对于履行社会责任行为的动机。

（三）企业社会责任驱动因素的创新视角

近年来，学者也尝试从较新颖的视角考察企业社会责任的驱动因素。Matteo Pedrini et al.（2015）通过研究社会资本和民族文化对移民企业家采取企业社会责任态度的影响，从社会、健康、安全、环境三个方面对这一问题进行了初步探讨。周煊等（2016）研究了管理者性别对企业社会责任履行的影响，他们利用社会角色理论分析了女性董事影响慈善捐赠的作用机理，发现董事会中有女性董事的上市公司的慈善捐赠多于没有女性董事的上市公司。

二、企业社会责任价值创造机理与效果

企业社会责任与战略决策、财务管理、市场营销、人力资源及风险管理等领域存在着多元化的复杂交叉，企业社会责任通过多种机制作用于企业价值创造。在这些机制的作用下，当前学界对于企业社会责任履行与企业价值的相关性存在着三种观点，即企业履行社会责任和企业价值负相关、正相关以及曲线相关（薛琼等，2015）。

（一）企业社会责任价值创造机理

很多学者认同企业获得竞争优势的重要途径之一是履行社会责任（Nikolaeva et al.，2011），而企业社会责任的价值创造是通过一定的机理实现的。现阶段，学者关于企业社会责任价值创造机理有以下观点：

王欣（2013）认为，企业社会责任履行是一个包括价值认知、价值融合、价值实现以及价值沟通等多个环节的综合价值实现过程，并且每个环节之间存在紧密的互动机制。具体来说，企业最初受到外部的制度压力而履行社会责任，此后，逐渐在社会责任实践发展的过程中树立起科学合理的社会责任观。在该观念的引领下，企业的价值创造目标也相应发生转变，即从单纯追求经济绩效转向综合考虑经济、社会和环境绩效，实现企业综合价值。

王清刚等（2015）从企业供应链的视角出发，认为企业核心价值与供应链各节点是息息相关的。企业在社会责任理念的指引下，将社会责任融入供应链的各个环节，包括上游的供应商，中游的员工、股东、政府以及下游的分销商、

零售商、消费者，企业在实现自身利益最大化的同时，通过履行社会责任实现供应链各个节点利益最大化，从而提升企业价值。

王琦（2018）则认为，站在利益相关者的角度，利益相关者与企业的共同治理是企业社会责任形成的逻辑起点。社会责任形成的本质是企业以有效履行契约为目标的资源交易过程，也是在统一的价值创造导向下，利益相关者共同参与治理的结果。利益相关者相互信任机理、优势互补机理以及利益合理分配机制共同揭示出企业社会责任问题的形成机理。

虽然关于企业社会责任价值形成了诸多视角，但大多数学者同意企业社会责任会通过企业声誉机制的作用，形成一个有利于企业持续发展完善的良性循环（Momin et al.，2013；蔡月祥等，2015），从而促进企业价值的实现。

（二）企业社会责任价值创造效果

1. 企业社会责任与企业价值负相关

有学者在 Friedman 的新古典经济学的基础上认为企业履行社会责任并不利于企业财务绩效的提升，并指出追求股东利益的最大化是企业唯一要承担的社会责任，不以此为目标的企业战略经营决策均不利于企业绩效。Jensen and Meckling（1976）也对企业社会责任行为持批评态度，理由是由于企业所有者与管理者之间存在不对称信息问题，管理者可能利用履行社会责任的机会为提升自身效用提供便利，从而带来较高的代理成本。Ingram and Fraiziner（1983）提出企业承担社会责任将增加经营成本，降低企业利润并使企业在竞争中处于劣势。Vicente et al.（2011）和 Barnett et al.（2012）进一步解释了这种经营成本，一方面，企业从事额外的社会责任活动可能剥夺股东利益和自身核心业务资源；另一方面，成立专门的机构对社会责任活动进行管理，可能会扰乱企业正常的管理制度与日常运营，由此带来额外的管理成本。我国学者孔东民等（2018）通过实证研究的方法验证了社会责任报告的披露对于企业未来股票收益率的负向影响，如社会责任活动较为积极的企业其股票型基金业绩表现并不乐观。

2. 企业社会责任与企业价值正相关

企业社会责任对企业价值的正效应，主要表现在企业内部经营管理的改善与外部竞争力的提升上。企业社会责任的履行对财务绩效的影响是早期学者研究的重点。随后，由于企业社会责任内涵的不断拓展，研究的热点转向社会责任活动对于企业市场竞争力构建的影响。

Le Mong et al.（2016）通过实证研究发现，企业社会责任对消费者的持续体验具有显著的促进作用，而良好的客户关系可以促进企业未来的成功。Linda Mory et al. （2017）从组织关系的角度探讨了企业对内履行社会责任如何影响员工的承诺，发现内部社会责任的履行有助于员工给予更高程度的组织承诺，从而正向影响企业绩效。邓新明等（2017）也从客户关系的视角分析了企业社会责任对于企业价值的影响，他们更关注消费者的对企业社会责任的差异化感知，提出如果消费者认为企业利他动机居多，会增强公司评价；而如果认为企业利己动机居多，则会降低公司评价。企业社会责任同样可以作用于企业的风险管理和内部控制，Godfrey et al. （2009）提出，企业过去履行社会责任树立的良好印象，可以在企业出现危机时承担保险功能，减少负面事件给企业带来的损失。李伟等（2015）阐述了企业社会责任与企业内部控制之间存在的一种有效互动机制，企业履行社会责任的程度越高，企业的内部控制质量和水平往往越高。周宏等（2016）从债券融资成本的角度，为企业通过承担社会责任以降低融资成本、提高财务绩效提供了实证证据，并发现同国有企业相比，承担社会责任降低企业债券信用利差的作用在民营企业中更显著。

企业社会责任的履行对企业声誉具有显著影响，并进一步提升企业在资本市场上的表现。王檀林等（2015）发现，社会责任行为对企业信誉的塑造具有重要作用，并能够帮助企业树立良好的企业形象。Suwina Cheng（2016）从会计收入、市场回报等方面考察了企业社会责任报告的发布与企业绩效之间的关系，证明企业社会责任披露与当前和后续业绩之间都存在正相关关系，对于企业发展来说，企业履行社会责任是一种有用的商业战略。张丹妮等（2017）进一步从政府偏袒效应和声誉机制的两个维度分析了企业履行社会责任对银行贷款成本的影响，总结出企业履行社会责任水平同银行贷款成本呈现负相关关系。

企业履行社会责任能够缓解来自利益相关者的压力，这是因为企业对利益相关者履行社会责任使其利益能够得到更好的保护，使各利益相关者也更愿意为企业提供积极反馈，从而提升企业的价值（Perrini et al., 2011；Henri and Ane，2013）。

3. 企业社会责任与企业价值曲线相关

也有很多学者认为，基于不同的中介变量或在变量相同而条件不同的情况下，企业社会责任与企业价值呈现出一种复杂的曲线相关关系。Mercedes（2016）采用西班牙上市公司的样本数据，发现良好的公司治理促使企业社会责任与财务绩效之间形成一种良性循环；反之，无效的公司治理无法使企业社会责任发挥出积极的促进作用。王建玲等（2018）发现，当期绩效较差的公司承担社会责任存在更大成本，当期绩效较好的公司可以通过履行社会责任向市场传达积极信号使其与当期绩效较差的公司区分，从而对企业未来股票回报产生正向影响。

也有学者认为从时间维度上来说，企业社会责任行为具有长效性。一般而言，企业社会责任行为短期会增加企业成本，但长期可能变为企业的一种高级的战略性投资。窦鑫丰（2015）发现，我国上市公司企业社会责任的履行对其财务绩效的影响存在着显著的滞后效应，呈现倒 U 形趋势，滞后期的财务效应存在着一个由衰弱到增强再到衰弱的过程。周丽萍等（2016）发现社会责任与短期财务绩效显著负相关，与长期财务绩效显著正相关，声誉在企业社会责任与财务绩效关系中起中介作用。美国学者 Ambrus et al.（2017）也得到了类似的研究结论，即在拥有长期投资者的公司中，坚持履行社会责任会为其股东创造价值，但这种行为在另一方面也会降低当期企业的盈利能力和财务绩效。因此，企业社会责任与企业价值较为复杂，呈现一种曲线相关的关系。

三、当前研究现状述评

基于企业社会责任驱动因素的研究，国内外学者对企业社会责任作用于价值创造的机理进行了梳理，并取得诸多积极成果，但仍存在一些不足：

（一）结论不统一，尚需要进一步深入研究

企业社会责任对公司价值影响的研究目前结论尚不统一，原因有很多：一是企业履行社会责任具体情况的衡量缺乏全面性的权威标准；二是研究角度和方法各异；三是样本选取受行业、规模、时间等的影响，缺少代表性或全面性。企业社会责任的衡量是相关研究中最为关键和复杂的问题，Wood（1995）明确指出企业社会责任与公司价值研究的关键在于利益相关者理论。

（二）缺少案例研究的方法

当前，关于企业社会责任与价值创造的研究大多采用实证研究的方法，设计理论模型来探究某种因素产生作用的机理和效果，缺少采用案例研究的方法对某一社会责任的具体情境进行分析和解释，研究方法比较单一，从而导致不能够从多个维度来认识企业社会责任问题。

（三）相关研究视角还须补充

目前，学者们逐渐将研究重点从企业社会责任的内涵、测量等转移至责任履行的过程上，探究对于企业社会责任行为的激励和规范的管理措施，但并未从风险管理的角度出发来研究企业社会责任价值创造的问题。

第四节　人工智能与企业风险管理

人工智能（Artificial Intelligence，AI）自诞生以来，一直处于科技发展的前沿领域，被广泛应用于计算机科学、医学、重工业、运输、国防、远程通信和金融贸易等多个领域，并日益显现出与产业经济及社会管理深刻融合的趋势（白春礼，2017）。2017 年 7 月，我国发布《新一代人工智能发展规划》，对我国人工智能技术发展和应用的总体思路、战略目标和主要任务、保障措施等进行了系统的规划和部署。预计到 2030 年，我国人工智能理论、技术与应用总体达到世界领先水平，成为世界主要人工智能创新中心。

一、人工智能在企业管理中的应用范围

经过 60 多年的演进，人工智能发展进入新阶段，特别是在移动互联网、大数据、超级计算、传感网、脑科学等新理论、新技术以及经济社会发展强烈需求的共同驱动下，人工智能技术加速发展，推动经济社会各领域从数字化、网络化向智能化加速跃进。中国人工智能技术商业化速度非常快，已经在公共安全、金融、医疗、零售、交通、教育、营销等领域有了很好的应用。

1989 年 Gartner Group 公司首次将人工智能与企业管理结合起来，提出商务智能（Business Intelligence，BI）的概念，并将商务智能定义为由企业终端查询和报表、数据仓库、数据挖掘、联机分析和企业决策管理支持组成，通过智能客服、自动预警、智能风控和智能营销来辅助企业决策的技术和应用。根据中国电子技术标准化研究院发布的《人工智能标准化白皮书（2018）》[①]，计算机视觉、自然语言处理、生物识别、机器学习、人机交互、知识图谱、增强现实/虚拟现实/混合现实（AR/VR/MR）等人工智能核心技术在商业应用领域有着广

---

① 中国电子技术标准化研究院. 人工智能标准化白皮书（2018）[EB/OL]. (2018 – 12 – 28) [2019 – 07 – 15]. http: //www. cesi. cn/images/editor/20180124/20180124135528742. pdf.

阔的前景。智能安防让城市综合治理服务体系跃上新台阶；人工智能创意营销和大数据精准营销可以极大地提高企业市场营销的效率、效果；围绕风控、营销、客服和运营需求，金融业已全面开启智能化时代；在线教育可以跨越千山万水，让全社会的人受益，智能助手可以为教学、测试、练习、答疑等环节增效；人工智能落地医疗领域，已经多角度解决了行业痛点；在交流领域，智能驾驶、疲劳预警、车载智能互娱、智慧调度等应用日益普遍；在零售行业，智能化渗透到销售、仓储、物流、线上线下门店等各个环节；大数据营销用千人千面的广告，降低无价值信息对用户的干扰；人工智能加速农产品生产和流通环节的数据化；服务机器人智能化程度提升，已进入落地应用阶段。

人工智能可以应用在企业管理的各个领域。企业在持续深化人工智能在企业管理领域应用和渗透的过程中，又对人工智能与企业管理的结合方式进行创新，从而使人工智能在企业管理中的应用范围不断得到扩展。当前人工智能在企业管理中应用比较多的领域有人力资源管理、会计核算、财务分析、场所和设备管理、文本文档管理、音视频管理、行政事务管理、业务数据管理等。在人工智能时代，企业可能需要重新定义什么是管理？什么是管理者？人工智能可以成为我们的好帮手，我们可以把重复性、事务性的任务交给人工智能做，让机器帮我们做复杂的分析和数据处理，让人专注于判断，像设计师一样工作。

大数据分析和人工智能运用创新了企业创造价值、传递价值的方式和路径（资武成，2013）。Björn et al.（2014）提出，企业通过人工智能实施良好的客户管理系统，可以获得大量与营销和销售情报相关的战略性信息。杨智勤（2014）提出，大数据分析在风险管理领域的应用，主要包括供应链领域、银行等金融领域、特定商品市场，以及财务、审计及信息化领域，并总结了数据分析对风险管理的价值贡献。Shih – Chia et al.（2017）认为数据挖掘、预测分析和机器学习等大数据分析工具，在诸如医疗、零售、保险和电信等行业的应用都有无限的可能。

二、人工智能在企业管理中的应用效果

（一）整体应用效果的研究

从企业整体的效益来看，人工智能时代简化了企业的管理内容，且提高了

企业决策效率、降低了管理成本。Sunil et al.（2016）探讨信息科技投资如何共同影响企业的盈利能力及市场价值。刘力钢（2017）阐述了大数据的资源属性，从价值链和知识管理双重视角分析了企业基于大数据进行价值创造的路径，并提出了基于大数据的价值创造和价值增值评估模型。王永进等（2017）分析了信息化影响企业的柔性进而导致产能变化的理论机制，提出信息化程度的提高不仅降低了信息不对称的影响，减少了企业投资失误，而且增加了企业的柔性，使得企业受到需求冲击时可以更好地进行调整，减少资源浪费，提高产能利用率，从而提高企业价值。

企业通过人工智能的应用，推动了企业各环节、各层次之间的信息共享和有机协调，显著提高了企业的整体经济效益，也显著提升了企业的软实力。Chae（2014）和陈小红（2016）认为企业信息化转变了企业的服务理念，促进现代化企业文化和品牌的建立，最终推动企业技术创新能力的提高，从而提升企业核心竞争力。王雷等（2016）提出可以利用大数据加强对企业知识的动态管理，促使企业资源、能力与信息技术融合和创新，实现基于知识管理的价值创造；同时，利用大数据推进企业商业模式的突破式创新、战略转型，能够为企业提供可持续竞争优势，不断创造企业共享价值、创新价值。周萍（2017）通过实证研究分析得出，企业可以运用大数据提高智能化管理效率与水平，使企业管理更加科学、高效，并促进企业未来发展思路和方向的创新，综合提升企业软实力。

（二）具体应用效果的研究

从企业具体的管理领域来说，人工智能可以应用在企业经营运作的各个方面。薛云（2014）从商务智能应用的角度提出，商务智能是人工智能应用于企业的高级阶段，能够提高企业的核心竞争力。刘冠鸿等（2015）提出，信息化管理系统几乎全面覆盖了价值链上的主要活动、辅助活动的价值创造环节；供应链管理系统（SCM）优化了供应链上下游关系，整合企业物流、信息流、资金流；企业资源计划系统（ERP）主要针对财务、人力、市场、物流等；客户关系管理系统（CRM）提升了售前、售中及售后的客户价值及满意度。马林芳（2015）设计出基于信息管理系统的财务预警机制，以快速诊断企业的财务健康状况，并对企业财务困境加以系统分析，从而找出问题的症结，并采取相应措施加以解决和预防，实现有效的财务风险管理。

三、大数据、人工智能与企业风险管理

随着近年来信息科技的深入发展，人工智能技术飞速进步，逐渐成为信息时代的尖端科技。在当前经济大环境下，面对繁杂和多样的风险事件，企业业务风险水平上升，企业对提升自身风险防控能力的需求日益迫切。企业传统的风险管理体系存在灵活性较低、敏感性较弱、防控手段较为落后等弊端，而大数据技术和人工智能技术恰好能以自身据覆盖面广、维度丰富、实时性高的特点对这些弊端进行弥补。因此，企业风险管理体系的智能化成为大数据和人工智能的热点应用领域和方向。

风险管理是企业可持续发展的根本，而大数据和人工智能技术在企业风险管理领域将大有可为。在市场逐渐走向成熟和更为开放的条件下，随着大数据和人工智能技术的飞速发展，大数据风控将得到广泛、细致的应用。Claire（2004）率先提出风险智能管理模型，以企业风险管理理论为理论基础，将该模型广泛运用到企业内部风险与外部风险评估的各个环节，从而更到位地把握影响企业内部管理的主观因素，也为企业识别和诊断外部政策走向、产业动向、客户行为等风险因素提供了有效保障。该模型通过使用大数据和人工智能技术是可以实现的，且能够应用到如市场营销、生产运作、内部控制、财务管理、人事行政等企业细分业务风险管理领域，并从多元化的维度进行快、准、稳的风险预测和管理。运用智能风险模型来预测管理企业社会责任风险，也是当前企业的实际需求。Wang（2015）也从企业供应链的角度指出，企业可以利用大数据和预测性分析技术来减缓和管理供应链风险。白君贵（2018）提出，企业通过信息资源整合，能够对企业经营全流程进行梳理，使决策者看到不足、拟补差距，从而能够从全局上提升企业对各类风险预见与掌控能力。2019年4月，德勤国际会计公司发布《2019年人工智能与风险管理报告》指出，人工智能成为越来越多企业的战略方向，有效风险管理不应是抑制人工智能创新的因素，而是公司成功运用人工智能技术的基础，报告描述了人工智能时代的监管环境和人工智能相关风险的识别和应对。运用大数据和人工智能技术构建企业管理各个环节的事前预警、事中监控、事后分析的风险防控体系，能够增强企业应对风险的能力，使企业在未来的智慧竞争中立于不败之地。

四、人工智能给企业风险管理带来的挑战

企业要将人工智能运用于企业，必须将人工智能技术与企业的公司治理和战略纸递给紧密相连，并实时关注市场的变化。McAfee et al.（2012）提出，在大数据时代下企业管理者的决策形式需进行改变，即基于直觉的决策变为基于数据的决策。周萍（2017）分析了大数据在企业管理中的适用性，认为企业必须更新管理模式，才能利用大数据创造更多经济利益和社会价值。

对于人工智能与大数据技术在风险管理体系中的应用，企业将面临更高层次、更细层面的挑战。信息时代的今天，"人力资本"和"信息"取代财务资本，成为企业的生命之源和价值之根。人工智能和大数据风控技术对员工的知识结构和综合素质提出更高要求，而现阶段企业员工由于知识技能的局限给企业施行大数据风控技术造成阻碍，或者在技术施行之后难以发现甚至误解数据分析结果中的风险预警信号，从而给企业造成损失。因此，企业需要培育基于数据决策的学习型企业文化与制度（Becerra et al.，2012），推动企业员工不断完善自己的综合能力，从而推进企业智能风险管理体系的实施。从人工智能和大数据风控的应用环境来看，企业风险管理体系的构建从监管的要求出发，而体系的落实则需要具体风控手段的支撑。因此，在关注各类风险的组合和匹配的同时，应更深入地探讨建立灵活有效的企业风险评估和预警系统（汤谷良，2015），尤其是关于企业社会责任的风险预警系统。如何设计风险计量模型科学地衡量企业面临的风险，是现阶段数据分析技术应用的难题。

在人工智能和大数据时代，知识和创新助力企业发展。面对人工智能的挑战，创新企业管理与商业模式、优化产品和服务、深入挖掘信息的内部商业价值和强化人工智能人才培养，是企业在人工智能时代下提升企业风险应对能力以及企业核心竞争力的重中之重。

五、当前研究述评

在现代企业的市场竞争中，人工智能技术的应用为企业价值创造和竞争优势的提升提供了新的路径。本书在梳理人工智能在企业管理中的应用范围和应用效果等方面文献的同时，着重强调了人工智能和大数据技术对于提升企业软

实力和风险管理水平的重要作用，以及人工智能技术给企业创新管理模式带来的机遇和挑战，以期推进企业应用现代信息技术、构建基于大数据的风险管理体系和价值创造系统，从而提升企业价值。

随着人工智能的快速发展，关于人工智能与企业管理的研究也逐渐深入，并取得了丰富的研究成果，但仍然存在一些不足：

（一）相关研究内容还需完善

现有研究大多探讨人工智能对企业管理产生的效应如何，而很少涉及人工智能对企业管理产生积极影响的作用机理和具体路径，关于企业施行人工智能应进行的变革与转型也缺少系统的研究（周宇，2016）。

（二）相关研究范围还需拓宽

当前学者主要关注人工智能在企业经营管理的作用，极少有学者将人工智能与企业风险管理和企业社会责任结合在一起进行探究，也未具体探究人工智能在企业风险管理和社会责任方面实现的价值创造。

（三）相关研究成果有待丰富

对于人工智能在企业管理中的应用范围和经济效益的研究已相当丰富，但基于企业社会责任的角度，关于人工智能应用于企业风险管理并进行价值创造的研究成果并不完善，还需进行更多的实证检验。

第二章 从内部牵制到风险智能管理*

内部控制与风险管理是企业管理中的常用术语,使之良好运行的基础保障。经过不断发展,内部控制与风险管理经历了由低级到高级的演进变化,已由最初的内部牵制,发展到目前的风险管理整合框架。特别是从2007年下半年开始,金融危机爆发后,内部控制与风险管理的整合发展和智能化应用趋势日益明显。近年来,随着大数据和人工智能等现代信息技术的快速发展,德勤国际会计公司提出风险智能管理的新思维,经过在其客户的推广和应用,取得了良好的实际应用效果。

第一节 内部控制与风险管理的产生与发展

1992年之前,人们对内部控制存在着多种解释。从审计视角看,内部控制是保证财务报告可靠性的手段和方法;从管理者视角看,内部控制是保证企业效率效果目标实现的管理控制;从股东和其他利益相关者的角度看,内部控制是为解决代理人的道德风险与逆向选择问题而建立的一套监督和制衡制度,即公司治理。经过不断发展和演进,先后经历了内部牵制、内部控制制度、内部控制结构、内部控制整合框架和风险管理整合框架等阶段。特别是始于2007年下半年的金融危机爆发后,人们对内部控制和风险管理的认识得到进一步提升,两者融合的趋势日益明显。

---

* 本章执笔人:王清刚。

一、从内部牵制到内部控制结构

两个或两个以上的人或部门无意识犯同样错误的机会是很小的,两个或两个以上的人或部门有意识合伙舞弊的可能性,大大低于单独一个人或部门舞弊的可能性。这是内部牵制（Internal check）的基本原理,是内部控制的萌芽阶段。内部牵制是为提供有效的组织和经营,防止错误和其他非法业务的发生,而以不相容职务分离和账目核对为基础的制度设计,包括实物牵制、程序牵制、体制牵制、簿记牵制等。

实物牵制是由两人或两人以上共同掌管实物来完成一定程序的牵制。例如,保险柜密码和钥匙由不同人员分别保管；网上银行的数字证书和交易密码由不同人员分别保管；凡涉及货币资金业务的支票、本票、发票、收据等票据应与有关印章分开保管；出纳不得同时保管空白收据、发票和财务专用章等。

程序牵制是只有按正确的程序操作才能完成一定过程的操作。例如,系统操作员如果连续三次输入错误密码,程序将自动报警或锁死该账户；保管期满的会计档案销毁时,必须按规定程序销毁；超过正常信用条件的赊销,必须按规定程序报批等等。程序控制要求单位将各类业务及事项的处理过程,用文字说明或流程图的方式表示出来,以形成制度,颁布执行。

体制牵制是为防止错弊,对每项业务或事项的处理,都由两人或两人以上共同分工负责,以相互牵制,任何人不得单独办理任何业务的全过程。体制牵制主要通过组织分工来实现,要求明确划分各部门和岗位的职责权限,规定相互配合与制约的方法。例如,构成亲属关系的人员不应在本单位财务部门担任具备不同财务权限的职务；单位负责人直系亲属不得担任本单位财务负责人；财务负责人直系亲属不得担任本单位出纳等。

簿记牵制是将原始凭证与记账凭证、会计凭证与账簿记录、不同账簿记录之间、账簿记录与资产实有数、账簿记录与报表项目之间定期或不定期进行核对,以确定是否相符并进一步查明和处理不相符的情况。例如,定期将账簿记录与库存实物、货币资金、有价证券、债权人或债务人记录等进行核对。

内部牵制是在内部控制系统的萌芽时期产生的。1949 年,美国注册会计师协会（AICPA）审计程序委员会首次提出了内部控制制度（Internal Control System）,该系统认为内部控制系统旨在确保会计信息的可靠性,维护企业资产安全，促进企业的经营效率的提高，推动组织计划以及促进管理部门制定的政策措施和各种方法的实施。之后，内部控制分为两个方面：内部会计控制（Internal Accounting Control）和内部管理控制（Internal Administrative Control）。会计控制包括与确保会计信息的可靠性和维护公司资产安全目标相关的所有控制系统，包括授权系统，会计分离系统和内部审计系统。管理控制包括所有相关的系统和程序，以提高业务管理的效率并确保各种公司管理政策的实施。管理控制的实施主要通过统计分析，员工培训，经营报告和质量控制等，与公司的财务记录并不直接相关，即关联性不强。因此，独立审计师应主要检查会计控制，不评估管理控制。

1988年，审计程序委员会发布了《第55号审计准则公告：在财务报表审计中考虑内部控制结构》，提出"内部控制结构（Internal Control Structure）"概念，取代原有的"内部控制制度"概念。内部控制结构也建立了各种合理的政策体系和程序，以确保实现公司的具体目标。这些系统和程序包括三个方面：控制环境，控制程序及会计系统；其中，控制环境是指企业的整体环境，包括管理者的特征，企业的特征和组织结构，它们影响企业具体政策和程序的执行和效率；控制程序是由管理部门设计的程序，以确保合理有效地实现公司的具体目标，如授权审批系统，职务分离系统，以及内部审计系统；会计系统主要分析和归还所有交易和事件。定义分类，记录和报告方法。

二、从内部控制结构到内部控制框架

学者对内部控制的认识呈现出多元化的特征。在审计维度上，企业内部控制制度是保证财务报告可靠性的手段和方法之一；在企业管理维度上，内部控制是为保证企业经营管理目标实现的必要的管理控制；在公司治理维度上，内部控制是为缓解代理问题而建立的监督和制衡制度（张先治等，2011）。

为了统一对内部控制概念的解释，COSO委员会于1992年成立，并发布了《内部控制：整体框架（Internal Control：Integrated Framework）》专题报告，该报告将内部控制概念定义为：由公司的管理层和员工以确保财务报告的可靠性和业务运营的效率，并遵守相关法律法规下，实行监督的制度方法和程序。总体框架将内部控制视为由目标层面、要素层面和结构层面组成的三维总体框架，如图2-1所示。

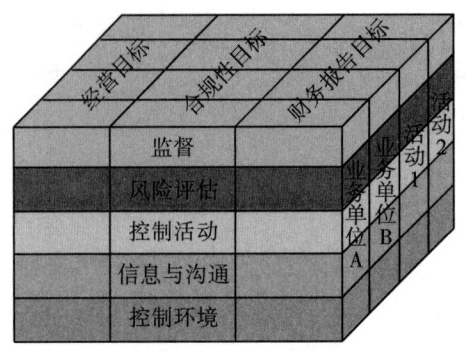

图 2-1　COSO 内部控制整合框架

财务报告目标，合规性目标和经营目标将内部切分成三个目标层面；基本层面包括五个要素：控制活动，监督，控制环境，信息和沟通与风险评估；结构层面包括各种业务单元和业务活动。内部控制的总体框架与先前的发展相比有以下进步：

1. 认为内部控制不仅是一般文件化的程序制度，更是一个过程，它具体表现为实现组织目标而实施的各种控制活动，总体上是一个多层次、多维度的整体框架。

2. 全部员工都是内部控制实施的主体，人人都要为企业的运作负责。内部控制不能等同于会计控制和管理控制的任何方面的独立存在。在董事会内部控制制度的责任和领导下，从管理层到普通员工，每个职位，每个部门都是企业内部控制的主体。

3. 内部控制的目标不仅限于确保财务信息的可靠性，防止错误和风险以及欺诈。它还包括经营目标和合规性目标，此目标包括预防错误和舞弊检测。

4. 内部控制只能为企业有效运作提供合理保证，管理层凌驾，仅凭专业独立判断，过度追求成本效益等都可能使控制活动无效。

5. 企业在经营中潜在的各种风险是对内部控制活动的主要对象。

COSO 内部控制的总体框架已得到广泛认可，但美国证券交易委员会（Securities and Exchange Commission，SEC）并未将该框架作为企业内部控制的强制性标准。原因是：首先，COSO 委员会的成员都是由会计领域、审计领域和财务领域的前端人士组成的。这些人员在平衡各利益相关方的利益方面缺乏权威和代表性。其次，该框架显然对会计和审计的观点具有偏向性。内部控制目标过分强调财务报告的可靠性，即会计控制，但用于对管理控制的方面参与较少，因此，很难得到公司管理层和其他利益相关者的认同。最后，框架缺乏明确的企业内部控制有效性判断标准。

2013年5月，COSO委员会发布《内部控制——整合框架（2013）》及其配套指南（包括《内部控制体系有效性评估工具示例》和《基于外部财务报告的内部控制：方法与实例概览》等），主要针对1992版的框架进行修订和改进。新框架既有原始框架内容的延续和调整，又基于内部控制的五要素提出了17个原则和相应的关注点。这些原则和相应的关注点构成了建立和评估组织内部控制的主要标准。它与原始框架中指定的内容一起，构成了一个定义明确的系统，即系统—目标—要素—原则—关注点。

三、从内部控制框架到风险管理整合框架

2004年，COSO委员会根据SOX法案的要求，对原报告的内容进行修订，发布"内部控制与风险管理的整合框架"（Enterprise Risk Management：Integrated Framework，ERM）。该框架从实质出发，认为企业风险管理是一个过程，这个过程的实现受到企业董事会、管理层和其他员工的影响，它的主要内容是内部控制及其在企业战略管理和企业整体运行中的应用，该框架设定的目标与之前的框架类似，主要多了一个战略目标的设定。如图2-2所示，目标实现中所遇到的各种不确定因素叫作风险，可能形成实际结果与预期目标之间的差异。通过识别和判断一些不确定因素，内部控制实施适当的控制活动来管理和控制这些风险，从而促进实现企业目标。基于内部控制的总体框架，企业风险管理创新地提出内部控制是实现企业风险管理的重要手段和重要内容，因此应将两者的主要思想进行整合，从而形成一个完整的框架。

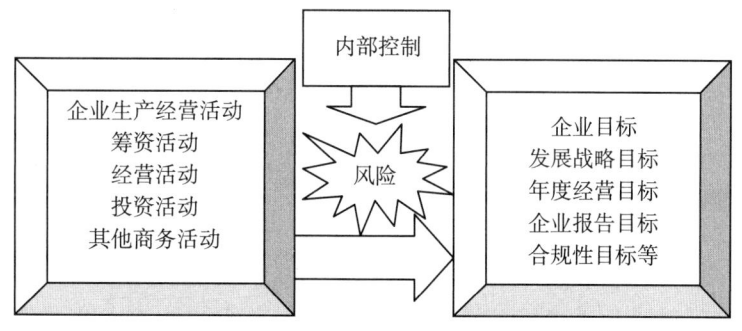

图2-2 内部控制与风险管理的关系

如图 2-3 所示，ERM 呈现的是完整的三维立体结构，目标层面包括报告目标、经营目标、合规性目标和战略目标；要素层面由八个要素组成，包括内部环境、风险应对、控制活动、信息与沟通、监督、目标设定、事项识别、风险评估；结构层面有四个方面，包括业务活动、企业整体、子公司和分支机构。

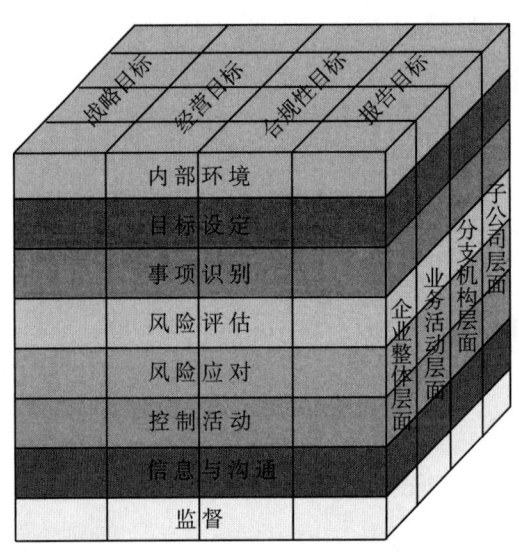

图 2-3　COSO 风险管理整合框架

ERM 根据内部控制的总体框架添加战略目标和目标设定，事件识别和风险响应，以形成三维集成框架。在目标层面，企业风险管理 ERM 认为风险管理的最高目标是促进和提高企业可持续性，且企业风险管理还扩大了报告目标的范围，从强调财务报告目标到强调公司整体财务信息的可靠性；在要素层面，ERM 强调了风险评估和响应的重要性，对企业相关的风险管理流程进行优化，对风险承受能力和风险偏好这两个概念进行定义。在结构层面，ERM 认为企业风险管理基于企业管理系统。在业务运营的各个方面，它是一个全面的风险管理，涉及公司战略发展到功能业务的整体运作。

四、2017 版 COSO 企业风险管理框架的主要变化

2017 年 9 月，COSO 委员会发布新版《企业风险管理框架——整合战略与绩效》，将企业风险管理重新定义为主体在创造、实现和维护企业价值的过程中，为战略制定和执行而管理风险所依赖的文化、能力和实践。新框架更加注重对

企业战略和愿景的支撑、与价值创造紧密关联,更加强调和业务活动的融合,倡导决策和目标导向,明确风险管理对于战略计划和嵌入整个组织的重要性。

新框架告别了2004版的立方体8要素框架,采用"要素+原则"模式,直接从企业管理的角度将风险管理的内容融入企业活动的各个方面,包括战略制定过程、确定商业目标、执行商业活动以及完成并评价绩效等。如图2-4所示,新框架以图形方式展示了这一逻辑和路径,包括5个要素和20项原则。

(一)治理与文化

治理确定了企业的基调,强调了企业风险管理的重要性和监督责任。文化则包含了道德价值观、理想行为以及对主体风险的理解。

1. 董事会执行风险监督:董事会对战略进行监督,肩负治理责任,支持管理层实现战略和业务目标。

2. 建立运营架构:企业应建立运营架构用以实现公司战略和商业目标。

3. 定义所需的文化:企业对于期望行为的定义彰显了主体所追求的文化理念。

4. 展现对核心价值的承诺:企业对主体核心价值观的承诺。

5. 吸引、培养并留住人才:企业应致力于培育与战略和业务目标相适应的人力资本。

(二)战略与目标设定

战略规划过程中风险管理、战略和目标设定是密集联系的。风险偏好的设定以战略为基础,并与其保持一致;商业目标将战略付诸实践,并为识别、评估和应对风险的提供基础。

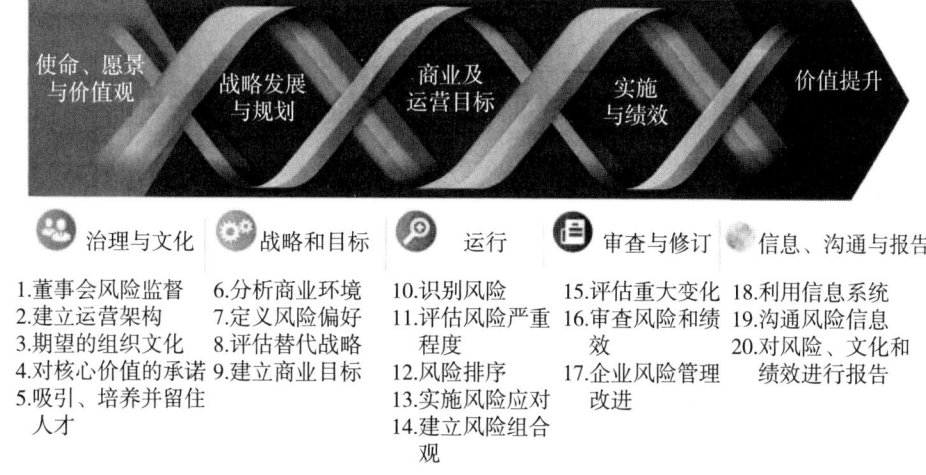

图2-4　COSO委员会2017版《企业风险管理:整合战略与绩效》逻辑框架

6. 分析商业环境：企业应重视不同商业环境对风险状况的潜在影响。

7. 定义风险偏好：企业在创造、保持和实现价值时应定义风险偏好。

8. 评估替代战略：企业应评估替代战略和对风险的潜在影响。

9. 建立商业目标：企业在建立支持战略实现的不同层次的商业目标时应对风险进行考量。

（三）运行

运行①是实施风险评估的程序，是对影响战略和商业目标实现的风险进行识别与评估。在符合风险偏好的情况下，风险按照严重程度进行排序。组织将采取一种组合的视角对风险进行评估和应对。这一过程的结果将反馈给主要风险利益相关者。

10. 识别风险：企业对影响公司战略和商业目标绩效的风险进行识别。

11. 评估风险的严重程度：企业对风险的严重程度进行评估。

12. 风险排序：企业对风险进行排序作为制定风险应对措施的基础。

13. 实施风险应对：企业识别和选择风险应对措施。

14. 建立风险组合观：企业应建立一种组合的视角来评估风险。

（四）审查和修订

通过审视主体的绩效情况，组织可以考虑如何利用企业风险管理的要素，根据重大的变化发挥更为长期的作用以及需要进行哪些修订。

15. 评估重大变化：企业识别和评估可能对公司战略和商业目标产生重大影响的变化。

16. 审阅风险和绩效：企业审视主体绩效的同时考虑风险。

17. 企业风险管理改进：企业需要不断改进企业风险管理。

（五）信息、沟通和报告

企业风险管理需要一个持续的过程，获取和分享内部和外部的必要信息，这些信息可以自上而下或自下而上在整个组织里流转。

18. 利用信息系统：企业利用主体的信息和技术系统来支持组织的风险

---

① 报告中这一要素的英文术语是 Performance，在报告的意见稿阶段使用的是 Risk in Execution，对这一要素的理解和翻译有不同认识，从实施该要素的原则来看是属于原报告中风险评估的内容。为强调从战略和企业治理高度整合风险管理，而不是基于风险视角下的企业战略和治理，新框架刻意"去风险化"，五要素中的"风险"一词均被去除。如果将 Performance 直译为绩效，容易和该报告标题中的绩效混淆，且容易被人误解其在本处的含义。我们在此处译为运行，意指定义好的风险管理框架和程序要得到有效运行，风险评估工作可以在企业各层面、各职能、各活动中开展。

管理。

19. 沟通风险信息：企业运用沟通渠道支持组织的风险管理。

20. 对风险、文化和绩效进行报告：企业对各层次的风险、文化和绩效提供报告。

五、2018 版 ISO31000 的主要变化

几十年来，经济、社会和技术环境发生着巨大变化，生态和资源环境压力越来越大，组织结构和商业模式日益复杂化，金融和商业创新的步伐越来越快，企业生产经营和日常管理更加依赖创新和复杂技术等。这些变化对企业内外环境影响很大，对组织的风险管理与内部风险控制带来了巨大挑战，财务舞弊和内部控制失效事件频发。这些变化和内部控制失败事件，也促进了内部控制与风险管理理论和实践进一步向前发展。

2009 年 11 月，国际标准化委员会（ISO）发布《ISO31000：组织的风险管理国际标准》。该标准源于当前的全球化背景，涵盖并总结了全球风险管理领域的最新理论和最佳实践，代表了风险管理的先进标准。

所有类型和规模的组织都面临来自内部和外部、使组织不能确定是否及何时实现其目标的因素和影响。这种不确定性对组织目标的影响就是"风险"。组织的所有活动都涉及风险。组织通过识别、分析和评定是否运用风险处理修正风险以满足它们的风险准则，来管理风险。尽管所有的组织在某种程度上都在管理风险，但该标准旨在建立一些为使风险管理变得有效而需要满足的原则。组织制定、实施和持续改进风险管理框架，其目的是将风险管理过程整合到组织的整体治理、战略规划、运营管理、报告过程、方针政策、价值观和文化中。风险管理可以在组织的多个领域和层次、任何时间，应用到整个组织、具体职能、项目和活动。

过去一段时间，许多行业为满足不同需要，已经开展了风险管理实践，但在一个综合框架内采用一致性过程有助于确保在组织内有效地管理风险。该标准所描述的通用方法提供了在任何范围和状况下，以系统、清晰、可靠的方式管理风险的原则和指南。

每个行业或组织对风险管理的应用都有各自的需求、观念和准则。该标准的主要特点是，将所包含的"确定状况"作为通用风险管理过程的开始，确定

状况将捕获组织的目标、组织所追求目标的环境、组织的利益相关者和风险准则的多样性等，所有这些都将帮助揭示和评价风险的性质和复杂性。

该国际标准描述了风险管理原则、框架和风险管理过程之间的关系，如图2-5所示。

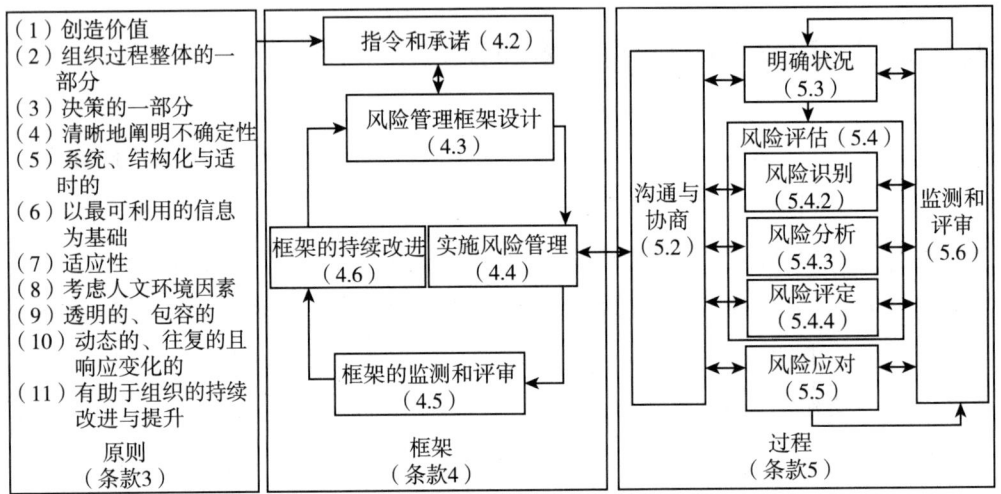

图2-5　风险管理的原则、框架和过程之间的关系

2018年2月，ISO发布新版《ISO31000：组织的风险管理国际标准》，对风险管理的原则，框架和流程进行了改进和优化。

新标准更加简洁，更便于理解和运用。该标准适用于需要通过管理风险、做出决策，制定并完成目标，提升业绩来创造、实现、保护和提升价值的组织。无论任何类型和规模的组织，在实现目标的过程均面临着诸多不确定性。管理风险包括与利益相关者的沟通与协商，是一个组织所有活动的一部分。同时，管理风险须考虑包括人员行为与文化因素在内的内部环境和外部环境，管理风险是治理和领导力的一部分，对组织在各个层面的管理都有重要作用，它有助于促进管理体系的完善和发展。

2018版ISO31000新标准主要由原则、框架和流程三部分构成，如图2-6所示，可简称为"三轮框架"。原则轮突出了价值创造和保护的总原则，框架轮的核心是领导力与承诺，强化了领导层职责和整合的重要性，流程轮强调了风险记录与报告，延续了风险评估的经典流程，包括风险识别、风险分析、风险评价和风险应对等。

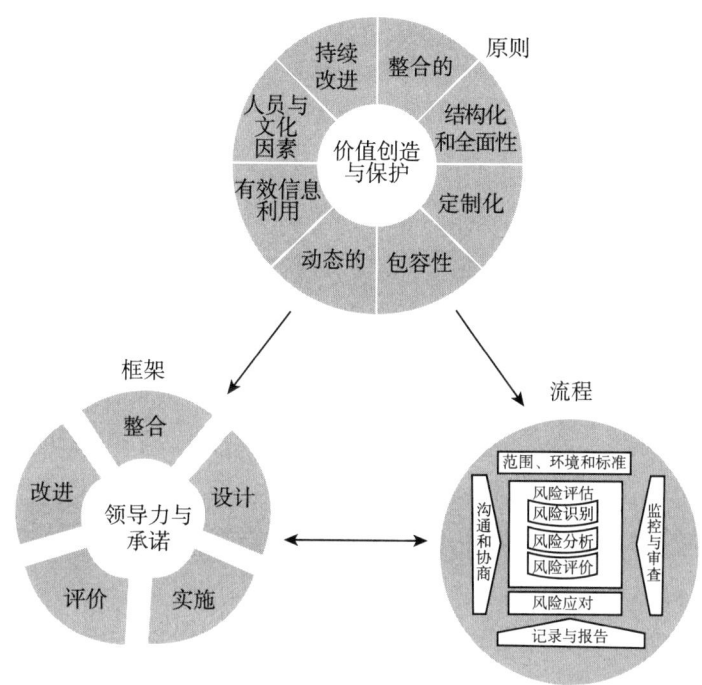

图 2-6　组织的风险管理国际标准（ISO31000）：原则、框架和流程

2018 版 ISO31000 新标准的主要变化体现在以下几个方面：

（一）内容更加精简，缩减了风险管理原则

2018 版 ISO31000 新标准的定义和术语被大幅缩减，风险管理原则由 11 项减为 8 项，更加聚焦组织的价值创造、维护和实现。八项原则包括：有机整合；结构化和全面性；定制化；包容性；动态；有效信息利用；人员与文化因素；持续改进。

（二）强调了风险管理对于决策支持的重要性

新版 ISO 风险管理标准数次在不同章节中强调了风险管理对于决策支持的重要性，指出任何组织和个人无时无刻不在面临做出决策的情况。如果说风险管理聚焦到了价值的创造和保护，那这个目标是组织通过做出一系列的决策而达到价值实现的。风险管理让我们可以更好的管理不确定性，从而为更好地做出决策，应对不确定性提供支持。

（三）更加注重风险管理的整合

风险管理不是一项孤立的管理活动，需要与其他管理活动整合。孤立的风险管理工作并无实际意义，风险管理工作应该与组织的所有管理活动整合，成为任何管理经营活动的一部分,包括但不限于:战略和规划、公司治理、人力资源、合规、质量、健康与安全、业务连续性、危机管理与安全管理、组织抗风险能力、IT 等。

(四)强调"领导力与承诺"

在新标准的框架轮中,最核心的内容为"领导力与承诺",强化了对于领导层在风险管理工作中的角色和职责。以前风险管理从业者往往处于组织管理的边缘,这种强调将帮助他们证明风险管理是企业管理不可分割的一部分。可见,人们对风险管理工作的认识和重要性等级在快速提升。

第二节 风险智能管理框架

在经济全球化背景下,企业生产经营活动日益复杂化,使企业的风险特征也呈现出多样化的局面,风险管理变得日益复杂,传统的人工化风险管理体系已难以满足快速发展的技术需求。"互联网+"时代下,人工智能、大数据、云计算等数字化技术给企业风险管理带来便利和机遇的同时,也带来了新的挑战。例如,在跨行业跨平台的趋势下,传统风险管理是否可以应对产业升级带来的全新风险?再如,在当前"互联网+"所代表的信息时代,企业信息安全至关重要,因为企业运营信息一旦被破坏或泄露会给企业运行带来重大隐患,甚至引发一系列财务、法律、市场危机。企业应充分认识到技术赋能可以成为企业发展突破瓶颈的关键因素,可以为企业风险管理水平提升插上腾飞的双翼。近年来,德勤国际会计公司通过利用现代信息技术,提出基于 COSO 风险管理整合框架的风险智能管理新思维,并尝试在其客户中应用和推广,取得了良好的实践效果。

一、德勤国际会计公司的风险智能管理框架

如图 2-7 所示,德勤国际会计公司从风险治理、风险架构及监督和风险归属三个层面,基于人员、流程和技术三个维度构建了风险智能管理框架。在技术应用方面,风险智能管理广泛使用大数据和人工智能等现代信息技术开展风

险识别、风险分析、风险应对和风险监督与报告等,大幅度提高了风险管理的效率效果。在内部环境培育方面,风险智能管理注重风险管理文化、核心价值观、人力资源等软环境的建设和培育。

实施风险智能管理框架有三个层次、九项核心原则,具体包括:

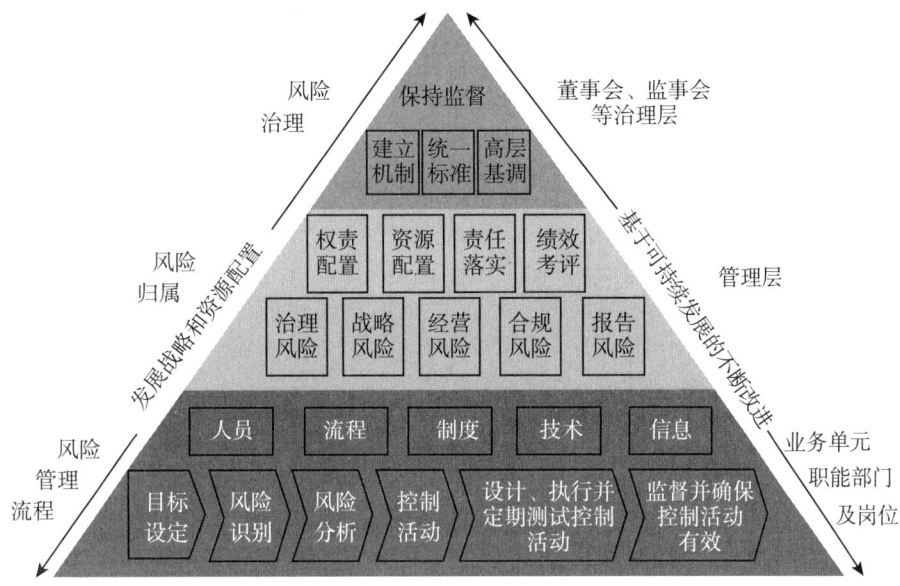

图2-7 德勤国际会计公司提出的风险智能管理框架

(一)风险治理

1. 董事会负责治理风险,风险管理机制需科学有效,由董事会设计并实施,必要时也需董事会进行维护。

2. 包括企业价值维护和价值创造在内的统一的风险管理思想为公司整体所接受和深刻认识。

3. 有关企业风险管理的重要角色、职责被清晰定义,授权和审批制度也应明确规定和实行。

4. 统一、标准的风险管理框架在公司整体范围内深入应用和落实。

5. 监督奠定高层基调,对确保风险管理机制有效运行尤其关键,公司治理层对企业风险管理的制度设计和贯彻落实情况进行适当地监督。

(二)风险架构及监督

6. 风险架构的设计和实施由领导层负责,主要包括三个方面,涉及人员、流程和技术,应采用统一的风险管理框架,公司所有的职能部门和各分业务单元需步调一致。在人员方面，企业应对相关人员进行岗前培训，帮助其树立科学的风险管理意识和观念，并掌握一定的风险管理技巧，与此同时，与风险相关的企业文化也应在企业运行的方方面面进行渗透；在流程方面，在风险智能管理中各流程之间建立合理的关联性十分必要，将风险智能化的管理活动和常规一致性的风险管理程序相融合，使之更好地作用于企业日常管理和运营之中；在技术方面，现代信息科技是风险智能管理中关键的一环，先进的数据挖掘和数据分析技术将为企业风险识别、判断和监测提供技术支持和专业化平台。

7. 内审部门、合规部等职能部门应对企业风险管理的有效性进行监督和报告。监督和评价要求管理层不仅要确保企业整体风险控制按预定计划执行，还要向董事对风险事件的风险控制水平做出合理保证，以确保企业风险在可接受的范围内。此外，内审部门需要为其对企业风险控制制度实行的监督和评价负责。

（三）风险归属

8. 风险主要包括财务报告风险，战略风险，合规性风险，经营风险和治理风险。企业中每个部门不仅要对自己的运营效率负责，并且在风险管理整体框架中，还要对应承担的风险负责。上级管理层负责战略风险和重大风险；中级管理层负责日常的经营风险；普通员工负责岗位操作的运行风险。

9. 风险管理过程包括目标设定，风险识别，风险分析，风险应对，系统设计和实施，监督和评估。财务部门，审计部门和合规性部门等职能部门为业务部门的风险管理提供相应的支持。

风险智能管理框架还强调了公司在发展战略和资源配置水平上的风险考虑，并注重风险管理和控制的持续改进，将风险因素纳入战略管理是企业制定发展战略的必经之路，同时不能忽略战略规划及实施时的风险，尤其是重点关注重大风险。在控制风险前的关键决策应是风险评估，企业应善于从风险管理中寻求发展机会，从风险控制中把握价值创造空间。企业目标、业务计划以及战略规划中，都应该整合对企业风险管理战略，并分配适当的资源进行管理。董事、高级管理人员和监事应强调风险控制和管理的重要性，结合核心价值观和企业文化，形成统一的思想认识。定期或不定期评估风险也十分重要，企业应根据评估结果合理分配风险管理资源，包括资金、人力、技术和外包。为了适当的风险，应分配足够的管理和控制资源。

持续改进意味着企业应注重风险管理有效性，并且应不断采取措施提高管理效率，包括协调（确保在公司内部使用通用风险管理语言），同步（整个组织的协调行动）和合理化（消除无效或重复的任务）等。

二、相对传统风险管理，风险智能管理的主要改进

如图2-8所示，经过不断演化，相比传统的风险管理理念，人们对风险及风险管理的认识发生了很多变化。风险一词已经大大超越了"遇到危险"的狭窄含义，越来越倾向于未来的不确定性对实现目标的影响。企业在实现其目标的经营活动中，会遇到各种不确定事件，这些事件发生的概率及其影响程度是无法事先预知的，这些事件将对经营活动产生影响，从而影响企业目标实现的程度。这种在一定环境下和一定限期内客观存在的，影响企业目标实现的各种不确定因素就是风险。不确定性既可能给企业带来损失，也可能使企业获得收益。如果采取适当措施来管理这种不确定性，不仅能够减少损失，而且可能形成机会获得收益，有时风险越大，回报越高。风险智能管理不仅仅将风险管理确定为一项单独的管理职能、负责低层的控制和监督，它将企业风险管理与企业经营目标及价值创造相关联，认为在企业整体层面上，在企业中管理风险涉及对全面系统的职能管理，由企业特定要素构成的完整框架则是企业风险管理体系。企业不仅强调设计一套科学的管理流程进行风险智能管理，发展实用、

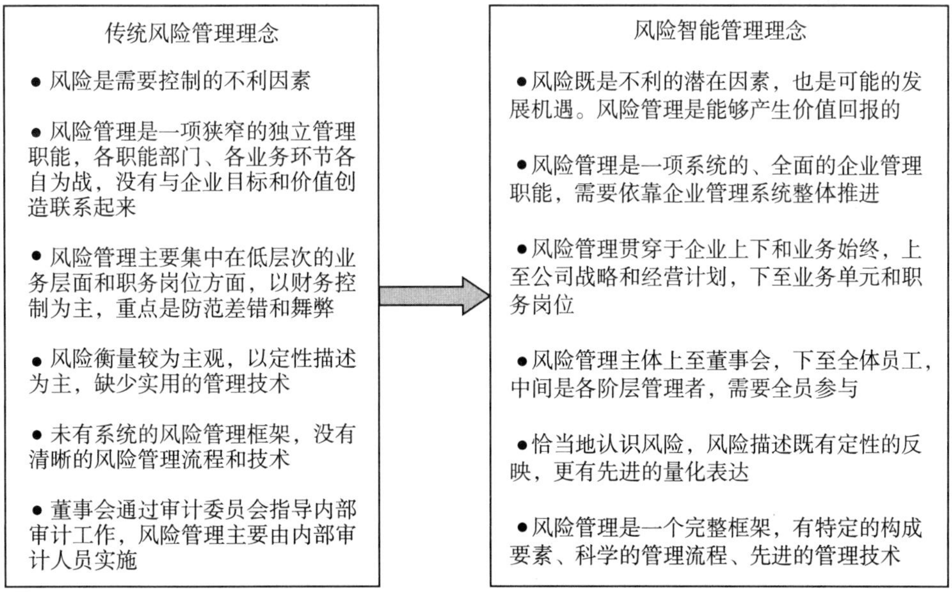

传统风险管理理念	风险智能管理理念
● 风险是需要控制的不利因素	● 风险既是不利的潜在因素，也是可能的发展机遇。风险管理是能够产生价值回报的
● 风险管理是一项狭窄的独立管理职能，各职能部门、各业务环节各自为战，没有与企业目标和价值创造联系起来	● 风险管理是一项系统的、全面的企业管理职能，需要依靠企业管理系统整体推进
● 风险管理主要集中在低层次的业务层面和职务岗位方面，以财务控制为主，重点是防范差错和舞弊	● 风险管理贯穿于企业上下和业务始终，上至公司战略和经营计划，下至业务单元和职务岗位
● 风险衡量较为主观，以定性描述为主，缺少实用的管理技术	● 风险管理主体上至董事会，下至全体员工，中间是各阶层管理者，需要全员参与
● 未有系统的风险管理框架，没有清晰的风险管理流程和技术	● 恰当地认识风险，风险描述既有定性的反映，更有先进的量化表达
● 董事会通过审计委员会指导内部审计工作，风险管理主要由内部审计人员实施	● 风险管理是一个完整框架，有特定的构成要素、科学的管理流程、先进的管理技术

图2-8 风险智能管理对风险认识的理念转变

适合的管理技术和方法，还要采用先进合理的风险衡量工具。它还特别关注企业文化、核心价值观等软环境的建设和培育，重视人力资源的培养。商业道德规范及核心价值观的培育，越来越为企业所重视并成为企业的重要事项，而高级人才的供给不足，而需求量大，导致优秀员工较难被吸引和留住。对此，风险智能管理能够为企业减少资源流失，从而促进企业目标的实现、进一步创造企业价值。通过实施有效的风险管理框架，将能够使企业在多变的内外部环境中保持企业发展的可持续性，不断增加企业价值，推动企业战略的实现。

三、风险管理全生命周期

风险管理的全生命周期一般包括目标设定、风险识别、风险分析和风险应对几个阶段。

（一）目标设定

目标引领行动，任何组织都有自己的目标，例如，实现企业价值的最大化，更加有效率地利用资源等。企业的目标是为利益相关者创造、保持和实现价值。企业在价值追求过程中会面临风险，针对风险需要进行分析和应对。风险管理作为企业管理系统的重要内容，要服务于企业的价值创造，应与企业运营目标保持一致，通过识别、分析和应对企业价值创造过程中的风险因素，以减少损失，提高收益，促使生产经营活动达到预期目标。因此，目标设定及其适当性是建立和实施有效风险管理的基础。风险管理的总体目标一般包括：合理保证企业经营管理合法合规、资产安全完整、财务报告及相关信息真实可靠、提高经营效率和效果、促进企业实现发展战略等。

风险管理的各目标之间并不是简单的罗列关系，合规目标、资产目标及报告目标是基础性目标，运营目标是核心目标，战略目标是最高层次的目标。风险管理的根本目标是通过控制风险来创造价值，通过促进人、财、物、时间、技术等资源的优化配置，以更优的效率效果实现其运营目标，从而促进其战略目标的实现。这些目标的实现必须以合规目标、资产目标和报告目标为基础。

（二）风险识别

风险识别是发现、辨识和表述风险的过程，包括对风险源、风险事件、风险成因和它们的潜在后果的识别。企业应及时识别可能对其目标实现产生影响的潜在事项，并确定它们是否代表机会，或是否会对实现目标的能力产生负面影响。风险的组成因素包括风险因素、风险事件及风险后果。

1. 风险因素

风险因素，也称风险因子，是指引起或增加风险事件发生的机会或条件，是风险事件发生的潜在原因。不同领域的风险因素表现形态各异，例如，一栋大楼所用建筑材料的质量和建筑结构的合理性都是造成房屋倒塌风险的潜在因素，经纪人超越委托人授权投资范围进行证券投资是导致投资亏损的潜在因素，不按规定流程进行岗位操作是造成安全生产责任事故的潜在原因等。

根据唯物辩证法的观点，任何事物的产生和发展都是内因和外因共同作用的结果。诱发风险产生的内部因素总括起来包括治理因素、组织因素、经营因素、管理因素、技术因素、信息因素、人员因素、环境因素等。诱发风险产生的外部因素总括起来包括经济因素、科技因素、法律因素、社会因素、政治因素、自然因素等。

2. 风险事件

风险事件是对目标实现产生影响的偶发事件，风险事件的发生会给企业造成人员伤亡、财产损失、客户流失、声誉受损等后果。风险事件意味着潜在后果成为现实结果。

3. 风险后果

风险事件的发生对目标实现的影响可以是负面的、正面的，或者两者兼而有之。风险后果可分为直接后果和间接后果两种。例如，某企业因遭受火灾导致的设备损毁属于直接损失，间接后果包括修理或重置设备而支出的费用、因设备损毁无法运营而减少的利润、因无法正常生产不能履约而造成的违约金或罚款等。

风险是由风险因素、风险事件和风险后果构成的统一体，其作用链条可用图2-9所示的因果关系来描述，风险因素的产生或增加引发风险事件的发生，风险事件的发生带来现实的风险后果，风险后果形成实际结果与预期目标的差异。例如，雪天路很滑，导致发生车祸，造成人员伤亡和财产损失。此时，"雪"是风险因素，"车祸"就是风险事件，"人员伤亡和财产损失"是风险后果。

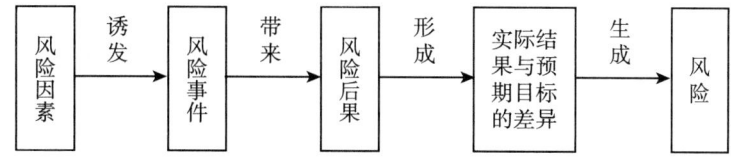

图2-9 风险要素的作用机理

风险识别从理论上可以分筛选、监测和诊断三个环节。风险筛选是将各种风险参照本企业的实际情况对号入座，按其明显程度和重要程度进行排序。风险监测是根据某种风险及其后果，对涉及这种风险的产品、过程、现象或个人进行观测、记录和分析，以掌握它们的活动范围与变动趋势。风险诊断是根据企业的风险症状或其后果及可能的因果关系进行评价和判断，找出可疑起因并仔细进行检查。

（三）风险分析

风险分析是在风险识别的基础上对风险发生的可能性、影响程度等进行综合评价的过程，是风险管理的重要环节，是企业采取风险应对策略和措施的依据。风险分析是理解风险特性和确定风险大小的过程，是确定风险应对策略的基础。风险分析是采用定性和定量相结合的方法，在风险识别的基础上对风险事件发生的可能性和条件，以及对目标实现的影响程度等进行描述、分析和判断，并确定风险等级的过程。风险分析应以个别或分类考察的方式分析潜在事项的正面和负面影响，并基于固有风险和剩余风险来进行风险评估。

风险分析通常采用定性和定量相结合的方法，量化风险不能像会计工具那样主要量化"过去"，而主要是量化"未来"，过去只能是依据。虽然计量风险是非常困难的，但风险计量是很实用的，即使是不太精确的估计。风险计量需要运用比较专业的方法和技能，需要较多的专业判断。

风险分析应从风险发生的可能性和影响程度两个维度展开。"可能性"和"潜在影响"是风险分析常用的两个术语，有的企业可能会用"概率""危害程度""严重性"或"后果"等词语表述。"可能性"代表特定事件将会发生的概率，"潜在影响"代表事件发生后产生的后果。"可能性"和"潜在影响"既可以采用定性，也可以采用定量的方式来描述其大小。"可能性"的定性表述，如"高""中""低"，采用概率来描述则是定量的表达方式，如百分比、发生频率或其他数字度量值。

企业进行风险分析既要考虑固有风险也要考虑剩余风险。固有风险是管理层没有采取任何措施来改变风险的可能性或影响的情况下，一个企业所面临的风险。剩余风险是在管理层的风险应对之后所残余的风险，即未被控制的风险。一旦企业风险应对的策略和措施确定下来，管理层接下来就要考虑剩余风险，确保剩余风险在可接受水平之内。

（四）风险应对

风险应对是在风险评估的基础上，依据企业风险管理策略，根据自身条件和内外环境，选择应对风险策略和具体措施的过程。对识别出来的风险进行评估后，需要根据评估结果，针对不同风险选择不同的应对策略，为企业进一步采取具体的控制措施提供依据。风险应对策略包括风险规避、风险降低、风险共担和风险承受。不论采用某一类或组合的风险应对策略，主要目的都是把剩余风险降低到与期望的风险可接受水平相协调的范围之内。

风险应对的目标并不是要一味地降低或消除风险，事实上绝大多数风险是无法消除的，一味地增加控制，追求风险的无限降低可能不符合成本效益原则，只要使控制后的剩余风险降低到可接受水平就可以了。

风险的发生会给企业带来负面影响、正面影响或两者兼有。现实生活中，人们习惯将具有负面影响的事项叫风险，将具有正面影响或抵消风险负面影响的事项叫机会。风险应对的目标是降低负面影响，放大正面影响。企业要正确认识和把控风险与机会的平衡，既要重视风险的应对，又要善于抓住机会。既要防止和纠正忽视风险，片面追求收益，认为风险越大、收益越高的观念和做法；也要防止单纯为风险规避而放弃发展机遇的保守主义。

四、风险智能成熟度模型

德勤国际会计公司依据业内通用的风险智能管理框架的三个层次九项原则，按照企业风险管理的水平的差异的情况，设计了自身的风险智能成熟度模型，并将之用作评估其客户的风险管理水平的高低的标准。如图2-10所示，该模型把企业的风险管理水平共分为五个级别，由低到高依次排列，即由最低的无意识型到松散型、自上而下型、系统型，最终到风险管理水平最高的风险智能型。

1. 无意识型。该类企业的风险管理水平是模型中风险管理水平最低的。该类公司的风险管理具有无序性与偶然性；其风险管理主要依靠个人的能力、知识和风险意识进行。

2. 松散型。这类企业还没有意识到各项风险之间存在的内在联系；风险管理和本公司的战略有相应的联系，但是联系很少；该类企业的风险管理缺少相应的监督体系；其仅对少数的风险建立了相互独立的机制；对发生的各种不利的事件没有系统的应对方案或仅由相关专家相应地做出反应。

3. 自上而下型。该类企业明确了风险管理中的相关政策与授权体系，并在其内部进行快速有效地传达；可以定期完成各项风险评估；其中关键风险可以与董事会直接进行沟通；风险的分析结果基本是定性的且风险衡量技术比较落后；建立专门的职能部门用以管理各项风险；该类企业的风险管理大多是被动进行的。

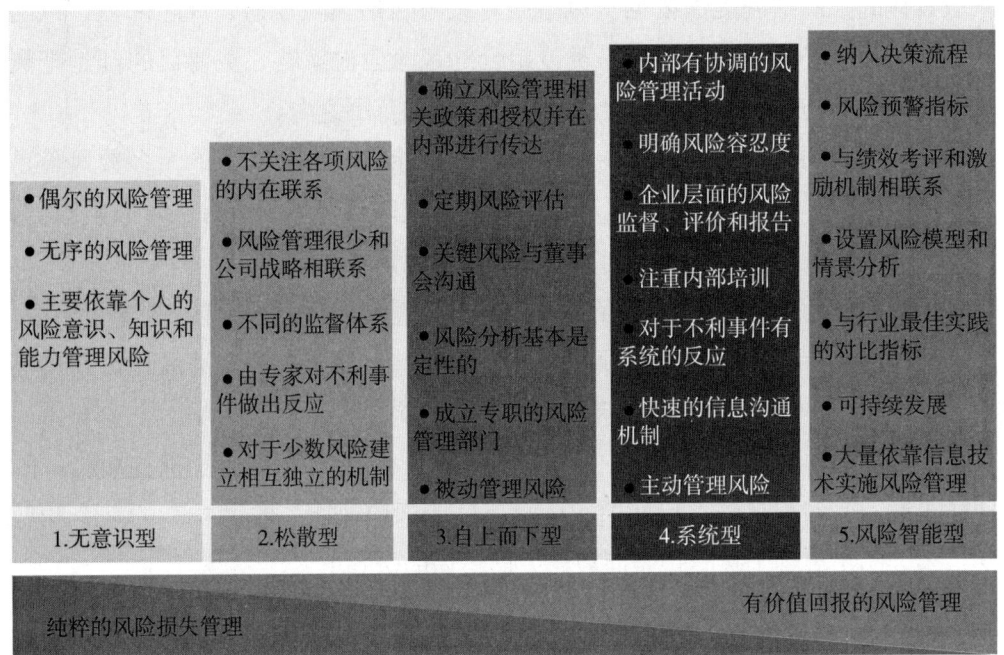

图 2-10　德勤国际会计公司提出的风险智能成熟度模型

4. 系统型。这类企业内部通常都具有协调一致的风险管理的活动；明确了各项风险的容忍度；可以站在企业的整体层面上进行统一的风险监督、评价与报告；注重企业内部的岗位培训和风险培训工作；对于发生的不利事件有快速的系统的反应机制；对于相关信息能够快速地进行内部间的沟通；该类企业能够有意识地主动地进行风险管理。

5. 风险智能型。运用风险智能管理风险的企业通常可以将风险纳入其决策流程；确立了科学的完整的风险预警指标的体系；该类企业风险管理通常与部门及其岗位的绩效考评与激励机制相互联系；建立风险模型，并经常进行不同的情景分析；确立了与行业最佳实践相对比的动态指标体系；其面对风险会基于战略目标与可持续发展的高度全方位的进行风险管理；大量利用信息技术和人工智能实施风险管理；这类企业的董事会与管理层对整个风险管理流程有完整的全面的了解。

2013年5月，德勤国际会计公司与清华大学经济管理学院联合举办的"2012年中国杰出企业风险情报名录"评选活动揭晓，中海油、中国移动、上海汽车、中石油、大唐国际等25家公司入选名单，由专家评审委员会依据风险智能成熟度模型进行评估。该活动已举行两届，这是第二次会议。将选定企业的选择标准相比，我们对选定企业的风险管理进行了总结，得出一些共同特征，如表2-1所示。

表2-1　　　　　　　　　　风险智能企业的特征

风险治理	高层基调 董事、监事和高管对风险管理保持正确论调，强调风险意识的重要性；高层诚实守信，以身作则，依据规程与制度履行职责	建立共同语言 确立了共同的风险术语，明确了评价风险管理有效性的统一的标准；统一了各部门、各业务单元的风险评估标准，实行统一的风险管理框架	内部监督 成立有监事会、审计委员会、内部审计等机构；保证风险监督人员的独立性；举报与反舞弊机制公开
	明确风险管理职责 治理层负责对于出现的战略风险和重大风险；经理层负责对日常经营风险；普通员工负责对其岗位操作风险	持续改进 依据监督和评价结果，使用措施提高风险管理效率，并保持持续改进，包括协调性、同步化和合理化	合理分配资源 定期或者不定期进行评估风险，根据评估结果合理配置各类资源，包括资金、人力、技术以及外包等，重点关注控制重大风险
风险架构	人员 设立文件化的岗位责任制度并配备可以合格胜任的人员；定期进行相关岗位培训与风险培训；积极发展与风险有关的企业文化；企业内部审计、合规部等职能部门要在持续监督中发挥重要作用	流程 风险管理涵盖企业所有业务，企业按事先设计好的流程与制度办理各类业务与事项；流程设计与不相容职务相分离原则和风险导向原则相符合，将风险点、控制措施、权责配置、管控目标及考评政策等有机连接	技术 注重利用信息技术的进步提升企业风险管理水平；借助人工智能和现代信息技术建立风险的识别、衡量、分析及应对手段；企业的风险分析要使用定性与定量结合的方法；建立并实时更新企业的风险数据库
风险归属	培育企业文化 意识到企业风险管理是日常工作中的一部分以及员工的职责与义务；重点培育正直诚信、核心价值观等类似企业文化	为取得回报而管理风险 不仅仅追求降低风险的损失，而要把承担风险作为一种创造价值的必由之路；把绩效评价与风险管控职责和薪酬决定联系进来	风险管理过程 风险管理需要有明确的目标，有清晰地风险识别、分析以及应对程序；依照风险评估结果针对地设计和执行控制活动，监察督促并确保控制活动高速有效

五、风险智能管理体系构建

（一）根据战略目标及实施规划设定风险管理策略

风险管理是企业在创造、实现和维护企业价值的过程中，企业为战略制定和战略执行所依赖的风险管理文化、能力和实践。风险管理的最终目的是促进企业实现发展战略。企业构建风险智能管理体系，首先需要根据战略目标及实施规划设定风险管理目标，在对战略目标进行分解并形成具体的商业目标和经营计划的基础上，确定企业管理层风险偏好、风险承受度和风险可接受水平，明确风险管理有效性的标准，有效配置风险管理所需的人、财、物等资源，制定风险管理手册，并将风险管理策略框架应用于企业各个领域的风险管理政策中。

（二）明确风险归属责任，构建风险管理职责体系

企业需要明确风险归属，并通过书面授权文件清晰地定义风险归属，合理划分决策机构、执行机构和监督机构的职责权限，明确治理层（董事会、监事会、管理层等）和内部机构层面（业务单元和职能部门，直至每个岗位）的风险管理职责，确保每一项风险都有明确的责任承担人，这是有效实施风险管理的基础和前提。使每个岗位的员工既要对工作负责，又要对工作相关的风险承担责任。每位员工必须具备两个能力：一是业务工作能力，二是风险管理能力。

（三）充分利用大数据和人工智能等现代信息技术

企业应从多维度及组合的角度，基于不同视角，充分利用大数据、云计算和人工智能等现代信息技术，建立风险度量模型，定性和定量分析相结合，综合评估风险发生的可能性、影响程度以及风险之间的潜在关系，有针对性地选择风险承受、回避、分担、降低等应对方式，通过有效的风险控制活动和沟通报告机制，将剩余风险控制在可接受水平之内。企业应坚持智能驱动，快速适应内外部环境变化，及时重估风险，优化内控流程，更新风险监控预警等。同时，企业还应注意防控智能化应用引发的特殊风险。

（四）构建风险智能管理信息系统

企业应充分利用现代信息技术，构建风险智能管理信息系统，对相关的内外部信息进行识别、收集、整理、分析、处理、预警并提出应对策略。企业应统一风险定义标准，统一建设并发布风险信息库、风险应对案例库、目标体系、

指标体系、法规库、流程库、业务规则库等风险管理信息系统，并动态更新，持续优化这一风险管理信息系统。

（五）积极推进风险管理与其他管理活动整合

风险管理不是一项孤立的管理活动，需要与其他管理活动整合，孤立的风险管理工作并无实际意义，风险管理应成为所有经营和管理活动的一部分。企业应充分运用集成平台，将风险信息与相关业务信息系统集成整合，确保风险管理与内控流程融入日常经营管理活动中，并支持结构化的风险管理手册。系统要能够根据风险监控自动启动相关业务管理流程，协同相关业务部门开展风险应对；能够通过风险指标、业务监测、访问控制、流程控制等手段全方位动态监控风险，全面掌握风险分布、构成、等级、因素、后果、状态信息，通过智能预警，提高集团风险防控力。

（六）培育风险管理文化，统一风险管理语言

风险智能管理不仅强调设计科学的风险管理流程、使用先进的技术和方法、采用先进合理的风险衡量工具，它还特别关注商业道德、企业文化、核心价值观等软环境的建设和培育，重视人力资源建设。董事会和管理层要建立并使用统一的风险管理语言，对识别、分析和管理风险有一致的信念和态度，通过各种表述方式形成企业的风险文化。企业董事、监事和高级管理层应以身作则，诚实守信，恪尽职守，依据规程和制度实施管理。

第三节 从制度建设到文化引领：风险智能管理的灵魂[①]

风险管理不是单纯的制度安排，而是由目标、要素、结构三个层面构成的整合框架。风险管理是一项全面系统的企业管理职能，不仅要有科学的制度和流程，还要注重人力资源、正直诚信、社会责任、价值观等软环境的培育。内部软环境的培育需要靠企业文化建设来推动，企业文化不仅能为企业提供精神支柱，而且对促进企业实现发展战略、提升核心竞争力、增强风险管理有效性

---

① 本节执笔人：王清刚。主要成果已发表在《中南财经政法大学学报》，2014年第1期，第119–125页。

等具有重要意义。制度和流程是企业风险管理的基础，道德和文化是企业风险管理的灵魂，两者的有机耦合才能构建完美的企业风险管理。

一、引言及文献综述

文化是民族的血脉，是人民的精神家园。党的十八大明确提出要增强文化软实力建设，培育社会主义核心价值体系，发挥文化引领风尚、教育人民、服务社会、推动发展的作用。台湾著名作家龙应台曾说："人本是散落的珍珠，随地乱滚，文化就是那根柔弱又强韧的细线，将珠子穿起来成为社会，当公民社会不再依赖皇权或神权来巩固它的底座时，文化和历史则是公民社会最重要的黏合剂。"企业作为社会的一个单元，要实现可持续发展，打造百年基业，必须重视文化建设，有自己的企业文化。经济学家于光远指出："国家富强在于经济，经济繁荣在于企业，企业兴旺在于管理，管理优劣在于文化。"我国《企业风险管理基本规范》明确要求："企业应加强文化建设，培育积极向上的价值观和社会责任感，倡导诚实守信、爱岗敬业、开拓创新和团队协作精神，树立现代管理理念，强化风险管控意识。"

风险管理是为实现组织目标而实施控制活动的过程，是一个由目标、要素和结构等层面构成的整合框架，而不仅仅是文件化的流程和制度。在风险管理的整合框架中，目标层面包括战略目标、经营目标、合规性目标、报告目标和资产安全目标；要素层面包括内部环境、目标设定、事项识别、风险评估、风险应对、控制活动、信息与沟通及监控；结构层面包括企业整体、业务活动、分支机构和子公司四个层次。在风险管理建设中，制度和流程是基础，是保证风险管理有效运行的前提和保障；道德和文化建设是内部环境培育的重要内容，是风险管理建设的更高境界，道德能够引领员工由被动走向自觉，文化能够凝聚人心，提升企业核心竞争力。制度是一种"硬约束"，必须融入企业道德和文化的"软约束"，才能实现"他控"和"自控"结合，以达到风险管理目标（余榕，2004）。

西方管理理论在经历了"经济人""社会人""自我实现人"与"复杂人"假设之后，对企业文化越来越重视，学者们广泛研究了企业文化与管理理念、管理过程、风险管理及企业绩效的关系（袁凌，2001）。Schein（2004）通过大量的案例研究证明，一个强大的文化几乎一直是美国企业持续成功的幕后驱动力；在企业发展的不同阶段，企业文化再造是推动企业前进的原动力。Mars Gerald（2008）分析了企业文化在企业管理中的具体运用，指出企业文化对于提升管理效率，实现企业目标具有重要的促进作用。COSO 委员会（2004）发布的《企业风险管理——整合框架》指出：风险管理的核心是人，个人品性，包括诚信、道德价值观和胜任能力是内部环境中最重要的因素。Enofe et al.（2012）分析了人的生活方式和需求的变化，指出公司要保证员工对企业的忠诚，必须关切这些变化，重视企业文化建设。

企业文化是企业重要的内部环境，能够培育工员认同感，增强凝聚力。吴水澎等（2000）认为所有的风险管理都是针对"人"来设计和实施的，企业内部会因此形成一种精神和观念，从而直接影响到内部控制的效率效果。何建国等（2009）指出培育和谐企业文化可以创造良好的控制环境，进而通过发挥控制环境的基础性作用，促进内控能力的提高。王竹泉等（2010）认为企业文化通过意识观念的渗透和同化，内在地影响人的行为方式，从而影响内部控制的实施。李连华（2012）的研究表明企业文化特征对企业风险管理的设计、执行和控制效率都有明显影响，专制型文化具有内部控制设计健全性上的效率优势，民主型文化则更加有助于内部控制制度的贯彻执行。

综上所述，内部控制是根植于制度和文化的科学，制度建设是企业风险管理的基础，而道德和文化建设是企业风险管理的灵魂，两者的有机耦合共同影响着企业风险管理的效率效果。本节主要从三个方面分别论述企业风险管理建设中的制度、道德和文化问题，以及它们的互动耦合关系。

二、制度建设：企业风险管理的基础

（一）制度的内涵及其功能

制度是一种人为设计的行为规则和程序安排，是由相关部门或单位制定并要求相关单位或人员遵守的办事规程或行动准则，如财务收支制度、内部稽核制度等。制度可使组织的所有成员共同遵守制度约定，从而为完成任务或目标提供保证。制度是一种导向，好的制度可使"坏人"变好，坏的制度可使"好人"变坏。设计良好的制度是社会和经济发展的重要基础，能够使组织成员的行为达到一定的标准化和可预见性，有助于降低交易成本，提高经济效率，减少不确定性，明确权责边界。

制度建设是企业风险管理的基础，现代企业管理以制度化和规范化管理为重要特征，企业管理的制度化和规范化离不开事先制定的各种规章制度，设计和建设各种管理制度是企业实施内部控制的前提和基础。制度的功能可以概括为以下几点：

1. 整合组织成员行为。作为具有一定强制力的行为规范标准，制度对于维护正常的社会秩序、经济活动是至关重要的。制度的目的是建立秩序，它能让人明确什么能做、什么不能做、如何做或不能如何做。

2. 界定权责边界和行为空间。制度是集体行动控制个人行动的一系列行为规则，提供了员工行为的基础，没有这个基础，企业内部将充满无序、无知和不确定性。

3. 明确价值标准和激励导向。有效的制度能够支配着组织全体成员的行为，规范着其行为方式的选择，决定着其利益分配格局，影响着人力资源的发展。

4. 提高资源配置效率和经济效益。发生交易或活动能给人们带来成本与收益，制度作为协调交易或活动进行的一种机制，实际上是一个指导行为主体之间的成本分摊和利益分配的过程。有效的制度安排能够减少交易成本，促进资源配置，提高经济效率。合约与制度在交易中都能起到权责配置和义务安排的规范作用，但合约的作用是短期的，通常只针对单次交易和特定事项；而制度则发挥着长期的规范和约定作用，调节范围较广，普遍适用于同类的或相似的交易和事项。

（二）企业管理制度及其设计

俗话说"没规矩不成方圆"。企业管理应依据各种制度进行。企业管理是一项复杂的系统工程，美国麦肯锡管理咨询公司提出了企业管理的七要素，即麦肯锡7S模型：战略（Strategy）、制度（Systems）、结构（Structure）被看作企业管理的"硬件"，风格（Style）、员工（Staff）、技能（Skills）、共同价值观（Shared Values）被看作企业管理的"软件"，而7S又以共同价值观为核心，以制度管理为基础。

企业管理制度是对企业生产经营活动和管理行为的制度安排，是管理当局和企业员工在企业生产经营活动和管理过程中必须遵守的规则，也是企业实施管理和控制的重要依据。例如，销售及收款管理制度、预算管理制度、财务收支制度等。管理制度是企业风险管理的基础和保障。管理制度是实现企业目标的强制措施，既是员工行为的规范，也是员工权益的保障。合理的管理制度能充分调动员工积极性，有利于员工主观能动性的发挥，是企业管理的重要基础。设计良好的管理制度不仅能提高企业的管理效率和决策实施的速度，提高竞争力与生存能力，而且能保证企业生产经营活动的合法合规，提高公司报告的真实性和完整性，增强企业经营管理水平和风险防范能力，提升经营效率和效果，帮助企业实现发展战略和经营目标，促进企业可持续发展。

制度化管理是按事先制定的各种规章制度来推动企业管理，涉及制度的设计、执行和监控三个环节。设计管理制度是企业实施制度化管理的前提和基础。企业依据国家法律法规和本单位的实际情况制定规章制度是企业内部的"立法"，这是企业风险管理的基础。制度设计的目的是让企业更加有序、高效地运行，每个企业的具体情况不同，现实中并不存在一个适合于所有企业的管理制度。因此，设计企业管理制度必须从公司实际出发，认真调查研究，熟悉企业的行业特点、经营规模、经营方式、经营风险、业务范围、组织结构、资本结构、投融资情况、材料供应和采购情况、产品销售和市场情况、生产工艺流程、人员结构等，并将这些特点有针对性地体现在制度设计中。企业管理制度的设计应遵循合法性、适用性、先进性、稳定性、系统性、成本效益等原则。

内部控制是对影响组织目标实现的各种风险因素进行识别、分析和应对，从而帮助组织实现目标的过程。内部控制制度建设需要基于风险导向，以内部控制整体框架为基础，明确并细化内部控制的目标，确立实施内部控制的基本原则，分析企业生产经营和管理过程中的总体风险，设计各项业务活动和事项管理的控制流程，系统全面地梳理和识别各业务、各流程、各环节的主要风险点，分析其产生原因、评估其发生概率及对企业的影响，针对风险点确立关键控制点，细化控制目标，并进一步采取相应的风险管控措施。内部控制制度的设计既包括企业整体层面的控制和业务活动层面的控制，又包括对分支机构和子公司的控制。在设计内部控制流程和制度时，企业应对风险进行排序，特别关注重大风险的识别、分析、评估和控制，把焦点放在对重大风险的控制上来，以提高内部控制的效率效果。

三、道德建设：从被动遵守到自觉行动

（一）道德的内涵及特征

"道"的本意是道路，引申为道理、做事的门道。"德"指心有所得，内心

有所感悟、行为利于他人。道德是以善恶为标准，依靠社会舆论、传统习俗和内心信念来调整人与人、人与单位、人与社会及人与自然之间的行为规范的总和。个人与他人的关系，道德倡导互爱互助、共同发展、实现双赢，当个人利益与他人利益冲突时，道德要求人们先人后己、宽以待人；个人与单位的关系，道德倡导爱岗敬业、团队协作、遵循规则，当个人利益与集体利益冲突时，道德提倡以集体利益为重，与单位同心同德；个人与社会的关系，道德倡导友爱亲善、和谐相处、符合公德，当个人利益与社会利益矛盾时，道德要求人们有社会责任感、信守承诺、顾全大局；人与自然的关系，道德提倡和谐相处、低碳环保、节约资源，当个人利益与自然环境矛盾时，道德要求人们尊重自然规律、体现生态文明。

道德涉及人类社会的各个方面，包括社会公德、职业道德、家庭美德和生态文明等。党的十八大明确提出要全面提高公民道德素质，加强个人品德教育和职业道德教育，培育社会公德和家庭美德，弘扬中华民族传统美德；积极推进公民道德文化建设，大力弘扬真善美、贬斥假恶丑，引导公民遵纪守法，自觉履行法定义务、社会责任和家庭责任，努力培育知荣辱、讲正气、作奉献、促和谐的良好社会风尚。

职业道德是所有从业人员在职业活动中应该遵循的行为准则，涵盖了从业人员与服务对象、职业与职工、职业与职业之间的关系。随着现代社会分工的发展和专业化程度的增强，市场竞争日趋激烈，社会对从业人员职业观念、职业态度、职业技能、职业纪律和职业作风的要求越来越高。以会计人员职业道德为例，其核心内容包括爱岗敬业、依法办事、客观公正、文明服务、保守秘密、提高技能、诚实守信和廉洁自律等。

(二) 道德的作用及培育

党的十八大明确提出要以法治国、以德治国。道德是法规制度的补充，是一种潜在的约束力，能够引导员工由被动地遵守法规制度转向自觉行动。员工具备良好的道德标准和职业操守对做好企业日常管理工作、维护正常的经济秩序至关重要。何载福（2005）认为道德信用体系的形成和企业道德信用的内化过程，对提高企业绩效有重要作用。企业活动的核心是人的活动，正直诚信和道德价值观的培养是为人之本、从业之要。员工的正直、诚信和道德价值观决定了其判断事物是否正确或合理的标准。《论语》中有一段话："为政以德，譬如北辰居其所而众星共之。"思科集团的第四任总裁 Dennis Powell 曾说过："我不相信能够对诚信进行立法，诚信必须根植于企业文化，必须从新员工上班的第一天起，使他们认识到诚实是他们工作的核心之一。"经验表明：当个人道德崩溃，公司道德荡然无存时，财务灾难便会接踵而至。企业应建立良好的道德价值观及行为准则，这些理念和准则应包括：树立良好的企业公民形象，公司观念不能置于社会公理和正义之上；员工行为作风正直与公正，提倡对正义、公理、公德的忠诚，而非狭隘的"公司忠诚"；正确对待利益冲突，保持职业谨慎；培育开阔的胸襟，养成高尚的人格；树立积极的进取精神和事业意识等。

企业应根据高管人员、中层管理者和一般员工的职责权限，结合不同层级人员对实现企业风险管理目标的影响程度和不同要求，分别制定适合不同层级人员的职业操守准则或行为守则，并明确相应的监督约束和奖励机制，创造全体员工均充分了解且能履行职责的内部控制环境。企业员工应遵守员工行为守则，认真履行岗位职责，提升自身职业道德修养，加强业务学习，自觉遵守企业内部各项规章制度，勤勉尽责。

四、文化引领：风险智能管理的灵魂

美国著名文化人类学家怀特（1988）说过"行为是文化的函数"，企业风险管理主要针对员工行为而设计，员工行为受企业文化的影响。企业文化渗透于管理制度设计和执行的各个层面，可以说企业文化是内部控制的灵魂。中国自古就十分重视文化的作用，"文武之道，一张一弛""文治武功"，把文化与武功相提并论，视为统治国家的两种手段。

（一）文化的内涵及特征

"文"原意是纹，用有纹理的动物毛皮美化身体和环境是"纹化"的初义，在身体、建筑、用具、服饰等表面刻画纹饰，是"纹化"的转义。随着文字的出现，"纹化"演化为"文化"。引申后，人们将人类克服动物原始本性、美化自身言行、外表、生活、环境的一切手段和言行统称为文化。在甲骨文中，"文"指处于发情期的母畜，代表成熟与繁殖；"化"指从生到死的转变过程，代表着演变和进化。"文"与"化"合起来，表示能够使种族繁衍下去，可以保证种族行为一致性的成熟基因，是能使种族持久发展的内在因素。

泰勒（1871）将文化定义为一个复合体，包括知识、信仰、艺术、道德、法律、风俗以及人类在社会里所获得的一切能力和习惯。Kluckhohn et al. (1961) 用"价值观"来定义组织文化的思想，并被众多学者所采纳，价值观虽然是个无形的存在，却内在地左右着行为人的决策和行动，有不少学者直接从行为学视角来解释组织文化。沙莲香 (2010) 认为文化是各种行为方式和思考方式的整体。庞朴 (1986) 将文化划分为"物质的、制度的和心理的"三个层次，其中，物质层面是最表层的；而审美趣味、价值观念、道德规范、宗教信仰、思维方式等心理层面属于深层的；介于两者之间的是种种制度和理论体系。文化人类学研究人与环境、人与社会、人与自我三大关系，人与环境的互动造就了物质文化，人与社会的互动生成了制度文化，而人与自我的互动形成了心理文化。文化具有多元性、民族性、继承性、发展性、时代性、阶层性等特征。

（二）企业文化的内涵和作用

企业文化是企业成员广泛接受的价值观念以及由这种价值观念所决定的行为准则和行为方式（陈传明等，2005）。我国《企业风险管理应用指引第5号——企业文化》将企业文化定义为企业在生产经营实践中逐步形成的、为整体团队所认同并遵守的价值观、经营理念和企业精神，以及在此基础上形成的行为规范的总称。俗话说"一流企业做文化，二流企业做市场，三流企业做产品"。成功的企业总是与成功的企业文化紧密联系，优秀的企业无不有着优秀的企业文化。企业文化不但能够提高制度效力，还能弥补制度约束的漏洞。诺思（1994）指出，即使在最发达的经济中，正式规则也只能决定行为选择总体约束的小部分，大部分行为空间依靠习惯、伦理等非正式规则约束。在各种冲突面前，只有发自内心的道德诉求和人文关照才能化解矛盾，仅靠强制力在任何时候"最多只能执行全部法规制度的3%—7%"（李荣梅，2005）。因此，一个企业如果道德缺失、文化贫瘠是很难走向持续繁荣的。

企业文化对提升企业竞争力，推动企业可持续发展具有重大作用。企业文化是象征企业灵魂的价值导向，是内部控制的最高境界，反映着以人为本的管理理念，重视人的因素，强调精神文化的力量，希望用无形的文化力量形成一种行为准则、价值观念和道德规范，凝聚企业员工的归属感、积极性和创造性，引导企业员工为企业和社会的发展而努力工作、积极进取。企业文化不是抽象的理论，而是体现在生产经营管理每一环节中的无形存在，不仅影响着员工的行为规范、心理状态、思维习惯，而且影响着企业的经营方针、经营风格、管理哲学、企业形象和可持续发展。John P. Kotter（1992）在长达11年的跟踪研究中发现，重视企业文化建设的公司，其经营绩效远胜于那些不重视企业文化的公司。赵雯（2001）指出，控制环境是内部控制的重要构成要素，改善控制环境的关键在于提高企业领导层的道德和文化素养，培养和优化企业文化，确立诚实信用及合法经营的意识。陈春意等（2006）认为，企业最具威力的核心竞争力是优秀的企业文化。卢美月等（2006）认为，企业文化对企业经营绩效有显著正影响，对非财务指标的影响强于对财务指标的影响。李海等（2012）认为，难以模仿是核心竞争力最重要的特征，企业文化是企业核心竞争力的来源。文化契合度对企业绩效具有显著的解释力，高契合度文化的企业，其绩效的稳定性更强。

（三）企业文化的建设和培育

1. 提炼和培育价值观。价值观是企业文化的核心，支撑着企业的发展目标，是企业在长期的经营和管理实践中归纳、提炼形成的观念和信条，是人们判断是非曲直、好坏善恶的评价标准。例如，中国航天科技的"以国为重、以人为本、以质取信、以新图强"的价值观已成为企业的核心竞争力；远大集团"七不一没有（不污染环境、不剽窃技术、不蒙骗客户、不恶性竞争、不搞三角债、不偷税、不行贿，没有昧良心行为）"的价值观是企业持续繁荣的重要因素。企业应培育积极向上、符合国家和社会价值取向、关注可持续发展、激发员工进取精神的价值观，并以核心价值观指导企业的实际行动。

2. 培养以人为本的经营理念和管理哲学。管理者应依靠全体员工办企业，尊重劳动、尊重知识、尊重人才、尊重创造，为全体员工搭建发展平台，提供发展机会，挖掘创造潜能，激发其积极性和团队精神。团队精神是企业内部凝聚力形成的重要因素，能将员工行为导向企业目标。企业应积极培育员工的团队精神，努力使员工把企业看成是自己利益的共同体和归属。企业应建立科学完善的聘用、培训、晋升、淘汰等人力资源政策，制定合理的薪酬和利益分配制度。

3. 强化企业文化建设中的领导职责。董事、监事和高管团队应在企业文化建设中发挥主导作用，以身作则、言行一致、遵纪守法，强化风险管控意识，倡导爱岗敬业、进取创新、团队协作和诚实守信，使全体员工团结一心，朝着一个方向去努力工作。

4. 树立模范、注意仪式。企业应通过模范或英雄人物将企业文化人格化，为其他员工提供可供仿效的榜样。各种表彰、奖励活动、聚会及文娱活动等，可把企业倡导的行为或观念形象化，使抽象的文化具体化。企业应对员工日常工作和行为进行全面梳理和细化，形成员工行为守则，以规范员工行为。

5. 设计和提升企业形象。招牌、门面、徽标、广告、商标、服饰、工作环境等标识是企业形象、管理水平和经营实力的体现。整洁、优美的工作环境是企业精神的直接体现，能激发员工"爱企如家"的责任感，在很大程度上影响到员工的工作情绪和效率。

6. 担当社会责任，关注利益相关方需求。企业与社会、环境和谐发展，才能实现可持续繁荣。企业要关心社会，担当社会责任，关注投资者、债权人、供应商、客户、政府、员工和社区等相关方的需求和利益均衡，努力改进发展质量、提升企业综合价值。

五、结语及政策建议

内部控制的逻辑起点是自我管理，其最高境界是无为而治，而道德和文化建设则是达到这种境界的必由之路。石子、沙子、水泥等物质，加入水之后，就成为坚硬的混凝土。如果把企业的材料、厂房、设备、资金、技术等比作物质的话，制度和流程则好比制作混凝土的模板，而道德和文化则是制作混凝土的水。企业的人力资源、物质资源、管理制度和道德文化有机地结合在一起，则可组成坚不可摧的核心竞争力。因此，制度和流程与道德和文化的互动耦合能够有力促进企业风险管理走向无为而治的最高境界。企业总希望员工能与企业同甘苦共患难，尤其是在企业遇到困难时更希望员工能同心同德，共渡难关，这时企业文化更显其重要性。员工与企业"同甘共苦"，实际上是制度与文化的问题，企业兴旺时应重点考虑利益如何协调和分配，使员工"同甘"，这必须依靠规章制度；而当企业陷入困境时，如何渡过难关，仅靠规章制度是不够的，还必须依靠企业文化（厉以宁，2011）。制度和流程管理是企业风险管理的基础，道德和文化是落实管理制度、实现企业战略的重要保证。企业文化应体现在企业管理制度中，没有科学的管理制度，企业文化将流于形式，无所依附。培育和塑造企业文化不能务虚，要落实到产品研发、采购、生产、销售、售后服务等生产经营的全过程，要渗透到企业管理和控制的方方面面。企业要注重管理制度与企业文化的同步建设，实现在有形中体现无形，用无形强化有形，两者的有机结合才能构建完美的企业风险管理。

第四节　嵌入人工智能的风险管理

快速发展的人工智能（Artificial Intelligence，AI）技术被日益广泛的运用到人们工作、生活和学习的各个方面。智能硬件技术、机器视觉体验、智能语音服务、虚拟助手、自动驾驶等一系列 AI 技术正携带各种"黑科技"来到我们的身边，从简化购物到智慧医疗、从智能安防到智能家居、从在线影视到在线教育、从智能金融到财务机器人。可以说，AI 技术是 21 世纪最具吸引力的新兴技术，被称为人类历史上的第四次工业革命，各国及其科技巨头公司竞相投入资源研发和布局 AI 技术。2017 年 7 月，我国发布《新一代人工智能发展规划》，对我国 AI 技术发展和应用的总体思路、战略目标和主要任务、保障措施等进行了系统的规划和部署。预计到 2030 年，我国 AI 理论、技术与应用总体达到世界领先水平，成为世界主要 AI 创新中心。

在应用 AI 技术驱动行业创新、创造商业价值的过程中，国内企业对 AI 相关风险管理的认识普遍不足、重视程度亟待提高。AI 风险控制不到位造成的声誉影响、经济损失、监管问责等屡见不鲜。例如，部分互联网媒体基于 AI 算法的信息推送由于导向不正、格调低俗等问题被监管机构行政处罚，甚至整改关停；多家电子商务平台疑似利用 AI 技术开展大数据"杀熟"，引发用户投诉和舆论批评；某证券公司由于自动化交易程序漏洞造成乌龙指事件引发巨大损失等。这些事件都对企业 AI 应用相关的风险管理提出了挑战。

一、人工智能及其特点

AI 是一门研究、开发用于模拟、延伸和扩展人的智能的理论、方法、技术及应用系统的技术科学。美国麻省理工学院的温斯顿教授认为："AI 就是研究如何让计算机去做过去只有人才能做的智能工作"[1]。这一说法反映了 AI 学科的基本思想和基本内容，即 AI 是通过研究人类智能活动的规律，构造具有一定智能

---

[1] Patrick H. Winston. Artificial Intelligence: A Perspective [C] // The AI Business: Commercial Uses of Artificial Intelligence. Cambridge: MIT Press, 1984.

的人工系统，从而进一步研究如何让计算机去完成以往需要人的智力才能胜任的工作，也就是研究如何应用计算机的软硬件来模拟人类某些智能行为的基本理论、方法和技术。例如，文字识别、在线翻译、电脑下棋、财务机器人等。AI一词的出现可以追溯到20世纪50年代中期。1956年8月，首次AI研讨会在美国新罕布什尔州达特茅斯学院召开。研讨会被普遍视为AI作为一门学科的创立，这一年也可以算是AI元年。

经过60多年的演进，AI发展进入新阶段，特别是在移动互联网、大数据、超级计算、传感网、脑科学等新理论、新技术以及经济社会发展强烈需求的共同驱动下，AI技术加速发展，呈现出深度学习、跨界融合、人机协同、群智开放、自主操控等特征。大数据驱动知识学习、跨媒体协同处理、人机协同增强智能、群体集成智能、自主智能系统成为AI发展的重点，受脑科学研究成果启发的类脑智能蓄势待发，芯片化、硬件化、平台化趋势更加明显。当前，新一代AI相关学科发展、理论建模、技术创新、软硬件升级等整体推进，推动经济社会各领域从数字化、网络化向智能化加速跃升。

新一代的AI技术主要是大数据基础上的人工智能。新一代AI技术具有以下特点：一是从人工知识表达到大数据驱动的知识学习技术；二是从分类型处理的界面或者环境数据转向跨媒体的认知、学习、推理；三是从追求智能机器到高水平的人机、脑机相互协同和融合；四是从聚焦个体智能到基于互联网和大数据的群体智能，它可以把很多人的智能集聚融合起来变成群体智能；五是从拟人化的机器人转向更加广阔的智能自主系统，比如说智能工厂、智能无人机系统等，这些都是AI技术。

与前60年相比，新一代的AI技术不但有更高的水平，能够接近人的智能形态存在，而且以提高人的智力、能力活动为主要目标，融入日常生活。AI技术应用今天变得越来越普及。在越来越多的一些专门领域，AI博弈、识别、控制、预测甚至超过人的脑能力。基于深度学习，AI能够从音频和图像中分析大量高维数据，从而有效地检测工厂装配线或飞机引擎中的异常情况；在物流方面，AI可以优化投递交通线路选择，提高燃油效率并缩短交货时间；在客户服务方面，由于语音识别的改善，AI已成为呼叫中心的重要工具；在销售过程中，将统计客户信息及其历史交易数据与社交媒体监控相结合，可帮助生成个性化的"下一个购买产品"建议，这是许多零售商现在使用的最常见AI技术。

二、人工智能应用及其对企业价值的影响

AI 作为引领未来的战略性技术,世界主要发达国家都把 AI 作为提升国家竞争力、维护国家安全的重大战略,加紧出台规划和政策,围绕核心技术、顶尖人才、标准规范等强化部署,力图在新一轮科技竞争中获得优势。AI 已成为产业变革和经济发展的新引擎,也为企业价值创造提供了新机遇。

(一)人工智能成为企业间竞争的新焦点

随着全球经济一体化,企业间竞争日益激烈,技术已成为企业核心竞争力的重要组成部分。AI 已形成一股强大的产业变革力量,驱动企业积极创新与研发,加剧企业间竞争态势,这不仅使得原有企业间竞争加剧,新的竞争者加入将使得竞争更加激烈。例如,智能驾驶汽车领域的参与者既有通用、福特、奔驰、丰田等传统龙头车企,又有互联网造车者如谷歌、特斯拉、优步、苹果、百度等新贵。

麦肯锡全球研究院 2017 年 6 月发布报告:《人工智能:数字化的下一个前沿》[1],其中一项调研涉及全球逾 3000 家关注 AI 的企业,调研显示 AI 领域的先行企业往往也走在数字化的前沿,而且多为各行业的佼佼者。这些企业或在技术团队中部署 AI,或将 AI 应用于价值链的核心环节,从而实现了降本增收,而且整个过程得到了高管层的全力支持。绝大多数已有研究都表明 AI 具有不错的商业前景,那些愿意在运营阶段及核心职能部门中部署 AI 的企业能够收获实际效益,这些先进企业将强大的数字能力与积极主动的战略相结合,获得了更高的利润率,而且在未来三年内业绩优势有望进一步增强,应用模式的差异会让先进企业与后来者的差距不断增大。然而,许多公司和部门在 AI 的接受程度上相对滞后。多数企业仍然没有大规模应用 AI 或将其部署于核心业务,因为对其商业前景和投资回报仍心存疑虑,对 AI 带来的可能风险和挑战缺乏充足的准备。

(二)人工智能为企业成长提供新契机

AI 技术对经济增长和企业价值的贡献不可否认。科技、安防、通信、客服、

---

[1] The Mckinsey Global Institue. Artificial intelligence: The next digital frontier? [EB/OL]. (2017-06-10) [2019-04-12]. https://www.mckinsey.com/~/media/McKinsey/Industries/MGI-Artificial-Intelligence-Discussion-paper.ashx.

教育、医疗、交通、汽车装配、金融服务等行业对于 AI 技术的接受度较高,其行业利润率出现了较为明显的增长。据统计,AI 的全球企业价值在 2018 年达到 1.2 万亿美元,比 2017 年增长近 70%。有研究表明,到 2030 年,超过 70% 的公司至少采用一种 AI 技术,AI 为全球经济贡献 13 万亿美元,拉动 GDP 增长约 16%。并且随着时间的推移,AI 对经济的影响可能不是线性的,很可能会随着时间的推移加速增长。

AI 作为新一轮产业变革的核心驱动力,将进一步释放历次科技革命和产业变革积蓄的巨大能量,并创造新的强大引擎,形成从宏观到微观各领域的智能化新需求。为抓住这个千载难逢的新契机,越来越多的企业将发展 AI 提高到战略层面。例如,谷歌 2017 年明确提出将发展战略从"Mobile First"(移动优先)转向"AI First"(AI 优先);同年,微软年报首次将 AI 作为公司发展愿景。据风投调研机构 CB Insights 报告显示,2017 年全球新成立 AI 创业公司 1100 家,AI 领域共获得投资 152 亿美元,同比增长 141%。

(三) 人工智能推动经济增长和企业价值创造

企业在生产经营和管理活动中嵌入 AI,能够从多个维度为企业创造价值。AI 技术改变了传统制造业的结构,影响企业的生产经营方式,形成新的价值链。AI 应用对劳动力的替代一方面降低了劳动力成本,另一方面提高了劳动生产率,促使企业组织结构更加扁平化,降低了管理成本,提高了管理效率。AI 也将改变人们的行为习惯和思维方式,促进技术变革和创新,催生产品设计新理念和新体验。以银行贷款为例,AI 应用可以借助大数据、网络爬虫工具等对客户信用进行全面而深入的调查;可以对客户的基本信息、经营数据、财务数据、舆情公告等进行分析,通过语义分析、关系抽取、图数据库等技术,从企业结构化数据、半结构化数据以及非结构化数据中生成企业的知识图谱,建立风险预警指标体系,并进行动态持续跟踪。如果说大数据是一座金矿,AI 应用将快速提升从这个金矿中淘出有价值东西的效率、效果。再以虚拟代理为例,虚拟代理可以从呼叫中心接管简单的客户请求与任务,降低公司提供客户服务热线的成本;AI 通过处理简单问题,人工操作员可以将时间花在复杂的问题上,而这些问题反过来又可以改善客户服务。

AI 与企业特定的经济、技术、文化、人力、智力等资源的有机结合,将产生巨大的能量,创造出更广阔的影响和价值。中国社会科学院社会学研究所以中国知名科技企业百度为研究对象,发布了《AI 如何创造社会价值——2018 年百度社会价值报告》，以 AI 生长动力的算法、算力、数据为重点，对百度科技资产的社会价值进行了一次系统的第三方评估。评估认为，作为一家科技公司，百度最核心的资产是"科技资产"，而科技资产与社会资产、文化资产、经济资产具有强关联性，它们的相互作用将给企业带来巨大的经济利益和广阔的发展前景。

三、人工智能应用带来的风险和挑战

AI 是一把"双刃剑"，而且两侧的刃比其他任何技术都更加锋利。AI 应用也会对企业价值和风险管控带来挑战，挑战主要来自以下方面：

（一）技术风险

AI 的快速发展和广泛应用可能引发新的技术风险。以无人驾驶汽车为例，自美国加州车管局 2014 年开始发放自动驾驶路测牌照以来，至 2018 年 6 月底，加州车管局共记录了 114 起自动驾驶车辆事故，致人死亡事故也不是个案，引发人们对无人驾驶技术可靠性和安全性的担忧。

AI 应用引发的技术风险主要表现为：第一，算法逻辑具有不确定性，主客观因素的影响易导致算法设计或实施出现失误，产生与预期不符的技术偏差；第二，算法应用具有不稳定性，一方面同样算法在不同场景下可能出现"不适应"而导致失误，当 AI 应用模块的上下游组件发生变动或更新时，AI 应用同样可能出现"不适应"，而算法训练所需的海量数据可能存在"噪声"，对算法产生负面影响，进而引发技术故障；第三，技术可能存在脆弱性，AI 学习框架和组件可能存在安全漏洞，一旦被恶意攻击将引发系统安全问题，引发财产损失和负面影响；第四，当 AI 系统供应商发生变动或不再提供更新、维护服务时，AI 系统可能会存在安全风险。特别是用户对该系统依赖度很大时，这种风险会被放大。

传统的风险管理工作往往是预先设计的规则框架下进行的，而 AI 可以自我进行数据识别和分析，通过匹配场景和模式进行自主决策。这些新技术的快速发展，特别是 AI 自学习能力的具备，系统通过不断的自我学习、自我进化会变得越来越智能、越来越聪明。当机器可以自我编程、重组程序的时候，很多工作的可审计性和可溯源性就会变得十分困难，而且一旦程序或技术存在某些漏洞，很容易在短期内形成大量错误。因此，AI 技术的嵌入和应用可能产生的新风险主要是技术风险。

(二) 数据风险

AI应用依赖不断发展的数据采集来驱动AI决策,因此,AI应用对数据数量和数据质量十分依赖,AI应用中最棘手的问题可能是缺少足够多的高质量数据。由于AI系统不理解它们所执行的任务,并且依赖于它们的培训数据,如果输入数据有偏见、不完整或质量差,其结果的可靠性就会受到影响。随着从诸如网络、社交媒体、移动设备、传感器和物联网之类的来源摄取的非结构化数据的数量增加,大量的垃圾数据随之而来,摄取、分类、链接和正确使用数据变得越来越困难。数据安全和数据质量可能会成为AI应用的又一类风险,低质量的数据摄入会直接影响计算结果的公允性及其决策价值。

(三) 隐形错误

与传统的、以规则为导向的程序不同,AI模型通过自我学习提供答案,AI算法可以在暗中自作主张,很多AI模型的不透明性以及快速扩张能力可能将过程和错误隐藏起来。AI技术的数据处理过程对绝大多数用户来说像个"黑匣子",这就带来了模型的可解释性或透明度问题,让用户无法得知是哪些因素以及这些因素是如何作用于决策或预测的。例如,某些采用类神经网络的AI应用程序就包括了很多类似"黑匣子"的隐藏决策层。这种AI算法在许多决策制定的隐藏性甚至可能被别有用心的人滥用,大大增加了输出结果可审计性和可溯源性的难度。另外,管理层可能很难向监管层证明复杂的AI应用程序是如何做出符合规定的正确决策的,这可能导致合规风险的发生。例如,分析大量消费者数据的系统可能不符合现有或即将出台的数据隐私保护条例。

(四) 互动风险

人机互动对话是AI应用的另一个关键风险领域。仍以自动驾驶为例,如果车辆驾驶员(或安全员)无法及时准确地识别和操作人机对话界面,或者由于驾驶员的注意力在其他地方而无法进行操作,那么事故和伤害是可能的。在无人驾驶汽车等应用中这是一种明显的可能性。相反,人类判断也可能在最重要的系统结果中被证明是错误的。在美国加州车管局记录的2014—2018年114起自动驾驶车辆交通事故中,有34起是车上驾驶员手动驾驶,占比30%,72起是无人驾驶事故(其中8起事故是自动驾驶模式下驾驶员紧急切换到手动驾驶模式所致)。

再比如,在数据分析和辅助决策方面,人的不当选择和错误判断很容易损害公平性、安全性和合规性,特别是带有主观偏向或利益驱动情况的选择和判断,如果没有严格的保护,心怀不满的员工或外部敌人甚至会以恶意方式破坏算法或修改 AI 应用程序。

(五)人员风险

AI 应用面临的人员风险主要来自以下几个方面:

一是炙手可热的 AI 领域最短缺的可能不是政策,不是市场,而是人才。无论是研究开发领域,还是应用落地领域,AI 各个环节对人才的需求有增无减,而人才短缺已成为各国 AI 发展中的最大短板。据统计,我国 AI 人才缺口可能超过 500 万。另有调查显示,截至 2018 年底,全世界只有不到 1 万人拥有建立复杂、神秘数学算法等 AI 技术所需要的教育、经验和才能。

二是 AI 算法被黑客攻击或别有用心人士操纵的风险。AI 系统处理大量敏感数据,可能涉及信贷、教育、就业和保健等诸多领域,而这些数据往往是黑客渴望得到的信息。网络攻击者可通过漏洞控制 AI 算法,实现物理硬件操纵、实施舆论引导、制造虚假图像或影响、制造信息噪声等,造成安全隐患。图像、声音合成越来越逼真,由此滋生的网络诈骗已屡见不鲜。这些风险可能会给组织带来巨大的声誉风险。

三是 AI 应用为企业带来的组织变革和文化冲突风险。AI 应用会让劳动关系、组织变革、绩效激励、文化冲突、伦理关系等问题变得广泛而复杂。AI 应用取代很多人工作业后,结构性失业和文化、伦理冲突随之而来。麦肯锡全球研究院在一份研究报告中预测:2030 年全球将有近 4 亿工作岗位被 AI 取代,其中 1 亿发生在中国。技术发展可能使 AI 完全模拟人的情感,拥有健全的人格。机器一旦人格化,可能会对文化和伦理带来巨大挑战。

四、人工智能风险的防控

数字化、网络化和智能化让工作变得更轻松,让生活变得更美好,但风险和挑战无处不在、无时不在。企业要用好 AI 这把"双刃剑",趋利避害,可以从以下几个方面加强对 AI 风险的识别与防控。

(一)在战略上做好拥抱 AI 应用的顶层设计

AI 技术在创造和维护企业价值过程中的贡献是不可否认的,AI 应用能够提升企业运营绩效,保持竞争优势。企业应主动张开双臂拥抱 AI 时代的到来,在战略上重视 AI 应用，做好顶层设计，投入资源研发和部署 AI 技术，引进和培育 AI 人才，促进 AI 技术的商业应用。

企业应明确 AI 应用的前提条件和运行环境，建立强力而有效的 AI 风险治理机制，完善嵌入 AI 系统的风险管理框架，能够及时识别和应对每一个 AI 应用程序在开发和持续使用阶段所产生的风险。董事会应制定网络安全战略、信息隐私与保护策略、网络预警及网络响应与恢复策略等，审批包含 AI 技术的风险管理框架。高管层需要通过参与目标制定和决策执行等实施 AI 技术风险管理策略，为企业 AI 应用保驾护航。企业还应该及时向监管机构解释每个 AI 应用程序的工作原理，以及它们是如何与相关的监管条例和公司风险偏好相符合的。

企业应围绕战略目标，明确嵌入 AI 系统之后管理层风险偏好的变化、确定风险承受度和风险可接受水平。随着 AI 技术的快速发展，企业采用 AI 解决方案的比例会不断提高，企业应定期审查风险敞口和相关控制措施，以确保它们与公司风险管理政策一致。企业需要设计一些关键性能指标和绩效指标，对 AI 算法进行频繁且连续的测试和统计分析，确保 AI 系统使用全新或被更新的数据时，其性能符合公司的预期、风险偏好和风险承受。企业应熟知并充分沟通 AI 技术的固有缺陷和使用风险，明晰交易流程，强化留痕管理。

企业在风险管理过程中必须考虑 AI 技术及其应用可能产生的各类风险，充分评估 AI 技术及其应用蕴含的复杂性、不确定性、难解释性以及发展速度等风险因素。企业需要明确 AI 风险归属责任和问责制度，确保每个 AI 应用程序都有明确的负责人。需要注意的是企业使用的 AI 模型可能由外部供应商设计和提供，但企业不能因此将相应的 AI 风险管治责任推卸给外包第三方。目前，市场上 AI 第三方供应商的数量相对较少，大多是小型的初创企业，这一点应引起企业的关注。

(二) 加强技术研究，建立免疫系统

企业应在技术安全方面投入资源。第一，依据相关法规制定 AI 应用技术标准，对 AI 开发和应用的安全技术标准作出明确规定，以降低合规性风险。我国新出台的《网络安全法》《电子商务法》《资管新规》等法律法规中都包含了 AI 应用有关的合规要求。第二，建立 AI 应用的安全测试制度，设计以认知技术为核心的安全免疫系统，对算法模型进行反复检验和专家论证，以降低算法失误的发生概率。任何重要的算法都需要反复检测、审计和评估其计算结果的准确性和公允性。例如，在客户信息评价的舆情分析中，对负面舆情识别的漏报比误报要严重很多，在模型校验中，应赋予漏报率相较于误报率更高的权重。第三，研发 AI 的技术防御和应急处置措施，提升 AI 安全防护技术和攻击防御能力，加强"技术攻防战"，通过"对抗样本攻击"和"逆向攻击"等手段，检测可能导致的算法错误和内部数据泄露风险，提前整改安全漏洞、消除技术隐患，降低算法训练和使用过程中因"数据噪音"或"环境不适应性"所带来的技术故障风险。第四，在网络安全防护上，应加强技术研究，建立有效防护，抵御网络攻击。企业应对 AI 计算进行安全防护，使计算全程可测可控，不被干扰。

（三）根据数据来源及变化，不断训练优化 AI 模型

如前所述，数据质量和数据代表性是运用 AI 模型产生算法偏差的重要原因。例如，在银行信贷风险评估中，对客户信用风险的分析不能仅局限于其基本面信息（如客户的财务报表），客户舆情信息也是 AI 模型分析的重点。而舆情分析涉及大量的非结构化数据，来源于众多良莠不齐的新闻网站，不同新闻网站的编辑具有不同的写作风格、词语表达和主观意识。随着数据量的不断发掘，舆情监控范围也在随之扩大，AI 模型在最初训练时的数据源和后续数据来源将有所不同，而数据源变化很可能导致数据特征迁移，并最终导致初始模型失效。针对此类风险，一个比较好的做法是对 AI 模型根据每天或一定时间窗口内的新增数据，进行模型全量数据或增量数据优化训练，确保 AI 模型进化到适用于最新的数据源。有些新闻网站会限制第三方通过网络爬虫方式获取其舆情信息。此时，企业应严格遵守各网站的机器人协议进行数据爬取，或进行数据方面的合作，否则若处理不当可能会引发声誉和法律风险。本例中存在多种 AI 风险，包括数据保护和授权、数据特征迁移，可能还涉及道德风险。尽管算法偏差、声誉和监管风险都不是什么新名词，但在 AI 应用的具体情景中，它们可能以人们不熟悉的方式出现，从而增加了风险识别的难度。

隐性错误可能在短期内对企业造成重大影响（如大规模信息泄漏或不当销售等）。AI 应用的复杂性和相对不成熟性意味着相关风险可能会随着时间的推移而发展，在某些情况下可能还会非常迅速地变化。因此，企业需要定期对 AI 风险进行重新评估，以确定 AI 应用的相关风险是否发生变化，确认算法模型是否已经学习了新数据并得到进化。对于 AI 模型的表现，企业应根据预定义的成功指标来评估算法。在评估过程中，如果发现其结果与非 AI 系统所反馈的

结果出现差异，无论是正面差异还是负面差异，企业都应该进行人工审查或使用其他模型来分析其结果。在实际工作中，这种测试和驯化过程需要更加具有动态性，很可能工作量会远超 AI 方案的最初开发阶段和初始数据集的训练过程。同样，AI 解决方案应用范围的扩大，也需要重新评估。企业应清楚地记录 AI 算法的任何变化，应定义什么属于"重大变化"，并确保这些标准在整个企业中能得到一致地应用，任何重大变化都应经过严格且记录在案的测试和检验。

（四）加强培训和沟通，控制人员风险和文化冲突

由于 AI 应用的动态性和相对不成熟性，人机互动和人类干预是 AI 应用中常见的环节，为控制人机交互风险，企业应加强对操作人员的培训和督导。企业可能需要部署业务连续性计划，如设计"紧急开关"或"交还人工"的流程，以便在 AI 系统不可用或出现重大失误的情况下，能够及时终止 AI 进程，重新回到当前的已有进程或人工控制界面，或者及时启动应急预案和补救措施。对于 AI 系统在运行中遇到的偶发交易和非典型事项，企业应关注 AI 系统是否会按正确的方式处理。企业还应该定期对 AI 系统进行压力测试，分析可能遇到的最坏的情形及其应对措施。

AI 应用会对企业内外产生广泛而深远的影响，一个有效的 AI 风险管治过程应吸收企业所有利益相关者的积极参与。AI 运用过程中，用户体验尤为重要。AI 风险管控还应考虑 AI 技术及其应用可能影响到的整个价值链上的利益相关者，例如，AI 与供应商、承销商和客户、社会公众等的交互过程，以及它们之间的关联点。同样，AI 应用也会对整个企业内部产生广泛影响，与之相关的风险管控工作可能会横跨多个领域，例如，人力资源、技术、运营等部门。企业需要确保风控、合规和内部审计等部门的员工具备足够的专业胜任能力，能够正确理解和应对 AI 应用中的每个风险点，而且他们应该有相应的权威与业务人员沟通抗衡，并在必要时采取额外的控制措施，以确保风险管理有效进行。为了让更广泛的利益相关者能参与到整个 AI 风险管理的生命周期中，需要培育与之相匹配的 AI 文化，及时疏导相关人员的焦虑，避免道德和伦理风险。同时，企业应严格遵照相关法规和监管要求设计和使用 AI 技术，不得违规收集和使用个人信息，不得利用 AI 技术和大数据"杀熟"，不得借助 AI 技术夸大宣传，误导消费者和社会公众。

第五节 "互联网+"环境下的风险管理

随着"互联网+"时代的来临,以移动互联网、云计算、大数据、物联网为代表的新一代信息技术与现代农业、制造业、服务业、金融业等传统行业正在进行深度融合。"互联网+"是把互联网的创新成果与经济社会各领域深度融合,推动技术进步、效率提升和组织变革,提升实体经济创新力和生产力,形成更广泛的以互联网为基础设施和创新要素的经济社会发展新形态。在互联网快速延伸到各行各业,并加速创新发展的同时,一些层出不穷的网络安全事件,如苹果公司 iCloud 安全漏洞以及我国携程、小米、12306 用户数据泄露事件等,敲响了网络安全的警钟。企业应整合挖掘"互联网+"时代应关注的重要风险,并有针对性地采取防控措施。

一、"互联网+"的概念及特征

"互联网+"是互联网思维的实践成果,是创新 2.0 下的互联网发展的新业态,是创新驱动下的互联网形态演进及其催生的经济社会发展新形态。通俗地说,"互联网+"就是"互联网+各个传统行业",但两者并不是简单地相加,而是利用信息通信技术及互联网平台,让互联网与传统行业深度融合,创造新的发展生态。它代表一种新的社会形态,能充分发挥互联网在社会资源配置中的优化和集成作用,将互联网的创新成果深度融合于经济、社会各领域,提升全社会的创新力和生产力,形成更广泛地以互联网为基础设施和实现工具的经济发展新形态。

"互联网+"不是"+互联网","+"号位置的变化意味着互联网与传统产业不再是简单的工具和利用的关系,而是两者的深度融合。在"互联网+"时代,互联网不再是传统意义上的信息网络,而是一个巨大的基础设施,如同高速公路网络一样,是一个物质、能量、信息和价值互相交融的物联网,由工具上升为矛盾主体,从设计、生产、销售到售后的全流程对传统产业进行着深刻改造,传统产业更像是被"+"的对象。近几年来,"互联网+"已经改造影响了多个行业，如电子商务、互联网金融、在线旅游、在线影视、在线房产等行业，都是"互联网+"的杰作。

"互联网+"的主要特征如下：

（一）跨界融合

"+"就是跨界，跨界意味着开放和融合。跨界融合实现了资源共享和时空超越，最大限度的节省了成本，提高了效率。网上聊天、在线影院、远程教育等极大地方便了人们的生活、工作和学习。跨界融合要求提高开放度，增强适应性，促进整合协同，提高效能。互联网可以在较短时间内以低成本整合各种资源，包括上下游产业链、与本产业紧密相关的企业、市场环境等，企业对市场和技术变化的反应需要更敏感。

（二）创新驱动

中国粗放的资源驱动型增长方式早就难以为继，必须转变到创新驱动发展这条道路上来。互联网思维的特质就是创新，如果将需要创新的问题看作"钉子"，"互联网+"就像解决问题的锤子。"互联网+"不仅带来硬件和技术的创新，更可以带来体验创新、营销创新及赢利模式创新。"互联网+"使群体智能充分发挥。电力属于强电，如果说电力网络解决了人类体力所不能及的问题，那么，互联网属于弱电则为人类的智能拓展提供广阔的空间。

（三）结构重塑

信息革命、全球化、互联网已打破了原有的社会结构、经济结构、地缘结构、文化结构。权力、议事规则、话语权不断在发生变化。线上线下的虚实结合加快了信息对称的步伐，O2O、P2P正使信息不对称带来的高额利润降低甚至消失。线下实体的租金及运营成本正与线上流量及物流成本经历着磨合、均衡。

（四）尊重个性

人性的光辉是推动科技进步、经济增长、社会进步、文化繁荣的重要力量，互联网力量强大的原因之一来源于对人性的尊重、对个人体验的敬畏、对个人创造性的重视。在物资不再短缺的时代，用户选择权至关重要，互联网为用户个性化、产品个性化、设计个性化提供了极大的便利。

（五）开放生态

好的生态激活创造性，放大创造力，孕育创意，促进转化，带来新价值。未来的商业是无边界的世界，依靠创意、创新、创业驱动，做好跨界融合和协同，就需要优化生态。企业、行业应优化内部生态，并和外部生态做好对接，形成生态的融合。例如，技术和金融结合的生态，产业和研发结合的生态等。在一个开放的生态系统里，要素间交互、分享、融合、协作随时自由发生，推进"互联网+"，就要把过去制约创新的环节化解掉，把孤岛式创新连接起来，让研发由人性决定的市场来驱动，让努力创业者有机会实现价值。

（六）万物互连

连接一切是"互联网+"的目标，让很多人、物、机构、服务、信息、价值等嵌入连接器，带来连接的价值。连接使距离消失、使中介消失、使交易成本降低、使商业模式变革，使实时交互变为现实。连接集成了大众智慧，众包、众筹、众创等名词，既是社会经济的新结构、商业新格局，又是工作、生活的新范式。连接一切需要一些基本要素，包括技术（如互联网技术，云计算、物联网、大数据技术等）、场景、参与者（人、物、机构、平台、行业、系统）、协议与交互、信任等。

二、"互联网+"环境下的风险管理目标

随着商业和技术的发展，企业越来越多地依靠和利用不断发展的信息技术来实现风险管理目标。随着数字化的普及，特别是企业与外包服务供应商的数据共享情况越来越普遍，信息技术的深度应用增加了业务复杂性和不稳定性，企业更加依赖信息技术相关的基础设施，而这些基础设施却不完全受企业控制。即便企业与外部机构（如服务提供商、供应商、客户等）建立了相互信任的关系，能确保日常信息共享及电子化沟通，一旦出现问题，企业还是需要为这些不在其控制范围内的信息技术承担责任。在公司不断利用新技术和继续聘用外部机构开展运营的背景下，网络黑客会利用新的漏洞对企业进行攻击，这就要求企业开发新的信息系统和控制手段以规避风险。

为保护业务安全，企业在内部和外部共享技术信息时应特别谨慎，网络黑客会在网络的另一端肆意匿名操作，他们没有限度地公开分享信息，而不惧怕任何法律后果。网络黑客利用技术几乎可以攻击任何地方任何类型的数据，特别是当企业变革目标、流程和技术以支持其业务发展时，可以说每次革新都将有可能暴露新的风险——尽管通过周密的安排，革新可以降低风险，但仍不可能完全规避风险。此外，网络黑客也在不断升级，寻找新的方法来发现企业信息系统的弱点。因此，管理网络风险是"互联网+"时代风险管理的首要目标，

企业要收集信息，了解和应对网络风险对企业目标的影响，确保信息系统合规合法、数据处理正确无误、系统运行安全可靠、提高系统的可审计性、可维护性和可恢复性。

三、"互联网+"环境下的企业运营环境

在过去的20多年间，信息技术（IT）让商业运营模式发生了翻天覆地的变化，网络驱动成为商业运营的基本环境。客户订单使用电子数据在互联网中进行交互处理从而没有或很少有人工参与；业务处理可以通过内部网络外包给服务供应商；越来越多的员工远程工作或在家工作，而不再需要到办公室；库存情况通过使用射频识别（RFID）标签进行跟踪；伴随网上银行的出现，几乎所有的银行都向客户提供网上银行服务。

互联网去中心化和扁平化的特性，要求企业重构组织架构。大数据和网络技术要求企业压缩管理层级，缩短管理层和操作层之间的距离，促进组织架构扁平化。

"互联网+"环境下，企业信息系统运行由封闭式转向开放式，风险控制难点增多；复杂的计算机系统也增加了系统控制风险，数据处理过于集中，数据存储的易修改性，数据存放形式的可靠性，数据处理过程的无法观测等；口令授权代替了手工环境下的印章，口令一旦泄露，数据和信息甚至计算机的程序都有可能被更改或窃取，计算机舞弊的风险便增加了；作业与管理由IT整合及推动，由于人员变动频繁，会削弱组织的稳定性，很多越权操作行为不易被发现，容易造成很多隐形的管理失控。企业在明确各层级、部门和岗位网络安全管理职责的同时，可以借助大数据和网络技术应对网络风险，提高内部环境相关领域的适应性与弹性化。

企业可以通过大数据和网络技术推动内部环境各相关领域的持续优化和有效性评价。例如，对企业文化的评估，是内部环境的重要环节，但企业文化又属隐性的。如果能够通过对社交网络、移动平台等大数据的整合，将员工的情绪、情感、偏好等主观因素数据化、可视化，那么企业文化这种主观性的东西也就变得可以测量。

企业对信息依赖性越强，信息不对称产生"道德风险"和"逆向选择风险"的可能性越大。在"互联网+"环境下，企业经常处于躁动不安的变革中，这

可能助长员工利用信息系统舞弊的行为，由此滋生的各种道德问题层出不穷，道德规范的约束力下降，这种情况下。企业可以通过强化人机整合来加强对业务流程、管理决策、岗位操作的控制，通过操作日志确保关键记录可追溯，另外，企业需要加强对员工道德行为的培育。

董事会和高级管理人员应了解并熟悉企业的网络风险概况，指导并监督下属机构和人员如何有效应对不断变化的网络风险。企业内部应充分沟通运营目标、关键信息系统及相关的风险承受水平。相关人员应熟悉企业最有可能受攻击的信息系统、潜在攻击方法和最有可能被攻击者利用的信息。

四、"互联网+"环境下的网络风险评估

任何企业都会面临一系列由外部和内部因素引发的网络风险。企业通过评估影响目标实现的不利影响及事件发生的可能性来评估网络风险。网络攻击往往受经济利益或政治动因驱动，例如，敌对国家以军事和获取竞争优势为目的，搜寻知识产权和交易机密，窃取企业安全机密、商业秘密或知识产权；犯罪分子运用精密工具窃取钱财或客户敏感信息；网络黑客利用互联网对包括金融机构在内的重要基础设施进行网络攻击；企业内部人员出售或公开企业敏感信息等。

控制活动能够防范、发现和应对网络风险，而风险评估结果最终会影响企业在控制活动上的资源分配，企业资源有限，风险评估必须能够为控制活动决策提供高质量信息。评估网络风险需要正确理解和沟通信息系统对企业的价值，这可以通过评估信息系统对企业目标的潜在影响来衡量。信息系统的价值评估需要业务和信息技术人员的高度配合。在时间、预算和可利用资源有限的情况下，企业应明确需要重点保护的最重要的信息系统，并设定企业可接受风险承受水平。如果企业企图保护所有方面，可能会导致过度保护某些特定的信息系统，而又对其他的信息系统保护不足。这就要求企业清晰地理解对于实现目标具有重要影响的信息系统，然后进行更深入的风险评估，评估网络风险影响的严重程度和可能性。为使风险评估过程有效，相关人员必须了解企业网络风险概况，包括了解哪些信息系统容易成为攻击者的目标，了解哪些攻击行为容易发生。会造成企业付出高额代价的攻击应是企业最为关注的部分，企业应了解并时刻警惕这些网络威胁，提高发现这种网络威胁的能力，并识别应在哪些节

点实施控制，以保护资产安全。

网络风险评估还应关注企业所在行业的特定风险，网络攻击者对不同行业有不同的攻击目标。例如，在零售行业，黑客主要利用信息系统的薄弱环节，窃取能用来获利的信用卡数据或个人身份验证信息等；石油天然气行业容易成为敌对国家为窃取勘探数据而攻击的目标；化工企业由于其产品带来的环境问题也容易遭受黑客攻击。

无论出于哪种动机，网络攻击者都是坚持不懈的、技术娴熟的、有耐心的。他们会通过收集暴露企业信息系统和内部控制弱点的信息来分阶段进行攻击。企业应通过仔细识别其动机和可能的攻击方式，以及所用的技术、工具和流程，以便更好地预测风险，从而设计有效的控制措施，并在网络攻击发生时最小化潜在风险，保证重要资产的安全。

企业经营的内外环境始终处于不断的变化之中，人员、流程和技术等都可能发生变化，变化就意味着风险，企业应及时预测、识别和评估各种变化对组织目标可能造成的重大影响。特别是网络技术人员的流动对企业实施网络风险控制的有效性会产生很大影响。企业网络环境也会发生变化，例如，出现新的网络黑客和新的攻击方式等。尽管网络风险评估主要关注企业的目前状况，但评估过程必须是动态且持续的，需要考虑内部和外部威胁的变化，据此调整企业管理网络风险的方式。

企业在寻求发展、创新和成本优化的过程中，往往伴随着经营模式创新与科技创新，这些创新会带来新的网络风险。比如，移动设备、云技术和社交媒体的采用会增加被网络攻击的风险；业务外包可能使网络生态链条不断扩大，这样会产生超出企业控制范围的网络漏洞，给网络黑客实施攻击提供更大的平台。

风险评估需要不断更新，以便及时调整那些为保护关键信息系统而实施的相关控制，高级管理层及利益相关者必须充分讨论和利用风险评估信息，及时制定政策和采取行动应对网络风险。来自企业内部管理、业务运营、外部环境等方面的大数据，对于提高风险评估的准确度，有明显的帮助。一些银行已经利用大数据分析更加准确地度量客户的信用状况，为授信与放贷服务提供支持；一些保险公司在尝试将大数据分析用于精算，以得出更加准确的保险费率。在"互联网+"环境下，企业可将大数据分析广泛运用到风险评估的各个环节。例如，在内部风险评估上，可利用大数据对董事、监事及其他高管人员的风险偏好、履职能力等主观性因素进行更加准确地把握；在外部风险识别上，大数据分析对于识别政策走向、产业动向、客户行为等风险因素也会有很好的帮助。

五、"互联网+"环境下的控制活动

如前所述，网络风险不可避免，但企业可通过设计和执行适当的控制措施来应对网络风险。当企业通过风险评估筛选出网络黑客可能的攻击方式和路径时，企业可以更有效地降低潜在的网络漏洞对实现企业目标的影响。意识到网络风险不可避免，并实施适当的风险评估后，企业应按层级建立多层控制防线，防止黑客在攻破第一道防线后继续侵入信息系统。

网络风险可能暴露在企业内部和外部的多个切入点上，企业可以同时实施预防性和发现性控制，以降低网络风险。有效的预防性控制能够未雨绸缪，使得黑客无法接触到企业内部信息技术环境，保证信息系统安全。在企业内部信息技术环境中实施预防性控制，对黑客侵入网络环境设置障碍，可以延缓黑客攻击的速度。即使被入侵，这些控制会使企业及时发现，并尽早采取整改措施修正漏洞和评估潜在损失。实施整改措施后，管理层需要研究入侵发生的根本原因，进而完善控制措施，以预防和发现未来可能发生的类似攻击。

除了预防性控制和发现性控制，企业还应加强信息技术一般控制。信息技术一般控制会帮助预防或发现网络入侵，使得企业面对灾害具备快速反应及恢复能力。发现网络攻击事件时，应及时与相关人员沟通，以便采取进一步降低风险的措施。基于利益相关者理论，网络风险评估需要关键利益相关者参与其中，企业应编制联络图，明确当网络攻击事件发生时，哪些人员应得到及时通知。

企业可以参照信息安全和网络风险管理的相关法规和国际标准，建立控制活动，并评价其充分性，以确保企业安全、警惕和可恢复。相关国际标准主要有 ISO27000（信息安全管理系列国际标准）和 COBIT（Controlled Objectives for Information and Related Technology 的缩写，即信息及相关技术的控制目标）。

ISO27000 系列标准包括：ISO27000（原理与术语）、ISO27001（信息安全管理要求）、ISO27002（信息安全管理实践规范）、ISO27003（信息安全管理体系实施指南）、ISO27004（信息安全管理指标与测量）、ISO27005（信息安全风险管理）、ISO27006（信息安全管理体系认证机构的认可要求）、ISO27007（信息技术·安全技术·信息安全管理体系审核员指南）。

COBIT 是由美国信息系统审计和控制联合会制定的面向过程的信息系统审计和评价标准。对信息化建设成果的评价，按系统属性可划分为若干方面，如最终成果评价、建设过程评价、系统架构评价等。COBIT 是一个基于 IT 治理概念的、面向 IT 建设过程的治理指南和审计标准，以支持企业实现 IT 治理目标。COBIT 从数据（最广义的对象，包括结构化和非结构化、图表、声音等）、应用系统（人工程序和电脑程序的总和）、技术（硬件、操作系统、数据库管理系统、网络、多媒体等）、设备（用来存放和支持信息系统的一切资源）、人员（用来计划、组织、获取、传送、支持和监控信息系统和服务所需要的人员技能、意识和生产力）等方面构建了信息系统审计和评价的全新架构。

COBIT 框架指出，信息系统的控制目标包括：

1. 有效果（Effectiveness），信息要与商业过程相关，并以及时、准确、一致和可行的方式传送。

2. 高效率（Efficiency），关于如何最佳（最高产和最经济）利用资源来提供信息。

3. 机密性（Confidentiality），涉及对敏感信息的保护，以防止未经授权的披露。

4. 完整性（Integrity），涉及信息的精确性和完全性，以及与商业评价和期望相一致。

5. 可用性（Availability），在商业过程的处理需求中，信息是可用的，以及对必要资源和相关性能的维护。

6. 符合性（Compliance），符合商业运作过程中必须遵守的法规和契约条款。

7. 信息可靠性（Reliability of Information），为日常经营管理及履行报告责任提供适当的信息。

六、"互联网+"环境下的信息与沟通

风险管理体系的有效运行依赖于信息与沟通要素所提供的高质量信息。在"互联网+"环境下，企业应借助信息系统形成并沟通相关的高质量信息，包括：识别高质量信息、确定信息的内部沟通方式，以及确定企业与外部的沟通

方式。

1. 识别信息需求

识别重要的信息需求和进行网络风险分析,对网络风险评估和应对来说十分重要。例如,网络风险评估需要逐层的信息,通过高层级的信息来引导更为详细的风险评估程序。企业需要明确信息系统及其价值,通过实施与其价值相匹配的控制措施保护其不受网络攻击。为了达到该目标,业务人员和信息技术人员(包括外部服务供应商)必须首先对商业结构的整体框架达成共识,包括企业重要的商业目标及其子目标。依据这些信息,企业可以延伸风险评估范围,深入了解可能受到攻击的信息系统及攻击方式。一旦完成风险评估,企业将沟通这些信息,确保所设计的流程和控制能够用来应对这些风险。由于人员、流程和技术会不断发展和变化,企业需要将信息要求及相关风险分析和应对记录为正式文档,以确保流程和控制的有效实施,并能持续反映和应对目标、人员、流程和技术的变化。

2. 将相关数据转化为信息

在当今商业环境下,保持警惕性的企业能收集到大量的信息系统活动日志数据,安全运营中心每天会产生大量的预警数据和预警事件。为了对网络风险保持警惕,将原始数据转换成有意义的、可作为决策依据的信息极其重要。信息系统每天、每周、每月都会产生大量数据,从中找出决策有用的预警信息是很有挑战性的,很多企业做不到这一点。一般情况下,通过观察单一因素,通常无法识别网络风险事件,往往需要经过一段时间,从多渠道整合信息,才能识别风险并采取措施处理被发现的网络事件。由于控制活动高度依赖于及时的、相关的、高质量的、完整的信息,如果企业无法将原始数据转换成可用于自动或人工控制的操作支持信息,企业将无法采取恰当措施。

3. 从外部来源获取数据

尽管网络风险分析和控制的主要信息来自内部产生,但企业从外部获取数据也是必需的,特别是搜集以下方面的外部信息:

(1)行业资料。从网络角度看,行业中所有公司的发展模式和趋势是类似的,行业中各公司信息系统的价值及运用的技术也是类似的,网络黑客会利用这种一致性采取攻击行为和行动方式。尽管与外部共享信息需要谨慎,但与可信任的同盟或同行业企业共享信息并讨论网络事件发生趋势,能够帮助组织发现和预防网络风险事件。

（2）政府机构数据。尽管获取政府机构外部信息很多情况下需要得到安全等级权限，但这些信息对实施控制以应对网络风险具有重要意义。针对日益严峻的网络风险威胁，许多政府部门支持通过提升流程和控制来免受侵害。

（3）外部服务提供商数据。在现代商业模式中，企业通常会将某些职能或流程外包，从这些服务提供商获得的网络事件信息可以帮助识别和控制网络风险。为了获得期望的外包服务效益，需要建立信任关系，将双方的信息系统相连。尽管企业与外部服务提供商基于自身利益均想保护其信息系统，当网络事件同时威胁到双方及各自的经营目标时，双方都应意识到信息共享的重要性。如果某一方出现了会影响另一方业务运营的风险事件，一定程度的信息透明度和与该风险事件相关信息的共享，可增强双方的快速反应及恢复能力。

4. 在处理过程中确保信息质量

网络时代控制活动的设计依赖于信息，企业在实施控制活动时需要考虑信息质量。企业应明确责任和义务，遵循数据治理相关要求，保护数据和信息避免未经授权的访问和修改，保证信息质量。高质量信息的生成依赖于数据治理。在利益相关者中建立共识并由管理层牵头实施，对建立有效的数据治理机制至关重要。只有企业建立了有效的数据治理机制且能持续执行，才能获得高质量的信息。

5. 沟通风险管理信息

（1）全体员工。保持安全性、警惕性、可恢复性是企业的责任，每位员工在保护信息系统安全中扮演不同的角色。尽管某些岗位有明确责任负责管理网络风险和控制，但每位员工都应对保护信息系统保持警惕。企业应制定并实行系统的沟通计划，提升每位员工的网络风险和控制意识。由于人性使然，人是风险管理中最薄弱的环节。例如，出于好奇心或其他原因，当收到貌似同事、顾客、供应商或其他商业伙伴的邮件时，人们可能会打开链接，从而可能导致网络入侵。再如，当你发现地上有个 U 盘，你会怎么做？当你把 U 盘插到电脑上，想查看是谁的 U 盘时，在 U 盘中预先加载的程序会导致企业面临网络攻击威胁。好奇心和对他人的信任为网络黑客提供了攻击企业信息系统薄弱环节的机会。因此，企业应定期对员工进行培训，提升网络安全意识，降低攻击者从普通员工入手进行网络攻击的可能性。企业可以用不同的方式来实现沟通计划，例如，直播会议、全员发送消息、印制信息安全手册等，以便最大限度地提升员工网络风险意识和应对能力。

（2）网络风险管理和监督人员。企业应选择、执行和部署控制活动，并明确对于网络风险控制有明确管理和监督责任的人员，以保护信息系统。重要信息应内部共享，使管理层和员工能够履行网络控制责任。由于网络系统的复杂性，维护网络控制的文档十分重要。如果企业没有保持支持网络风险控制的正式文档，有效管理网络风险的能力会急剧降低。企业需要正式的文档来评估控制设计和实施的有效性，以保护信息系统。

（3）董事会。董事会需要了解那些可能影响企业目标实现的网络发展趋势。董事会在网络风险控制方面应发挥以下重要作用：一是通过了解网络风险，保持企业安全性、警惕性和可恢复性；二是基于已设定的风险容忍度，确认应对网络风险的预防性和发现性控制措施已实施；三是明确对于管理层所确立的风险应对流程和措施的期望标准。董事会和管理层（包括高级管理层和运营管理层）的有效沟通，对董事会履行风险监督职责至关重要。

尽管董事会成员或其他下属委员会中可能有网络或信息技术专家，但大部分董事会成员对于网络和信息技术的相关知识是有限的。董事会成员的这种差异使得对信息需求的解释和定义显得极为重要，这是确保董事会能有效履行监督职能的前提。为了保持董事会层面的有效沟通，复杂的信息技术内容，需要转换成有意义的、可理解信息。企业可根据董事会对信息要求的定义，利用相关的信息技术框架和标准，将技术性很强的内容转换为易于理解的内容。

尽管董事会层面的定期沟通会涵盖网络方面的讨论，但仍有必要建立其他沟通渠道，以确保及时沟通出现的重要网络事件。当发生影响企业目标实现的重大网络风险事件，且企业可能需要就该事件与外部沟通时，应及时与董事会进行沟通，并提供当时可获得的高质量信息，这是企业具备快速反应及恢复能力的一种体现。

（4）外部机构。在网络安全大环境下，政策和标准的应用是有效管理和控制外部沟通的重要手段。外部沟通会涉及投资者、债权人、客户、商业伙伴、监管者、金融分析师、政府机构和其他外部机构。就网络风险而言，与外部机构沟通的两个驱动因素：一是确保由外及内的沟通能够影响网络风险评估和控制；二是通过由内及外的沟通向外部相关方传递与网络事件、风险活动相关的信息，或其他可能影响外部相关方与企业互动的情况。

通常来说，由外及内的沟通会为网络风险评估和内部控制提供有价值的信息，但企业必须确认这些信息的质量。由内及外的沟通能够向外部机构提供有价值的信息，这是企业所具备的可恢复能力的一种体现。如果没有使用恰当的控制，这种沟通可能会损害企业的利益。当企业向外界提供信息后，企业对这些信息的控制能力就很有限了，这些信息可能会被其他企业获得且利用。在面对名誉损害、股价变动、潜在诉讼致使客户或其他利益相关者受损，甚至暴露更多机会给网络黑客等后果时，企业需要权衡外部沟通的利弊并采取行动，减少其可能导致的负面影响。

七、"互联网+"环境下的内部监督

应对复杂的网络风险对于董事会和管理层来说是个巨大挑战，董事会和高级管理层有权力和责任将安全性、警惕性和可恢复性设定为首要目标，在内部进行充分沟通，并部署足够资源来保护其信息系统安全。为将资源优先部署到应对网络风险中，得到专业的网络风险管理专家的援助至关重要。董事会和管理层必须认识到信息系统的价值及其对企业目标的影响，根据这些信息设定风险承受水平，并确保将足够的资源用以保护对企业目标至关重要的信息系统。

专业的网络风险管理人员对于企业的监督活动非常重要。为减少潜在的网络风险暴露，企业应对控制活动设计和执行的有效性开展持续监督和单独评估。如果负责监督活动的人员不具备足够的网络风险控制能力，要事先考虑应对突发网络风险的解决方案，或在企业内部培育这种能力，或引入外部专家进行协助。

如前所述，很多企业的信息技术环境延伸到其他利益相关者。在这种情况下，监督第三方或其他外包服务提供商的网络控制活动就很重要。如果服务商不能提供审计报告或报告不能充分说明网络控制的情况，企业应努力采取措施了解这些控制，以确保延伸的信息技术环境具备安全性及警惕性。

如果管理层将网络风险管理列为首要任务并通过监督活动认真评估网络控制，企业在面对可能影响其目标实现的网络风险变化时，将能更好地进行部署内部控制，以确保网络风险变化可控。对管理层同等重要的是，发现缺陷时进行有效沟通，有效沟通发现的问题是分析问题产生根源并实施有效整改的必要前提。为加强警惕性，企业应采取措施以确保相关责任人切实承担起保护信息系统的责任。企业可以借助现代信息技术使一部分监督过程自动完成，实现实时监督，从而提高监督的效率和效果；借助大数据还有助于实现全面监督，大数据分析能够避免抽样监督的缺陷，从而使内部控制监督与评价更加客观、全面。

即使企业目前没有将安全性、警惕性和可恢复性设定为网络风险管理的优先目标，最终它也会成为优先目标。如果以被动的方式管理网络风险，网络攻击造成的损害可能导致非常严重的后果，甚至可能导致企业破产或停止运营。

第三章　企业社会责任理论与实践

随着全球社会责任运动的不断兴起，企业社会责任理论与实践日益成为人们关注的热点问题，引起了理论界、企业界和社会公众持久而广泛的探讨和争论，许多议题还有待深入剖析和进一步研究。本章首先回顾和梳理了企业社会责任的起源、内涵及发展、企业社会责任相关理论，介绍并分析了企业社会责任国际标准与惯例、国际相关组织对企业履行社会责任的推动以及中国企业社会责任实践等内容，以便为后面的进一步研究奠定基础。

第一节　企业社会责任的起源、内涵及发展[①]

社会责任其实并不完全是一个新事物，在几千年前的东西方思想中就能找到其渊源。在西方文明中，著作、宗教的经文中都不乏对商业道德问题的讨论，这些早期思想不仅渗透于西方文化中，一些具体的实践也反映了企业社会责任思想的悠久根源。在中华文明中，人们向来用伦理道德来考察、处理、评价一切问题。它以儒家为基础，同时吸收道家、法家、兵家等诸家治国治人之道，以"重义轻利"的价值取向为主流，涉及经济活动的各个方面，包含着广泛的对商人伦理道德的规范。18 世纪中期，英国完成第一次工业革命后，现代意义上的企业有了充分发展，但企业社会责任的观念还未出现，但实践中企业社会责任已开始萌芽。例如，有些美国公司开始帮助雇员修建住房，为雇员子女建学校等。这一时期企业社会责任的表现大多是业主个人的道德和慈善行为。

---

① 本节执笔人：王清刚。

一、企业社会责任的起源

企业作为现代社会的重要组成单元,是生产经营活动最主要的组织方式。在所有的生产要素供给中,资本作为企业所有权的代表始终发挥着主导作用,处于支配地位。业主投资设立企业,最主要的目的是赚取经济利益。第一次工业革命后,各主要资本主义国家的经济得到了快速发展,其经济行为的主要动机是最大限度地追逐利润。正如马克思所说:资本来到人世间,从头到脚,每个毛孔都滴着血和肮脏的东西。

第二次工业革命后,西方资本主义生产力实现了极大的飞跃,企业的数量飞速增多,企业规模也迅速扩大。但是,这种利益驱动机制虽然在一定程度上推动了经济的繁荣,却普遍忽视了社会及公众效益,严重地破坏了生态环境,损害了消费者的利益,企业雇员的安全和健康更是受到了很大程度的影响,很多企业对供应商和员工等极尽盘剥,以求尽快获得更多的利润,这种理念随着工业的粗犷式发展产生了许多负面的影响。越来越多的人对这种不负责任的、近乎掠夺式的经营行为产生不满,并要求企业在疯狂赚取利润的同时也应关注社会、资源、环境的利益问题,呼吁企业承担一部分社会责任,处理好自身经济利益与社会环境的协调关系。企业社会责任的问题就此产生了。

19世纪中后期,工业水平大幅提升,与此同时,劳动阶层的维权运动不断高涨,工会组织得到发展。美国政府在这一时期,接连出台了一些消费者权益保护法律,从法律层面规定了企业履行社会责任的义务,这在一定程度上抑制了企业的不良行为,社会责任的观念逐渐形成。企业社会责任思想由美国学者 Clark 于 1916 年率先提出,1924 年,Sheldon 在《管理哲学》(*The Philosophy of Management*)这一著作中,首次提出了"公司社会责任"的概念,他把企业社会责任与企业应满足企业内外各类人员或机构群体的需要的责任相关联,认为企业社会责任的观念是企业应具备的道德因素。

二、企业社会责任的内涵

(一)基于利益相关者视角的企业社会责任

20 世纪 60 年代以来,物质资本所有者在公司中的地位呈逐渐弱化趋势,利益相关者理论逐步得到发展。利益相关者理论认为企业发展离不开各利益相关者的投入或参与，企业不仅仅是股东的企业，也是各利益相关者的企业。没有债权人、员工、客户、供应商和政府及社区的贡献，企业就会缺乏生存与发展的必要基础。因此，企业在生产经营过程中应考量利益相关者的整体利益，而不能仅仅考虑股东的利益。这里的利益相关者包括股东、员工、债权人、供应商、零售商、消费者、竞争者、地方政府以及社团、媒体等。这与传统的股东至上主义相比具有明显的不同。

1984年，美国学者R. 爱德华·弗里曼（R. Edward Freeman）出版《战略管理：利益相关者管理的分析方法》，提出了利益相关者理论，认为企业的经营管理活动必须综合平衡各利益相关者的诉求。弗里曼认为利益相关者由于其拥有的资源不同，对企业会产生不同的影响：一是公司股票持有人，如股东、经理人员、董事等，称为所有权利益相关者；二是与企业有经济来往的群体，如债权人、员工、供应商、消费者、社区等，称为经济依赖型利益相关者；三是其他利益相关者，如政府机关、公益组织及媒体等，称为社会利益相关者。Frederick（1988）将利益相关者分为间接的和直接的利益相关者。间接的利益相关者是与企业发生非市场关系的利益相关者，如中央政府、地方政府、外国政府、社会活动团体、媒体、一般公众等；直接的利益相关者就是直接与企业发生市场交易关系的利益相关者，主要包括：股东、企业员工、债权人、供应商、零售商、消费商、竞争者等。Wheeler（1998）则从相关群体的社会性及群体与企业的关系（是否直接参与企业经营）这两个角度将利益相关者分为四类，分别是主要的和次要的社会性利益相关者及主要的和次要的非社会利益相关者。

利益相关者理论拓宽了企业社会责任的内涵。20世纪80年代初，阿奇·B. 卡罗尔（Archie B. Carroll）提出公司业绩三维模型，其中第一个维度即为企业社会责任的类别，并认为企业社会责任包含了社会在特定时期内对经济组织在经济方面、法律方面、伦理方面和自行裁量方面的期望，并由此建立了企业社会责任框架，这标志着企业社会责任与利益相关者理论的结合。

中国社科院企业社会责任研究中心主任钟宏武（2018）提出了一个外围实践+责任管理的模型，其中外围实践包括社会责任（政府责任、员工责任、安全生产、社区参与）、环境责任（环境管理、节约资源能源、降污减排）、市场责任（客户责任、股东责任、伙伴责任），而在这些责任的中心，则是责任管理（责任战略、责任治理、责任融合、责任绩效、责任沟通、责任调研）这个核心。

2010年，国际化标准组织发布的社会责任标准ISO26000文件中提到了对利益相关者履行社会责任的合理性，指出企业履行社会责任就是通过一系列符合道德观念的行为，为自身发展过程中对社会与环境的负面影响负责，这些行为符合利益相关者的期望及相关法律法规的要求，具有推动其可持续发展、增进社会福利的作用和特点。

（二）基于可持续发展视角的企业社会责任

可持续发展这一概念最初是从环境与自然资源角度提出的，关于人类长期发展的战略，体现了自20世纪60年代以来，生态危机随着工业经济的高速发展初现端倪后，人们对人类长期发展的反思，它对社会道德与文明重新进行了审视，是一种新型社会经济发展观念。使经济、社会、科技、人口、资源、环境六个方面相互协调持续的发展是可持续发展的核心思想。可持续发展认为，人类社会的长久永续发展，应是在保护自然资源和环境的前提下达到经济持续增长的目的，要既满足当代人的需求，又不致剥夺子孙后代继续发展的机会。

可持续发展的核心应是发展，但进行经济与社会的可持续发展的前提应是保护环境、永续利用自然资源、严格控制人口、提高人口素质等。从内容和目标上看，可持续发展是一个涉及经济、社会、文化、技术、环境的综合概念，应当包括资源与环境的可持续发展、经济的可持续发展和社会的可持续发展，这三个可持续发展之间不是相互独立的，反而紧密联系。具体来说，可持续发展应当以资源与环境的可持续发展为基础，以经济可持续发展为物质条件，以改善和提高人类生活质量的社会可持续发展为最终目标。

可持续发展问题一直是我国政府关注的重点，不仅提出了"积极促进社会公正、安全、文明、健康"发展，同时还强调了"国土资源保护和开发""环境和生态保护"诸多问题，其中即蕴含了生态、经济和社会三大可持续发展的目标。

（三）相关组织对企业社会责任内涵的界定

20世纪以来，企业社会责任已经成为国际上的热点议题，许多国际组织也对企业社会责任问题进行了深入研究，并对企业社会责任的内涵进行专门界定。

联合国颁布的《全球契约》中提到在全球化背景下，跨国公司应重视人权、关注环境保护及反腐败问题，使全球化的负面影响降至最低。2001年，欧盟发布《欧洲企业社会责任促进框架绿皮书》[1]，从公司治理的角度对企业社会责任

---

[1] European Commission. Promoting a European Framework for Corporate Social Responsibility, Brussels: European Commission Green Paper, COM (2001) 366.

进行定义，认为企业社会责任是企业基于自愿，并考虑到利益相关者的因素，将与社会与环境应的关系整合到自身的经营和管理之中所实施的一系列企业行为。同时，由于企业的发展占用了各种形式的资源，企业理应对各利益相关者予以承诺并切实负责。依据企业与各利益相关者的关系，欧盟将企业社会责任的实践分为企业内部和外部两类，包括财务资本回报、人力资本投资于环境责任管理、健康与安全在内的四个方面是企业内部的社会责任实践，包括社区与一般公众、商业合作伙伴、监管机构与非政府组织在内的四个方面是企业外部的社会责任实践。世界银行（WB）在利益相关者理论的基础上提出，企业社会责任主要是与关键利益相关者的关系，是公司基于此形成的价值观、遵纪守法、尊重人权、社区和环境有关的政策和实践的集合体，是企业为改善与利益相关者的关系而对可持续发展做出的一种贡献。国际标准化组织（ISO）在社会契约论基础上，从社会公民的视角出发，认为企业社会责任是一个组织在开展任何活动时都要考虑对社会和环境的影响，其活动必须满足社会和可持续发展的需要，符合社会道德标准，并且能够全面贯穿到组织活动中。世界经济论坛（WEF）认为企业社会责任主要包括四个方面：一是好的公司治理和道德标准；二是对人的责任；三是对环境的责任；四是对社会发展的积极贡献。

（四）关于企业社会责任内涵的简要评述

从以上这些相关社会责任内涵的界定中我们可以看出，人们对企业社会责任的认识和理解还不太一致。有的强调社会责任的内容，认为企业既要承担法律和道德责任，还要承担对利益相关者的责任，能够坚持走可持续发展之路。有的强调企业社会责任的方式，即企业要在自愿的基础上，充分考虑企业运营对社会和环境的影响，并与利益相关者互动，共同应对运营对社会和环境的影响。但是，这些社会责任内涵的界定总体上都围绕两个观点展开，即企业社会责任的内涵是放在更加宏观的视角关注各个利益相关者的利益、考量企业与社会间的相互关系；它是企业自发的根本性的意识融入企业每一项活动之中。

综上所述，虽然人们对企业社会责任的内涵有很多种界定，但均没有实质性的差异。人们大多认为，企业不能仅以创造利润这一传统概念作为其存在和发展的唯一目标，企业应当在承担法律责任和对股东经济义务的同时，还要对消费者和客户、内部员工、当地社区和生态环境等利益相关者承担相应的责任，如保护劳工权利、积极投身环境保护、主动捐助公益事业等。从企业社会责任的具体内容上来看，一般分为四个方面：首先，基于良好道德标准的公司治理，即遵守相关法律与道德约束,重视商业伦理的作用;其次,注重人权,具备人本思想;再次,树立正确的环境观,做到企业的发展与环境的和谐;最后,为一般性的社会进步做贡献,如投入于社会公益事业等。企业社会责任并不等同于企业的慈善捐赠。企业社会责任是一个多元化、综合性的概念(沈洪涛和沈艺峰,2007)。

三、西方国家企业社会责任的演进与发展

自英国学者欧利文·谢尔顿在 1924 年提出企业社会责任这一概念之后①,企业社会责任问题便在学术界和实务界激起了经久不衰的辩论和研究。

19 世纪前后,西方资本主义国家借助两次产业革命的成果社会生产力飞速发展,但由于"社会达尔文主义"的盛行,企业家和工厂主以创造利润为核心,对企业的社会责任持漠视态度。19 世纪中后期,企业管理制度逐渐完善,劳动阶层提出自身的权益要求的声音不断加大影响力,促使企业把一部分关注点转移到企业社会责任上来,由此激发了企业社会责任观念的产生。20 世纪 20 年代,企业界和理论界正式了提出企业社会责任的问题。1923 年,约翰·莫里斯·克拉克(John Maurice Clark)在《管理成本经济学》一书中详尽地阐述了"社会成本簿记"问题,建议采用社会成本簿记,将企业未支付的社会成本计入企业实际成本,以揭示企业应当承担的全部生产成本。克拉克还在 1936 年出版的《社会经济导论》中阐述了"私人价值"概念,认为除了生产过程中私人消费的效用以外,对于生产过程中所产生的一些不利于人类生存的社会成本,也应该由私人承担②。继克拉克之后,1950 年,制度经济学的代表人 W. 卡普在《私人企业社会成本》一书中首次尝试通过实物和价值指标,对资源的枯竭与破坏、技术变革升级、失业问题、种族歧视等造成的社会危害带来的社会成本进行衡量。

围绕企业是否应该履行社会责任问题,20 世纪 30 年代,在美国公司法学界产生了著名的多德—伯利论战,两位学者就"公司的经理人员是谁的受托人"展开了大讨论,其论争的焦点在于公司控制权是以实现股东利益为唯一目的还

---

① 也有学者认为,从文献资料上看,早在 1916 年美国学者莫里斯·克拉克(Maurice Clark)就提及"公司社会责任"一词(沈洪涛、沈艺峰,2007),高勇强(2009)则提出,1899 年美国钢铁大王安德鲁·卡内基(Andrew Carneg 但由于 ie)在其出版的《财富福音》一书中即提及"企业社会责任"。

② Clark, John Maurice. Preface to social economics: essays on economic theory and social problems [M]. Farrar & Rinehart, incorporated, 1936.

是在股东利益之外还应当包括社会利益，其实质是公司管理层除了盈利责任外，是否应当负有社会责任。1931 年，美国学者阿道夫·A. 伯利教授（Adolf A. Berle）提出，公司股东利益始终优于其他潜在利益相关者的利益，企业管理者只能以股东利益作为经营的唯一目标，公司存在的唯一目的就是为股东赚钱，企业只应对股东负有受托人责任，如果要求企业管理层对其他人负责，作为市场经济基础的财产私有可能会被动摇，可能导致社会陷入一场财富再分配的经济内战中[1]。1932 年，美国哈佛大学教授 E. 梅里克·多德（E. Merrick Dodd）提出：企业控制权除了要实现股东利益外，还要求实现其他的社会公众利益，企业管理层应建立对雇员、消费者和社会广大公众的社会责任观[2]。

在伯利和多德论战之后，其各自的认识都发生了趋于甚至公开认可对方观点的奇妙变化。1942 年多德指出除对股东以外的利益相关者的利益保护是通过特殊立法，而非受托管理的企业管理者实现的。后来，伯利也明确表示对于多德的早期观点他是认同的。1954 年，他指出他与多德的争论在当时是"以多德教授的观点获胜而告终"[3]。伯利和多德的论争，标志着企业在经营中已开始树立人性化形象，不再仅仅把股东利益最大化作为企业经营的一元化目标，而是开始发展商业伦理主义，期望将某种道德秩序带进商业中，树立股东利益与社会利益的双元经营目标。

1953 年，"企业社会责任之父"霍华德·罗思曼·鲍恩（Howard Rothmann Bowen）在《商人的社会责任》一书中明确提出企业进行的组织决策若与广泛的社会目标相联结，将提高其经营行为引致的社会和经济利益。这中思想要求管理者在执行政策、制定决策并采取行动时，要与整个社会的目标和价值相一致。同时，鲍恩对其企业社会责任的概念进行了明确的表述，他认为履行社会责任是企业的一项义务，企业应按照符合社会目标的价值观念，部署企业战略、实施企业经营管理活动[4]。

自 20 世纪 50 年代后期开始，企业社会责任的研究逐渐扩大，研究对象也从关注商人个体转向关注企业组织整体的社会责任。尤其是戴维斯（Davis）于

---

[1] Berle, Adolf A. Corporate Powers as Powers in Trust [J]. Hazard Law Review, 1931, 5 (7): 1049.
[2] Dodd, E. Merrick. For Whom Are Corporate Managers Trustees [J]. Harvard Law Review, 1932 (45): 1145 – 1163.
[3] Dr Salleem sheikh. Corporate Social Responsibility, Law and Practice [M]. Cavendish Publishing Limited, 1996: 156. 转引自：卢代富. 企业社会责任的经济学与法学分析 [M]，法律出版社, 2002 (10): 32。
[4] Bowen, Howard Rothmann. Social responsibilities of the businessman [J]. Harper, 1953: 276.

1960年提出"责任铁律"后，企业社会责任研究的发展更进一步。戴维斯指出，在管理学的视角下，管理者个人的社会责任与其被赋予的权利相关[1]。此后，通过以美国学者阿塔法·A. 伯利（Adolf A. Berle）与 E. M. 多德（E. Merrick Dodd）等为代表的企业管理学界和企业道德学界学者的共同努力，企业社会责任的内涵和广延更加明晰。此外，美国经济学家罗纳德·H. 科斯（Ronald H. Coase）的社会成本理论，为企业社会责任观念的形成在一定程度上奠定了基础。MacLean & Nalinakumari（2004）认为，企业社会责任是公共政策领域的一个新典范，企业社会责任能够促进社会和谐发展。Albareda（2007）认为，企业社会责任促进政策能够加强政府与企业间的合作，治理社会和环境问题。Albareda（2006）将欧洲国家政府推动企业社会责任发展的原因归纳为三点：经济全球化成为大趋势；福利国家的危机需要社会治理来解决；企业履行社会责任影响国家的竞争力。

四、现代企业社会责任观念的深化

20世纪70年代，全球化进程加速，生产要素全球化、资源配置全球化、市场竞争全球化等不断得到加强和深化，一方面促进了世界经济的繁荣发展，另一方面也打破了国际社会传统的利益格局，加剧了地区间的不平等和地区内的各种社会矛盾。自然资源日益匮乏、环境恶化严重威胁着人类的生存环境，促进了人们环保意识的觉醒和环保运动的兴起。1973年，彼德·费迪南·德鲁克（Peter Ferdinand Drucker）在《管理：使命·责任·实务》一书中指出，企业的社会责任要在企业内部关系和外部关系的处理上都能够得到体现，都能得以协调发展。企业对股东和员工的关系是企业内部的主要关系，企业与消费者和客户、当地社区和一般公众、政府和公益组织、自然环境等方面的关系是企业的主要对外关系，妥善处理好这些内外关系就是企业承担的主要社会责任[2]。美国经济发展委员会（CED）在1971年所发布的《企业的社会责任》报告中列举了诸多（达58种）以促进社会进步为目标的行为，主要分为自愿性与非自愿性两个方面这些行为涉及经济增长与效率、教育、用工与培训、公民权与机会均等、

---

[1] Davis, K. Can Business Afford to Ignore Social Responsibilities? [J]. California Management Review, 1960, 2 (3): 70-76.
[2] Ferdin, Peter and Drucker. Management: tasks, responsibilities, practices [M]. Taylor & Francis, 1973.

城市改进与开发、污染防治、资源保护与再生、文化与艺术、医疗服务、对政府的支持等10个方面①。因此，对企业社会责任的界定即由企业在利润最大化之外所负的义务发展到以外延式的方法进行界定。

20世纪80年代，世界各国经济、政治生活的发展所受到的跨国公司的影响不断增大，跨国公司在世界范围内进行分工，活跃了全球的经济市场，但也在生产转移的过程之中造成了各种有关劳工权益和资源破坏等恶劣的社会问题，这些问题具有扩大影响面、提高发生频率的趋势。为此，包括西方发达国家在内的消费者、各类环保组织、工会组织、非政府组织等对跨国公司忽视社会资源环境问题的经营行为进行严厉谴责，并要求其承担对各利益相关者的责任。由此，随着跨国公司业务在全球范围内扩展，企业社会责任运动也扩散至全世界②。

20世纪90年代以后，可持续发展观念得到了越来越高程度的认同，人们的价值观念向可持续发展的方向靠拢。包括消费者权益维护运动、劳工权益保护运动、环保运动等一系列的社会责任运动在西方社会得到广泛开展。例如，西方消费者一般会关心所购商品是否"清洁或干净"，关注他们所购商品的制造过程是否违背了企业社会责任原则。

回顾企业社会责任在过去一个世纪的演进过程，我们可以发现企业社会责任的观念随着历史的变化不断被丰富和广泛发展。从古代朴素的社会责任观到现代企业社会责任观的形成与推进，是社会生产力不断发展的必然结果，是随着人们对企业功能和性质的认知深化而不断发展的。世界格局演变至今，人类面临着更多的全球性挑战。在第70届联大会议上，习近平同志提出"构建人类命运共同体"的新理念，与"地球村"的含义具有异曲同工之处，均说明了面对挑战，没有谁能够独善其身，世界各国需要协调行动、同舟共济、共同发展。随着全球化程度的不断加深，世界各国逐渐走向相互合作、走向相互依存，一个你中有我、我中有你的命运共同体是当前国际社会的缩影。习近平同志这一高屋建瓴的提议，在世界各国引起强烈的反响，无疑也为企业社会责任理论与实践的发展指明了方向。

---

① Committee for Economic Development. Social responsibilities of business corporations [M]. Committee for Economic. 1971: 71.
② 辛杰. 企业社会责任研究——一个新的理论框架与实证分析 [D]. 山东大学博士学位论文，2009.

五、企业社会责任在中国的演进与发展

企业社会责任的观念虽然最初发源于西方，但这种思想和理念早已在中国传统文化中体现。中国的传统儒家文化提倡通过道德教化和品格培养，从人的心理角度使人向"仁"的方向发展，是人的行为符合"仁"的要求，从而在根本上促进社会问题与矛盾的解决。这种思想理念在我国历史上发挥了非常重要的思想引领作用，也形成了中华民族共同的品格特征，对于今天我国社会主义核心价值体系、树立良好的社会责任感仍然具有重要的借鉴作用。

中国自 20 世纪 80 年代中期开始涉入企业社会责任研究的领域（李伟阳、肖红军，2008）。随着世界经济全球化、我国市场经济的深入以及正式加入 WTO，企业社会责任问题的研究开始在我国具有了非同寻常的意义，有关企业社会责任问题的研究和实践活动于是逐步增强。徐醇厚（1987）提出企业的社会责任问题伴随生产经营活动产生，是客观存在的，如提供商品和服务、促进经济增长、维护公众利益等。社会责任是指企业利用社会资源社会化生产的同时，理应承担的义务。袁家方（1990）和刘俊海（1997）的观点一致，认为企业在谋求自身发展，为股东创造利润的同时，与外部社会环境的关联导致的经济、社会、环境等法律问题和道德约束，企业必须以维护国家、社会和人类的根本利益为出发点，提出解决方案，这种义务的承担就是一般意义上的企业社会责任。卢代富（2002）从经济学、法学的角度，论述了企业社会责任观念的起源、发展及含义，通过理论逻辑的演绎指出了企业社会责任履行的必要性和正当性，并讨论了国家层面为促进企业社会责任发展的制度构建。周祖成（2005）在 Carroll "三维概念模型"的基础上，认为企业社会责任是一种综合责任，包含经济责任和道德责任，并以利益相关者为实施对象。沈洪涛（2005）提出了考虑我国国情的概念，即在现代公司在市场经济环境下整合各方资源追求自身价值最大化的同时，有效处理与各类利益相关者的利益关系，实现企业与社会的和谐发展。2005 年，我国商务部《WTO 经济导刊》发起的"中国企业社会责任论坛"在"中国企业社会责任建设北京宣言"活动中提出，CSR 就是企业在生产经营过程中，不仅要为股东赚取利润，同时也要对赖以生存和发展的社会环境承担责任，一个没有树立社会责任意识的企业很难永续经营，而一个缺少社会责任意识的社会也很难维持发展的可持续性。

肖红军（2018）认为，自1978年改革开放以来，中国企业社会责任数十年的发展与演进，主要体现为国有企业与民营企业社会责任发展历程的两条演进主线，其中，国有企业的社会责任是国有企业存在的价值反映，实质上，历次国有企业改革都伴随着有关国有企业本质的认知重塑与使命定位的重大转变，因而也必然伴随着其外部社会责任制度环境的深刻变迁，并深刻影响着国有企业的履责动力、履责内容以及履责实践范式。另一条演进主线是伴随着改革开放历程的民营企业不断成长，有关民营企业社会责任的履行，在内容范围与实践领域也不断延伸。基于此，依据改革开放以来，不同时期对企业本质认知的重大转变、企业社会责任实践内容与实现方式的显著变化，中国企业社会责任发展与演进可以划分为四个阶段，即缺位错位期（1978—1993年）、分化探索期（1994—2006年）、快速成长期（2007—2012年）以及创新规范期（2013年至今）。

企业社会责任问题在近二十年来都是中国政府关注的热点。中国证监会于2002年颁布了《上市公司治理准则》，其中就有对上市公司履行社会责任的要求，即公司在发展的过程中应关注到资源与环境问题，增进社区福利，促进社会公益事业的进行，以推动企业的可持续发展。2018年，证监会对这一准则进行了更新，进一步强调企业应在生态文明建设中发挥作用，在五大发展理念的指导下，积极参与社会公益事业、履行社会责任，进一步披露公司治理信息。

2005年《公司法》的颁布首次在法律地位上明确了企业履行社会责任的义务。2006年，深交所在《深圳证券交易所上市公司社会责任指引》（以下简称《指引》）中指出企业社会责任是企业理应对利益相关者承担的义务，利益相关者包括企业赖以生存的环境和资源基础、股东和债权人、员工和消费者、供应商等。《指引》中具体要求上市公司把握好自身发展与利益相关者的利益平衡问题，积极投身于生态保护、社区建设等社会公益事业之中，实现企业与资源环境、社会的和谐与可持续发展。且上市公司在经营管理活动之中应坚持公平与诚信的原则，遵循商业伦理与道德，自觉接受国家政府和社会公众的监督[①]。据此，上海证券交易所于2008年明确对上市公司应履行的社会责任进行了明确规定，要求上市公司增强企业社会责任意识，在追求自身经济效益、保护股东权益的同时，重视公司对利益相关者、社会、环境保护和资源利用等方面的商业

---

① 深圳证券交易所. 深圳证券交易所上市公司社会责任指引 [DB OL]. (2006-09-15) [2017-01-04]. http://www.csrc.gov.cn/pub/shenzhen/xxfw/tzzsyd/ssgs/sszl/ssgsfz/200902/t20090226_95495.htm.

贡献，并定期对自身社会责任履行情况进行评估，披露企业社会责任报告①。

2007 年，国资委发布《关于中央企业履行社会责任的指导意见》对企业社会责任进一步进行了规范，明确了央企履行社会责任应重点关注的八项内容：一是坚持依法经营诚实守信；二是不断提高持续盈利能力；三是切实提高产品质量和服务水平；四是加强资源节约和环境保护；五是推进自主创新和技术进步；六是保障生产安全；七是维护职工合法权益；八是参与社会公益事业。对八项内容的规定，体现了我国政府立足国家整体，结合具体的企业实践，对中央企业社会责任履行的具体期望和要求。

企业社会责任问题在我国得到越来越多的关注，2010 年 4 月，财政部、证监会、审计署、银监会、保监会五部委联合发布了《企业内部控制应用指引第 4 号——社会责任》，将企业社会责任问题提到了一个新的高度，推动了企业经营管理发展方向的调整，使企业更加注重包括员工权益、生态保护、产品质量等在内的社会问题。

六、儒家思想、商业论理与企业社会责任

中国传统社会的"士""农""工""商"，"商"为"四民"之末，但到了近代和现代社会，工商活动成为一个社会主要的动力源泉。儒家文化对于中华民族文化历史的形成占据主导作用。中国古代曾有"半部《论语》治天下"的说法，这虽然夸张了以孔子思想为核心的儒家伦理观念的实践价值，但主导中国文化两千余年的儒家思想所倡导的仁者爱人、先义后利、尚中贵和、诚信为本等商业伦理思想，在现代商业活动中建立良好的社会责任观念仍具有重要的借鉴价值。

（一）以人为本

儒家思想十分重视人的因素，认为人为万物之灵，是宇宙世界的中心。人本主义哲学是我国先贤孔子最先倡导的，要比西欧在文艺复兴时才发现人本的重要性早了一千多年。《礼记·礼运》有记载："人者，天地之心也"，肯定了人在宇宙中处于中心的位置。《周易》也提出了天、地、人三者共同构成的大宇宙

---

① 上海证券交易所. 关于加强上市公司社会承担工作暨发布《上海证券交易所上市公司环境信息披露指引》的通知 [DB/OL]. (2008 - 05 - 14) [2017 - 01 - 04]. http://www.sse.com.cn/lawandrules/sserules/listing/stock/c/c_20150912_3985851.shtml。

观,定上为天,定下为地,定中为人。人与万物本质上是特殊与普遍、具体与抽象的关系,认识人性,就能够认识万物。

"民为邦本"的管理思想,是儒家以人为本的理念运用在国家治理方面的一项重要实践。古代"民"和"人"的含义相同。孟子曾经说过:"民为贵,社稷次之,君为轻",即对于一个国家来说,人民始终处于最为重要的地位。荀子君舟民水的思想也强调了人民在国家治理中的地位和作用。人民既是物质财富的生产者,也是精神文化的创造者,更是社会历史的真正主宰。

当今世界,各种管理学说大多强调以人为本。传统儒家文化十分重视道德教育和品格培养、重视从人心的治理出发从根本上解决社会问题的思想,既可以成为封建社会治国安邦的良策,也同样可以为构建社会主义和谐社会提供借鉴。"礼、义、仁、智、信"作为儒家思想的精髓,特别强调以人为本,可以说以人为本是儒家管理学说最重要的特征,仅《论语》中一句"己所不欲,勿施于人"的名言便能感染和启发许多人。将儒家"民为邦本"的思想运用在企业管理中,就要求企业必须坚持以员工为本、以顾客为本,以利益相关者为本,企业才能得以可持续发展。因此,企业要想获得社会的支持,就应以人为本,这不仅是企业应尽的社会责任,更是企业的长远发展之道。

在对待员工问题上,企业要善待员工,尊重人、信任人、爱护人。知人善任,以信任来换取员工对企业的忠诚,使员工和企业同呼吸、共命运,最终换来企业的业绩。企业不仅仅是提供给员工一个良好的工作岗位和工资待遇,最重要的是引领员工成长,能为员工提供良好的发展平台,能为社会培养一批又一批的优秀人才。对外,企业应树立"消费者第一"的理念,能为消费者提供质量过硬的产品和服务,在消费者满意中获得企业的利润。在商品经济条件下,商品生产以社会分工为前提,是为满足他人、满足社会的需要而生产的,因而生产的是使用价值,只有产品对别人有用有利,适销对路,才能实现生产经营者的利益。因此,企业在交换中应考虑对方的利益,而不是一味地追求自己的利益。

(二) 义利兼顾

儒家思想的价值取向中,"义"指精神价值,是正义、道义,是有利于社会、国家和人民的行为准则与道德标准;"利"指物质价值,是个人财富和经济利益等。孟子曰:"穷则独善其身,达则兼善天下。"从"独善其身"到"兼善天下",包括了对自己、对他人、对社会、对自然等四个方面的责任。

义利观在儒家不同学派中有不同的解读。孔子将义利观作为区分君子与小人的标准，他认为"君子喻于义，小人喻于利"。汉代董仲舒提出了重义轻利的思想，认为"利以养其身，义以养其心"。一代儒学的集大成者朱熹将义利观提升至儒学思想的至高地位，他说："义利之说，乃儒者第一义"。

明末清初的儒学家、思想家和教育家颜元运用辩证的思维看待义利的统一，他认为："正论便谋利，明道便计功，是欲速，是助长；全不谋利计功，是空寂，是腐儒"。这一观念在儒家思想的中庸之道中也得到了很好的体现。中庸之道的实质是对"度"的把握，即处事时既不能出现"过"，也不能出现"不及"，要求以不偏不倚的态度做事并达到合适的效果，即恰到好处。这种思想在处理"义"和"利"的问题上就是要求达到两者的统一和平衡。"富与贵，人之所欲也""不义而富且贵，于我如浮云"等，是《论语》中主张义利并举的论述，《论语》将经济利益与伦理道德紧密相连，着力关注于经济与道德的关系，将广泛的道德原则注入经济行为的准则之中，强调集体利益高于个人利益，精神价值重于物质价值。"义利兼顾"的统一观运用在企业的生产经营和管理活动中，就是要努力使两者平衡发展，正确处理好"义"与"利"的关系，要有正确的价值导向，企业在追逐利润的同时，要兼顾利益相关者的权益，要评估企业的利益取向是否符合社会整体和长远发展的需要，以便在整体把握中实现共同发展。

司马迁在《史记》中记载的陶朱公（也就是范蠡），被称为商圣，十九年间三次获得千金之富，但三次都把这些钱财接济他周围的穷朋友与困难兄弟，赚了钱，去做慈善，分给需要的人，体现了"共创财富，公益社会"的商业使命。

（三）诚实守信

诚信观是儒家重要的道德范畴之一。在孔子看来，一个人得以安身立命的重要根据就是"信"，它是一个人事业成功的重要保证。儒家思想将仁、义、礼、智、信视为人的天性，"信"代表着诚实守信的含义。诚实守信是古往今来人们奉行和追求的基本准则，也是员工行为和企业生产经营活动的重要道德标准。诚实要求人们遵从"善"的初心，使自己的一举一动跟内心思想一致，不弄虚作假、不欺上瞒下，光明正大处理所遇到的任何事情，对于企业来说，则是应全面的、合理合法的披露企业信息，提高透明度。"信"的含义包括信用、信任、真实与可靠，要求现代企业树立信誉意识和观念，以信誉在市场上立足。"守"是遵循、依照的意思，这就是说，企业应自觉遵守相关行为准则和条例规范，在合规性的前提下开展经营管理。守信就是遵守自己所做出的承诺，信守诺言，注重信用。晋商与徽商都是中国历史上以诚信经商为代表的两股势力最大的商业力量。梁启超说过："晋商笃守信用"，徽商亦"贾而好儒"，能够以诚待人，以信接物。

"诚"是企业立足之本，"信"是企业聚心之魂。作为人们提升自我修养、修炼自身品格的基本原则，诚信的内涵也能够延伸到企业生存的价值观之中，它为企业指向一条应该始终坚持的发展之路，诚信是一个合格的现代化企业所应具备的商业道德。在儒家思想的影响下，我国商界逐渐形成了"诚信为本"的商业伦理和行为规范。"人无信不立，店无信不开"，"诚招天下客，信揽四方财"。司马迁把商人分为"义商"和"奸商"两类。"义商"恪守诚信无欺、公平交易的原则，深知"黄金有价，信誉无价"。"奸商"则作伪欺诈，牟取暴利，唯利是图，到手为快，不知"信义"为何物。

现代市场经济以诚信为基础，是一种"信用经济""契约经济"，诚实守信可以说是企业得以生存的前提。人无信不立，商无信也不立。小胜靠智，大胜靠德。在生意场上施展些小聪明也许可以谋得短暂的盈利，但只有本着大道德的经营理念才能大胜、持续的在市场上立足，做生意的人一定要明白这个道理。企业家要想走得更远，在经济发展史上留下自己的足迹，就应自觉带头承担必要的社会责任，带头做好人、做好事。企业没有诚信，是很难走远的。

（四）尚中贵和

"中"就是"中庸之道"，"中庸"就是不偏不倚、无过无不及，主张做人做事中正适度，恰到好处。"和"就是"以和为贵"。"刚柔得道谓之和"。孟子在此基础上提出"天时不如地利，地利不如人和"的思想，他还把"得道多助，失道寡助"，即人心向背看作是统治者是否具备"人和"的基本条件。荀子也认为"万物各得其和以生"，"上不失天时，下不失地利，中得人和，则百事不废"。"天地合和，生之大经也"（《吕氏春秋·有始》）。只有和谐、和合，事物才能发展，才能有生机。因此，"尚中贵和"的思想一直是儒家十分推崇的理念之一。"和"是事物各要素间互生互克、互摄互补的结果，《礼记·中庸》提出"中和"的概念："中也者，天下之大本也；和也者，天下之达道也。致中和，天地位焉，万物育焉"。

企业社会责任之于"尚中贵和"的观念体现在很多方面：首先，与不同利益相关者之间的沟通与合作是互利共赢的必经之路，企业应处理好与利益相者的关系,把握好竞争与合作的平衡,追寻利益共同点,并在此基础上展开协作,而要坚决防止不正当竞争的发生;其次,明确自身拥有的权利,自觉履行对利益相关者的各种形式的义务,在权利与义务之间寻求"和"刚柔并济的理念,忽视任一方面都不能使企业在"和"的道路上持续地走下去,每一个人都应认清自己应处的位置,恰当地处理好个体发展与整体和谐的关系;最后,企业应注重相关关系的维护与管理,企业内部各个生产环节之间、企业与企业、企业与政府、企业与社会之间,以及企业各个部门之间、管理层与员工之间、员工与员工之间都相互协调、各得其所,使各方的积极性都能够得以充分的发挥。对顾客,应和和气气,处处为顾客着想,关注顾客需求,注重提升顾客的产品使用体验。同时,也要注重企业内部的人际和谐。企业的管理者要设身处地为员工着想,关心他们的喜怒哀乐和健康与安全,合情合理地解决他们的实际困难,满足他们的合理要求;员工应体谅企业的困难,增强对企业的支持意识;企业内部各部门之间、员工之间应树立以和为贵的团体精神,克服本位主义,树立全局观念,增强彼此之间的协作意识等。

第二节 企业社会责任相关理论[①]

前文主要介绍了企业社会责任的内涵和边界,本节总结梳理了企业社会责任相关理论,主要从三个角度进行研究,一是企业履行社会责任的动机,这类理论有利益相关者理论、社会契约论、团队生产理论、战略管理理论等;二是企业履行社会责任的经济后果,主要包括长期利益理论;三是企业社会责任信息披露的相关理论,涉及经济学、社会学、心理学和伦理学等多个领域,较有影响力的有利益相关者理论、信号传递理论、外部性理论等。

一、企业履行社会责任动机的相关理论

企业社会责任是现代企业管理的重要内容,但它的起源却可以追溯到古希

---

① 本节执笔人:王清刚、牛蕴晖。

腊时期，当时商品经济繁荣，社会要求商人在经商的过程中还要关注社会福利，遵守公共道德。Bowen（1953）首先将现代企业社会责任的概念正式化为"追求政策，做出决策或遵循那些符合我们社会目标和价值观的行动方针的义务"。关于企业社会责任应该包含哪些内容，国内外学者对此有很多不同的观点，如 Carroll 提出的金字塔社会责任观、美国经济发展委员会（CED）于 1971 年提出的"三个同心圆"模型理论等。虽然学者们对企业社会责任的内容看法不统一，但是他们一致认为承担社会责任是企业发展的必然选择，关于企业为什么应该承担社会责任、为什么要向外界披露社会责任履行情况，与这类问题相关的理论支持也日渐丰富。

（一）利益相关者理论

利益相关者理论最初萌芽于 20 世纪，它批判了企业以股东为中心和将股东放在主导地位的观点。传统的企业由个人或家族拥有和经营，这些企业通常不仅被视作经济实体，同时也要对社区的需求负责，因此，所有者的财务利益与其他利益相关者的利益更直接相关。随着规模经济的增长，个人业主和家庭作坊不得不依靠其他人来管理他们的业务。在 20 世纪 70 年代，公司被视为典型的经济实体，其中管理人员在法律和道德上有义务提高股东利益，优于实现其他利益，而且几乎没有限制。弗里德曼在他的文章《企业的社会责任是为了增加利润》（1970）中提到了这一点，认为追求利润或股东价值只受有限的法律和道德约束。

作为回应，利益相关者理论家认为，以股东为中心的模式存在很大问题，股东模式未能真实反映企业现实，例如，一些人认为股东模式不符合法律要求。具体来说，国际法已经演变为支持其他利益相关者群体的权益（如雇员，消费者和社区），这些群体有时合法地推翻了股东的要求。

组织成功的决定性因素在于它与主要群体关系的处理上，如顾客、雇员、供应商、社区、债权人以及其他可能影响公司实现战略目标的群体（Freeman and Philips，2002）。这些利益相关者主要包括消费者、公司雇员、政府和非政府组织等，构成了公司社会责任建设的重要驱动因素。在利益相关者范围的定义上，通常有不同的界定，定义的标准是，公司到底是对谁负责。管理层履行社会责任实质是在履行对利益相关者的责任，各角色的利益相关者从不同途径对企业经营发展产生影响，企业应识别不同利益相关者的需求，履行对不同利益相关者的社会责任。

雇员是企业利益相关者的重要组成部分，世界经济论坛首席执行官 2003 年在《全球企业公民意识调查报告》中称，公司雇员在公司利益相关者中位于前列。消费者对企业履行社会责任的驱动作用表现在，消费者要求企业生产的产品是对社会负责的并且可以通过购买行为产生权利。因为消费者的重要影响，企业需要尊重消费者需求，这就意味着生产满足要求的产品和提供不侵害社会利益的服务。非政府组织作为利益相关者，他们的影响体现在可以通过与媒体和其他社会网络的合作，进而拥有改变企业声誉的权利，因此也可能影响消费者行为。通过这些方式，非政府组织既可以为企业宣传积极的企业社会责任活动，也可能对企业发起抵制和负面媒体报道。政府机构也是重要的利益相关者，因为它们拥有修改现存法律法规和制定新法律的权力。

企业的目标主要是为利益相关者创造价值，虽然企业的所有权属于股东，但是由于利益相关者如债权人、员工、供应商、消费者和政府等角色都与企业的经营密切相关并且他们的权益也越来越受到法律的强制保护，所以企业也应该同时担负起对利益相关者的责任，保障债权人的利益、为企业职工提供更好的工作环境、员工福利等、为消费者提供质量更优的商品、对社区、环境做出贡献。

（二）契约论

契约论在 1994 年由托马斯·唐纳森和托马斯·邓菲提出，认为企业是社会系统中不可分割的一部分，是利益相关者正式契约和隐性契约的载体，企业与社会之间的契约关系体现为：企业对为它存在提供了条件的社会承担社会责任，社会应对企业的发展承担责任。契约论的主要观点是认为企业的本质是"契约联合体"，包括企业内部股东、管理者、员工等之间的契约以及企业与外部利益相关者如社区、消费者、供应商等之间的契约关系。企业通过生产和交易等企业行为实现利益相关者的利益目标，这是契约的内容，也是企业必须履行的契约责任。利益相关者通过对企业投入各生产要素从而获得契约要求权，要求企业对社会和各利益相关者履行责任，满足他们的需求，这样的要求是建立在平等的契约关系上的。

科斯（1937）在《企业的性质》一文中运用边际分析的方法对企业进行定义，认为企业的出现一定程度上是为了消除市场的不确定性带来的负面影响。市场的运行处在不断变化中，变化带来的不确定性可能会对市场参与者造成损失，缔结一系列固定的契约关系可以减少这些不确定的风险，契约的载体就是企业。李丰团（2011）认为，企业是各种要素投入者为实现目标而形成的一个"契约联合体"，利益相关者为企业的存在提供了条件，受制于契约关系，企业也相应对利益相关者负责。企业社会责任本质上是契约的产物，是企业和利益相关者签订契约的内容和必然要求。这种契约关系具体表现为：社会为企业提供存在和发展的条件、利益相关者为企业提供生产资源投入生产要素，作为对价，企业应创造财富回报社会、维护利益相关者权益不受侵害，保护环境为社区做出贡献等。

（三）团队生产理论

美国经济学家阿尔奇安和德姆塞茨等（1972）提出团队生产理论，主要内容为：产品生产要素的投入不是各种资源的简单组合，产品也不是由各个生产要素简单地相加，生产所需的各种资源通常也不归属于个别成员。

基于这一理论，企业并非只属于股东这一类个别成员所有，因为企业经营活动所需的各种资源并不仅仅来自股东的投入，团队生产的其他参与者，公司的董事、经理层、员工、债权人，公司所处社区都对团队生产做出了重要的贡献。比如公司员工需要投入相当可观的时间、精力去学习、实践，提高业务水平，应用在企业经营创新上，增强企业的长期竞争力。

团队生产理论将公司视为是各利益相关者共同进行团队生产的平台，整合了一部分利益相关者理论的概念，反对股东至上的观点，要求企业兼顾团队生产中其他成员的权益。它认为股东和公司的其他利益相关者都是团队生产的成员，是平等的，所以一定程度上对企业应该承担起对所有的团队生产成员的责任提供了理论支持。

以华为集团为例，华为现有18.8万员工，业务遍及170多个国家和地区，服务30多亿人口，华为是一家100%由员工持股的民营企业，持股人数为96768人。尽管为内部治理模式，但华为有完善的企业社会责任体系。华为对外依靠客户，坚持以客户为中心，通过创新的产品为客户创造价值；对内依靠努力奋斗的员工，以奋斗者为本，让有贡献者得到合理回报；与供应商、合作伙伴、产业组织、开源社区、标准组织、大学、研究机构等构建共赢的生态圈，推动技术进步和产业发展；我们遵从业务所在国适用的法律法规，为当地社会创造就业、带来税收贡献、使能数字化，并与政府、媒体等保持开放沟通。

（四）战略管理理论

战略管理最初形成于20世纪60年代，当时全球化市场逐步成型，打破了关税的限制壁垒，许多大型企业采用联合、并购等方式来扩大规模和拓宽经营模式。在这样的市场环境下，大型跨国企业必须要制定未来 3—5 年内的预算，这就使得它们综合运用运筹学和统计学等分析手段对公司未来几年内的发展进行系统的筹划，战略规划学应运而生。战略管理理论发展到如今已演变出多种战略理论，如资源论、钻石模型、平衡计分卡、竞合论、超强竞争论等。

20 世纪 90 年代后期开始，一些管理学家提出企业社会责任可以作为企业战略管理的一部分。哈佛大学著名竞争战略学者 M. Porter（2006）提出，企业可以通过承担社会责任从而获得竞争优势。企业履行社会责任有利于企业社会形象树立、在公众的认可度方面也会有很大的提升，这是无形的效益，而且是长期利益，可以作为企业战略制定的考虑内容。战略管理的发展也体现了适应客户需求和产品多元化等特点，以平衡记分卡为例，在财务指标基础上加入顾客指标、内部经营指标、学习和成长指标提高了绩效评价的全面性，综合评价对各利益相关者的责任履行情况。企业社会关系理论也体现了这一点，要求企业如果想实现社会资本的最大限度，就必须要协调好企业内部的部门以及部门与员工之间、员工与员工之间的关系，同时还要协同好企业与同行竞争者之间、企业与上下游企业之间、企业与社会上各个机构之间、企业与客户之间等多方面的关系。

综上，战略管理理论可以作为企业履行社会责任的支持，企业战略管理要求企业平衡多方关系、兼顾各利益相关者利益，以此实现长远发展，这就要求企业主动担负起对股东、债权人、客户、供应商、社区等的责任。

二、企业履行社会责任的经济后果理论

从企业履行社会责任的经济后果方面分析，支持企业承担社会责任的理论有长期利益理论。有学者认为，企业承担社会责任可能会损害企业为股东创造财富的能力，但是在 20 世纪 70 年代初进行的一些研究将企业利益区分为短期利益和长期利益，并且认为企业承担社会责任有利于企业长期利益的最大化。从短期看，企业履行社会责任会增加企业当期的成本，而履行社会责任对企业利润创造的影响却可能需要很长的时间实现，这就导致了投入和产出不能在当期或短期内同步，影响企业短期绩效，一些将短期利益和管理者绩效挂钩的企业的管理层在决策时就不会倾向于履行社会责任。而从长期利益的角度出发，履

行社会责任可以帮助企业树立良好的企业形象、使企业更容易获得政府的支持，对债权人负责、对公司员工进行激励和工作环境的改善等措施可以有效提高企业竞争力，进而可以作为一种战略投资，有利于帮助企业获得更宽阔的发展空间。

三、企业披露社会责任信息相关理论

（一）外部性理论

外部性概念最早可以追溯到英国经济学家、剑桥学派奠基人西奇威克，他在《政治经济学原理》一书中提出"个人对财富拥有的权力并不是在所有情况下都是他对社会贡献的等价物"。马歇尔（Marshall）在1890年出版的《经济学原理》中指出，扩大一种商品生产规模的经济有两种：一种是依赖于产业的一般发达所成型的经济，另一种是依赖于个别企业本身资源、组织和经营效率的经济。这两种经济形式分别对应"外部经济"和"内部经济"的概念。对于外部性的定义，目前还没有统一定义，概括来讲，外部性是某个经济主体对另外一个经济主体产生的不能通过市场价格进行买卖的影响。张朴甜（2017）提出经济主体间的利益冲突可以说是外部性产生的直接原因，而冲突的根源则在于资源的稀缺性。外部性的萌芽状态在生产经营者的利润最大化、生产经营者的风险化解、消费者的福利最大化等广泛存在的自利行为中得到进一步强化。

企业经营活动产生的负外部性会对社会、环境造成不利影响，表现在影响资源利用、危害生态环境、影响产业发展、市场失灵等方面，严重的还会恶化发展环境，导致公平缺失、信用缺失等一系列社会问题。将负外部性内化是必要的，岳远贺（2016）提出外部性内部化主要有两种途径：经济激励手段如庇古税和补贴和行政手段如政府禁令等。李西明（2014）提出企业对政府的责任主要表现为及时足额地纳税，可以用"纳税比率"等经济指标衡量其担负的对政府责任的大小。引申到企业其他方面的社会责任上，对环境产生的负外部性可以通过政府强制手段和征收环境补偿税消除影响。因此外部性理论给我们的启示是企业应该区分负外部性并采取手段消除不利影响。

解决外部性问题的手段之一就是披露社会责任信息。因为传统的会计信息披露只考虑了企业的私人收益和私人成本，而社会责任则要求企业记录和核算社会成本、社会效益，以此促使企业将外部性内化。例如，可能导致水污染的化工企业若按社会责任核算体系进行社会成本的披露，会使其产生的负外部性曝光，从而政府部门、新闻媒体甚至消费者都会采取行动监督其进行改良。另外，政府应采取措施激励企业进行社会责任信息披露，因为企业履行社会责任可以提高企业声誉，形成无形资产。企业通过社会责任战略实现产品差异化，消费者更愿意购买含有社会责任元素的产品。社会责任履行情况良好的企业更容易赢得政府、所处社区的支持，政府也更倾向于在制定政策时向其倾斜，对企业的发展给予支持，所在社区通过购买企业产品来回报企业，其结果是使企业的经营活动有了更加广泛的发展空间。因此，企业积极履行社会责任和披露社会责任信息，可以消除负外部性影响，同时有利于企业声誉形成和维护，以及促进与政府关系的建设。

（二）信号传递理论

信号传递理论诞生的原因之一，就是用于解决信息不对称给信息使用者带来的逆向选择的问题。以公司报表的主要使用者投资者为例，股市中的小股民对于公司经营情况的掌握程度肯定没有公司的管理层高，所以报表的编制和披露就是必要的。利益相关者正是通过这样的途径获取了公司的经营信息，以作为相关决策的依据。信号传递理论就是回答了，当存在信息不对称情况时，身处信息掌控优势的一方怎样用信号传递的方法，向身处信息掌握劣势的一方传递信息的问题。

企业披露传统的财务报表是为了公布经营信息，吸引投资，那么同样的，对于社会责任信息的披露也是出于同样的道理，是为了向广大信息使用者传递社会责任履行情况。那些经营状况良好、公司治理水平高，以及社会责任履行情况较好的企业主动进行社会责任信息的披露，既可以向信息使用者传递企业发展潜力高的信号，同时又可以树立良好的企业形象，有助于企业声誉的形成和维护，对公司的长期发展有益无害。

第三节　企业社会责任国际标准[①]

自20世纪以来，企业社会责任已经成为国际上的热点议题。许多国际组织

---

① 本节执笔人：王清刚、詹坦。

对企业社会责任进行了深入的研究,发布了相应的责任标准,为企业履行和管理社会责任提供了依据和参考。本节将对主要的企业社会责任国际标准进行简要介绍。

一、ISO14000 环境管理系列国际标准

国际标准化组织(International Organization for Standardization,ISO)考虑到世界各国环境监管标准不一致的问题,于 1993 年成立 ISO 环境管理技术委员会,经过长期研究,推出了 ISO14000 环境管理系列标准,该系列标准共 100 个,编号从 ISO14001 到 ISO14100,主要内容如表 3-1 所示。

表 3-1　　　　　　ISO14000 系列标准标准号分配表

	名称	标准号
SC1	环境管理体系(EMS)	14001—14009
SC2	环境审核(EA)	14010—14019
SC3	环境标志(EL)	14020—14029
SC4	环境行为评价(EPE)	14030—14039
SC5	生命周期评估(LCA)	14040—14049
SC6	术语和定义(T&D)	14050—14059
WG1	产品标准中的环境指标	14060
	备用	14061—14100

ISO14000 系列标准与 ISO9000 系列国际标准一样,也是一个认证体系。通过 ISO14000 认证,可以为企业走向国际市场、提高竞争力、改善企业形象等奠定基础,也有利于企业打破非税收贸易壁垒。企业可以通过 ISO14000 国际标准体系认证,推动社会责任在环境问题上的践行。

2015 年,为与 ISO9000 产品质量系列国际标准匹配,ISO 环境管理技术委员会修订了 ISO14000 系列标准,修订的主要内容包括组织的环境意义、生命周期考量、环境绩效评价、强调领导力、拓展环境保护范围、关注外包活动、对紧急情况的关注、强调"过程"、注重实效、风险和机遇等。如今,ISO14000 系列标准已经成为最完整和最系统的环境管理体系,并获得世界上各国家、地区企

业界的广泛接受。

二、ISO26000 社会责任国际标准

2010年11月1日，国际标准化组织（ISO）在瑞士日内瓦举办了题为"共担责任，实现可持续发展"的ISO26000（社会责任标准指南）发布会，来自90多个国家和40多个国际或区域组织的400多位专家参与了该标准的制定。该标准适用于所有类型的组织，而不仅仅指企业社会责任。

与ISO颁布的ISO9000和ISO14000认证标准不同，ISO26000只是社会责任"指南"标准，是一项不需要第三方机构认证的自愿性标准指南，各类组织根据自身情况自愿采用。

ISO26000要求组织通过透明和道德的行为，为其决策和活动对社会和环境的影响承担责任。ISO26000给出了组织履行社会责任的七项基本原则，即担责、透明度、合乎道德的行为、尊重利益相关方的利益、尊重法治、尊重国际行为规范、尊重人权。

ISO26000规范的社会责任基本框架如图3-1所示。

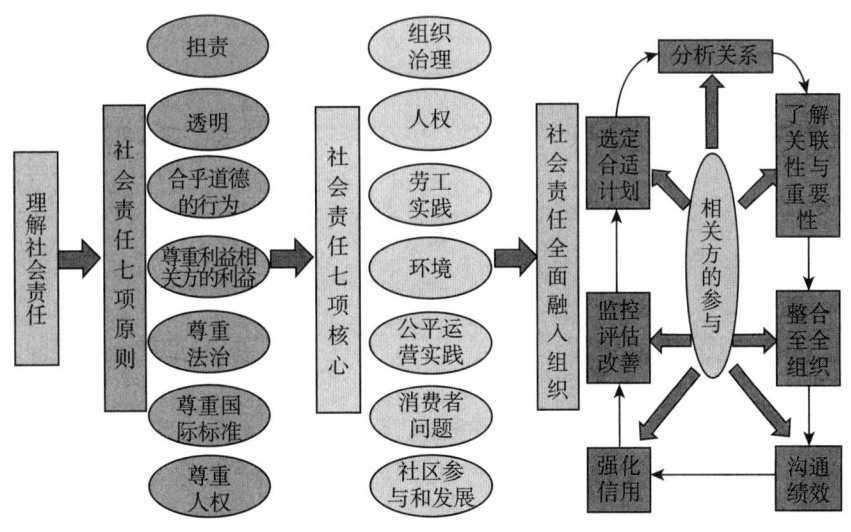

图 3-1 ISO26000 框架结构

ISO26000指出组织的社会责任应包括七项核心内容，如表3-2所示。

表 3-2　　　　　　ISO26000 社会责任七项核心内容

核心主题	概　　念
组织治理	组织实施决策时应遵守国家相关法律法规和行业规定
人权	组织不仅在所处地,还要在供应链延伸地尊重人权
劳工实践	组织应建立与实行必要的劳务程序,保障所有员工的健康、安全和基本权利
环境	组织应采用多种手段保护环境、节约资源
公平运行实践	组织与其他组织竞争或谈判时应遵守道德
消费者问题	组织生产的产品或提供的服务需保障消费者权益
社区参与和发展	组织应与所处地社区建立关系,相互促进发展

组织主要通过两种方式践行社会责任,一是认识并积极履行组织所需承担的社会责任,二是推动其利益相关者履行社会责任。组织首先需要认识它的社会责任,包括承认组织的利益相关方,识别组织决策和活动的影响及其范围,因组织决策和活动影响产生的社会责任议题,处理这些议题有助于可持续发展的方法等。组织认识其社会责任应该理解三个层次的关系;组织与社会之间的关系、组织与它的利益相关者之间的关系、利益相关方与社会之间的关系。组织应识别它的利益相关方并使其参与到社会责任的承担与实践,组织应明确理解利益相关方参与的目的,识别利益相关方的利益,确定在组织和利益相关方之间由利益所产生的直接的和重要的关系,确定利益相关方利益与可持续发展的关联性和重要性,确认利益相关方获得必要的信息并明白自己的决定。

ISO26000 在明确社会责任基本实践的基础上,还提出了以社会责任的组织渗透为内容的社会责任保障。组织履行和实践社会责任的最有效途径就是将社会责任融入整个组织,主要包含三个方面的具体行动,一是组织的社会责任意识提升和能力建设,二是确定组织的社会责任方向,三是将社会责任融入组织治理、体系和程序中。最终使社会责任在组织的日常运作和管理活动中得到实践和体现。

三、SA8000 社会责任国际标准

SA8000 社会责任国际标准(Social Accountability 8000,SA8000 标准)是由社会责任国际组织(Social Accountability International,SAI)发起制定的全球第

一个道德规范国际标准，旨在保护劳工权益，最终实现公平。SA8000 标准由八个核心内容构成，包括健康与安全、工作时间、童工、强迫劳动、歧视、结社自由和集体谈判、工资以及纪律。

SA8000 标准体现了人本管理思想，从 9 个方面为企业履行对员工的社会责任设置了最低要求，能够改善员工劳动条件和作业环境，推动企业走可持续发展之路。

1. 童工。组织不应雇佣或者支持使用童工，还应给儿童提供足够财务及其他支持，保障儿童在一定年龄前能够接受学校教育，避免不安全或危险的环境对儿童身心健康造成影响。

2. 强迫性劳动。组织不应使用或者支持使用强迫性劳动，组织不得在雇佣员工时提出有关缴纳强制性"押金"、暂扣身份证件的要求。

3. 健康与安全。组织提供工作环境必须是健康、安全的，并对潜在的安全事故、职业伤害等。

4. 结社自由和集体谈判权。所有劳工自由组建、参加工会的权利应当受到组织尊重。

5. 歧视。员工的出身、宗教、残疾、性别、性取向、家庭责任或其他任何可引起歧视的情况，不能成为组织在聘用、报酬、解职或退休等事务上存在歧视的理由。

6. 惩戒性措施。体罚、精神或肉体胁迫以及言语侮辱是组织不能实行且坚决反对的行为；给予所有员工应有的尊重。

7. 工作时间。组织制定有关工作时间、休息以及假期的制度，需要严格遵循相关法律法规、部门规章制度、行业要求等其他标准。组织不得强迫员工加班，更不能要求员工经常性加班；在员工同意加班的前提下，每周加班的时长不得超过 12 个小时。

8. 工资报酬。组织支付员工的工资不得低于法律或行业的最低标准，并且工资应当满足于员工的基本需求和一定的可随意支配支出。

9. 管理系统。在制定组织政策方面，管理层需要依据 SA8000 标准，确保政策公开透明且符合社会责任与劳工条件的要求，员工能够充分理解并执行政策；对于已制定的政策，管理层应当定期检查政策执行情况。在与非管理层交流方面，管理层应当委派专门的代表与非管理层自选代表交流。在供应商与分包商选择方面，管理层为确保其符合相关标准，应建立起适当的遴选机制。

四、AA1000 社会责任审验国际标准

AA1000 系列标准是旨在为全球各种组织提供一套有效的审计和管理社会责任的国际标准，以增强组织履行社会责任的意识，推动可持续发展。

AA1000 系列标准主要由三个部分组成：框架、审验标准和利益相关者参与标准。AA1000 框架是 1999 年颁布的，由标准、指南和专业资格三部分组成。框架以提高组织的社会责任报告质量为目标，推动组织注重履行社会责任的过程和结果。2003 年，AA1000 审验标准颁布，2008 年修订一次。它是审验组织可持续发展报告或社会责任报告的一种专门标准，建立了可持续发展的财务绩效、非财务绩效与审验标准之间的联系。它主要供相关的审验人员和专业机构使用，为他们评估组织对可持续发展或社会责任的管理、绩效与报告提供指引。2005年，AA1000 利益相关者参与标准发布，其宗旨是制订审验计划、实施审验程序、评估履行组织社会责任中利益相关者的情况，以提高组织与利益相关者沟通质量。

AA1000 系列标准有实质性、完整性和回应性三项基础原则：包容性原则是实质性问题的起点，组织及利益相关者要作出一致性和战略性声明，表达它们实施可持续发展的意愿；实质性原则要求组织及利益相关者在处理问题的过程中，需识别最相关和最核心的实质性问题；回应性原则要求组织通过决策、行动、绩效评估和加强沟通等方式，对影响其可持续发展绩效的利益相关者行为进行回应。

第四节 相关国际组织对企业社会责任的推动[①]

国际相关组织对社会责任的推动。是企业社会责任快速发展的重要力量。本节主要介绍联合国、经济合作与发展组织、国际标准化组织、欧盟和欧洲委员会、亚太经合组织、世界贸易组织、联合国国际会计和报告标准政府间专家

---

① 本节执笔人：王清刚、姜佳作。

工作组等全球或区域性国际组织对企业社会责任发展的贡献。

一、联合国对企业社会责任的推动

联合国作为主权国家组成的权威国际组织，一直积极敦促世界各国企业在追求经济利润的同时，注重与利益相关者的关系，积极履行社会责任。1995年3月，联合国秘书长安南在哥本哈根召开的联合国社会发展问题世界首脑会议上，提出"全球契约"构想，要求企业维护人权、劳工和环境标准。经过不断发展和持续改进，"全球契约"的影响越来越大，其在人权、劳工、环境和反腐败方面的十项原则已成为全球共识。人权方面有两条原则：原则1，企业界应支持并尊重国际公认的人权；原则2，保证不与践踏人权者同流合污。关于劳工标准有4条原则：原则3，企业界应支持结社自由及切实承认集体谈判权；原则4，消除一切形式的强迫和强制劳动；原则5，切实废除童工；原则6，消除就业和职业方面的歧视。关于环境方面有3条原则：原则7，企业界应支持采用预防性方法应付环境挑战；原则8，采取主动行动促进在环境方面更负责任的做法；原则9，鼓励开发和推广环境友好型技术。第10条原则是关于反腐败的：原则10，企业界应努力反对一切形式的腐败，包括敲诈和贿赂。

在"全球契约"原则指引下，联合国各分支机构为宣传和推动社会责任开展了卓有成效的工作。例如，联合国工业发展组织和环境规划署共同发起了绿色工业平台，致力于实现现有产业的"绿化"，并创造新的绿色产业；联合国经济和社会理事会也积极呼吁全球各企业积极履行社会责任，开展"企业社会责任运动"，要求企业将环境、气候和社会等方面的重要考量纳入企业日常经营活动中；2000年，联合国举行千禧年大会，与会189个国家共同签署了"千禧年宣言"，承诺改善贫穷与饥饿、确保环境的可持续能力等八项目标。

2015年9月，联合国可持续发展峰会正式通过《2030年可持续发展议程》，核心内容涵盖经济、社会、环境等三大领域的17项目标和169项具体任务，旨在从2015年到2030年全面解决经济、社会和环境三个维度的发展问题。17项目标包括：（1）在全世界消除一切形式的贫困；（2）消除饥饿，实现粮食安全，改善营养状况和促进可持续农业；（3）确保健康的生活方式，促进各年龄段人群的福祉；（4）确保包容和公平的优质教育，让全民终身享有学习机会；（5）实现性别平等，增强所有妇女和女童的权能；（6）为所有人提供水和环境卫生并对其进行可持续管理；（7）确保人人获得负担得起的、可靠和可持续的现代能源；（8）促进持久、包容和可持续经济增长，促进充分的生产性就业和人人获得体面工作；（9）建造具备抵御灾害能力的基础设施，促进具有包容性的可持续工业化，推动创新；（10）减少国家内部和国家之间的不平等；（11）建设包容、安全、有抵御灾害能力和可持续的城市和人类住区；（12）采用可持续的消费和生产模式；（13）采取紧急行动应对气候变化及其影响；（14）保护和可持续利用海洋和海洋资源以促进可持续发展；（15）保护、恢复和促进可持续利用陆地生态系统，可持续管理森林，防治荒漠化，制止和扭转土地退化，遏制生物多样性的丧失；（16）创建和平、包容的社会以促进可持续发展，让所有人都能诉诸司法，在各级建立有效、负责和包容的机构；（17）加强执行手段，重振可持续发展全球伙伴关系。

联合国 SDGs 奠定了以开放包容的全球伙伴关系为基础的全球治理框架，企业在这一框架下能够并且必须发挥关键作用。2018 年 10 月 30 日，全球企业社会责任峰会在纽约联合国总部举行，会议围绕联合国可持续发展目标与企业社会责任进行了交流与经验分享；2019 年 5 月 8 日，全球企业社会责任与中国品牌发展论坛在联合国总部落幕，与会代表围绕联合国《2030 年可持续发展议程》中有关企业社会责任与可持续发展目标等议题进行了深入研讨。

二、经合组织对企业社会责任的推动

经济合作与发展组织，简称经合组织（OECD），是由 36 个市场经济国家组成的政府间国际经济组织，旨在共同应对全球化带来的经济、社会和政府治理等方面的挑战，并把握全球化带来的机遇。

1976 年，OECD 制定《经合组织跨国企业准则》，内容涵盖一般政策、信息公布、劳资关系、环境、打击行贿、消费者利益、科学技术、竞争、税收等方面。2011 年 OECD 对这一准则进行了最近一次的重大修订，增加了人权章节、对于尽职调查和负责任的供应链管理问题采取新的综合办法、互联网自由和利益相关者参与、打击行贿索贿和敲诈勒索等内容，并提供了切实可行的指引和工具，帮助企业就环境和社会问题开展基于风险的尽责管理，以避免和解决与其经营活动、供应链和其他业务关系相关的负面影响。

2013 年以来，OECD 在全球范围内发起了关于负责任商业行为的运动，制定了 OECD 尽责管理框架，加强了对企业负责任商业行为的实践指导。2018 年 12 月，OECD 专门在中国广州召开负责任商业行为研讨会，讨论了负责任的商业行为国际政策标准及与中国的相关性、《经合组织负责任商业行为尽责管理指南》以及如何将政策标准融入商业实践等议题。中国是 OECD 关键伙伴国，OECD 专门立项推动负责任商业行为与中国行业标准的结合。

三、国际标准化组织对企业社会责任的推动

国际标准化组织（ISO）主要通过制定和颁布相关国际标准、推动相关国际标准的认证和实施等工作来推动企业履行和管理社会责任。

产品和服务质量是企业履行社会责任的重要内容，国际标准化组织在发布 ISO9000 系列质量标准之前，世界各国在国际贸易中因质量保证标准参差不齐，很容易形成技术贸易壁垒，且与日俱增。1987 年，国际标准化组织开始发布 ISO9000 系列标准，并积极推动相关认证，为各国奠定了统一的产品、服务和技术质量管理标准。

随着人们对经济发展的不懈追求，带来的环境问题也日益突出，环境和生态逐渐恶化。为引起人们对环境问题的关注，推动世界各国和各组织积极改善环境，国际标准化委员会发布了 ISO14000 环境管理系列国际标准，为世界各国的企业在生产经营实践中履行环境社会责任提供了标准和依据。通过积极推动相关的环境认证工作，大力推动了企业发展向绿色商业化模式的转变，有力支持了世界经济的可持续发展和环境保护工作。

随着企业社会责任理论与实践的快速发展，引进世界各国的普遍关注。2010 年 11 月，国际标准化委员会发布 ISO26000"组织的社会责任国际标准"，为世界各国各类组织履行和管理自己应承担的社会责任提供了具体的框架、原则和实施指南。ISO26000 的研究和制定历时 6 年半，有 78 个 ISO 成员国和 40 多个国际或区域性组织的 600 多名社会责任专家参与了研究和制定工作。ISO26000 在尊重多样性和差异性的前提下，从技术、道德和伦理等方面强调了组织遵纪守法、尊重人权、关心员工、保护消费者、热心社会公益、关爱环境等，为社会、经济和环境的可持续发展做出贡献。

四、欧盟和欧洲委员会对企业社会责任的推动

欧洲对企业社会责任的法律法规和监管体系是十分完备和先进的,企业社会责任实践也处于世界领先位置。早在1993年欧盟诞生前的欧洲共同体时代,就十分强调企业发展要重视其"社会性侧面"不能只着眼于经济的观点,而对劳动条件、劳资关系、社会保障、环境保护等"社会性侧面"予以重视。1993年6月,欧盟委员会主席雅克·德洛尔呼吁企业关注社会责任,并于1995年1月制定了欧洲企业宣言,构建了企业可持续发展的基本框架。2000年3月,欧盟理事会在里斯本通过"里斯本战略",要求各成员国积极落实企业社会责任战略。2001年,欧盟委员会向欧洲议会提交了"欧洲企业社会责任框架绿皮书",2002年建立了由社会各阶层代表参加的"多方社会论坛",就企业社会责任在欧洲范围内建立对话和信息交流机制。2006年3月,欧盟通过企业社会责任最新政策声明,把企业社会责任列入经济增长和就业发展战略的核心,作为营造友好欧洲商业环境的重要组成部分,并发起了"欧洲企业社会责任联盟",把企业社会责任作为改善欧洲竞争力的契机。2008年12月,欧盟委员会发布欧洲竞争力报告,指出企业社会责任在增强公司竞争力上具有不可替代的积极作用。

欧洲委员会成立于1949年5月,其宗旨是谋求欧洲在政治、经济、社会、人权、科技和文化等领域采取统一行动,并经常对重大国际问题发表看法。2001年7月,欧洲委员会发布《推动欧洲的公司社会责任框架》绿皮书,建立了企业社会责任的欧洲政策架构。成立于1995年的欧洲企业社会责任协会通过创建社会责任咨询平台、设立企业社会责任信息库、开展社会责任研究和组织对话、举办会议等方式推动积极欧洲企业社会责任实践。2010年10月,欧洲企业社会责任协会发起"企业2020倡议",针对商业转型的趋势与动力,提出了转变的市场、包容的社会、健康与福利和诚信透明度四大主题。在企业社会责任领域,欧洲委员会的战略主要体现在六个方面:第一,提高企业社会责任在欧洲内外商业界和社会中的认知度,尤其是发展中国家;第二,促进成员国企业之间交流企业社会责任实践;第三,促进企业社会责任管理工具的发展;第四,促进中小企业社会责任的发展;第五,增强企业社会责任实践和工具的便利性和透明度;第六,将企业社会责任融入相关政策制定中。

五、亚太经合组织对企业社会责任的推动

亚太经济合作组织（APEC）是有重大影响的区域性国际组织，是亚太地区最高级别的政府间经济合作机制。自成立以来，APEC 在推动区域经济一体化、维护并保持区域经济发展、形成共同贸易，减少投资壁垒等方面发挥了重要作用。

在 APEC 框架下，企业社会责任一直是多个层面的热点议题之一。比如，APEC 青年论坛与企业家论坛多次专题讨论社会责任议题，2005 年 APEC 人力资源网络开展了全球企业社会责任研讨会等。2008 年，APEC 第 16 次领导人非正式会议在秘鲁首都利马召开，首次将企业社会责任纳入了领导人会议议程，会议发表了以"亚太发展新承诺"为主题的《利马宣言》，强调要推动企业社会责任在亚太经合组织地区的发展，鼓励企业把社会责任纳入商业发展战略，并综合考虑企业发展对社会、劳工和环境的影响。此后，社会责任多次成为领导人层面的议题。2009 年，APEC《新加坡宣言》讨论了气候变化与经济发展；2011 年，APEC《檀香山宣言》谈到了促进绿色成长、联合监管与合作等问题；2017 年，APEC《岘港宣言》强调要打造一个与时俱进、负责任、以人为本、重视工商业的 APEC，共享未来，积极应对挑战，对工商界、劳动者和民众负责。

六、其他国际组织对企业社会责任的推动

（一）世界贸易组织对企业社会责任的推进

1995 年 1 月，世界贸易组织（WTO）正式成立，作为一个独立于联合国的国际组织，自成立起便为企业社会责任发展不断做出贡献，成立之初便引入"社会条款"。"社会条款"并不是一个单独的法律文件，而是对国际公约中有关社会保障、劳动者待遇、劳工权利、劳动标准等方面规定的总称。"社会条款"包含了众多的社会、文化、人权、环境等因素，关于劳工标准的称为"蓝色条款"，关于环境保护的称为"绿色条款"。WTO 强调企业活动要以"可持续发展"为核心，提高经济增长、环境、社会和道德目标的联系，要求企业在发展的同时注重对社会和环境产生的影响，并对其负有责任。

(二) 社会责任国际 (SAI) 对企业社会责任的推动

社会责任国际（Social Accountability International，简称 SAI）是一个非政府的多方利益相关者组织，致力于通过制定和实施社会责任标准，基于道德和人性提高工作场所和社区条件。SAI 制定的最有名的一个社会责任国际标准是 SA8000，该标准由八个核心内容构成，包括健康与安全、工作时间、童工、强迫劳动、歧视、结社自由和集体谈判、工资以及纪律，本章上一节已有介绍。

(三) ISAR 对企业社会责任工作的推进

联合国国际会计和报告标准政府间专家工作组（ISAR）成立于 1983 年，早在 20 世纪 90 年代 ISAR 就开始关注公司社会责任问题。1995 年 3 月，ISAR 召开环境会计专题会议，讨论了有利和有碍于跨国公司采取可持续发展披露的因素、跨国公司环境绩效指标以及年度报告中对环境事项的披露等问题。2001 年 ISAR 发布《年度报告社会责任指标指南》用于指导企业社会责任信息披露。从 2009 年开始，连续多年讨论了上市公司社会责任报告问题，发布了高质量社会责任报告框架，用于指导公司治理信息披露，环境会计与报告等社会责任信息披露问题。2011 年 11 月，ISAR 会议集中讨论了高质量企业报告能力建设框架、综合报告和气候变化相关的信息披露、公司治理信息披露等议题。

ISAR 建议在上市公司年度报告中披露的社会责任指标如表 3-3 所示。

表 3-3　ISAR 关于年度报告中建议披露的社会责任指标

利益相关者关注	指标
贸易、投资和联系	总收入 进口价值比出口值 总的新增投资 本地购买（采购着重本地采购）
雇佣、创造和劳工条例	根据雇佣合同雇佣类型和性别细分的总的劳动力 根据雇佣类别和性别细分的员工工资和福利 根据性别细分的员工流动率和员工流动总数 团体协议所涵盖的员工比例
技术和人力资源发展	研发费用高 按照员工目录细分的每年每位员工平均的培训时间 按照员工目录细分的每年每位员工的员工培训费
健康和安全	员工健康和安全的成本 由于职业事故，伤害以及疾病造成的工作日流失

续表

利益相关者关注	指标
对政府和社会的特别贡献	给予政府的资助 自愿捐助给民间团体
腐败	因为违反腐败相关法律和法规而被定罪的数目以及已付或应付的罚款数额

第五节　中国企业社会责任实践[①]

随着我国经济全球化步伐的不断加快和对外开放的持续深化，企业社会责任问题在我国受到越来越多的关注。早在20世纪80年代初，我国就开始了企业社会责任相关研究。我国《宪法》明确规定，保障自然资源的合理利用，保护和改善生活环境和生态环境，防治污染和其他公害；国家通过各种途径，创造劳动就业条件，加强劳动保护，改善劳动条件……2002年1月，我国颁布《上市公司治理准则》，首次明确了上市公司社会责任信息的披露要求。为规范企业社会责任行为，提高企业履行社会责任的强制力，我国先后颁布了一系列法律法规、地方法规、部门规章及其他规范性文件，以及各种行业协会、总公司等颁布的规则和规定等，为企业履行社会责任奠定了法律基础和底线。我国现已初步形成了以企业为主体，以相关法规为约束，以政府、行业协会、媒体及社会公众等为监督的企业社会责任推进体系。

一、中国已经建成较为完备的企业社会责任法规体系

法律法规是推动企业社会责任向前发展的重要力量。一方面，中国积极参与国际事务，与相关国际组织发布的标准协调或趋同；另一方面，积极推动社会责任法治建设，经过长期努力，我国已经形成了相对完备的社会责任法规体系。

（一）环境保护和资源节约相关法规

环境保护是我国最早引起重视的社会责任，早在1979年就颁布了《环境保

---

① 本节执笔人：王清刚、董驰浩。

护法》。相关法规也最多，涉及环境管理、污染物防治、能源开发利用和节约、生态保护等方面，奠定了企业环境保护和资源节约责任的法律基础。例如，1987年颁布《大气污染防治法》、1991年颁布《水土保持法》、1997年颁布《节约能源法》、1999年颁布《海洋环境保护法》、2000年修订《大气污染防治法》、2002年颁布《环境影响评价法》、2002颁布《清洁生产促进法》、2004年颁布《固体废物污染环境防治法》、2005年颁布《可再生能源法》、2008年颁布《水污染防治法》和《循环经济促进法》等。

（二）消费者权益保护相关法规

消费者和客户是企业社会责任的重要利益相关者，我国十分重视消费者权益保护，确定每年的3月15日是消费者权益保护日。我国制定的消费者权益保护类法律法规也比较多，既有法律，也有条例、规章、地方法规等。例如，《消费者权益保护法》《产品质量法》《食品卫生法》《食品安全法》《广告法》《零售商促销行为管理办法》《欺诈消费者行为处罚办法》等。

（三）安全生产相关法规

安全生产是企业社会责任的重要内容，我国企业一般都将安全生产摆在企业风险管理突出重要的位置上，特别是中央企业和地方国有企业非常重视安全生产。国家颁布了很多法规用来规范和约束企业安全生产，如《安全生产法》《矿山安全法》《清洁生产促进法》《矿产资源法》《煤炭法》《矿山安全条例》《矿山安全监察条例》等。

（四）职工权益保护相关法规

我国关于职工权益保护的相关法规非常多，而且很细致，涉及员工权益的方方面面。例如，《劳动法》《劳动合同法》《就业促进法》《职业病防治法》《妇女权益保障法》《残疾人保障法》《工会法》等。

（五）产品质量相关法规

为社会提供高质量的产品或服务既是保持企业核心竞争力的生命线，也是企业应尽的责任和义务。我国相关法规有《产品质量法》《食品安全法》《产品质量认证管理条例》《产品免于质量监督检查管理办法》等。

（六）公平运营相关法规

《公司法》明确规定公司从事经营活动，必须遵守法律、行政法规，遵守社会公德、商业道德，诚实守信，接受政府和社会公众的监督，承担社会责任。相关法规有《反不正当竞争法》《反垄断法》《价格法》《广告法》《禁止价格欺诈行为的规定》《上市公司规范运作指引》等。

（七）企业社区参与和发展相关法律规范

企业应与当地社区和谐发展，不因自己的生产经营活动危害当地社区居民的安全和健康。我国制定有《侵权责任法》等。为鼓励捐赠，规范捐赠和受赠行为，保护捐赠人、受赠人和受益人的合法权益，我国专门颁布了《公益事业捐赠法》等。

（八）其他企业社会责任专门法规

为深入推进企业社会责任的履行和管理，我国相关部门制定了企业社会责任专题法规。例如，2007年国务院国有资产监督管理委员会发布了《关于中央企业履行社会责任的指导意见》，2008年中国纺织业协会发布了《中国纺织服装企业社会责任报告纲要》，2008年中国有色金属工业协会发布了《中国有色金属工业企业社会责任指南》，2009年中国银行业协会发布《中国银行业金融机构企业社会责任指引》，2010年财政部等发布《企业内部控制应用指引第4号——社会责任》，2010年中国工业经济联合会修订《中国工业企业及工业协会社会责任指南》，2016年中国乳制品工业协会发布《乳制品企业社会责任指南》，2017年工业和信息化部发布《社会责任治理水平评价指标体系》《电子信息行业社会责任指南》等。

深圳证券交易所2006年发布了《深圳证券交易所上市公司社会责任指引》，2010年发布了《上市公司规范运作指引》，上海证券交易所2008年5月发布了《上海证券交易所上市公司环境信息披露指引》，2010年1月发布了《上市公司社会责任报告编制指引》，对上市公司履行社会责任的管理和披露进行规范。

二、中国企业履行社会责任的内外环境持续向好

（一）历届党和政府都十分重视企业社会责任问题

我国历届党和政府都十分重视企业社会责任问题，党和国家领导人多次强调企业要关心社会，担当社会责任。特别是党的十八大以来，以人为本、和谐稳定、美丽中国、绿水青山就是金山银山等绿色发展理念深入人心，引领中国经济不断迈向高质量发展的轨道。习近平主席向全世界提倡的"人类命运共同体"为全球范围内的企业社会责任发展打开了新视野："人类只有一个地球，各国共处一个世界。世界好，亚洲才能好；亚洲好，世界才能好"。延伸到企业和

社会的关系也很恰当，企业作为社会的重要组成部分，不是孤立存在的。社会好，企业才能好；企业好，社会才能好。企业家应牢记这个朴素的真理，把它作为企业的发展宗旨。正如习近平总书记在 2017 年 7 月的一次网络安全和信息化工作座谈会上强调："只有积极承担社会责任的企业才是最有竞争力和生命力的企业。"

历届政府工作报告从未空缺过企业社会责任这个议题，我们对 2015—2019 年的每届政府工作报告进行分析，梳理其中的社会责任议题，发现谈论最多的议题有高质量发展、创新驱动、知识产权保护、促进就业、精准扶贫、食品药品安全、安全生产、绿色发展、生态保护、慈善事业和志愿服务、弘扬企业家精神和工匠精神、反对用工中的性别和身份歧视、治理拖欠农民工工资、推广绿色建筑、推广垃圾分类、环境污染、提升产品服务品质、守法合规经营等。

（二）各行业协会在推进行业内企业社会责任方面独具特色

行业协会是推进我国社会责任实践的一支重要力量。中国工业经济联合会是较早关注企业社会责任的行业协会。2008 年 4 月，由中国工业经济联合会主办的"社会责任高层论坛暨社会责任指南发布会"在北京召开，中国工业经济联合会同 10 家全国性的工业行业协会共同制定并发布《中国工业企业及工业协会社会责任指南》和《关于倡导并推进履行社会责任的若干意见》，为工业企业开展社会责任工作和撰写社会责任报告提供指导和帮助，目前已经制定并发布了《中国工业企业社会责任管理指南》《中国工业协会社会责任指南实施手册》《中国工业企业社会责任指南实施手册》。2017 年 1 月 18 日，中国工业经济联合会举办主题为"互联网经济下工业企业的社会责任"专题研讨会，研究了互联网经济下企业社会责任面临的问题、挑战及应对，特别是互联网经济下网络诚信问题频发、网络信息安全问题突出、产业跨界创新冲突不断、网络生态建设严重滞后等问题。另外，中国工业经济联合会还创建了是国内第一个工业行业企业社会责任报告集中发布平台，大力推进工业企业社会责任报告的发布。

为了早日实现由皮革大国向皮革强国跨越，创出 3—5 个世界知名品牌的目标，中国皮革工业协会也十分注重企业社会责任建设，于 2006 年发台了《中国皮革行业社会责任指南》。2011 年 7 月，中国林产工业协会发布了《中国林产业工业企业社会责任报告编写指南》。2017 年 9 月，中国电子行业协会发布了《社会责任治理水平评价指标体系》《电子信息行业社会责任指南》《电子信息行业社会责任建设发展报告》等。其他行业协会关于推进企业社会责任所做的工作及主要成果在这里不再赘述。

（三）企业自身对履行社会责任的重视程度不断提升

企业忽视社会责任的履行和管理可能带来重大风险。近年来，中国企业频发危及食品安全、环境污染、资源破坏的恶性事件，对企业、社会和公众造成严重危害，对企业价值造成重大毁损。事实证明企业只有切实履行社会责任，保持良好声誉，才能在残酷的市场环境中拥有持续的竞争力。三鹿毒奶粉事件、双汇瘦肉精事件、达芬奇家具造假事件、紫金矿业污染事件、康菲海上石油泄漏事件和长生生物疫苗造假等案例表明，若企业不重视社会责任的承担，产品质量低劣、损害消费者权益、危及职工生命安全，不仅损害了企业的声誉，而且会失去市场和消费者，最终将难以生存下去。

企业是利益相关方依据各自的价值预期和判断，为追求价值创造而凝结的开放式系统。企业获得和使用各利益相关方提供的资源，理应承担对他们的责任，为他们创造价值。在需求、资源、环境约束日益强化的条件下，越来越多的中国企业意识到履行和管理社会责任的重要性。仅从发布社会责任报告的企业数量来看，逐年快速增加，2004年仅有13家中国企业披露社会责任报告，到了2018年，仅上市公司就有超过850家公司单独披露了年度企业社会责任报告。

（四）机构及学者研究推动中国企业社会责任理论与实践不断深入

2019年9月30日，我们在中国知网上按主题检索"社会责任"，仅中文期刊就找到61233篇文献，博硕学位论文库找到16568篇文献，可以说社会责任是当前学术研究最热门的话题之一。大量文献从不同角度，采取不同的方法，对企业社会责任各领域进行了卓有成效的研究，取得了大量成果，极大地推动了中国企业社会责任理论与实践不断深入发展。

很多机构也充分利用各自专长和资源，为中国企业社会责任理论与实践发展做出贡献。中国社会科学院自2009年开始连续十年发布了《企业社会责任蓝皮书》，并构建了中国企业社会责任发展指数，直观反映了中国企业社会责任信息披露水平和管理现状。中国社会科学院通过十年的研究发现，中国企业300强的社会责任指数逐年增长，2009年为15.2分，2018年上升到34.4分。2009年国企100强指数为25.6分，2018年这一指数增长至51.1分，遥遥领先于民企100强及外企100强。

三、中国企业社会责任国际化步伐不断加快

随着我国经济全球化步伐的不断加快和对外开放的持续深化,越来越多的中国企业凭借不断增强的自身实力,纷纷走出国门,耕耘国际市场,国际化水平不断提升。但很多企业"走出去"的质量并不高,面临不少困扰,其中,企业社会责任问题就是一个因素。近年来,中国企业对外贸易频频遭遇发达国家以环境、劳工权益、商业道德等设置的社会责任贸易壁垒,影响了企业的可持续发展。全球市场,全球规则。中国企业在走出去的过程中必须熟悉和遵守国际规则,按国际标准和国际惯例开展生产经营和管理活动。

中国企业社会责任国际化是在多个维度上展开的:一是根据社会责任国际标准协调国内相关标准的制定和完善;二是积极推动中国企业开展社会责任国际标准(如 ISO9000 系列标准、ISO14000 系列标准等)的认证;三是与国际权威组织开展合作,推动中国企业社会责任实践;四是举办企业社会责任国际论坛。

对于在中国举办的企业社会责任国际论坛,我们以中国新闻社、中国新闻周刊等单位联合举办的企业社会责任国际论坛为例来介绍。该论坛自 2005 年起每年举行,是国内外企业交流社会责任和可持续发展领域的平台。论坛聚焦年度热点,交流中国及全球企业社会责任进展情况和发展趋势,探讨企业践行社会责任路径和方式,对推动中国企业社会责任发展发挥了积极作用。

2018 年 6 月,第 13 届中国企业社会责任国际论坛在北京召开。论坛以"责任新时代,引领新未来"为主题,吸引了国内外各界代表共同探讨新常态下如何面对机遇与挑战,构筑责任共同体。2018 年是改革开放 40 周年,40 年来中国经济取得了巨大成功。当下,中国经济社会正在经历深刻变革,传统的商业竞争逻辑已经转为共生逻辑,每个主体都是社会生态链的一环,是休戚相关的责任共同体。中国企业只有深刻把握时代背景和趋势,更好地把商业成功和社会责任结合起来,努力创造自身价值和社会价值,才能推动企业实现可持续发展。

2019 年 6 月 13 日,第 14 届中国企业社会责任国际论坛在北京举行,论坛以"责任深化,重塑价值"为主题,聚焦企业实现自身和社会共同可持续发展的解决方案,通过重塑企业社会责任价值,助力实现 2030 可持续发展目标。600多位国内外各界代表参加了本届论坛,共同交流中国及全球企业社会责任进展

情况和发展趋势,探讨企业履行社会责任路径和方式。

四、中国企业社会责任报告质量逐步提升

企业社会责任报告是企业将其履行社会责任的理念、战略、方式、经营活动对环境和社会等领域造成的影响、取得的成绩及不足等信息,进行梳理和总结,并以报告方式向利益相关方所做的信息披露。企业社会责任报告是企业非财务信息披露的重要载体,是企业与利益相关方沟通的重要桥梁。随着企业社会责任在中国的不断推进,越来越多的企业开始重视社会责任问题,对外披露社会责任报告。2018年,仅上市公司就有超过850家公司单独披露了企业社会责任报告。企业社会责任报告的内容主要涵盖经济责任、社会责任和环境责任三大领域。其中,经济责任部分包含的信息和数据与企业的财务报告密切相关,社会责任和环境责任基本上是非财务信息。

实务中,由于内外部监管机制不健全,企业披露社会责任的内容具有选择权,经常会出现报喜不报忧、避重就轻等选择性披露问题,"漂绿"现象较为常见。所谓漂绿(Green Washing),是指企业宣称环保,却言行不一。不同于单纯的环境污染事件,漂绿实质上是一种虚假的绿色营销。从2009年起,《南方周末》每年发布一次漂绿榜,很多知名企业上榜。Laufer(2012)将混淆概念、掩饰事实和故作姿态作为"漂绿"行为的认定特征。Lyon(2013)认为与那些从未做过责任声明的企业相比,社会公众对那些声称善良的、有责任,事实上却造假的企业更为痛恨。目前,中国企业社会责任报告信息披露质量不高的主要表现:一是流于形式,大多以定性描述为主,定量信息不多;二是没有将企业社会责任理念融入企业的商业模式和运营实践中;三是不同行业和不同企业的披露程度差异明显;四是企业侧重于经济责任披露,环境责任次之,对社会责任的披露不足;五是已取得的成果报告多,回避负面信息;六是聘请独立第三方对企业社会责任报告进行鉴证的比例极低,影响了报告的可信度[①]。

为提高企业社会责任信息披露质量,有关方面做了很多工作,中国企业社会责任报告的质量逐步提升。我国企业编制社会责任报告所遵循的标准主要是全球报告倡议组织(GRI)发布的《可持续发展报告编制指南》(自2016年10

---

① 引自:财政部会计司提供的2017年第3期综合报告研究简报"我国内地和香港企业编制社会责任相关报告现状"。

月起更名为《可持续发展报告编制标准》),其次,是中国社会科学院经济学部企业社会责任研究中心发布的《中国企业社会责任报告编写指南》(至2017年已更新到4.0版本)。此外,国际标准化组织发布的社会责任指南ISO26000也是企业参照的标准之一。2006年至2009年,我国相关部门较为密集地发布了与企业社会责任有关的意见和指引,主要包括:一是国有资产监督管理委员会《关于中央企业履行社会责任的指导意见》(2008年);二是中国银行业监督管理委员会《关于加强银行业金融机构社会责任的意见》(2007年);三是上海证券交易所《上海证券交易所上市公司环境信息披露指引》(2008年);四是深圳证券交易所《深圳证券交易所上市公司社会责任指引》(2006年);五是中国银行业协会《中国银行业金融机构企业社会责任指引》(2009年)。在上述意见和指引的规范下,上市企业、国有企业、银行业金融机构等发布企业社会责任报告的数量有所增加,报告编制及披露质量有所提升。

根据上海财经大学会计与财务大数据研究中心2017年11月发布的《A股上市公司企业社会责任报告研究2017》,披露企业社会责任报告的公司数量逐年增加,并且报告的厚度与内容丰富程度也在逐年增加,经过中介公司鉴证的公司越来越多。尽管社会责任报告也存在一些不能令人满意的因素,可靠性低于财务报表信息,但是具有较强的时效性与预测价值。

自2008年以来,WTO经济导刊持续开展企业社会责任实践系列研究活动,根据其发布的《金蜜蜂中国企业社会责任报告研究(2017)》发现:(1)社会责任战略和计划信息越来越受到企业的重视;(2)中国企业社会责任报告国际化程度逐年提高,越来越多的企业发布英文版报告;(3)国有企业报告水平持续较高,民营企业报告质量逐年提升;(4)社会责任报告总体水平稳步提升,高质量报告数量逐年增加;(5)储运行业、电力行业、采掘业报告整体质量较高,电力行业报告水平保持领先;(6)企业注重与企业战略相关度高的信息披露;(7)报告的创新性和可读性依然受到高度重视,实质性、完整性、可比性保持平稳发展水平;(8)上市公司综合指数较非上市公司略高一些。

2018年12月,《金蜜蜂中国企业社会责任报告研究(2018)》发布,总结了2018年中国企业社会责任报告的十大特征:(1)报告总体水平呈阶梯式上升趋势,优秀水平以上报告同比有所下降;(2)报告的创新性、可读性、可信性增长、实质性、完整性、绩效可比性指数均呈增长趋势;(3)企业注重在报告中披露精准扶贫、污染防治、气候变化等热点议题,体现行业特征和企业特色;

（4）报告对政府和员工的履责信息披露程度较高，对媒体、同行、社会组织、金融机构的信息披露程度较低。必尽责任信息披露呈降低趋势，应尽责任和愿尽责任信息披露呈增长趋势；（5）领袖型企业报告综合指数始终高于成长型企业，两者之间的差距缩小；（6）国有企业报告呈高水平稳定发展趋势。不同性质企业对利益相关方信息披露的侧重不同，国有企业政府、同行指标覆盖率高，外资企业供应商、客户指标覆盖率高；（7）报告更加注重披露社会责任核心议题的管理方法，包括议题识别排序、风险机遇分析等；（8）内地在港交所上市公司报告得分明显高于沪深交易所和中国企业整体水平；（9）交通运输仓储业、采掘业、信息技术业和电煤水气生产及供应业报告整体质量较高；（10）报告更加注重披露海外履责信息，国际化程度提升。

在经历数年发展后，我国企业社会责任报告有望迎来新的发展机遇期。2015年9月，联合国正式通过2030可持续发展目标（SDG），这是当前国际发展领域的纲领性文件，核心内容涵盖经济、社会、环境等三大领域的17项目标和169项具体任务。2016年9月，李克强总理在纽约联合国总部主持召开"可持续发展目标：共同努力改造我们的世界——中国主张"座谈会，宣布《中国落实2030年可持续发展议程国别方案》。这一国家战略层面的重大发展很可能对我国的企业社会责任管理工作及企业社会责任报告编制产生积极的推动作用。

第四章　企业社会责任价值创造机理及实证检验

在创新驱动的新常态下，社会责任已成为与资本、技术和人才同样重要的竞争要素。企业是创造价值和履行社会责任的统一体，企业履行和管理好社会责任能够促进价值创造目标的实现。尽管学术界对社会责任与企业价值的研究已经取得了丰富的成果，但已有研究大多是检验它们之间的关系，对于企业社会责任的价值创造机理和影响路径等深层次的研究并不多。本章主要从利益相关者理论和生命周期理论等不同角度研究了企业社会责任的价值创造机理及实证检验。

第一节　企业社会责任与公司价值的相关性研究[①]——基于利益相关者视角

利益相关者理论能够为企业指明其社会责任中"社会"的内涵和种类，而企业社会责任理论则能为利益相关者提供责任履行的价值基础和具体责任。对于企业而言，要想长期生存与繁荣，就必须考虑并满足所有重要的利益相关者的合理预期和相关需求，积极地履行对各利益相关者的责任。研究表明，企业所背负的社会责任的实际诉求即包涵了企业自身及各利益相关者的权利和期望，企业对利益相关者社会责任的积极履行能够促进公司价值的提升。

一、引言及文献综述

利益相关者是组织中凭借自身禀赋或能力能够影响组织目标的实现的群体

---

① 本节执笔：王清刚、李琼。

或个人，他们也可能受组织目标实现的影响（Freeman，1984）。Wood（1991）指出"Freeman 利益相关者理论为企业应该为谁承担责任的问题提供了答案"。各利益相关者是企业社会责任的主要实施对象，其具有的权利和期望也是判断企业社会责任是否实现的准则。具体来说，不同的利益相关者拥有不同类型和程度的权力，各利益相关者在自身权力基础上滋生的期望是其履行社会责任的主要内容之一。例如，投资者的主要期望是实现利润最大化，债权人的主要期望是收回成本及利息，政府期望企业能够缓解就业压力、缴纳税款、增强经济活力等。

20 世纪 90 年代，国内外学者将利益相关者理论引入企业社会责任的研究中，丰富了社会责任研究的理论基础。20 世纪 70 年代起，国内外学者研究了社会责任和公司价值的关系，主要集中在社会责任与财务绩效的相关性上，仍未达成一致的研究结论，存在正相关、负相关和无相关等观点。

1. 正相关论

Arx 和 Ziegler（2009）对比研究了美国和欧洲企业在 2003—2006 年股票投资回报率和企业社会责任的关系，发现两者显著正相关，且美国企业表现出更稳定的相关性；Hannu 和 Mikael（2010）认为企业社会责任的披露对其价值提升具有积极作用；Jelena（2012）研究发现企业良好的社会责任行为能提升公司商誉，对提高公司绩效十分有用。沈洪涛（2005）基于利益相关者理论的研究视角发现当期企业社会责任与当期财务业绩之间存在显著的正相关关系；温素彬（2008）对 46 家上市公司的面板数据进行了分析，发现企业履行社会责任对其长期财务绩效具有正向影响作用；朱松（2011）研究发现企业对社会责任的履行会显著影响投资者对其盈利持续性的判断，如果企业的社会责任履行越好，市场评价就会越高，会计盈余的信息含量也就更高；易冰娜等（2012）分析了我国 2008—2010 年民营企业汽车行业的面板数据，认为各民营企业社会责任与其财务绩效整体正相关，程度不尽相同。

2. 负相关论

Friedman（1970）认为企业只需满足在不违法违纪前提下将利益提升到最大化，并不需要承担额外的社会责任；Aupperle（1985）认为企业社会责任活动会浪费资本和其他资源，使其在竞争中处于不利地位；Cardebat（2010）研究了 154 家欧洲企业 2000—2011 年的面板数据，认为社会责任与公司绩效显著负相关。李正（2006）认为企业承担的社会责任与其价值负相关；邵君利（2009）

分析了我国化工类上市公司的在一段时期内的经济表现，发现企业社会责任活动负向影响公司价值。

3. 无相关论

Alexander（1978）借用前人的样本数据，研究发现经风险调整后的股票市场回报与企业社会责任不相关；Velde（2005）分析了Vigeo公司对欧洲企业2000—2003年的社会责任评分，认为社会责任与财务绩效存在正相关，但相关性不显著。陈玉清等（2005）发现社会责任信息的披露在不同行业市场上的作用存在差异，因此对公司价值的影响也不相同。

综上所述，企业社会责任对公司价值影响的研究目前结论尚不统一，原因有很多：一是企业履行社会责任具体情况的衡量缺乏全面性的权威标准；二是研究角度和方法各异；三是样本选取受行业、规模、时间等的影响，缺少代表性或全面性。企业社会责任的衡量是相关研究中最为关键和复杂的问题，Wood（1995）明确指出企业社会责任与公司价值研究的关键在于利益相关者理论。为检验我国企业社会责任履行与公司价值的关系，本章首先分析了企业生产经营活动中的主要社会责任，以与企业关系最紧密的七个利益相关者：股东、债权人、供货商、员工、客户、政府、和公众，为研究的出发点。在样本选取方面，本章以剔除金融业、ST公司后我国A股上市公司2011—2014年数据为总体，选取了4918个有效样本。考虑到企业社会责任转化为公司价值的存在滞后效应，本章除考察当期价值反应外，还研究了前期社会责任实施对当期价值的影响，以期得到更为科学合理的研究结论。

二、企业社会责任的概念及内容

企业运行和经营离不开利益相关者的资源输入，企业社会责任即是对其资源的回报。利益相关者即所有可能影响或会被企业的决策和行动所影响的个体或群体，包括顾客、供货商、员工、社区团体、关联公司、政府、合作伙伴、债权人、投资者和股东等。

较早提出企业社会责任思想的是美国学者Clark（1916），美国学者Oliver Sheldon（1924）最早正式提出企业社会责任概念，并一直受到各界广泛关注，其概念和内涵也在不断扩充。企业在创造利润、承担相关法律责任同时，要承担对员工、消费者和环境的责任，强调对人的价值的关注和对环境、消费者和社会各方面的贡献。McGuire（1963）将企业应承担的主要责任划分为经济类责任、社会类责任和法律类责任三个方面，其中，社会类责任主要是指企业应该关注政治、社会福利、教育、员工利益及其他相关的社会利益。Carroll（1983）将企业的经济类责任归纳到了企业社会责任中，并且提出了四责任框架，即经济责任和法律责任、伦理责任、自愿责任。Carroll 提出的"四责任框架"对于企业社会责任理论的进一步研究和发展产生了广泛而深远的影响。2010 年 4 月 26 日，财政部、证监会、审计署、银监会、保监会联合发布的《企业内部控制应用指引第 4 号——企业社会责任》，强调企业社会责任包括但不限于安全生产、产品质量、环境保护、职工权益、慈善等方面。

利益相关者理论是研究企业社会责任的理论基础，它推翻了传统的"股东利益至上"价值体系标准。Freeman（1984）认为利益相关者是："一个组织里的利益相关者是可以影响到组织目标的实现或受其实现影响的群体或个人。"广义来说，和企业经营活动直接或间接相关的都是其利益相关者。其中，直接相关的有：债权人、股东、员工、供应商；间接相关的是自然环境等。具体表现在：股东、债权人为企业提供运营资金，员工向企业投入劳动力，供应商提供原材料，政府为企业营造有秩序的市场环境等。因此企业不仅要追求利益最大化，还应追求包括所有利益相关者在内的企业综合价值的最大化。

基于利益相关者视角，我们梳理了企业生产经营过程中的主要社会责任，如图 4-1 所示。

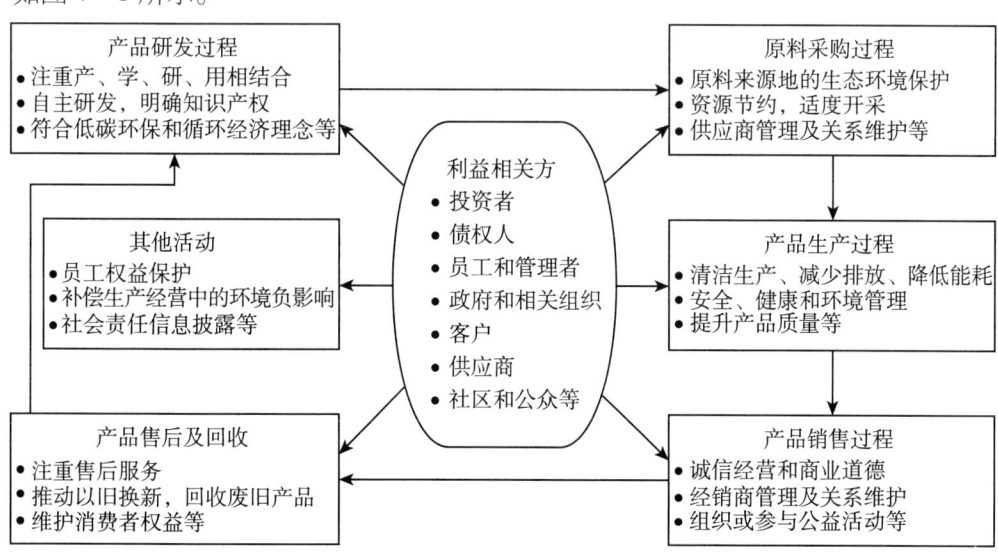

图 4-1 企业生产经营过程中的主要社会责任

1. 在新产品研发过程中，企业应坚持循环经济和低碳环保，明确知识产权，避免侵权纠纷。同时，努力促进产、学、研、用的结合，关注人才发展，与高校、科研院所协作，实现优势互补，激发创新活力。

2. 在原材料和物资采购时，企业应关注物资来源地环境和生态保护，节约资源，控制开采规模；借助科学和技术创新，开发可再生资源。企业还要注重供货商管理及关系维护，实现合作共赢，避免侵害供货商利益等。

3. 在产品生产过程中，企业应努力降低能耗，减少三废垃圾排放，回收、利用和处置废弃物；环境保护、员工健康和安全生产关系员工权益、企业发展及社会稳定，企业应加强管理，建章立制。企业产品质量会影响其利润和声誉等。因此，企业应努力提升产品和服务质量，既对消费者和社会负责，也对企业自身负责。

4. 在产品营销过程中，应坚持公平贸易，恪守商业道德，避免商业贿赂。加强经销商管理和关系维护，避免侵害消费者利益和经销商权益。

5. 在产品售后服务过程中，企业必须加强售后服务工作，注重废旧品回收和再利用工作，努力推动以旧换新，促进废旧物资再利用。企业应努力维护消费者权益，保持畅通的沟通平台。

6. 其他社会责任活动。促进就业，缓解就业矛盾；努力提高员工技能和素质，为社会培养高素质人才，为员工提供良好的发展平台；企业还应当积极保护员工健康，维护广大员工权益。同时，企业应积极消除其经营生态环境造成的不利影响，参与慈善事业，及时、如实披露企业社会责任信息等。

三、理论分析与研究假设

（一）理论分析

Hill et al.（1992）提出"利益相关者代理理论"，把传统的仅关注股东与管理者关系的委托代理理论有机融入利益相关者理论中，将企业视为各资源所有者的聚合点，除管理层和投资者外，其他利益相关者还有债权人、供应商、客户、政府机构等。委托代理理论不仅存在于股东与管理层之间，而普遍存在于企业与各利益相关者之间。各利益相关者为企业提供相关资源，从而与企业建立某种利益关系，企业接受各利益相关者的资源，那么也应通过支付利息、薪酬、缴税、分配股利等方式回报他们。因此，企业对各利益相关者需求的满足水平是衡量其社会责任履行程度的标准。

有些企业认为履行社会责任会浪费其有限的资金、时间和资源，实则不然。履行社会责任通常不需花费额外代价，反而能节省开支。例如，实施无纸化办公可降低管理费用；减少碳足迹，各种环保节能措施可节省电费；实施合理的人力资源政策，赢取员工忠诚度，在不提高薪酬成本的情况下，提高劳动生产率。因此，可以说企业履行社会责任不仅是其义不容辞的责任和义务，也是其塑造品牌、提升其声誉的重要渠道，企业履行和管理社会责任与其价值创造及价值维护之间有着密切联系。

(二) 研究假设

股东是企业最重要的利益相关者，是企业发展的稳定资金来源之一。股东依法享有企业利益分配权、知情权、表决权、监督权等权利。企业对股东的责任主要包括：完善公司治理和内部控制，保证企业健康有序的发展，为股东创造财富，维护公司价值，及时向股东提供相关信息等。而股东作为企业的权益投资人，最关心的是投资回报。企业的绩效越好，投资者对其越有信心，企业更易融资，使资金链进入良性循环。因此，企业应对股东负有社会责任，企业的管理者有责任和义务以各种合法的方式利用股东投入的资本为其创造更多财富。由此得出假设 H1：

H1：企业对股东的社会责任与企业价值正相关。

现代社会中人才和技能是企业核心竞争力的关键点，劳动力也是关键的生产要素之一，企业只有满足了员工的期望和要求才能实现竞争力的提升。企业对员工履行社会责任影响员工行为进而影响企业的价值的渠道主要有两条：一是社会认同理论，企业关注社区和公众、供应链企业、政府机构等外部利益相关者的需求，对其履行良好的社会责任，能够提升企业的品牌和知名度，使员工感受到组织的责任感和信誉度，从而增加员工对企业的归属感和认同感，进而对员工的行为和态度产生积极影响，最终落实到企业的价值创造上来；二是社会交换理论，企业通过制定有一定竞争力的薪酬和晋升制度，建立和谐有效的企业文化，实施充满人本理念的组织支持和组织关怀，会使员工感知到企业内部社会责任（即员工责任），从而提升员工对企业的忠诚度，激励其自觉工作、维护组织形象等。李祥进等（2012）指出企业社会责任显著影响了员工的工作成果。由此得出假设 H2：

H2：企业对员工的社会责任与企业价值正相关。

借贷资本相对于股权融资而言，能够形成一定的财务杠杆效应，并产生税盾①，从长期来看，债务融资相对于股权融资更能发挥出放大企业收益、提升企业价值的优势。一般来说，债务融资成本较低，对企业股权集中度不会产生影响，因此债权人是企业资金的另一个重要来源，债权人常作为企业融资的首选。现代资源依赖理论的核心观点是：只要为企业提供重要资源的个人或团体都应具备对其行为施加影响或控制的权力。因此，债权人也是企业的重要利益相关者。由此提出假设 H3：

H3：企业对债权人的社会责任与企业价值正相关。

建立良好的生态环境和生产环境得到越来越多的供应商和采购商的重视，很多企业都要求其供应商必须对商品的价值及整个生产供应链的道德水准负起责任。同样，维护供应链的稳定，构建企业与供应商良好的协作关系，对企业价值的提升也有重要影响。依照所签订的供货合同按时按量履约，是企业应对供货商履行的主要责任。企业的运营离不开供应商优质资源的输入，企业要想持续稳定的发展，就必须具备长远的眼光和视角对待与供应商的合作关系，并着力进行管理和维护。从企业战略的角度看，供应商不仅是企业的贸易伙伴，更是可持续发展的战略合作伙伴。全球化背景下，任何一家企业都不能独善其身，企业产品的竞争早已升级为整个价值链的竞争，要树立与供应商合作共赢，共同发展的发展理念。容庆等（2008）认为社会责任在供应链上具有传递性，供应链上任一组织对社会责任的贡献会让整个供应链受益。由此提出假设 H4：

H4：企业对供货商的社会责任与企业价值正相关。

政府的规则制定、基础设施、公共管理等服务构成了企业开展经营活动的重要外部环境，也是企业不断发展成长的平台。企业应进行合法经营并主动承担纳税的义务，接受政府的监管，承担社会责任。由于政府在社会资源的配置上占绝对的主导地位，企业自觉地履行社会责任和义务，有利于打造企业自身的信誉名片，开创良好的政企关系，并为自身的发展赢得更为宽松的经营环境。企业对于政府社会责任的积极履行，能够为政府提供强大的财力支持，有利于各项基础设施建设，惠民工程，社会救济等公益事业的发展，而人民生活水平的会提高进一步促进社会的繁荣稳定；和谐的社会、经济、政治及文化环境反过来又推动企业可持续发展。王怀明（2007）认为企业在公益事业方面的社会

---

① 税盾效应指借款利息允许在税前作为费用扣除，从而降低了计税基数，减少了税金。

责任贡献与其绩效正相关。王晓巍（2011）实证检验了企业承担对国家的社会责任与其价值的正相关关系。由此提出假设 H5：

H5：企业对政府的社会责任与企业价值正相关。

消费者是公司实现其价值的最终来源，也是社会责任对象中影响面最广，感知能力最强的。企业应为客户提供高质量的产品和优质的服务，营销过程中，要坚持诚信经营，公平贸易，遵纪守法，避免商业贿赂。加强经销商管理和关系维护，避免侵害消费者利益和经销商权益。Jacques（2010）以微软长期的社会责任实践说明了企业社会责任在其创新机理中的重要作用，社会责任的履行帮助微软更好地了解市场需求，从而推动创新。今天的消费者和客户愿意花钱购买有社会责任感的企业所生产的产品，他们现在越来越愿意用"钱包来投票"。随着企业社会责任理念的不断传播和落地，企业社会责任也成为企业一种新型的营销方式。由此提出假设 H6：

H6：企业对消费者和客户的社会责任与企业价值正相关。

社区是企业所在地理区域、人文环境和自然环境，包括人口因素、地理位置、自然环境、基础设施、公共交通等。社区是企业生存、发展的社会基础，企业经营需要与当地社区相互扶持。一方面，当地社区为企业的发展提供了生存空间和水、电、路等最基础的生产经营条件，提供劳动力资源，为员工提供生活环境，同时可能也是企业重要的消费力、购买力来源；另一方面，企业对当地社区和一般公众也要承担相应的社会责任，主要包括促进当地就业、带动地方经济发展和社会繁荣、节约资源、保护环境、主动承担生产经营对环境的不利影响、积极参与公益、披露企业社会责任信息等。Fombrun（2000）认为对社区和公众履行社会责任能帮助企业树立良好形象、积累信誉资本，缓解企业风险所带来的价值损失，并形成竞争优势。由此提出假设 H7：

H7：企业对当地社区和一般公众的社会责任与企业价值正相关。

四、研究设计

（一）变量选择

1. 因变量

本章选取 Tobin's Q 这一市场指标值和总资产报酬率（ROA）这一财务指标为因变量，对企业的价值进行衡量。Tobin's Q 值越高表明投资者认为企业更有成长性，更愿意投资；反之，数值越低表明投资者信心越小，企业价值越低。ROA 涵盖了企业在生产效率、销售效率、盈利水平、财务杠杆等多方面的财务绩效，是一项综合性指标。

2. 自变量

通过"净资产收益率（ROE）"的变化加以衡量企业对股东的责任履行。ROE 越高，股东预期盈利实现越多，社会责任实现情况越好。

通过"薪酬福利率"衡量企业对员工的社会责任。指标越高，反映企业对员工的照顾程度越高，社会责任履行情况越好。

通过"已获利息保障倍数"衡量企业对债权人的责任。指标越高，当期偿债能力越强，财务风险越低，社会责任履行情况越好。

通过"应付账款周转率"衡量企业对供应商的责任。指标越高，支付货款时间越短，资金占用程度越低，社会责任履行情况越好。

通过"税费比率"衡量企业对政府的责任。指标越高，纳税情况越好，对政府责任履行的情况越好。

通过"营业收入增长率"衡量企业对客户的责任。指标越高，市场竞争率越强，客户认可度越高，对消费者社会责任履行情况越好。

通过"捐赠比率"衡量企业对公众的责任。指标越高，参与社会公益事业的激情越高，对社区和公众社会责任履行情况越好。

3. 控制变量

作者在所选模型中控制了行业、公司规模和年份，以消除这三个因素对于企业价值的特殊影响。具体来说，在不同的行业中，企业面临的社会责任诉求不同；公司规模大小的不同代表所选公司的成长性不同，且所受社会关注度不同，采用公司年末总资产的自然对数值作为替代变量，用以控制规模因素对公司价值所产生的影响；此外，为了克服年份对于企业价值产生的影响，本研究在模型中加入了年份作为控制变量。上述变量汇总于表 4-1。

表 4-1　　　　　　　　　主要变量定义一览表

变量类型		变量	变量名称	计算方法
因变量	企业价值	ROA	总资产报酬率	息税前利润/总资产
		TQ	Tobin's Q 值	权益的市场价值+负债账面价值总资产的账面价值

续表

变量类型		变量	变量名称	计算方法
自变量	对股东的责任	ROE	净资产收益率	净利润/股东权益余额
	对员工的责任	EI	薪酬福利率	支付给职工及为职工支付的现金净利润
	对债权人的责任	IR	利息保障倍数	息税前利润/财务费用
	对供货商的责任	PT	应付账款周转率	营业成本/应付账款平均占用额
	对政府的责任	TAX	税费比率	上缴的各项税费总和－收到的税费返还净利润
	对客户的责任	CR	营业收入增长率	本年营业收入－上年营业收入上年营业收入
	对公众的责任	DOR	捐赠比率	各项捐赠支出净利润
控制变量		lnasset	企业规模	期末总资产的自然对数
		Ind$i$	行业	行业代码为 i 时，取 1，否则取 0，$i=2,3,4,5$
		Year$i$	年份	年份为 i 时，取 1，否则取 0，$i=2011$, 2012, 2013, 2010

（二）样本与数据来源

本章以 2011—2014 年上海交易所和深圳交易所挂牌交易的所有 A 股上市公司共 2120 家公司为总体，为保证数据的准确可靠而进行样本筛选：

1. 剔除了 ST 和 *ST 上市公司 168 家，这些公司的财务状况出现异常或已经连续两年亏损，若纳入研究样本，将影响研究结论的可靠性和一致性；

2. 剔除了金融行业类存在行业特殊性公司 41 家；

3. 剔除了数据不可获取的上市公司 760 家；

4. 对连续变量 1% 以下和 99% 以上分位数进行缩尾，控制极端值对回归结果的影响。

我们获得了 4 年共 4918 个有效样本。数据均来自国泰安数据库。所有统计分析均采用 Stata 软件完成。

（三）模型构建

研究中，我们选取了 2011—2014 年的面板数据，对于自变量的选择，我们只能用具有显性影响且可量化的因素，对于一些不可观测的影响企业价值的潜在因素，如：企业文化、管理层偏好等，无法量化并纳入模型加以考虑。若自变量对因变量的效应不随个体和时间变化,而且解释因变量的信息不够完整,即采用固定效应模型。

由于社会责任对企业价值的影响是长期过程,无法瞬时观测,因此,根据研究假设和数据特征,建立固定效应模型如:

$$Y_{it} = \alpha_i + \sum_{k=1}^{K} \beta_{1k} X_{kit} + \sum_{k=1}^{K} \beta_{2k} X_{kit-1} + \sum_{k=1}^{K} \beta_{3k} X_{kit-2} + c_{it} Z_{it} + \mu_{it}, \quad i = 1, 2, \ldots, N; t = 1, 2, \ldots, T$$

模型中,Y_{it}为因变量;X_{kit}为自变量,X_{kit-1}为前一期的自变量,依次类推;Z_{it}为控制变量,α_i为模型的常数项,μ_{it}表示随机误差项,k为自变量个数,N为截面成员个数,T为每个截面成员的时期总数。

五、实证分析

（一）变量的描述性统计

表4-2为回归变量描述性统计。Tobin's Q值平均为1.9048,最小值是0.8432,最大值为6.5380,有较大差异;2011年受全球经济危机影响较为严重,Tobin's Q值处于最低水平。

ROA的均值与中位数差异较小;年度变化也处于平稳状态。ROE最小值为-0.4067,最大值为0.4079,差异处于可接受范围内;各年均值变化差异不大。EI最小值为-4.2887,最大值为27.0632,差异显著,符号为负表明企业当年亏损;从时间跨度看,均值随年份增长逐渐增加,说明员工福利有逐年改善的趋势。IR的最小值是-9.3636,最大值为333.0562,表明利息保障倍数差异明显,进一步分析其原因,可能既有行业背景因素影响,也与各公司当年经营状况密切相关。四年的平均值处于上升趋势的情况,如表4-3所示,PT指标的最小值与最大值之间也存较大的差异;但是年度变化,特别是近三年的值基本处于轻微波动状态。CR指标的总体均值与中位数差异不是很明显,表明数据总体平稳;四年均值变化也不显著。TAX指标的最小值为-4.1993,最大值为17.3827,由于净利润指标的影响,导致差异较大;但是四年均值变化较小。lnasset指标无论是从总体数据分布情况看,还是分年度均值来年,变化都不大,比较平稳。

表4-2　　　　　　　　　　主要变量的描述性统计

变量	均值	标准差	最小值	中位数	最大值
TQ	1.9048	1.0246	0.8432	1.6050	6.5380
ROA	0.0644	0.0532	-0.1169	0.0592	0.2473
ROE	0.0809	0.1063	-0.4067	0.0775	0.4079
EI	2.2534	4.2515	-4.2887	1.0318	27.0632
IR	17.0294	44.0326	-9.3636	5.0072	333.0562
PT	9.7619	11.2406	0.9393	6.4429	80.0845
TAX	1.2810	2.5873	-4.1993	0.7308	17.3827
CR	0.2552	0.6437	-0.5790	0.1395	4.8094
DOR	0.0078	0.0203	-0.0093	0.0011	0.1466
lnasset	21.7412	1.2027	19.3834	21.5798	25.5175

表4-3　　　　　　　　　　各变量连续四年平均值比较

项目	TQ	ROA	ROE	EI	IR	PT	TAX	CR	DOR	lnasset
2011	2.1314	0.0738	0.0948	1.9210	16.0092	10.0547	1.0936	0.3287	0.0042	21.5573
2012	1.2523	0.0575	0.0591	2.6354	12.8134	9.9531	1.6410	0.2037	0.0155	21.6711
2013	2.0887	0.0593	0.0762	2.3089	18.1345	9.1328	1.2936	0.1405	0.0047	21.8061
2014	2.1205	0.0672	0.0927	2.1504	20.5988	9.9074	1.1133	0.3403	0.0068	21.9200

（二）相关性分析

表4-4列示了样本变量间的相关系数。从表4-4可以看出，解释变量ROE、EI、IR、PT、TAX、CR及DOR的指标值和控制变量lnasset的指标值均与被解释的变量TQ及ROA显著相关，表明模型中的解释变量和控制变量能够在一定程度上较好地解释企业价值。各解释变量与控制变量相关系数也都较低，其中相关系数最大的是企业对员工的责任（EI）与企业对政府的责任（TAX），其相关系数为0.6634。Hossian et al.（1995）在其研究论文中认为只要所解释的变量间的相关性系数没有超过0.8或0.9，则可认为不会由于多重共线性的存在而对回归结果产生影响。因此，本章所选取的各个自变量之间并不存在明显的

多重共线性关系。

表 4-4　　　　　　　　　　　Pearson 相关系数表

	TQ	ROA	ROE	EI	IR	PT	TAX	CR	DOR	lnasset
TQ	1.0000									
ROA	0.1984***	1.0000								
ROE	0.1111***	0.8555***	1.0000							
EI	-0.0415***	-0.1989***	-0.1389***	1.0000						
IR	0.1052***	0.2920***	0.2543***	-0.1106***	1.0000					
PT	0.0182	0.0447***	0.0020	-0.0006	-0.0520***	1.0000				
TAX	-0.0825***	-0.1264***	-0.0807***	0.6634***	-0.0716***	0.0043	1.0000			
CR	-0.0071	0.1809***	0.2283***	-0.076***	0.0487***	0.0293***	-0.0404***	1.0000		
DOR	-0.0784***	-0.0656***	-0.0482***	0.4150***	-0.0490***	0.0061	0.3683***	-0.0481***	1.0000	
lnasset	-0.3751***	0.0526***	0.1630***	-0.0392**	-0.0092	-0.0451***	0.0729***	0.0881***	-0.0232	1.0000

注：＊表示在10%显著性水平下显著，＊＊表示在5%显著性水平下显著，＊＊＊表示在1%显著性水平下显著（双尾）。

(三) 检验及结果分析

根据模型1的样本数值，我们运用固定效应模型处理面板数据结果如表4-5所示，整体来看六个模型中的F值最小为9.23，最大为1086.38，模型整体显著性均较好，调整后的R^2值最小是0.185，最大是0.7904，拟合度较高，表明模型中的自变量能够对企业价值的变换起到很好的解释。同时，我们也发现以ROA为被解释变量的各个回归模型，拟合度都优于以TQ为因变量的回归方程，说明模型中的解释变量与"总资产报酬率"之间的关系更加密切。原因可能如下：一是解释变量指标值的来源都是基于财务报表生成的财务分析指标，与总资产报酬率来源一致，可能产生"内部性"问题，提高了数据之间的关联性；二是Tobin's Q指标值是基于股票市值形成的，而现阶段我国股票价格受多种非理性因素的影响，同时，系统性风险对股票价格的影响较大，这在一定程度上有很大可能无法对被解释的变量做出及时、正确的反映。

从表4-5可见，对Tobin's Q值（TQ）的影响方向与预期符号一致的变量有 ROE、IR、TAX 及 CR；对总资产报酬率（ROA）的影响方向与预期符号一致的变量有：ROE、IR 及 CR，实证结论与预期假设大部分相符。

表4-5　　固定效应模型处理结果

变量	当期模型		滞后一期模型		滞后二期模型	
	TQ	ROA	TQ	ROA	TQ	ROA
ROE	0.7269***	0.3834***	0.7359***	0.36973***	1.7160***	0.3570***
EI	-0.0115***	-0.0003***	-0.0135***	-0.00017	-0.0175**	-0.0006***
IR	0.0005*	0.0001***	0.0007*	0.00004***	-0.0005	0.0001*
PT	-0.0030*	-8.27e-06	-0.0065**	-0.00003	-0.0057	-0.0002**
TAX	0.0105*	-0.0002	0.0102	-0.00042*	0.0108	-0.0003
CR	0.0362**	0.0028**	0.0656***	0.00672***	-0.0204	0.0064**
DOR	-0.3707	-0.0076	-0.8909	0.00391	-1.0964	-0.0284
ROE_lag1			0.0863	0.00975**	0.2734	0.0002
EI_lag1			0.0012	-0.00039***	-0.0051	-0.0006
IR_lag1			0.0007*	-0.00006*	0.0017*	-0.0001
PT_lag1			0.0042*	-0.00015**	-0.0031	-0.0003**
TAX_lag1			-0.0068	0.00018	0.0034	-0.0002
CR_lag1			-0.0255	0.00161**	-0.0693*	0.0017
DOR_lag1			0.2889	0.00705	-1.6395	0.0012
ROE_lag2					0.1093	-0.0056
EI_lag2					-0.0054	0.0001
IR_lag2					-0.0005	-0.0000
PT_lag2					-0.0071	-0.0001
TAX_lag2					-0.0085	-0.0006
CR_lag2					0.0040	-0.0002
DOR_lag2					-0.0551	-0.0171
lnasset	-0.9608***	-0.0124***	-0.8994***	-0.01781***	-1.0637***	-0.00416***
F值	223.4700	1086.3800	116.1500	459.58000	9.2300	148.0900
Adjusted-R^2	0.4240	0.7816	0.4880	0.79040	0.1850	0.7846

注：*表示在10%显著性水平下显著，**表示在5%显著性水平下显著，***表示在1%显著性水平下显著。

1. 假设H1的检验分析

由表4-5可知，企业当期对股东责任指标ROE与公司价值指标TQ、ROA均呈现正相关的关系，通过1%水平显著检验，与我们预期一致。而且，前一期的 ROE 指标与 ROA 指标的正向关系也通过了 5% 的显著性检验。股东是企业最重要的利益相关者之一，样本分析验证了这一点，企业应当合理满足股东对于投资回报的预期，带动企业价值的提升。

2. 假设 H2 的检验分析

由表 4-5 可知，企业当期对员工责任的指标 EI 与公司价值指标在不同的显著性水平下均为负相关；再看滞后期模型，两者关系都显示出微弱的负相关，这一结果与我们的预期相悖，这可能是由以下两个原因造成的：一是替代变量的解释力度不够，可能存在不能够被货币衡量的遗漏变量；二是指标设置不够恰当，选用的指标只要反映了企业的"投入"而未能够衡量"产出"，即没有考虑到难以量化的因素，如员工满意度、员工幸福感等。针对这些情况，我们会在进一步的研究中加以考虑。

3. 假设 H3 的检验分析

由表 4-5 可知，企业当期对债权人的经济责任指标已获利息保障倍数（IR）与公司价值在 1% 的显著性水平上呈现出正相关关系，前一期的已获利息保障倍数与企业价值（TQ）在 10% 的显著性水平上呈现正相关性，这也基本上支持了前文提出的假设 H3。表明企业合理利用负债，适当控制财务风险，履行对债权人的社会责任，能够在一定程度上提升企业价值。一方面，适当利用负债进行融资，可以降低筹资的成本，充分发挥财务杠杆和税收挡板效应，避免股权稀释，稳定企业控制权；另一方面，企业必须有效控制财务风险，应将长短期负债与长短期投资进行合理的搭配，遵守签订的相关协议，及时按约偿本付息，为将来的再融资建立良好的信誉档案。

4. 假设 H4 的检验分析

由表 4-5 可知，企业当期对供货商的责任指标应付账款周转率（PT）与总资产报酬率（ROA）和公司价值（Tobin's Q）均负相关，前期 PT 对当期公司价值影响不显著，与本章预期相悖。表明企业对供货商的资金占用程度与公司价值是正向变动关系，即企业对供货商的资金占用程度越高，越能提高本企业的绩效水平。短期来看，应付账款周转率越低，表明企业占用供货商资金越严重，作为变相的无息贷款提高了企业资金的利用率，促进了企业绩效提升。随着现代融资方式的日新月异，企业与供货商的关联性早已超越传统的"应付账款"。例如，为了弥补无偿占用供货商资金的损失，加速上游企业的资金流转，大型企业可能利用银行信用额度为供货商提供低利率的银行贷款，这也体现对供货商利益的一种照顾。但本章限于数据的可得性，未将其考虑在内，可能造成了统计结果的不理想。

5. 假设 H5 的检验分析

由表 4-5 可知，企业当期对政府的社会责任指标税费比率（TAX）与 ROA 呈正相关，通过了 10% 的显著性检验，结论与前文的假设相一致；前一期与前二期的税费比率与 Tobin's Q 和 ROA 关系均不显著，说明税费比率对公司价值的滞后性影响不明显。

合法经营，依法纳税是既是每一个公民的法定义务和责任，也是打造良好政企关系的重要手段，能够为企业带来良好的政企关系和外部环境。一方面，企业交纳税费是国家财政收入的主要来源；另一方面，政府和社会同时又为企业的生产和经营提供外部环境、基础设施和法律保障。一般来说，企业为社会贡献得越多，政府的财力就越强，就越有能力为企业的发展和生存提供更好的外部经营环境，从而形成企业与社会的共同发展。

6. 假设 H6 的检验分析

由表 4-5 可知，企业当期对客户的责任指标营业收入增长率（CR）与企业价值的两个指标分别在 5% 和 1% 的显著性水平上正相关；前一期 CR 指标与当期总资产收益率显著正相关，结果与本章预期一致，说明营业收入增长率的提高能促进公司价值的提升。企业营业收入增长率的大小是企业发展潜力的量化指标之一，表明了企业市场认可度比率的变化，而公司价值则代表了企业未来发展过程中的现金流量以及企业后续发展潜力的大小，公司价值的实现必须通过与市场的交换得以完成，两者具有明显的因果关系，上述分析也证实了两者的正向相关性关系。

7. 假设 H7 的检验分析

由表 4-5 可知，企业当期、前一期及前二期对当地社区和社会公众主要责任指标捐赠比率（DOR）与 Tobin's Q、ROA 均无显著的相关性，检验结果无法有效支持假设 H7。这可能是由于企业与当地社区和一般公众的联系并未被强制约定，企业对其履行的社会责任需经过相当长的时间及复杂的环节才能够最终转化为企业价值的提升（冯巧根，2009）。此外，企业捐赠也可能超过企业所拥有的履行责任的能力，而带来相反的效果。

（四）稳健性检验

我们利用相关的稳健性检验，以验证研究结论的可靠性。在计量方法上，我们用 OLS 回归替代固定效应模型回归，回归结果基本支持了前文结论：企业对大部分利益相关者履行社会责任能提高公司价值。限于篇幅，我们仅列出六个模型的 F 值与调整后的 R^2，如表 4-6 所示：

表 4-6　　　　　　　　OLS 回归处理部分结果

变量	当期模型		滞后一期模型		滞后二期模型	
	TQ	ROA	TQ	ROA	TQ	ROA
F 值	146.8500	1065.3800	102.0100	559.8300	41.0400	249.3000
Adjusted-R^2	0.3079	0.7645	0.3877	0.7779	0.3411	0.7625

六、研究结论及政策建议

本节通过固定效应模型，分别从利益相关者视角出发，对沪深两市 A 股上市公司 2011—2014 年样本数据进行了分析和检验。研究结果表明企业价值的大小与其履行的对股东、债权人、政府及消费者的社会责任呈显著正相关，与对员工及供货商的社会责任呈显著负相关；而企业履行对当地社区和社会公众的责任对公司价值没有显著性的影响。基于上述研究，我们给出如下政策建议：

1. 社会责任是企业对社会的积极回馈，也是理应承担的责任和义务。企业自觉履行社会责任，对于改善企业形象、提升发展质量、扩大企业的影响力具有重要作用，也是企业贯彻落实可持续发展观念的必由之路。企业应积极履行和管理社会责任，实现企业在经济社会中的综合价值。

2. 社会责任是塑造企业核心竞争力的重要来源之一，能够引导企业从粗放式生长到高质量发展。因此，企业应积极自觉地践行社会责任，由被动地履行社会责任义务转向主动全面的社会责任管理，努力为各利益相关者创造综合价值，促进公司价值持续稳定地增长。

3. 资源依赖理论要求企业应以开放开明的姿态，注重采用多种方式与各利益相关者的互动，积极大胆地让利益相关者参与到公司的日常经营管理中，并在做出重大决策和相关经营活动中体现出债权人、公司员工、相关业务伙伴等的需求，促进合作共赢的局面形成。

第二节 企业社会责任的价值创造机理及实证检验
——基于生命周期理论[①]

在经济全球化背景下的今天,企业社会责任已经成为与人力资源、财务资本、科学技术同样重要的竞争要素。履行和管理社会责任是企业走向价值创造,并与利益相关者共享价值,共同提升社会福祉,共创和谐社会的有效路径与管理工具。本节从两个维度探讨了企业社会责任价值创造的机理:一是基于利益相关者理论,横向对比分析对各个利益相关者的责任履行如何为企业创造价值的;二是从企业生命周期理论出发,纵向对比分析不同阶段,企业如何分配资源,履行对不同利益相关者的责任,以促进企业价值的创造。

一、引言及文献回顾

（一）企业社会责任与公司价值

国内外学者对企业社会责任与公司价值相关性的研究,主要有正相关、负相关和不相关三种结论:Bragdon et al.（1972）使用净资产收益率衡量企业价值,研究发现社会责任与企业价值之间显著正相关。Simpson et al.（2002）以社会再投资率作为衡量履行社会责任的指标,分析了美国银行业的社会责任与其价值的关系,认为社会责任能提高企业价值。Schadewitz et al.（2010）以所有在 OMX 证券交易所发布 GRI 报告的上市公司为研究样本,发现社会责任报告作为企业沟通工具之一,能提高企业和投资者之间的信息对称性,进而提高企业价值。另一种观点认为企业为履行社会责任会付出一定的代价,增加企业的负担,进而导致企业价值下降,如 Vance（1975）以企业社会责任的排名衡量企业社会责任的履行程度,以每股价值衡量企业价值,发现社会责任的履行程度越高,企业价值越低。还有一种观点认为社会责任与企业价值之间没有任何关系,如 McWilliams et al.（2001）利用 DSI400 评价企业的社会责任表现,研究发现企

---

① 本节执笔人:王清刚,徐欣宇;本节主要成果已发表在《中国软科学》2016 年第 2 期,第 179－192 页。

业是否履行社会责任并不会对盈利水平指标产生影响,进一步说明企业的价值与其是否履行社会责任无关。潘妙丽(2011)以自愿披露的每股社会贡献值作为衡量企业履行社会责任情况的指标,并以股票价格衡量公司价值,研究发现上市公司自愿披露的每股社会贡献值与企业价值间并无明显的相关性,因此,企业的价值与履行社会价值无关。

20世纪90年代以来,学者们开始转换思路,从细分企业所处行业、治理结构等内外部影响因素分析两者之间的关系。陈玉清和马丽丽(2005)认为企业所处的行业类型会对社会责任的履行效果造成显著的影响。Lee et al.(2009)研究发现,在餐饮行业,企业价值与社会责任相关性较为显著,但是在娱乐行业里企业价值与社会责任相关性不明显。刘长翠等(2006)的研究发现在建材建筑、化工、农林和冶金行业的社会责任贡献率与企业价值之间存在显著的正向关系,但由于企业消极对待企业社会责任信息的披露,导致社会责任不能很大程度的提升企业价值。从治理结构分析,企业制定的道德体系越完善,越能促使企业社会责任行为的可持续性,并且会形成良性循环的发展态势,提升企业绩效(晁罡等,2013),企业在股权较为分散的情况下,履行社会责任将提高企业价值(孙硕和张新杨,2011)。

随着企业社会责任与利益相关者理论日益融合发展,人们开始考虑企业价值的提高与履行社会责任的类型是否有关,并将社会责任分为对政府、投资者、员工、供应商等几类企业社会责任,研究不同种类的社会责任对企业价值产生的影响。比如李红玉等(2009)基于利益相关者与企业之间的契约关系和利益一致性,分析四类利益相关者与社会资本及财务绩效之间的关系,认为承担对员工、债权人和供应商的责任最容易获得社会资本从而提高企业价值,而承担对顾客的责任难以获得企业价值。

虽然企业社会责任对公司价值影响的方向并没有取得完全一致的研究结论,但大部分学者认为企业社会责任对公司价值具有正向的影响(Freeman,1991;王晓巍,2011;王艳婷和罗勇泰,2013;谢志明和徐金昌,2014)。企业积极履行社会责任能够减少信息不对称,降低代理成本,强化企业品牌和声誉,为企业带来额外的社会资本,所以与公司价值呈正相关关系。另外一些学者认为,履行社会责任会付出一定的成本代价,增加企业的负担,进而导致公司价值下降(Crisóstomo et al.,2011;朱雅琴等,2010;顾湘和徐文学,2011)。还有学者认为两者之间没有任何关系(McWilliams et al.,2001;胡亚敏,2013)。

（二）企业社会责任与生命周期的关系

企业在不同的发展时期所具有的能力是不同的，而企业的持续盈利能力是企业履行社会责任的载体和必要条件（李兰芬，2008），那么不同的发展时期履行的社会责任对企业价值产生的影响结果可能不同，企业社会责任的研究必须考虑企业所处的发展阶段。Robbins and Kurt（1997）认为企业高管在何种程度上履行社会责任取决于高管的社会责任意识和权力的大小[①]，并提出"企业社会责任扩展的四阶段模型"，将企业社会责任分为四个阶段：在第一阶段，企业主要是通过不断增加利润和减少成本，履行对股东的社会责任；在第二阶段，企业开始关注员工权益，履行对员工的社会责任；在第三阶段，企业开始兼顾对顾客的社会责任和供应商的社会责任；在第四阶段，企业将履行对所有利益相关者的社会责任。Carrasco（2007）提出在不同的生命周期阶段，鉴于各个利益相关者的独特性，企业履行不同类型的社会责任会表现出一定的差异性。

李程骅和胡亚萍（2008）将处于不同的生命周期的企业履行社会责任的内容划分为三层不同的圈层[②]，当企业处于导入期时，企业社会责任集中于核心圈，履行提供高质量产品和服务、提供大规模的就业机会和促进经济快速增长等最基本的社会责任；当企业进入成长期时，社会责任逐渐由核心圈扩展到中间圈，开始注重员工权益和顾客权益；当企业进入成熟期后，社会责任依旧向外拓展，最终达到外围圈，企业有能力履行改善环境以及可持续发展的相关社会责任；当企业进入衰退期后，企业开始无暇顾及社会责任，社会责任由外围圈向中间圈，甚至核心圈层收缩。

陈宏辉和王江艳（2009）通过对珠江三角洲企业的问卷调查，发现处于不同生命周期阶段的企业，对不同利益相关者社会责任的重要性认知和行动战略是不同的。其中，对股东和员工采取的社会责任不会随着企业发展而发生改变，而对供应商、消费者、社区、环境等采取的社会责任会随着企业的发展而增加。王小婧（2010）以产业生命周期理论为基础，理论分析企业经济责任与社会责任之间的关系。冯变英和赵芸（2013）在王小婧的研究基础上进行实证研究，根据产业增长率把企业所处生命周期分为三类，成长期、成熟期和衰退期，研

[①] 斯蒂芬·P. 罗宾斯，玛丽·库尔特：《管理学》（第7版），北京：中国人民大学出版社，2003。
[②] 三层社会责任圈源于美国经济发展委员会提出的社会责任同心圆理论，即将社会责任划分为三个层次，具体为：一是履行提供高质量产品和服务、增加就业机会和促进经济快速增长等最基本的经济责任；二是将履行经济功能的基本责任与变化中的有关社会价值观及社会中的主要敏感问题相结合，如环境与资源问题、员工保护、消费者权益等；三是改善环境相关责任。

究表明企业在不同时期履行的社会责任程度不同，其中，对股东和债权人的责任会随着企业发展周期的变化而有显著变化，对政府、员工、消费者的责任在各个阶段没有显著变化。随后，冯变英和赵荟（2014）仍然以产业增长率划分企业生命周期，进一步分析社会责任与经济绩效的关系，发现股东的社会责任在企业的四个生命周期阶段对企业价值始终有显著影响，但是其他几类利益相关者的社会责任对企业价值造成的影响随企业的发展变动，比如，在成长期履行对顾客的责任能促使企业业绩上升，在衰退期履行对顾客的责任会降低企业业绩。王琦（2013）以 Dickinson 现金流组合法划分企业生命周期，研究发现在初创期，履行的社会责任越多，财务业绩也低；在成长期，履行对员工的社会责任能提升财务业绩；在成熟期，履行所有类型的社会责任对财务业绩都有提升作用；但是到了衰退期，履行六类利益相关者的社会责任均无法提升财务业绩。但也有学者认为履行社会责任的行为与生命周期的关系不明显，冯骢（2014）通过单因素多变量分析，认为企业承担的社会责任与其所处发展阶段并不存在规律性，企业社会责任的承担并不受外部环境的硬性制约，企业社会责任的履行仍处于一种自发的无序状态。张胜荣（2014）通过调查问卷研究表明，企业所处的发展阶段与社会责任的履行没有关联。

（三）现有文献评述

1. 现有文献中有关社会责任行为对企业价值作用的研究主要有两种方法，一是构建衡量企业社会责任履行程度的总体指标，然后研究其与企业价值的相关性；二是从利益相关者角度将社会责任划分为几个维度，每个维度以财务指标代表或调查问卷结果给每个维度一个分值，再根据回归模型分析这几个维度与企业价值的关系。然而，这两种实证方法得出的结论始终不一致。因此，我们希望通过利益相关者理论和生命周期理论相结合的方法，对企业社会责任的价值创造机理进行梳理，研究企业履行的各类社会责任对企业价值的作用机理。

2. 在企业发展的不同时期，参与企业活动的主要利益相关者会有所变化，不能简单地从静态角度分析社会责任，而应该从动态的角度分析社会责任与企业价值间的相关性。近年来，有学者开始研究企业所处不同生命周期对其履行社会责任的影响，大多数学者的研究显示生命周期对企业社会责任行为有显著影响。但以生命周期理论作为切入点，探讨企业社会责任与企业价值关系的文献并不多，而本节研究希望在这一方面进行尝试，探讨社会责任价值创造的新思路。

二、企业生命周期与企业社会责任

（一）企业生命周期的概念

企业的生命周期是指企业从出生到死亡所经历的各个阶段。企业生命周期理论起源于"企业森林原理"，该理论认为企业成长曲线和生物有机体的成长曲线一样具有幼年、成长、成熟和衰老等相对稳定的生命周期（Haire，1959）。Adizes（1989）提出生命周期模型，将企业生命周期划分为：孕育期、婴儿期、学步期、青春期、盛年期和稳定期等十个阶段（如图4-2所示），并且认为无论企业是哪种成长类型都会由出生走到死亡，只不过是寿命的长短有所区别。李业（2000）Adizes 的生命周期模型进行了改进，认为企业不能完全等同于生物。企业通过研发和创新，可以维持在成熟期，或者由衰退期再次进入成长期，而不一定进入衰退期后就死亡。

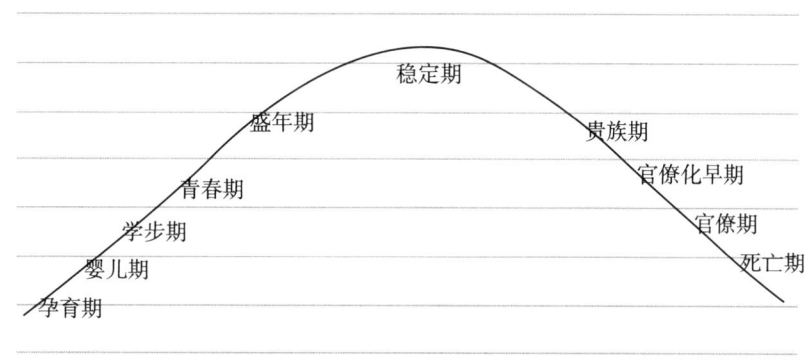

图4-2 企业生命周期曲线图

（二）划分企业生命周期的方法

当前学者关于企业生命周期的研究，主要集中在两个方面：一是企业生命周期的划分标准和划分阶段数量，二是与其他理论结合，研究企业的动态发展过程。目前企业生命周期的阶段划分方法分为定性划分法和定量划分法两种。Miller 和 Friesen（1984）采用定量指标与定性指标相结合的方法划分企业生命周期，选取了以下五个指标：销售增长率、成立年限、发展战略、组织结构和组织行为。这种方法带有一定的主观性，不适合大样本研究。

1995年，陈佳贵是较早将生命周期理论引入我国的学者之一，在研究过程中将日本学者藤芳诚一的蜕变理论融入生命周期理论，认为根据企业成长类型和成长状态划分,企业在衰退期之后有两种结局:一种是倒闭,另一种是改变企业形态获得重生。因此,企业生命周期除了孕育期、求存期、高速发展期、成熟期和衰退期外,还有蜕变期。

定性分类的主观性较强,为了更好地判定企业生命周期,人们开始采用定量研究法。Anthony and Rames(1992)发明了多变量排序法,该方法使用销售增长率、股利支付率、企业年限和资本性支出比例四个会计指标,把企业生命周期等分为生长期、成熟期和衰退期三个阶段。李业(2000)将企业生命周期按照销售收入的多少划分为五个阶段:孕育期、初生期、发展期、成熟期和衰退期。在企业市场交易活动中有三种现金净流量,包括经营现金净流量、投资现金净流量和筹资现金净流量,这三种现金净流量能够很好地反映企业运营状况,因此,Dickinson(2006)认为对企业生命周期进行划分的最好办法是采用现金流组合法,如表4-7所示。

表4-7　　　　企业在不同生命周期的现金流量特征

	经营活动的现金净流量	投资活动的现金净流量	筹资活动的现金净流量
初创期	-	-	+
成长期	+	-	+
成熟期	+	-	-
衰退期	-	+	+或-

这种现金流组合法既克服了定性方法的主观性,又克服了定量方法中单一变量作为划分依据的缺陷。相比多变量排序法,采用现金流量组合法划分的企业生命周期更加稳定。在国内外所有企业生命周期划分及其测量的方法中,现金流组合法的适用性最强,与企业生命周期的内在关系更一致(陈少华,2012)。因此,本节采用现金流组合法划分企业所处的生命周期。

(三)企业生命周期理论在社会责任中的运用

李兰芬(2008)提出企业在不同的发展时期所具有的能力是不同的,而持续盈利能力是企业履行社会责任的必要条件,企业履行社会责任的范围会随着企业实力的变化而变化,因此,企业社会责任相关研究需要考虑企业所处的生命周期。目前,有三个具有代表性的理论框架可以描述企业社会责任与生命周期间的关系。

1. 李程骅和胡亚萍（2008）的企业三层同心责任圈，其将社会责任分为三层。第一层是核心圈里的基本责任，包括提供合格产品、带来就业，促进经济增长等；第二层包括保护环境、公平对待每一个员工、满足客户要求等；第三层包括改善自然环境、满足社会公众的期望等。当企业由初创期到成熟期时，企业履行的责任会由核心层伸展到最外层，当企业由成熟期到衰退期时，企业履行的责任又会由最外层缩小到核心层。

2. 文宗川等（2011）构建的企业社会责任四面体模型，其将企业社会责任的履行对象，即各利益相关者，划分为企业自身导向型、消费者导向型、社会公众导向型和政府导向型四类，这四类利益相关者分别位于四面体的不同面，且每类利益相关者所在面对应的顶点为企业要履行的社会责任。企业自身导向型对应经济责任，消费者导向型对道德责任，社会公众导向型对应慈善责任，政府导向型对应法律责任。随着企业所处发展阶段的变化，社会责任四面体中的基础面会发生变化。企业生命周期划分为四个阶段，在萌芽期，企业以自身利益为导向，主要履行经济责任；在发展期，企业以消费者的利益为导向，主要履行道德责任；在成熟期，企业以社会公众的利益为导向，主要履行慈善责任；在衰退期，企业以政府的利益为导向，主要履行法律责任。

3. 沙彦飞（2012）的社会责任耦合模型，以企业家精神①为纵坐标，以企业家社会责任利他程度为横坐标，分析不同生命周期阶段，企业与社会责任的耦合程度。在创业期，企业是冒险精神加经济责任的耦合模式，企业具有冒险精神，才能承担起经济责任，而履行经济责任才能使企业冒险精神获得最大的支持。在成长期，企业是四大企业家精神加道德责任的耦合模式，企业通过冒险精神抓住一切机遇，进取精神和创新精神提高产品质量，通过合作精神与客户和供应商建立良好的关系，通过履行道德责任，提高员工的忠诚度。在成熟期，企业是合作精神加慈善责任的耦合模式，企业通过合作，巩固与利益相关者的关系，并开始回报社会，树立良好的企业形象。在衰退期，企业是创新精神家法律责任的耦合模式，通过创新企业管理模式和产品变革，寻找新的发展渠道，并且通过履行法律责任，避免企业在财务困境中与利益相关者产生矛盾和冲突。

---

① 企业家精神包括冒险精神、创新精神、进取精神和合作精神。

三、社会责任价值创造机理及研究假设

（一）不同利益相关者的社会责任价值创造机理

在企业的生产经营活动中，不同的利益相关者投入的资源和参与企业治理的作用是不一样的。这些利益相关者分布在企业价值链的不同环节，对企业价值创造的渠道、路径和贡献也各不相同。Visser（2010）提出企业社会责任不应该仅仅由专人负责，而是应该将社会责任贯穿到企业整个的生产经营活动中①。

1. 对资金提供者社会责任的价值创造机理

股东和债权人是企业主要的外部资金提供者。股东是企业最重要的利益相关者之一，能够为企业发展的长期稳定的资金需求，股东依法享有股利分配、行使表决权、股份转让或质押权、监督权、知情权等。企业对股东的责任主要包括：完善公司治理和内部控制，保证企业健康有序的发展，在资本保值的基础上，为股东创造财富，维护公司价值，及时向股东提供相关信息等。债权人对于企业来说也至关重要，企业对债权人的社会责任表现在：诚实守信，积极主动偿还债权人的债务，不损害债权人的利益。

企业对资金提供者履行的社会责任，最重要的是经济责任，要能够合理保护资金提供者的收益水平，提高其信任度，增强其再投资能力，从而降低企业的筹资难度和资金成本，并进一步降低企业的财务风险。同时，利用这些资金，有利于促进企业扩大生产规模、降低平均产品成本，从而扩大企业收益②。企业收益的增加又能够为企业履行社会责任提供更多的财力支撑。

企业对资金提供者社会责任的价值创造机理如图4-3所示。

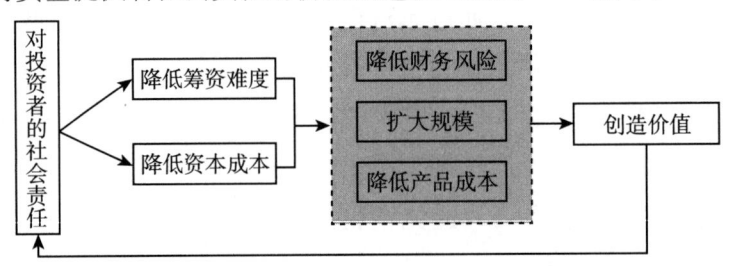

图4-3 对资金提供者的社会责任价值创造机理

---

① Visser, W. The Age of Responsibility: CSR 2.0 and the New DNA of Business [J]. Journal of Business Systerm Government and Ethics, 2010, 5 (3).
② 刘维奇. 米尔顿·弗里德曼：现代货币主义理论创始人 [M]. 北京：人民邮电出版社，2009：89-120.

2. 对员工社会责任价值的创造机理

员工作为企业的一般劳动力资源,是企业创造价值的必要资源。企业对员工的社会责任具体包括:有竞争力的薪酬、安全福利保障、职业技能培训和职业晋升发展等。企业对员工履行社会责任,一方面调动员工的工作激情,减少员工流失率,并激励员工更好地为企业工作,从而降低人力培训成本,间接地提高了企业生产效率(王艳婷,2013)。另一方面,直接增强了员工对工作的认同度和满意度,促使员工忠于企业(Bridges and Harrison,2003)。同时,良好的员工培训制度和员工的低流失率,有利于促进员工提高自我学习水平和工作效率,达到提高企业价值的目的(李祥进等,2012)。

此外,有研究表明,求职者的求职意向与企业形象相关,而企业会责任活动能够树立积极的企业形象和声誉,因此企业履行对员工的社会责任,能够增加潜在投资者的数量,企业对高素质的人才有更主动选择权利,进而提高企业价值(朱雅琴等,2010)。企业价值的提升又能为企业履行更完善的员工社会责任提供合理保障。企业对员工社会责任的价值创造机理如图4-4所示。

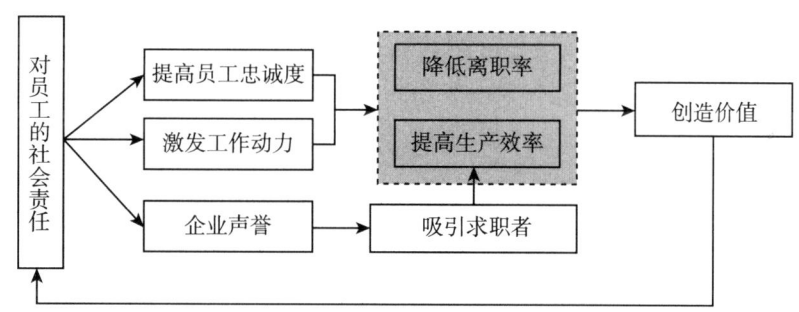

图4-4 对员工的社会责任价值创造机理

3. 对消费者和客户社会责任的价值创造机理

消费者和客户是企业实现其价值的源头,企业对他们的社会责任主要包括:保证广告的真实性和促销策略的合理性,不隐瞒和欺骗消费者,以赢得消费者的信任度;保证产品质量安全可靠,定价合理,以获取消费者的认可;提供完善的售后服务,给予消费者满意的服务体验;诚信经营,遵循商业伦理和道德操守,避免商业贿赂等。企业的长远发展离不开企业对消费者和客户的相关社会责任的切实履行,才能得以长远发展。企业应加强经销商管理和相关关系的维护,积极推动合作共赢,避免侵害消费者利益和经销商权益。

诚信经营、产品或服务质量是企业社会责任中最具影响力、最易被感知的一种责任。Jacques（2010）对微软公司的社会责任文化进行调查发现：企业对消费者履行社会责任能够使企业更好地帮助其了解消费者需求，使其具备更为敏感的市场感知，从而推动微软不断创新发展。今天的消费者和客户愿意花钱购买有社会责任感的企业所生产的产品，他们现在越来越愿意用"钱包来投票"。随着企业社会责任理念的不断传播和落地，企业社会责任也成为企业一种新型的营销方式。这种行为可以提高企业信誉，增强消费者的品牌信任感和满意度（Sen et al., 2001）。

消费者对产品质量的感知，一方面能够直接影响消费者的购买欲望，消费者对质量感知更良好的产品有更强烈的购买欲望，从而促使消费者实现购买行为；另一方面能够影响企业品牌形象。因此，消费者良好的质量感知能通过两条途径提升企业价值。

企业对客户和消费者社会责任的价值创造机理如图4-5所示。

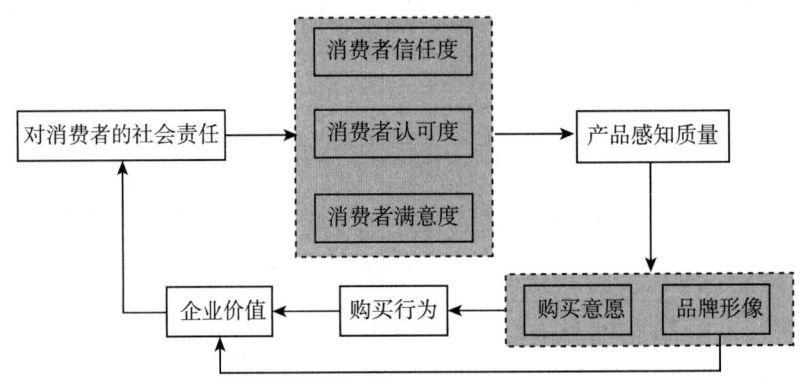

图4-5 对客户和消费者的社会责任价值创造机理

4. 对供应商社会责任的价值创造机理

供应商是企业的原材料提供者，企业与供应商建立良好的信任和合作关系，有助于减少合作过程中的道德风险和逆向选择，有效降低因信息交换、谈判、协商等交易成本和决策风险。

企业对供应商的社会责任存在于材料采购环节，具体体现为严格按照合同履行相应的职责。企业如若无故违反合同规定条款，会遭受法律风险。并且对于企业不负责任的行为，供应商可能采用缩短还款期限、延期交货等方式予以回击。这种回击方式体现了供应商对企业的不信任，不利于后续的合作。回击甚至可能导致企业无法正常生产产品，对企业的经营活动造成重大影响，进而影响企业价值。企业价值的降低会导致企业无法开展或继续下一轮的社会责任活动,从而形成恶性循环。因此,企业依照商业合同,对供应商履行相应的社会责任,可以降低采供成本、保障原材料的质量和供应,这必然导致了经营风险的降低,为企业创造了价值(张兰霞等,2011)。企业对供应商社会责任的价值创造机理如图 4-6 所示。

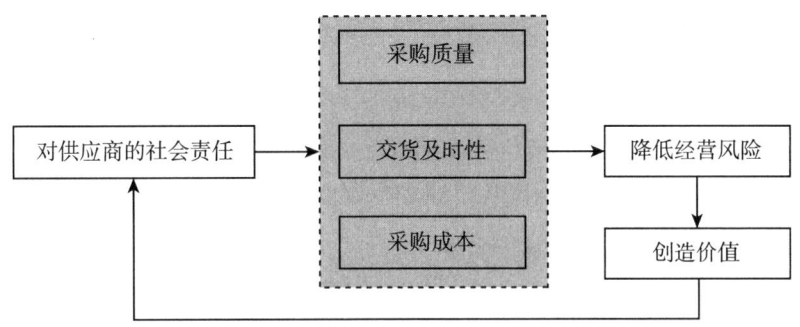

图 4-6 对供应商的社会责任价值创造机理

5. 对政府社会责任的价值创造机理

企业享受政府提供的规则制定、基础设施、公共管理等服务,这是企业开展经营活动的重要外部环境。企业要对政府承担相应的社会责任,扮演好社会公民的角色,承担政府规定的责任和义务,合法合规经营并接受政府依法的监督和干预。依法纳税是企业应尽的法定义务,能够成为政府与企业之间良好的沟通桥梁。并且依法纳税是张最好诚信名片,能够为企业赢得良好声誉和外部环境。企业必须积极缴纳税款,以规避法律和经济的双重制裁,保证企业经营活动的正常进行(Gray et al., 1995)。社会中某些稀缺资源的配置需要政府主导,积极履行社会责任、建立良好的政企关系,有利于资源的获取,为自身的发展塑造更加优质的环境。从可持续发展的视角来看,企业依法承担纳税义务,为政府提供强大的财力支持,有利于各项基础设施建设、惠民工程、公益事业,生活水平的提高进一步促进社会的繁荣与稳定,和谐的社会、经济、政治及文化环境反过来又推动企业的可持续发展。企业对政府履行社会责任,确保了财政收入的充足,为基础设施建设和公益事业的发展提供保障,为构建稳定的经营环境夯实基础,进而提升企业价值(王晓巍,2011)。王怀明(2007)阐释了我国上市公司履行与政府相关的社会责任与企业绩效正相关关系。王晓巍(2011)的研究也表明企业承担对国家的社会责任与企业价值正相关。企业对政府社会责任的价值创造机理如图 4-7 所示。

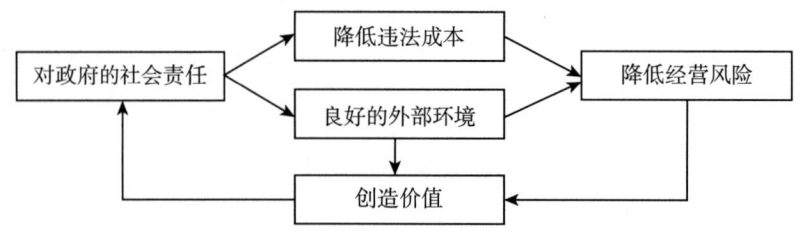

图 4-7 对政府的社会责任价值创造机理

6. 对环境和社区的社会责任价值创造机理

企业在生产过程中不可避免的需要消耗自然资源，可能给周围的环境带来污染，甚至影响到社区居民的正常生活。企业要树立环保意识、节能减排、保护环境、主动消减经营活动中产生的负影响、积极参加社会公益活动、开展慈善事业等。从长远利益出发，企业处理好经济利益和环境保护之间的关系，能够减少社会舆论压力，特别是媒体对企业的负面消息报道（孔东民等，2013），进一步防止盈余的降低（Tetlock et al.，2008）。而且企业积极承担对公正的责任，能够建立起负责人的企业形象，提升企业声誉，并以誉机制给企业以积极反馈（Brammer et al.，2004）。而良好的声誉能够获得各利益相关者的帮助，如在恶劣环境的情况下，可缓解甚至消除关于企业的负面影响，避免企业价值的损失（Fombrun，2000）。企业对环境和社区社会责任的价值创造机理如图4-8所示。

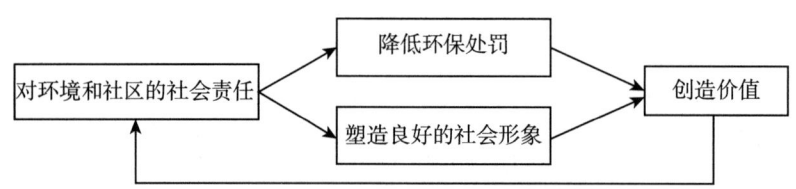

图 4-8 对环境和社区的社会责任价值创造机理

（二）不同生命周期中企业社会责任的价值创造及研究假设

企业履行社会责任必须以自身的生存能力为基础（李兰芬，2008），所以随着企业生命周期的演化，社会责任履行的重点也将发生变化。因此，我们根据各生命周期不同的利益相关者参与企业经营活动的紧密程度，对不同利益相关者的社会责任价值创造机理提出假设。

1. 初创期各利益相关者的社会责任与企业价值创造的关系

初创期企业的规模较小、产品市场不够完整、抗风险能力不够成熟。企业需要解决资金来源、制定和实施商业计划等问题，以使企业能够存续（Dodge, Robbins, 1992; Kazanjian, 1988）。此时，企业资金来源主要是企业股东和外部投资者，制定和实施商业计划需要具有商业头脑的人才领导。因此，企业为保障自身存续、抓住发展机会，企业需要开辟优良的资金渠道、引入优秀的人才。

陈宏辉和王江艳（2009）通过对珠江三角洲企业的问卷调查证实了社会责任同心圆的描述，初创期企业处于社会责任的核心圈，履行提供高质量产品和服务、提供就业机会和促进经济快速增长等最基本的经济责任。这说明在初创期，投资者和员工的社会责任与企业价值正相关。对于除投资者和员工以外的其他利益相关者，企业在不违反法律的情况下，不会花费精力和资源去履行相关的责任。因此，投资者和员工是初创企业重点履行责任的对象。由此，我们提出假设：

H1a：初创期履行对投资者和员工的社会责任与价值创造正相关。

H1b：初创期履行其他利益相关者的社会责任与价值创造不相关。

2. 成长期各利益相关者的社会责任与企业价值创造的关系

社会责任扩展的四阶段模型[①]中已经详细阐述，成长期企业相对稳定，综合实力也有所增强，有一定的抵御风险的能力，其产品也拥有一定的市场占有率。企业的公司战略、经营目标发生转变，由原来的存续逐渐转变成为把握机遇、吸收资源、扩大市场份额、发展壮大企业。李程骅和胡亚萍（2008）提出成长期企业的社会责任逐渐由核心圈向中间圈拓展，企业在履行投资者和员工间的责任的同时，也需要构建融洽的供应商、消费者间的关系，为企业进一步的扩大打下基础。

在此阶段，企业发展迅速。从市场中获取的利润较少，不能满足各个方面的社会责任需求，因此，企业会选择性的忽视部分无法推动企业发展的利益相关者责任（陈昕，2014）。进而将资金集中投入投资者、员工、供应商和消费者四个方面，加大社会责任履行力度，加速创造企业价值（王琦，2013）。由此，我们提出假设：

H2a：成长期履行对投资者、员工、供应商和消费者的社会责任与价值创造正相关。

---

① 斯蒂芬·P. 罗宾斯在其所著的《管理学》中提出社会责任扩展的四阶段模型。

H2b：成长期履行其他社会责任与价值创造无关。

3. 成熟期各利益相关者的社会责任与企业价值创造的关系

成熟期企业的特点是，销售市场逐渐饱和，与竞争者间的差异性逐渐缩小，营业收入主要依赖老客户。在该阶段，企业的公司战略是保障原有的市场份额，在激烈的市场竞争中以合理的售价、合格的质量、合心的服务等方式，维护优良的企业形象、产品形象①。此时，企业的资金流入十分稳定，但生产性资金投入的绝对数量和比例均逐步减少，由此可以，成熟期企业的资金流入与资金流出的差额逐渐增大，即企业拥有的剩余资金逐渐增加。企业有资源和精力拓展社会责任范围，对利润的获取逐渐从短期性转向长期性。通过保障股东、员工、消费者、供应商和政府的利益，并保护环境、积极开展社会公益活动，将促进企业的长远发展（王小婧，2010）。因此，我们提出假设：

H3：成熟期履行对各利益相关者的社会责任与价值创造正相关。

4. 衰退期各利益相关者的社会责任与企业价值创造的关系

衰退期企业存在破产压力，具体表现为企业产品无法满足市场需求、机械设备陈旧、技术创新不足，利润大幅下滑，并出现负增长的趋势。由于成熟期企业规模过大、管理层级复杂、信息传递缓慢，导致其无力进行大规模更新改造，也无法快速抓住机会进行技术更新。尽管环境保护、节能减排等理念被公众所认可，企业参加大量的慈善活动能树立良好的企业形象，但是李程骅等（2018）认为由于破产和财务的双重压力，企业无法对政府、社区和自然环境的社会责任履行投入资源和精力。此时，企业履行的社会责任主要是尽量减少对员工和股东双方利益带来的损害（李玮，2011）。倘若企业在衰退期处理好与股东、债权人的关系，走出财务困境，同时处理好与员工之间的关系，使员工与企业同心协力改变境况，企业将获得重新发展，否则会被市场淘汰（王琦，2013）。因此，我们提出假设：

H4a：衰退期履行对投资者和员工的责任与价值创造正相关。

H4b：衰退期履行对其他利益相关者的责任与价值创造无关。

根据上述分析可知，在不同生命周期中，各利益相关者的社会责任与企业价值创造的关系是有所不同的（如表4-8所示）。

---

① 中国注册会计师协会：《公司战略与风险管理》，经济科学出版社，2014。

表 4-8　　各生命周期企业社会责任与企业价值创造相关性

相关性	高 ←——————————————→ 低	
初创期	投资者、员工	消费者和供应商、环境、政府和社会公众
成长期	投资者、员工、供应商和消费者	环境、政府和社会公众
成熟期	全部利益相关者	
衰退期	投资者、员工	消费者和供应商、环境、政府和社会公众

四、研究设计

(一) 变量界定

1. 企业价值指标

因变量设定为企业价值，而衡量企业价值的经济计量变量有两类：会计指标和市场指标。会计指标具体有总资产净利率（ROA）、销售增长率和每股收益（EPS），市场指标主要是企业托宾的 Q 值（Tobin's Q）。会计指标是根据会计账面数据分析得出，而会计账面数据存在被操作的可能性，因此市场指标反映企业信息更真实，分析结论的更可靠。因此，我们选择 Tobin's Q 来计量企业价值。

Tobin's Q 是企业市值和账面价值两者的比值，该指标体现了企业的承载能力和投资价值，Tobin's Q 越高说明企业的发展潜力和投资价值越大。计算公式如下：

Tobin's Q =（股票市值 + 净债务）/期末总资产的账面价值

2. 企业社会责任履行程度指标

分析各个利益相关者的社会责任价值创造机理的前提条件是，能够可靠衡量企业对各利益相关者履行社会责任的具体状况。对社会责任的定性信息进行量化是一个相当复杂的过程，我们为量化企业履行社会责任的状况，将采用有第三方构建的社会责任评价体系。

基于前文搭建的社会责任创造企业价值的作用机理框架，我们从六个方面（投资者、员工、消费者、供应商、政府、环境）来量化企业对各个利益相关者社会责任的履行状况。而目前的几大社会责任专业评级机构中，只有和讯网社会责任报告专业测评体系与我们的研究框架类似，因此，本章采用该评价体系衡量企业履行社会责任的状况。该评测体系从股东责任、员工责任、供应商、客户和消费者权益责任、环境责任和社会责任五个方面考察，为使评价更加全面，各方面还分别设立了二级和三级指标，在此之中，二级指标 13 个，三级指标37个，具体指标如表4-9所示。在该体系中，股东责任中包含了与盈利能力、偿债能力、对投资者的回报利润等指标，员工责任中包含了与职工薪酬、职业培训、人身安全等指标；供应商、客户和消费者责任中包括了产品质量、客户满意度、与供应商互惠互信的指标；环境责任中包含了环保投入成本、环保管理体系认证、节能减排等指标；社会责任中包含了公益捐赠和缴纳税款的指标。这些指标基本对应前文搭建的各利益相关者社会责任创造企业价值的作用机理框架中所涉及的价值创造因素。

表4-9　　　　　　　　企业社会责任评价体系

一级指标	二级指标	三级指标
企业对资金提供者的社会责任（A）	盈利	净资产收益率、总资产收益率、主营业务利润率、成本费用利润率、每股收益、每股未分配利润
	偿债	速动比率、流动比率、现金比率、股东权益比率、资产负债率
	回报	分红融资比、股息率、分红占可分配利润比
	信批	交易所对公司和相关责任人处罚次数
	创新	产品开发支出、技术创新理念、技术创新项目数
企业对员工责任（B）	绩效	职工人均收入、员工培训
	安全	安全检查、安全培训
	关爱员工	慰问意识、慰问人、慰问金
供应商、客户和消费者权益责任（C）	产品质量	质量管理意识、质量管理体系证书
	售后服务	客户满意度调查
	诚信互惠	供应商公平竞争、反商业贿赂培训
环境责任（D）	环境治理	环保意识、环境管理体系认证、环保投入金额、排污种类数、节约能源种类数
社会责任（E）	贡献价值	所得税占利润总额比、公益捐赠金额

资料来源：和讯网，http://stockdata.stock.hexun.com/zrbg/Plate.aspx。

3. 控制变量的选择

企业对利益相关者承担责任只是影响价值的一个因素，根据以往学者的研究表明，其他因素也会对企业价值造成影响，为了更好地检测他们之间的关系，需要将这些因素的影响控制在合理范围，以使构筑的模型更完善。因此，本节选择以下变量作为控制变量。

企业的规模（Size）：该变量用企业总资产的对数表示，以衡量规模效应对企业价值的影响。大公司的实力更强，更有能力去履行关注相关利益者的社会责任（Aerts and Comier，2009）。

国有股份占比（State）：该变量为虚拟变量，（国有股+国有法人股）/总股本的值大于0.5则为1，否则为0，是用来区分企业是国有控股还是非国有控股。根据李正（2006）的研究，国有股比例与企业价值正相关。

股权结构（Top5）：该变量表示第一大股东至第五大股东持股比例之和，根据宋建波等（2010）的研究表明股权结构对企业价值有一定影响。

独立董事比例：独立董事比例是独立董事占企业董事会董事总数的比例，由于独立董事独立于企业股东且不受企业管理层限制，对履行社会责任具有客观公正的态度。

流通股比例（Pso）：流通股比例为流通在外的股数占总股数的比例，流通股比例越大，企业人为操纵的可能性越小。

上市时间（Inlist）：使用企业的上市日到t年年末的总天数的对数表示，上市时间越长，越有助于企业与各利益相关者建立稳定的社会关系（Deephouse and Carter，2005），进而影响企业社会责任的履行。

所处行业（Indcd）：该变量为虚拟变量，不同的行业有不同的行业特性，对社会责任的侧重点不同，如消费行业更侧重于消费者的满意程度，因此使用行业虚拟变量控制可能存在的行业差异对企业价值的影响。

年度（$Year_i$）：年份为i时，取1，否则取0。该变量能够控制年度对企业价值的影响，本节将2010年作为参照系，在模型中设置Year2011、Year2012和Year2013三个哑变量。

上述变量的定义如表4-10所示。

表4-10 主要变量代码及定义表

变量	变量名称	变量代码	变量定义
因变量	企业价值	Tobin's Q	Tobin's Q=企业总资产的市场价值/企业总资本的重置成本
自变量	对投资者的责任	IR	对投资者的社会责任履行程度
	对员工的责任	EMR	对员工的社会责任履行程度
	对消费者和供应商责任	CR	对消费者和供应商社会责任的履行程度

续表

变量	变量名称	变量代码	变量定义
自变量	对环境的责任	ENR	对环境的社会责任履行程度
	对政府和公众的责任	GR	对政府和公众的社会责任履行程度
控制变量	公司规模	Size	总资产的自然对数
	国有股份占比	State	负债/总资产
	股权结构	Top5	公司前五大股东持股比例之和
	独立董事比例	Outd	独立董事人数/董事会人数
	流通股比例	Pso	流通在外的股数/总股数
	上市时间	Inlist	上市至 t 年年末的天数的自然对数
	所处行业	Indcd	公共事业、房地产、综合、工业、商业 5 个行业哑变量
	年度	$Year_i$	年份为 i 时，取 1，否则取 0

（二）模型构建

我们首先构建了影响企业价值和社会责任的控制变量，然后借助 STATA 软件，采用逐步回归分析法筛选出最优的控制变量集，最后建立基于回归分析结果的模型，实证检验企业履行社会责任与创造企业价值间的关系。

$$\text{Tobin's } Q_{it} = \alpha_{it} + \beta_1 IR_{it} + \beta_2 EMR_{it} + \beta_3 CR_{it} + \beta_4 ENR_{it} + \beta_5 GR_{it} + \gamma_1 Size + \gamma_2 State + \gamma_3 Top5 + \gamma_4 Outd + \gamma_5 Pso + \gamma_6 Inlist + \gamma_7 Indcd + \gamma_8 Year_i + \varepsilon$$

（三）数据来源与样本选取

在实证检验中，本节样本选取了 2010—2013 年在沪深主板中所有上市的公司，样本的财务数据主要来自国泰安数据库，非财务数据来自已发布的社会责任报告中公开信息，社会责任评估得分数据来自和讯网。

我们设置了如下的筛选程序，提高了数据的真实度和可靠度：

1. 剔除财务数据有缺陷的上市公司；

2. 剔除金融行业类上市公司，此类公司存在行业特殊性；

3. 剔除 ST、*ST 类上市公司，此类公司为避免被强制退市，可能采用盈余管理、财务造假等手段；

4. 剔除当年 IPO 的上市公司，此类公司盈余管理的可能性加大；

5. 剔除会计师事务所未出具标准无保留意见的公司，因为这些公司很可能存在较大问题，财务数据不一定可靠。

经过上述筛选后，本节选择了符合以上条件的6516个有效样本，其中2010年1402个，2011年1600个，2012年1730个，2013年1780个。

根据前文介绍的Dickinson现金流组合法对企业生命周期进行定量划分的设计，我们对所选取的样本企业进行生命周期分类，划分结果如表4-11所示。从表中可以看出，从2010—2013年，上市公司的数量正在逐步增加，在成长期和成熟期的企业数量远大于其他两个阶段的企业数量，这符合企业上市交易准入条件、证券市场监管机制和淘汰机制以及企业发展规律。

表4-11　　　　　　不同生命周期企业各年度分布表

年份	初创期	成长期	成熟期	衰退期	合计
2010	223	456	490	233	1402
2011	317	507	463	313	1600
2012	237	507	706	280	1730
2013	255	539	671	319	1784
总数	1032	2009	2330	1145	6516

五、统计分析和实证检验

我们先对处于不同生命周期的样本进行描述性统计，观测每个阶段各利益相关者的社会责任分布情况，再对样本进行Kruskal-Wallis检验，观察各利益相关者的社会责任在生命周期的四个阶段是否存在显著差异性。

（一）描述性统计分析

1. 各生命周期阶段的样本描述性统计

如表4-12所示，企业主要分布在成长期和成熟期，这两个阶段的企业数量接近另两个阶段企业数量的两倍，这种现状也我国证券市场准入和淘汰制度相符。在企业价值方面，企业越发展，Tobin's Q的均值也越大，均值在衰退期到达最高峰。在总资产净利率方面，成熟期企业的财务绩效高于其他各期，当企业迈入衰退期后，该数值急剧下降，但仍然高于初创期数值，这说明衰退期企业具有最高的市场认可度，也说明了用市场指标评价企业价值存在滞后性，这种信息不对称导致的滞后可能误导投资者认为企业投资价值巨大。在企业社会责任评分方面，成长期企业履行社会责任的状况最佳，成熟期略低于成长期，衰退期最差，这体现了企业在成长、成熟期更愿意履行社会责任。

表4-12　　　各生命周期阶段主要变量的描述性统计

变量	初创期		成长期		成熟期		衰退期	
	平均值	标准差	平均值	标准差	平均值	标准差	平均值	标准差
Tobin's Q	1.695	0.954	1.764	0.97	2.084	1.42	2.274	1.768
ROA	0.0172	0.0496	0.0403	0.0384	0.0536	0.056	0.025	0.0716
CSR	27.25	19.23	32.14	20.31	31.26	19.7	25.34	18.52
IR	11.3	4.63	13.14	3.797	13.58	4.29	11.39	5.032
EMR	3.939	4.153	4.49	4.373	4.172	4.072	3.589	3.681
CR	3.042	5.406	4.422	6.532	3.886	6.423	2.572	5.359
ENR	3.422	6.558	4.821	7.442	4.166	7.112	2.386	5.387
GR	5.544	5.725	5.211	4.141	5.48	4.306	5.38	5.7
Size	22.13	1.235	22.31	1.289	21.89	1.265	21.53	1.204
State	0.0475	0.213	0.0458	0.209	0.0549	0.228	0.0354	0.185
Top5	52.52	16.17	52.89	16.05	53.93	16.89	47.64	17.01
Outd	0.371	0.0536	0.371	0.0541	0.368	0.0507	0.373	0.0554
Pso	0.761	0.274	0.785	0.254	0.784	0.269	0.835	0.246
Inlist	7.933	0.873	7.965	0.767	7.951	0.823	8.233	0.75
Indcd	4.519	1.055	4.563	1.108	4.575	1.123	4.423	1.168
N	1032		2009		2330		1145	

如图4-9所示，在企业对各利益相关者履行社会责任方面，企业的生命周期从初创期转向衰退期的过程中，企业履行责任评分大致都呈现出先增后减的趋势。在成长期，企业对员工、供应商、消费者、环境的社会责任达到最大；在成熟期，企业对股东的社会责任达到最大，这反映出企业履行社会责任的请款与企业价值呈现出大致相同的趋势，体现了两者间具有一定的相关性。在横向对比各利益相关者的社会责任方面，企业对投资者履行社会责任的评分均值远高于其他利益相关者的评分，这反映出无论处于哪个生命周期，企业会向投资者投入最多的资源和精力履行社会责任。在整个生命周期中，企业对政府和公众履行社会责任评分均值变动不明显，分别为5.544、5.211、5.48和5.38，仅低于投资者方面。随着生命周期的变动，其他利益相关者的社会责任履行的重要性也出现变动。

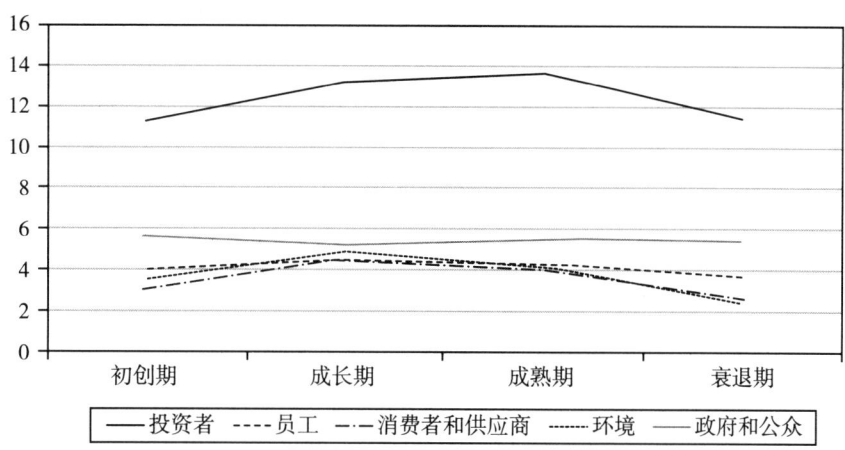

图 4-9 社会责任履行情况评分

我们采用 Kruskal-Wallis 检验方法，对企业整个生命周期实施差异性分析，进一步了解各生命周期企业履行社会责任的差异。如表 4-13 所示，不仅上市公司的社会责任总得分存在差异，各生命周期的利益相关者的责任也存在差异。由此可知，企业履行社会责任与生命周期间具有相关性。

表 4-13　　　　　　不同生命周期的企业社会责任非参数检验

	CSR	IR	EMR	CR	ENR	GR
Chi-squared	155.212	329.63	21.191	87.22	96.846	11.889
自由度	3	3	3	3	3	3
显著性水平	0.0001	0.0001	0.0001	0.0001	0.0001	0.0078

(二) 相关性分析

样本被选取、筛选后，无法确认其是否符合正态分布，为完成相关性分析，本章采用了 Spearman 相关分析法，如表 4-14、表 4-15、表 4-16、表 4-17 所示。分析后的结果显示，企业对各利益相关者履行社会责任与创造企业价值的相关性均处于 0.01 水平之上，属于显著相关。因变量与控制变量间的相关性处于不确定的状况；控制变量与自变量间相关系数最大为 0.459，该数值属于成长期企业承担的环境责任与企业规模间的系数。控制变量内部相关系数最大为 0.486，该数值属于成熟期企业上市时间与流通股比例间的系数。由此可知，在整个生命周期中，所有变量间的相关系数数值都低于 0.5，即所有变量间不存在严重的多重共线性。由此可以证明，上述的实证模型相对合理。

表4-14　　初创期社会责任价值创造模型的变量间相关性检验结果

	Tobin's Q	IR	EMR	CR	ENR	GR	Size	State
Tobin's Q	1.00							
IR	-0.136***	1.00						
EMR	-0.221***	0.245***	1.00					
CR	-0.208***	0.247***	0.744***	1.00				
ENR	-0.224***	0.222***	0.756***	0.970***	1.00			
GR	-0.198***	0.382***	0.206***	0.227***	0.181***	1.00		
Size	-0.657***	0.288***	0.434***	0.408***	0.426***	0.298***	1.00	
State	-0.169***	0.059*	0.088***	0.029	0.048**	0.045	0.174***	1.00
Top5	-0.235***	0.284***	0.065**	0.049	0.057	0.093***	0.163***	0.263***
Out	-0.041	0.058	0.031	0.083***	0.073**	0.112***	0.075**	0.038
Pso	0.137***	-0.240***	0.141***	0.106***	0.124***	0.012	0.073**	-0.293***
f030	0.219***	-0.226***	-0.176***	-0.081***	-0.053*	-0.375***	-0.272***	-0.021
lnlist	0.032	-0.140***	0.173***	0.092***	0.078**	0.194***	0.188***	-0.052*
Indcd	0.142***	-0.207***	-0.187***	-0.074**	-0.061**	-0.248***	-0.223***	-0.057*

	Top5	Out	Pso	f030	lnlist	Indcd
Out	0.048	1				
Pso	-0.474***	-0.048	1.00			
F030	-0.103***	-0.009	-0.042	1.00		
lnlist	-0.391***	-0.031	0.482***	-0.146***	1.00	
Indcd	-0.089***	-0.029	-0.066**	0.254***	-0.086***	1

注：***、**、*分别代表在1%、5%、10%水平显著。

表4-15　　成长期社会责任价值创造模型的变量间相关性检验结果

	Tobin's Q	IR	EMR	CR	ENR	GR	Size	State
Tobin's Q	1							
IR	0.174***	1						
EMR	-0.133***	0.243***	1					
CR	-0.104***	0.225***	0.783***	1				

续表

	Tobin's Q	IR	EMR	CR	ENR	GR	Size	State
ENR	-0.141***	0.201***	0.822***	0.931***	1			
GR	-0.060***	0.166***	0.163***	0.328***	0.225***	1		
Size	-0.556***	0.144***	0.440***	0.425***	0.459***	0.212***	1	
State	-0.148***	0.039*	0.071***	0.027	0.054**	-0.011	0.158***	1
Top5	-0.211***	0.183***	0.099***	0.077***	0.093***	0.0292	0.216***	0.252***
Out	-0.0038	0.0477**	0.073***	0.0523**	0.0491**	-0.0126	0.0824***	0.0459**
Pso	0.093***	-0.174***	0.158***	0.146***	0.148***	0.081***	0.138***	-0.308***
f030	0.125***	-0.0122	-0.076***	-0.068***	-0.0482**	-0.0134	-0.097***	0.0015
lnlist	-0.058***	-0.134***	0.134***	0.133***	0.114***	0.178***	0.273***	-0.0154
Indcd	0.0726***	-0.096***	-0.154***	-0.086***	-0.081***	0.0003	-0.069***	-0.084***

	Top5	Out	Pso	f030	lnlist	Indcd
Out	0.0381	1				
Pso	-0.331***	-0.013	1			
F030	-0.0239	-0.033	-0.0264	1		
lnlist	-0.324***	-0.014	0.384***	-0.015	1	
Indcd	-0.085***	-0.023	-0.032	0.080***	-0.003	1

注：***、**、*分别代表在1%、5%、10%水平显著。

表4-16 成熟期社会责任价值创造模型的变量间相关性检验结果

	Tobin's Q	IR	EMR	CR	ENR	GR	Size	State
Tobin's Q	1							
IR	0.121***	1						
EMR	-0.102***	0.269***	1					
CR	-0.105***	0.259***	0.764***	1				
ENR	-0.144***	0.229***	0.795***	0.948***	1			
GR	-0.026	0.156***	0.090***	0.237***	0.147***	1		
Size	-0.542***	0.176***	0.383***	0.387***	0.416***	0.166***	1	
State	-0.164***	0.0231	0.0476**	0.031	0.036*	-0.008	0.159***	1
Top5	-0.215***	0.341***	0.121***	0.115***	0.131***	0.039*	0.227***	0.251***

续表

	Tobin's Q	IR	EMR	CR	ENR	GR	Size	State
Out	−0.034	−0.023	0.015	0.0158	0.014	−0.017	0.034	−0.01
Pso	0.188***	−0.194***	0.136***	0.131***	0.141***	0.103***	0.125***	−0.326***
f030	0.039*	0.0024	−0.0423**	−0.0182	0.0052	−0.064***	−0.018	0.0376*
lnlist	0.0404*	−0.25***	0.101***	0.077***	0.064***	0.1899***	0.213***	−0.0367*
Indcd	0.043**	−0.08***	−0.129***	−0.0193	−0.0263	0.0167	−0.0478**	−0.102***

	Top5	Out	Pso	f030	lnlist	Indcd
Out	0.029	1				
Pso	−0.35***	0.002	1			
F030	0.0427**	−0.0205	−0.063***	1		
lnlist	−0.40***	−0.0127	0.486***	−0.0489**	1	
Indcd	−0.09***	−0.0383*	0.0281	0.0276	0.0284	1

注：***、**、*分别代表在1%、5%、10%水平显著。

表4−17 衰退期社会责任价值创造模型的变量间相关性检验结果

	Tobin's Q	IR	EMR	CR	ENR	GR	Size	State
Tobin's Q	1							
IR	−0.244***	1						
EMR	−0.192***	0.294***	1					
CR	−0.174***	0.292***	0.694***	1				
ENR	−0.180***	0.282***	0.700***	0.985***	1			
GR	−0.289***	0.404***	0.192***	0.278***	0.246***	1		
Size	−0.725***	0.376***	0.364***	0.357***	0.362***	0.322***	1	
State	−0.194***	0.145***	0.069**	0.025	0.035	0.053	0.159***	1
Top5	−0.29***	0.252***	0.128***	0.106***	0.112***	0.078***	0.215***	0.259***
Out	0.0268	−0.0537	−0.014	0.0059	0.0071	0.0522	−0.0363	0.009
Pso	0.157***	−0.194***	0.079***	0.082***	0.085***	−0.0041	0.0068	−0.2985***
f030	0.124***	−0.162***	−0.132***	−0.0486	−0.0339	−0.253***	−0.137***	0.0015
lnlist	0.132***	−0.112***	0.048	0.009	0.005	0.112***	0.0248	−0.093***
Indcd	0.089***	−0.15***	−0.16***	−0.0166	−0.02	−0.17***	−0.17***	−0.165***

续表

	Tobin's Q	IR	EMR	CR	ENR	GR	Size	State
	Top5	Out	Pso	f030	lnlist	Indcd		
Out	-0.0043	1						
Pso	-0.35***	-0.0223	1					
F030	-0.08***	-0.0084	-0.0154	1				
lnlist	-0.37***	0.0046	0.36***	-0.098***	1			
Indcd	-0.08***	-0.0281	0.0562	0.243***	-0.0452	1		

注：***、**、*分别代表在1%、5%、10%水平显著。

（三）回归分析

1. 多元线性回归

如表4-18所示，通过回归分析方法，得到企业生命各周期中需履行的社会责任与企业价值的最终关系。根据回归后的结果，修正后的R^2最小值为36.3%，在1%水平上统计量F显著，反映出该回归方程有较好的拟合优度，即该方程有意义。相比于成长期和成熟期，模型能够较好地分析初创期和衰退期中的相关关系，这说明存在较多且复杂的因素对成长期和成熟期造成影响。

初创期，对于自变量因素，只有投资者和员工的社会责任系数在1%的水平上为正，分别为0.0153、0.0349，但与成长期和成熟期想比较，两者在初创期的数值较低，由此可见，尽管初创期企业对投资者和员工履行社会责任可以为企业创造价值，但创造的价值量相对较少。而供应商和消费者、环境以及政府与社会与企业价值创造表现出不显著的负相关关系，即企业履行此类社会责任反而会导致企业价值稍微下降。对于控制变量因素，企业规模与企业价值创造的关系在1%的水平上较为显著，其系数数值为-0.488，因此初创期企业较大的企业规模不利于企业创造价值。对于国有股比例、流通股比例、独立董事比例和股权集中度与创造企业价值的正相关性较为显著，这些因素能够监管管理层行为，使代理成本降低，提升企业价值。此外，上市时间也与创造企业价值显著正相关，随着上市时间的增加，企业管理制度逐渐健全，夯实提升企业价值的基础。

成长期，对于自变量因素，投资者与企业价值创造的关系在1%的水平上显著，其社会责任系数为0.0577，因此成长期企业对投资者履行社会价值与创造企业价值间仍存在显著的正相关关系，并且想较于初创期，此类社会责任的履行能够对提升更多的企业价值。员工的社会责任系数尽管为正，但其与企业价值创造的相关性并不显著，显然有悖于前文中的假设。产生此种情况的原因可能是出于此阶段的企业对员工履行的社会责任无法在短期内提升企业价值，因此，履行社会责任与价值创造间表现为较弱的正相关性。对于初创期中社会责任数值为负的三个因素，供应商和消费者的社会责任系数由负值转化为正值，并且正相关性在5%的水平上显著，企业应当积极对供应商和消费者履行社会责任，提高企业价值。政府和社会公众的社会责任在5%的水平上显著负相关，意味着在该阶段企业还没有足够的实力和资金去进行慈善捐赠等社会公益活动，企业执行以上的社会责任会降低企业价值，这与本节成长期的假设相符。履行的政府和公众的社会责任与企业价值之间呈显著的负相关关系，这与假设不相符合。分析原因有两点：一是企业在成长期需要继续扩张市场份额，仍然需要大量资金支持，没有多余资金参与捐赠活动。二是履行的政府责任反映的是企业纳税情况，而在此阶段利润大幅增长时，需要缴纳更多的税费，进而减少投入运营的资金，从而降低了企业价值。最后，在环境方面，其社会责任系数为-0.009，与创造企业价值间不存在显著关系，即企业对环境履行社会责任与创造企业价值呈现微弱的负相关关系。

成熟期，企业对各利益相关者履行社会责任与企业价值创造间均呈现显著相关关析。对于投资者而言，与企业价值创造的正相关性在1%的水平上显著，社会责任系数为0.0632，对企业价值的影响程度相比于成长期上升了9.53%。在员工方面，与企业价值创造的正相关性在5%的水平上显著，社会责任系数为0.0252；在供应商和消费者方面，与企业价值创造的正相关性在1%的水平上性显著，社会责任系数为0.0219，上述两方面影响企业价值的程度接近成长期的一倍。体现了成熟期的企业有更充足的资源和更丰富的精力履行社会责任，显著提升企业价值。此外，在政府与公众方面，与企业价值创造的负相关性在1%的水平上性显著，企业对其履行社会责任会大幅降低企业价值，这与假设不符，原因分析与成长期相似。

衰退期，对于投资者而言，企业履行相关社会责任与企业价值创造间的负相关关系较弱，其社会责任系数为-0.00067，这与假设矛盾，对投资者履行社会责任可能斗志企业价值小幅下降。员工的社会责任系数为0.0800，企业对员工履行社会责任与企业价值创造的正相关性在1%水平上显著，履行有关责任仍能提升企业价值。在供应商和消费者方面，其社会责任系数为0.0118，虽然与企业价值创造的关系不显著，但企业履行好有关社会责任，仍有可能提升企业价值。环境责任和政府及公众责任系数分别为 -0.0232、-0.0109，这两方面与企业价值创造的关系不显著，反映了衰退期企业履行除经济责任以外的社会责任会造成企业价值受损。

表4-18　各生命周期企业社会责任对企业价值的回归结果

变量	初创期 Tobin's Q	成长期 Tobin's Q	成熟期 Tobin's Q	衰退期 Tobin's Q
IR	0.0153*** (2.66)	0.0577*** (11.22)	0.0632*** (10.18)	-0.00067 (-0.07)
EMR	0.0349*** (2.98)	0.0129 (1.46)	0.0252** (1.98)	0.0800*** (4.05)
CR	-0.000708 (-0.08)	0.0129** (2.27)	0.0219*** (2.91)	0.0118 (0.78)
ENR	-0.00793 (-1.04)	-0.009 (-1.59)	-0.0195** (-2.41)	-0.0232 (-1.52)
GR	-0.00536 (-1.10)	-0.0109** (-2.24)	-0.0208*** (-3.39)	-0.0109 (-1.34)
Size	-0.488*** (-21.44)	-0.412*** (-23.80)	-0.570*** (-25.34)	-1.008*** (-27.18)
State	0.226* (1.96)	0.244*** (2.62)	0.131 (1.13)	0.149 (0.68)
Top5	0.00462*** (2.65)	0.00458*** (3.45)	0.00598*** (3.43)	-0.00110 (-0.41)
Out	0.936** (2.28)	1.146*** (3.53)	2.013*** (4.44)	1.907*** (2.76)
Pso	0.743*** (6.18)	1.175*** (12.64)	1.392*** (10.91)	0.543** (2.50)
F030	3.561*** (7.28)	0.682** (2.33)	1.081*** (2.73)	3.093*** (4.12)
lnlistw	0.136*** (3.87)	0.0476 (1.60)	0.169*** (4.10)	0.257*** (3.88)

续表

变量	初创期 Tobin's Q	成长期 Tobin's Q	成熟期 Tobin's Q	衰退期 Tobin's Q
Indcd	已控制			
Year	已控制			
_cons	10.21*** (18.21)	8.516*** (21.18)	10.82*** (20.46)	21.50*** (22.21)
N	1032	2009	2330	1145
Adj R – squared	0.452	0.367	0.363	0.502
F 值	54.09	73.75	83.89	73.07
Prob > F	0.0000	0.0000	0.0000	0.0000

注：***、**、*分别代表在1%，5%，10%水平上显著。

2. 方差膨胀因子诊断

在前文相关性检验中，已经初步判断出自变量与控制变量、控制变量之间不存在共线性，为进一步证明相关变量不存在共线性，将借助方差膨胀因子（VIF）判断。如表4-19所示，各生命周期的变量对应的VIF值均小于10，大多数VIF值小于5，即多重共线性问题并不严重，不会影响后续测试。

表4-19　　　　　各生命周期阶段的方差膨胀因子

	初创期 VIF	成长期 VIF	成熟期 VIF	衰退期 VIF
IR	1.46	1.19	1.33	1.42
EMR	5.12	5.02	5.31	3.97
CR	4.9	4.66	4.59	4.9
ENR	5.45	5.95	6.59	4.94
GR	1.65	1.33	1.32	1.49
Size	1.67	1.64	1.57	1.49
State	1.28	1.3	1.36	1.31
Top5	1.69	1.51	1.66	1.52
Out	1.03	1.03	1.01	1.01
Pso	2.3	1.84	2.24	2.11
f030	1.15	1.03	1.04	1.09
lnlist	1.99	1.69	2.17	1.78
Indcd	1.22	1.07	1.1	1.18

(四) 稳健性检验

虽然在上文中已经根据逐步回归法,将与被解释变量显著相关的控制变量加入回归方程中了。为提高最终结果正式可靠程度,我们采用了可以代表各利益相关者社会责任的财务变量代替自变量进行稳健性检验,其中包括代表股东利益的总资产净利率(ROA)、代表债权人利益的流动比率(FR)、代表员工利益的员工就业增长率(EMR)、代表销售服务质量的销售费用支出率(CR)、代表供应商利益的偿还货款速度(SR)、代表政府利益的税收支付率(GR)和手工收集的代表环境责任的环境管理认证 ISO14001 (ENR)。

我们不区分上市公司是否披露社会责任报告,因此将所有上市公司作为样本,为证明是否发布社会责任报告不是影响企业履行社会责任的因素,即证明选取所有上市公司是合理的。我们选取了披露社会责任报告的上市企业,经过筛选后,共有 2470 家上市公司成为稳健性检验的样本。

从表 4-20 可以看出,处于成长期和成熟期且披露社会责任的上市公司数量占上市公司总数的 2/3,这与所有上市公司为样本的统计结果结果相同。此外,两次稳健性检验结果几乎一致,只有初创期和成熟期员工的社会责任系数存在较大差异。这种差异产生的原因可能是,稳健性检验中选取评价企业对员工履行责任的指标较为单一,仅为就业增长率,没有包括员工健康、员工培训等,因此,不能全面体现创造企业价值的驱动因素,导致不显著的结果出现。

表 4-20 稳健性回归结果

变量	初创期 Tobin's Q	成长期 Tobin's Q	成熟期 Tobin's Q	衰退期 Tobin's Q
ROA	1.175* (1.70)	8.435*** (12.04)	9.822*** (12.30)	3.160*** (3.99)
FR	0.0989*** (3.10)	0.0838*** (2.63)	0.123*** (6.11)	-0.0252 (-1.03)
EMR	0.741 (1.32)	0.211 (0.48)	-0.512 (-0.85)	1.146** (1.97)
CR	-0.324 (-0.48)	1.889*** (4.42)	1.689*** (3.15)	2.223*** (3.49)
SR	-0.00409 (-1.63)	-0.00408 (-1.44)	0.00714** (2.20)	0.0153*** (5.12)

续表

变量	初创期 Tobin's Q	成长期 Tobin's Q	成熟期 Tobin's Q	衰退期 Tobin's Q
GR	0.179 (0.40)	-0.454 (-0.99)	0.348 (0.60)	-0.444 (-0.73)
ENR	0.0113 (0.18)	-0.0765 (-1.42)	-0.0350 (-0.45)	-0.219** (-1.97)
Size	-0.204*** (-7.68)	-0.256*** (-11.47)	-0.387*** (-11.97)	-0.381*** (-9.47)
State	0.134 (1.11)	0.342*** (3.06)	0.482*** (2.95)	0.170 (0.73)
Sh5	0.00311 (1.62)	0.00421** (2.50)	0.00289 (1.16)	0.00141 (0.54)
Outd	0.479 (1.05)	0.644* (1.71)	2.284*** (3.70)	-0.0493 (-0.07)
Pso	0.742*** (4.99)	1.211*** (9.36)	1.899*** (9.56)	1.020*** (4.34)
F030	2.115*** (3.22)	0.253 (0.73)	-0.171 (-0.39)	-0.816 (-0.75)
Indcd	0.0335 (1.23)	0.0592*** (2.73)	0.0134 (0.39)	-0.0727* (-1.76)
Donatera	72.71 (1.55)	129.2*** (4.83)	-14.48 (-0.38)	117.3** (2.47)
lnlistdt	-0.0213 (-0.51)	-0.0441 (-1.07)	-0.0205 (-0.31)	0.0105 (0.14)
_Iyea~2011	-0.414*** (-5.68)	-0.520*** (-8.26)	-0.840*** (-7.98)	-0.465*** (-3.94)
_Iyea~2012	-0.429*** (-5.39)	-0.505*** (-7.62)	-0.882*** (-9.03)	-0.388*** (-3.21)
_Iyea~2013	-0.515*** (-6.40)	-0.342*** (-5.05)	-0.775*** (-7.81)	-0.279** (-2.39)

续表

变量	初创期 Tobin's Q	成长期 Tobin's Q	成熟期 Tobin's Q	衰退期 Tobin's Q
_cons	5.450*** (8.19)	5.913*** (9.90)	7.610*** (9.53)	9.484*** (8.91)
N	368	865	894	343
adj. R-sq	0.410	0.487	0.517	0.424
F 值	13.7	42.08	48.73	16.41

六、研究结论及政策建议

我们以2010—2013年所有沪深主板上市公司为样本，在梳理和分析了企业社会责任的价值创造机理的基础上，进行实证性检验分析，最终得到处于不同生命周期的企业对各利益相关者的社会责任与企业价值创造间的关系。

（一）研究结论

根据前文的理论分析和实证检验，我们得出以下主要结论：

1. 企业对投资者积极履行社会责任，能够在初创期、成长期和成熟期三个阶段为企业创造价值。在这几个时期，通过确保股东的收益水平、提高股利分配率、降低产品成本比重和保障债权人的利益，使企业创造尽可能多的价值，在衰退期，现金流和盈利能力降低，若仍维持对投资者的高回报率会增加企业负担，降低企业资金运转效率，进而降低企业价值。

2. 企业积极履行对员工的社会责任，能够显著提高企业的价值创造能力，这一作用机理贯穿企业的整个生命周期，通过提供具有竞争优势的薪资福利、员工培训和健康安全检查，可以有效地增强员工忠诚度、激发工作动力，进而降低离职率和提高生产效率，持续性地为企业创造价值。

3. 企业履行对供应商和消费者等价值链伙伴的社会责任主要在成长期和成熟期两个阶段能够为企业创造价值。在这两个阶段，供应商和消费者是企业主要的利益相关者，履行好对消费者和供应商的责任尤为重要，通过确保产品质量、提高消费者满意度以及与供应商诚信互惠，进而提升企业价值。在初创期，企业处于起步阶段，面临资金短缺的危机，及时偿付供应商的货款，在一定时期内会对企业资金运转造成影响，而且对产品投入的研发成本无法立刻转化为企业价值的提升。在衰退期，企业的利润和现金流净额已经急剧下降，虽然履行对供应商和消费者的责任在一定程度上还是能提升企业价值，但已经不是很显著。

4. 在企业生命周期的四个阶段，企业实施对环境、政府和公众的责任均无法直接为企业创造价值。企业在初创期和成长期的重点在于保护企业内部利益相关者的权益，在成熟期，虽然有实力履行环境和社会公众的责任，但是环境责任和社会公众责任的履行要想取得显著成果，需要投入大量资金。目前，我国大部分企业的环保和慈善活动投入不足，不足以直接提升企业价值。企业履行对政府的责任反映主要是税费交纳情况，而税费具有强制性和单纯的义务性特征，企业交纳的税费实际上是企业利润的分享，直接减少了企业收益，降低了企业价值。

（二）政策建议

结合理论分析和实证研究的总体结论，我们提出以下几点建议：

1. 企业履行社会责任能够促进价值创造，提升企业价值，反过来又能够促进企业履行更多的社会责任。因此，企业高度重视其社会责任，由被动地履行社会责任转向主动进行社会责任管理，将社会责任政策和实践有机融入企业的经营战略和日常管理中，企业的战略规划和经营决策应综合考虑各利益相关者的价值取向和利益诉求。

2. 企业要理性看待社会责任创造价值的不同作用，不同利益相关者在企业发展的不同阶段所起作用及其作用大小也可能不同。企业需要根据自身实际情况和所处的生命周期阶段与承受能力，有侧重性地履行对各个利益相关者的责任，使企业发展与社会责任协调统一，互相促进，这样有利于企业的健康可持续发展。例如，如果企业为博眼球，超过自身实力的从事慈善活动，可能会降低企业价值与自身实力。

3. 企业无论处于什么发展阶段，财务资本和员工队伍永远是企业创造价值的主要来源。企业要努力为投资者创造价值，逐步提高投资者回报，重视投资者关系，保护投资者利益；企业人力资源政策要"以人为本"，提供良好的员工薪酬，重视员工健康、安全和发展，尊重员工人格，维护员工尊严，切实维护员工合法权益。

4. 从微观层面看，企业履行对环境、政府和公众的社会责任对企业的价值创造弱相关。这三种责任不能仅仅局限于企业个体层面，例如，在很多情况下，环境责任不是单个企业能够解决的，这就需要国家层面或当地政府进行组织协调。因此，我们建议分层次建立政府、利益相关者及公众、环境的社会责任促进机制，将部分责任上升为国家层面的战略。例如，税费标准是由国家法定的，税费是否过重，多少标准才能更有利于企业和社会、国家的协调发展，需要在国家层面统筹规划。

第五章 企业社会责任风险管理研究

安全生产、环境保护、资源节约事关民生与社会稳定。近年来,中国企业频发危及食品安全、环境污染、资源破坏的重大事件,对企业、社会和公众造成严重危害。"三鹿奶粉事件""吉林石化双苯厂爆炸事故""康菲溢油事故"……一串串本可避免的重大、特大责任事故向人们敲响警钟的同时,也引起人们对企业社会责任风险管理的关注。企业社会责任涉及众多利益相关者的利益,包括员工、客户和消费者、供应商、政府机构、社会公众等。企业社会责任履行不到位或者管理不好容易诱发各种风险,可能导致企业声誉损失和价值毁损。

第一节 企业社会责任管理中的风险控制研究[①]
——以 BJNY 集团的 EHS 管理为例

风险是对实现目标产生影响的各种不确定因素,是未来事件发生的可能性及其影响结果的组合,会造成实际结果与预期目标的差异。企业可能因社会责任问题导致经济损失、法律风险、道德缺失等,使企业难以持续发展。本节基于智能风险管理理念,运用先进的风险评估技术,构建了企业社会责任管理框架并以北京能源集团公司(以下简称 BJNY)的环境、健康和安全管理为例,分析了该框架在企业社会责任管理风险控制方面的具体运用。

一、引言及文献综述

社会成就企业,企业回报社会。企业作为社会的一个单元,应承担相应的

---

① 本节执笔人:王清刚,主要成果已发表在《会计研究》2012 年 10 期第 54 - 64 页。

社会责任。履行社会责任是企业的义务，也是企业提高发展质量、提升综合价值的重要途径。很多企业认为履行社会责任会浪费有限的资金、时间和人力资源，但事实并非如此。从长远来看，履行社会责任不会花费很多钱，甚至可以帮助企业省钱。例如，各种环保节能措施可以节约电费；减少碳足迹，实行无纸化办公可以降低行政成本；具有社会责任的人力资源政策能够赢得员工的信任和尊重，提高企业的生产率。近年来，中国企业的社会责任意识有了很大的提高，上市公司发布社会责任报告的数量逐渐增加。虽然很多企业开始发布社会责任报告，但大多数公司不包括社会责任在企业管理系统中，在战略规划、经营管理、日常运营和绩效评估活动缺乏社会责任的联系，企业社会责任的管理处在零星的和无序状态，缺乏有效的管理框架和实用工具。

风险可能造成实际结果与既定目标的差异。企业在社会责任活动中忽视风险控制可能为企业带来不利影响，甚至形成致命伤害。加入WTO之后，中国企业对外贸易也频频遭遇发达国家以环境、劳工权益、商业道德等设置的社会责任贸易壁垒[①]。党和国家领导人多次强调企业要关心社会，承担社会责任。企业家不仅要懂经营、会管理，企业家身上还应流淌着道德血液。

风险不仅是潜在的威胁和不利因素，也是可能的发展机遇。先进的风险管理战略和技术不仅可为企业规避损失，而且能够创造价值。我国许多企业并未掌握风险评估与应对技术（韩洪灵等，2009）。本节基于先进的智能风险管理思想和技术，将风险导向的分析工具融入企业社会责任管理过程，结合案例分析，探讨企业社会责任管理中的风险控制，以促进企业由被动地履行社会责任义务转向主动为各利益相关者创造综合价值的全面社会责任管理。2019年6月，在北京召开的主题为"责任深化，重塑价值"的第十四届企业社会责任国际论坛上，瑞典驻华大使馆副馆长、公使衔参赞安凯福介绍说："瑞典是世界上第一个与中国开展企业社会责任双边合作的国家，瑞典高度重视企业社会责任开展，瑞典企业在可持续业务实践方面的经验也表明，企业社会责任有助于增强风险管控能力"[②]。

---

① 社会责任贸易壁垒是以环境、劳工权益、商业道德等社会责任国际标准为借口设置的贸易保护措施。随着国际贸易的发展和贸易自由化程度的提高，关税已大幅度下降，一些传统非关税堡垒也在逐步被消除和规范。一些发达国家利用与发展中国家之间的教育文化和道德标准差异，开始构筑起一种新型的、更为隐蔽的社会责任贸易壁垒。社会责任贸易壁垒最典型的代表是"SA8000标准"，另外，还有ISO14000系列标准、ISO26000等。
② 资料来自2019年6月，在北京召开的主题为"责任深化，重塑价值"的第十四届企业社会责任国际论坛上的嘉宾发言，http://vr.sina.com.cn/news/hz/2019-06-14/doc-ihvhiews8790561.shtml。

近年来，国内外学者的高度关注企业社会责任管理问题。Sandra（2002）提出基于"4I"的社会责任管理框架，即内部激励、整合、创新、持续改进指标体系。Morand 等（2006）从设定和传播企业价值体系、整合战略决策与日常管理、定期评估与沟通等方面构建了跨国公司的社会责任管理方案。Timothy（2011）基于大量的调查研究，总结了商业零售业推进企业社会责任管理的经验。李伟阳等（2011）归纳了企业社会责任管理的演化路径：基于纯粹道德驱动—基于社会压力回应—基于风险防范—基于财务价值创造—基于综合价值创造，企业把自身追求与社会期望相结合，为最大的增进社会福利做出贡献，从而实现追求经济、社会和环境的综合价值最大化。

风险是内部管理的基础，风险评估是企业建立控制活动的关键。2004 年 9 月，美国 COSO 委员会发布了《内部控制与风险管理综合框架》。2009 年 1 月，COSO 委员会要求企业在现代信息技术的帮助下，建立基于风险的内部控制监督模型。2009 年 11 月国际标准委员会发布了 ISO31000 风险管理指南，制定了完整的风险管理框架。ISO31000 将风险定义为不确定性影响的目标，风险可以是积极或消极的影响，或两者兼而有之。目标可以有不同的方面，如金融、健康、安全和环境目标，可以反映在不同的级别，如战略、运营、项目、产品、过程和操作水平。德勤国际会计公司（2010）提出了一种基于 COSO 集成框架的智能风险管理框架，COSO 集成框架是一种能够产生价值回报的风险管理模型。谢志华（2009）认为内部控制与风险管理是相结合的，控制活动主要是风险控制。刘玉婷等（2010）认为建立以全面风险管理为导向的企业内部控制系统。良好的内部控制可以提高企业内部管理的效率。Kytle（2005）认为企业的决策和经营管理不能忽视企业的社会责任，否则会带来重大的社会风险。

综上所述，企业在社会责任的管理和风险控制等方面的研究颇有成效，但却在以下方面有待改进：(1) 对社会责任管理框架的研究，现有文献大多从宏观视角研究，较少站在企业内部管理的视角，可操作层面的社会责任管理框架应用研究更少。在企业社会责任管理系统缺少风险控制研究；(2) 很少有研究将风险管理与企业社会责任管理结合起来。拾遗补阙，本节以企业社会责任管理中的风险控制为研究重点，试图构建一个具有可操作性的基于风险导向的企业社会责任管理框架。

二、企业社会责任的概念及内容

早在 18 世纪中期,在美国有少量公司就通过帮助雇员修建住房,为雇员子女建学校等方式来履行部分社会责任。美国学者 Clark（1916）首次提出了企业社会责任的意识,英国学者 Sheldon（1924）正式提出了企业社会责任的概念。Carroll（1983）提出了具有影响深远的企业社会责任框架,其框架将企业社会责任分为经济责任、法律责任、道德责任和自愿责任。Andrews（1995）强调企业社会责任应包括:一是自愿捐助教育或其他慈善事业;二是企业遵循高于法律和习俗所要求的道德标准;三是企业根据自己的社会价值选择业务;不是把经济利益放在第一位的投资和改善企业内部质量。Deborah（2005）认为企业的社会责任是企业在经营活动中对所有负责任的利益相关者的企业义务。李伟阳（2010）对国家电网公司的研究并结合自己多年的实践经验,提出社会实践层面的企业社会责任定义,认为企业社会责任是指企业基于道德行为,有效地管理自己的决策和活动对利益相关者的影响,对社会和环境的影响,追求经济、社会和环境综合价值最大化行为。

1997 年,美国基于劳工权益保护制定的 SA8000 是全球第一个可用于第三方认证的社会责任国际标准。截至 2004 年,国际标准化组织（ISO）关于环境管理的国际认证系列标准共形成 100 个系列的标准。2010 年 11 月,ISO 发布社会责任指南 ISO26000,组织决策时必须考虑社会和环境影响,并为其决策和活动的影响承担相应的责任。中国高度安全生产和环境保护等方面的社会责任问题。在加入一系列国际公约的同时,中国还颁布了规范企业履行社会责任的法律法规。2010 年 4 月,财政部等五部委联合发布《企业内部控制应用指引第 4 号——企业社会责任》,强调企业应从安全生产、环境保护、产品质量、职工权益等方面落实企业社会责任。笔者基于利益相关者视角系统梳理了企业运营中的主要社会责任,如第四章的图 4-1 所示,涉及企业在新产品研发过程、原料采购过程、产品生产过程、产品销售过程、产品售后及废旧品回收过程等生产经营全过程中,企业应承担的主要社会责任。另外,还包括促进就业、保护员工权益、补偿环境负影响、组织或参与公益慈善活动、披露企业社会责任信息等。

三、企业社会责任管理中的主要风险

企业在经营管理过程中，伴随着目标实现的不确定性，即风险贯穿企业治理层面、内部机构和业务层面。企业社会责任履行或者管理不当可能引发各种风险，包括战略风险、经营风险和操作风险等。

（一）企业社会责任管理中的战略风险

战略风险就是整体的、致命的、巨大的、方向性、根本性的风险。战略事关企业的生存与发展，战略的失败是最彻底的失败。企业对社会责任的战略管理行为不当可能引发战略风险，包括战略决策风险和战略实施风险。

战略决策风险包括：（1）目标定位不科学。战略目标的规划缺少对社会和环境因素的考量，仅仅考虑股东利益最大化，可能导致企业的声誉受损及其他不利情况的出现。（2）不能有效分析宏观环境、社会环境、自然环境、经营环境等外部环境的变化及趋势，从而错过发展机遇或应对潜在威胁的时机，导致企业损失以及整个社会经济和环境方面的不利影响。（3）不能有效分析内部资源状况，未能准确识别企业自身的优势和劣势。不能实现企业内部资源的优化配置。（4）过于保守或者激进的战略规划可能使企业错失良好的发展机遇或"超常规"发展的安全隐患。

战略实施是一个自上而下的动态管理过程。战略目标在公司高层达成一致后，再向中下层传达，并在各项工作中得以分解、落实。常常需要在"分析—决策—执行—反馈—再分析—再决策—再执行"的不断循环中达成战略目标。战略实施风险是由于战略未能有效在企业内部运转或内外环境变化削弱了原定的自上而下的动态战略实施能力而引起的风险（Simons，1999）。Norman（2010）专题研究了以风险为基础的企业战略执行管理。战略实施风险主要包括领导层的组织不力；上层对下层及各层之间的监控不力，各层之间缺乏有效沟通等。

（二）企业社会责任管理中的经营风险

经营风险是企业运营过程中的不确定性因素影响企业经营目标的实现。企业主要生产经营活动中的社会责任风险包括：（1）研发方面带来的风险，在研发过程中，企业未能坚持低碳环保和循环经济理念，造成环境的危害和经济的损失；研发过程管理不善，研发半途而废；员工缺乏创新活力等。（2）采购不当带来的风险，进行掠夺式开采，可能造成资源枯竭造成生态环境的恶化；不注重供应商管理及关系维护，侵害供应商权益等。（3）生产不当带来的风险，企业生产过程中安全生产措施不到位导致企业发生安全事故；对员工健康和环境管理不到位，损害员工的身心健康能耗超标或废弃物排放超标造成的环境责任事故；产品（包括服务）质量低劣，损害消费者权益等。（4）销售不当带来的风险，企业违背商业道德，进行商业贿赂，使企业声誉受损；侵害经销商权益；售后产品不重视售后服务，侵害消费者权益等。（5）其他社会责任风险，如人力资源政策不当使员工积极性受挫；忽视公益活动、慈善事业使企业声誉受损；忽视企业社会责任信息披露，与利益相关者的沟通不畅等。

上述经营风险如果控制不好，可能导致企业形象受损、遭遇巨额赔偿、缺乏发展后劲、停业甚至破产，从而影响企业的可持续发展，甚至影响社会稳定或可能形成生态灾难。

（三）企业社会责任管理中的操作风险

操作风险是指企业内部程序、人员或制度不完善或失效，或因商业欺诈、合同不履行、不按规定经营、突发事件处理不力等外部事件造成损害的风险。操作风险会涉及企业内的所有部门、职位和员工。在履行社会责任和实施社会责任管理的过程中，随时都可能发生各种操作风险。例如，管理者如果不按规定管理，可能会侵犯员工的权益。职工违法经营可能导致安全生产事故或者生态环境灾害；缺乏诚信的业务人员可能会欺骗利益相关者；相关人员的不称职可能导致企业社会责任信息披露不当等。

四、智能风险管理框架

2004 年 COSO 发布风险管理整合框架以来，人们对风险管理的研究又有新进展，较有代表性的是德勤国际会计公司借助现代信息技术，提出智能风险管理的新思维[①]。传统的风险管理认为风险是需要控制的不利因素，风险管理是一项狭窄的独立管理职能，主要集中在低层次的业务层面和职务岗位方面，以财务控制为主，重点是防范差错和舞弊，注重风险管理流程和制度，由专职的内部职能部门去完成。而智能风险管理则将风险管理与企业目标及价值创造联系

---

① Deloitte. 2010. Creating a Risk Intelligent Infrastructure – Getting Risk Intelligence Done. http：//www.deloitte.com/.

起来，认为风险管理是一项全面系统的企业管理职能，是由特定要素构成的完整框架。风险管理贯穿于企业上下和业务始终，上至公司战略和经营计划，下至业务单元和职务岗位，需要依靠企业管理系统整体推进。智能风险管理不仅有科学的管理流程、实用的管理技术、先进的风险衡量工具，还特别注重人力资源、企业文化、正直诚信、核心价值观等软环境的建设，而这正是企业社会责任的重要内容。智能风险管理不仅能降低企业目标实现的不确定性，而且能够为企业减少损失，增加价值创造。如第二章图2－7所示，德勤国际会计公司提出的风险智能管理框架主要由三个层次九项基本原则构成。三个层次包括风险治理、风险管理架构、风险归属与监督。风险管理基本原则包括董事会的风险治理责任、高层基调至关重要、基于价值维护和价值创造的风险管理、基于人员、流程和技术制定并实施统一的风险管理框架、明确风险归属责任、统一的风险管理框架应用于公司所有部门和业务单元、相关部门对风险管理有效性进行监督和报告、职能部门对业务部门的风险管理提供支持、设计和实施风险管理流程等。

五、构建风险导向的企业社会责任管理框架

良好的内部管理是企业长期持续良好发展的基础之一，企业内部管理的重要任务是评估和应对各类风险，风险控制是企业社会责任管理的核心。企业需要建立与现有管理系统相耦合的社会责任管理框架，推动企业社会责任的履行。如图5－1所示，本节基于智能风险管理，从以下四个方面构建风险导向的企业社会责任管理框架。

（一）战略管理层面

企业应在战略层面转变发展理念，把社会责任理念及其核心价值观融入企业战略和日常运营中，要从经济利益最大化的追求转变为经济、社会、环境三者并重，战略决策和战略实施应综合考虑各利益相关者的价值取向和利益诉求，协调好与各利益相关者的关系，企业发展必须重视社会责任风险管理，关键决策应进行社会责任风险评价。

Itziar（2009）研究了企业的全面风险管理融合了企业社会责任战略驱动理念，在企业社会责任战略驱动下实施全面风险管理。Husted（2010）认为企业的可持续发展必须以履行社会责任为基础，基于企业社会责任的前提下做出战略

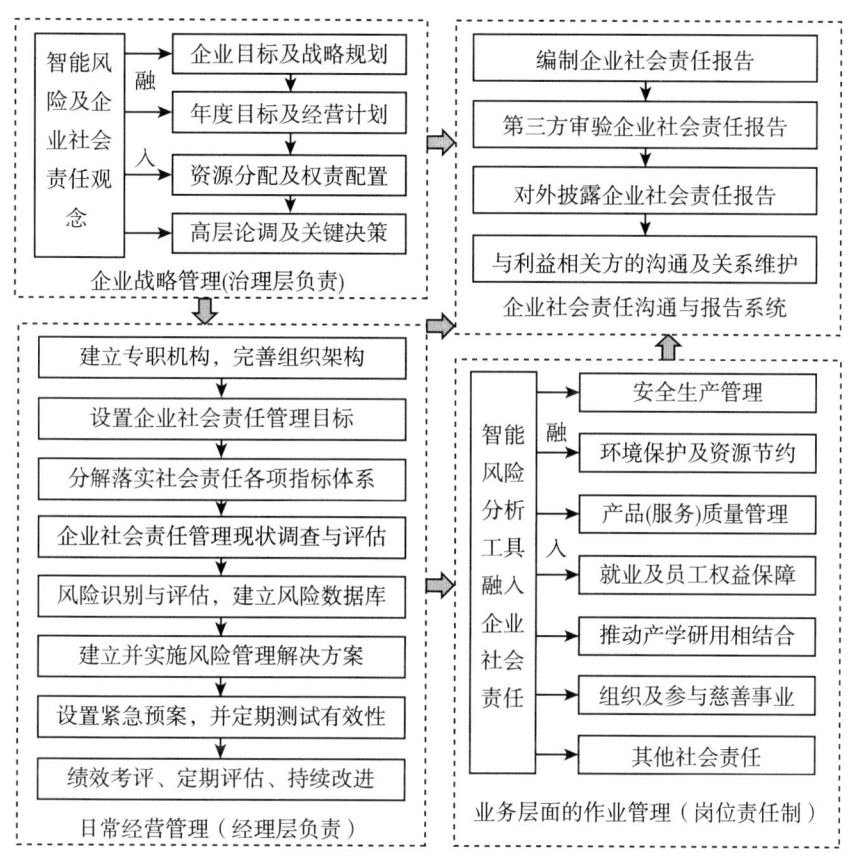

图 5-1 企业社会责任管理框架

选择，注重各利益相关者的需求和社会的需求，寻求企业发展机会。Vallaster（2012）研究证明越来越多的企业在战略管理中融入了社会责任。高汉祥（2012）认为社会责任有利于企业价值创造，实现了社会责任与企业价值的统一，有助于企业价值创造的实现和社会整体的良好体发展。笔者认为企业应站在为各利益相关者创造综合价值的战略高度，将社会责任管理全面融入企业管理，并配置相应的资源；关键决策应进行社会责任评价；领导层应强调社会责任管理的重要性，并与企业文化价值观等相互配合，使企业上下形成统一的思想认识。

（二）日常经营管理层面

企业社会责任日常管理应突出风险导向，日常经营管理由经理层负责，为控制社会责任管理中的经营风险，企业应设置专职机构，赋予清晰的责权，明确岗位责任制；在发展战略和年度经营计划中应设置社会责任管理目标，并通过全面预算管理工具配置社会责任管理资源，分解落实各项指标体系；应定期调查和评估社会责任管理现状，进行风险识别与评估，列示风险清单，建立风险数据库；针对风险清单，建立并实施风险应对的解决方案，制定相应的管理制度；对可能发生的重大社会责任事件，应设置紧急预案，并定期测试，以确保其有效性。

（三）作业管理层面

在作业管理层面，由岗位员工对与其工作相关的操作风险负责，即实现岗位责任制。为控制社会责任管理中的操作风险，企业可以应用智能风险分析工具。智能风险分析工具具体运用程序如图5-2所示。

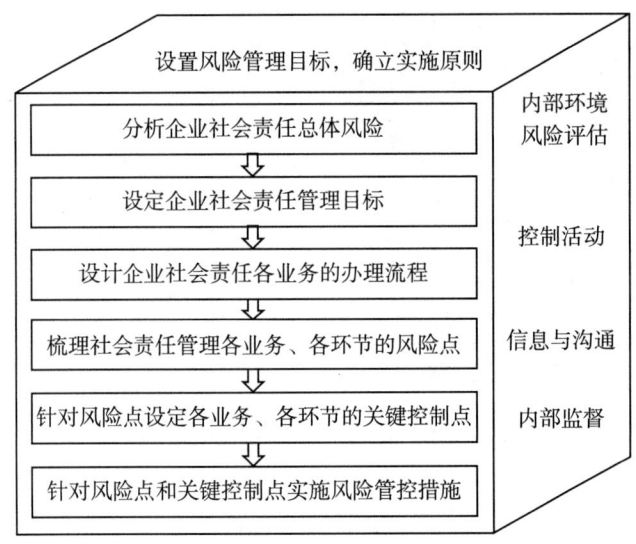

图5-2 企业社会责任管理中运用风险智能分析工具

为控制社会责任管理中的操作风险，企业应执行如下的风险分析和应对程序：第一，设置企业社会责任风险管理总体目标，确立实施社会责任管理的基本原则；第二，分析企业社会责任管理总体风险，设定各项企业社会责任风险管理具体目标；第三，设计各项社会责任相关业务的办理流程，梳理流程各业务、各环节的具体风险，分析其原因，评估其概率及潜在影响，确定风险等级，列示风险清单；第四，针对风险点设置控制点，针对主要风险点，设置关键控制点，在控制点上采取风险管控措施，将风险降低至可接受水平之内；第五，根据PDCA循环理论，定期评价各项社会责任风险管理情况，并针对缺陷和薄弱环节执行持续改进计划。

（四）定期编制企业社会责任风险管理报告

完整的社会责任风险管理框架还应建立企业社会责任风险管理定期报告制度，向有关方面报告和沟通企业社会责任风险管理工作总体情况、工作亮点及成效、主要风险事件、对重大社会责任风险的研判、当前的工作难点和存在问题及意见建议等。

六、案例分析：BJNY 集团实施风险导向的 EHS 管理

EHS 是环境（Environmental）、健康（Health）和安全（Safety）管理体系的简称，HER 管理是企业社会责任管理的重要内容。EHS 管理是持续经营过程中可能出现损坏环境、健康、安全等方面的风险因素进行分析、评价、监测和控制的过程。EHS 管理有助于企业维持可持续发展，有效降低企业运营中的 EHS 风险。BJNY 集团成立于 2000 年，注册资本为 130 亿元，业务主要涉及广泛，主要业务包括能源、热力、地产、节能环保和金融证券。近年来，集团坚持以可持续发展的科学发展观为指导，倡导绿色健康环保低碳和创新驱动理念，大力推进 EHS 管理，有力促进了集团的健康、和谐发展。集团的 EHS 管理策略包括：增加员工 EHS 知识、培养 EHS 辨识技能、养成安全行为习惯、增强安全行为能力、提高遵章守纪观念、培育安全行为文化、集团的 EHS 管理体系主要包括方针目标、组织机构的职责设置、业务设计与建设、运行与维护、变更管理、应急管理检查、考核和监督、事故处理和预防、审核、评审和持续改进。限于篇幅，本节仅介绍 BJNY 集团安全生产管理的风险评估和应对。

（一）评估安全生产总体风险

在安全生产管理中，风险可以解释为影响健康、生命和财产安全的不确定因素。风险分析是对潜在危险和危险事件的可能性及其危害程度进行识别、测量和评价，确定风险等级的过程。风险水平由事故发生的概率和事故损失的严重程度决定。评估安全生产总体风险是做好风险管理的前提，是实施风险导向内部控制的基础。经过分析，识别出 BJNY 集团安全生产管理的总体风险如下：

第一，未及时更新安全生产管理规程，原有的安全生产管理程序已不适应新变化的状况，可能遭受外部监管处罚或其他的经济损失等；第二，执行安全生产管理规程不到位，操作不规范，可能引发安全生产事故，造成人员伤亡以

及经济损失;第三,未做好安全生产配套设施与生产经营规模的匹配,或安全生产配套设施未达标,可能遭受外部处罚或形象受损;第四,未按规定进行登记和监控重大危险源,可能产生重大安全生产事故隐患,可能会造成灾难性的后果;第五,未按规定恰当设置安全生产标识,可能引发伤害事件;第六,未设置应急预案,或未定期测试和演练应急预案,可能导致突发事件应对不力。

(二)设置安全生产控制目标

控制目标是实施控制活动的基础。针对安全生产管理的总体风险,BJNY集团致力于建立安全生产的长效机制,以"零容忍、零伤害、零事故、零损失"为目标,制定安全生产控制目标如下:第一,制定安全生产管理规程并定期评估和更新,确保符合规定;第二,努力控制操作性风险,各班组操作人员必须高度重视安全生产工作,强化全面安全生产管理正确处理好安全与生产的关系;第三,科学配置安全生产设施,定期维护和检测其有效性,确保其有效工作状态;第四,加强安全监督管理工作,配备专管人员,加强对安全生产的检查和隐患的整改;第五,按规定登记和监控重大危险源,以消除隐患,预防重大事故的发生;第六,设置并定期测试或演练应对突发事件的应急预案,以确有能力有效率的应对突发事件。

(三)设计安全生产管理流程

企业应根据总体风险、控制目标、组织结构、职责分工、管理要求等合理设计管理流程,以落实安全生产管理的日常工作。为认真执行国家安全生产法律法规,全面落实安全生产责任制,建立健全安全生产监督管理体制,BJNY集团设计并实施了安全生产管理流程,如图5-3所示。

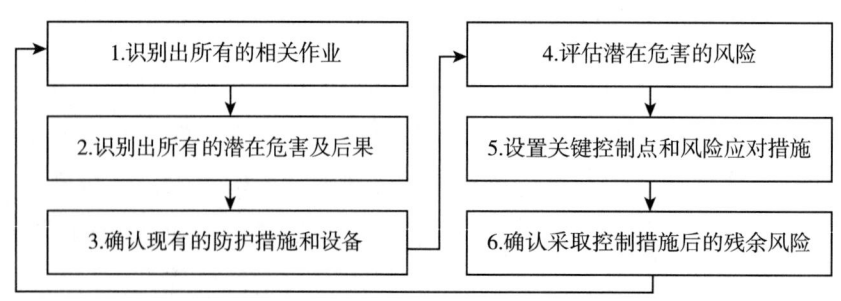

图5-3 BJNY集团案例生产管理流程

1. 根据相关法规要求、工作环境、作业规模、事故经历、活动流程等识别出所有相关作业。

2. 针对作业危害源，辨识出所有潜在的危害及其发生原因、危害后果，并进行适当的分类。

3. 按工程控制、管理控制及个人防护具等分别确认现有防护设施。

4. 评估危害事件发生的可能性和后果，确定危害事件的风险等级，风险评估标准及分类等级如表 5-1 所示。

表 5-1　　　　　　　BJNY 集团风险评估等级分类标准

	危害发生的可能性					
	风险等级	很高 5	较高 4	中等 3	较低 2	很低 1
危害后果的严重性	很大 5	25	20	15	10	5
	较大 4	20	16	12	8	4
	中等 3	15	12	9	6	3
	较小 2	10	8	6	4	2
	很小 1	5	4	3	2	1

注：风险系数 20—25 为重大风险，风险降低前应停止作业；系数 15—20 为高度风险，优先控制，风险降低前不应开始作业；系数 10—15 为中等风险，一般控制；系数 10 以下为低度风险，不需要采取额外措施，但应保持关注并确保现有控制措施有效。

5. 根据危害事件的风险评估结果设置关键控制点和风险控制措施。

6. 评估采取控制措施后的残余风险，检验风险应对措施的适用性及有效性，确认是否需要修正应对措施或采取其他有效措施。

以塔槽清洗作业的安全生产管理为例，上述六个步骤的管理流程，BJNY 集团采用了如表 5-2 所示的风险评估及其应对模板。

（四）安全生产管理各环节的风险点及其应对措施

BJNY 集团的安全生产管理作业主要由五个环节构成：安全生产工程项目的设计和建造、配备和检测安全生产配套设施、重大危险源的登记和监控、设置安全生产标志、监控日常生产经营活动。为节约篇幅，本节仅对配备和检测安全生产配套设施环节的主要风险及应对措施进行介绍，并对表 5-2 进行了简化，只对该业务环节的主要风险点、关键控制点、控制目标和应对措施进行描述与分析，具体分析如表 5-3 所示。

表 5-2　BJNY集团安全生产管理流程及风险评估表

公司名称		部门名称			评估时间			评估人员				审核人员			审核时间		
1. 作业		2. 识别危害及后果			3. 现有防护			4. 风险评估			5. 风险应对措施		6. 控制后残余风险					
编号	作业名称	作业周期	作业环境	危害类型及后果	工程控制	管理控制	个人防护	严重性	可能性	等级				严重性	可能性	等级		
A01	塔槽清洗	1次/月	空间狭小 易燃易爆 腐蚀	1. 接触有害物，危害健康	通风设备	1. 标准化作业程序 2. 教育培训 3. 工作许可管理 4. 人员管制及登记 5. 健康检查 6. 个人防护器具管理办法	1. 防毒口罩 2. 防护手套 3. 护目镜 4. 安全鞋 5. 安全带 6. 安全帽	4	5	20	1. 配戴携带式四用气体浓度探测器 2. 四用气体浓度探测器需定期维护保养 3. 制定紧急应变方案并定期演练 4. 置备紧急救援设备 5. 紧急救援设备定期检查及维护保养		3	3	9		
				2. 槽内缺氧致人窒息	略	略	略	略	略	略	略		略	略	略		
				3. 火灾	略	略	略	略	略	略	略		略	略	略		
				4. 爆炸	略	略	略	略	略	略	略		略	略	略		
				5. 坠落	略	略	略	略	略	略	略		略	略	略		
				6. 其他危害	略	略	略	略	略	略	略		略	略	略		

表 5-3　　BJNY 集团"配备和检测安全生产配套设施环节的主要风险及应对措施"

主要风险点	关键控制点	控制目标	应对措施
①未按规定配置安全生产设施 ②未按规定保养和检测安全生产配套设施 ③安全生产配套设施未经相关部门检测 ④安全生产配套设施保养和检测流于形式 ⑤使用国家明令淘汰或禁止使用的工艺和设备 ⑥劳保或卫生条件不合规定	①安全生产设施采购控制 ②安全生产设施安装控制 ③安全生产设施保养和检测控制 ④特种设备的配置和使用控制 ⑤落实安全生产岗位责任制 ⑥劳保用品的发放和使用控制	科学配备安全生产防护设施，并确保其处于有效工作状态；为员工提供必要的劳动和卫生防护	①依据相关规定和安全生产管理要求，购置配备相应的安全生产设备设施 ②定期检测、维修、改造和报废安全生产设备设施，确保其工作的有效性 ③特种设备应取得特种设备使用证，定期检测合格，在检测周期内正确使用 ④专人负责安全生产设备设施的检测、维护和保养，并同步填制检测表 ⑤积极改进工艺，淘汰落后设备设施 ⑥设置相关设备设施的台账，详细记录其购置、使用、检测、维修、改造、报废等信息 ⑦为员工提供合格的劳保和卫生用品

七、研究结论及政策建议

1. 企业是创造财富与履行社会责任的统一体。企业与社会、环境和谐发展，才能实现可持续繁荣。良好的社会责任管理能为各利益相关者创造综合价值，这是企业推进社会责任管理的原动力。

2. 企业社会责任管理需要建立科学的理论框架，并与现有管理系统有机耦合。本文从战略层面、战术层面、业务单元、沟通与报告四个维度构建了完整的企业社会责任管理框架。

3. 企业社会责任管理应突出风险导向，企业在社会责任活动中忽视风险控制可能为企业带来不利影响，甚至形成致命伤害。本文将先进的智能风险管理理念和分析工具融入企业社会责任管理全过程，可为企业实施社会责任管理提供可操作性较强的解决方案。

4. 智能风险管理能为企业推进社会责任管理提供实用的操作路径。智能风险管理是由特定要素构成的完整框架，贯穿于企业上下和业务始终，上至公司战略和经营计划，下至业务单元和职务岗位，需要依靠企业管理系统整体推进。

5. 企业社会责任管理不仅要有科学的管理流程、实用的管理技术、先进的风险衡量工具，而且要注重人力资源、企业文化、正直诚信与核心价值观等软环境建设，这是智能风险管理理念区别于传统风险管理的重要特征。

第二节 商业银行社会责任风险的分析及应对研究[①]

社会责任已成为与资本、技术和人才同样重要的竞争要素。近年来，商业银行如何落实科学发展观，实现经济、社会、环境的和谐发展是社会各界探讨和研究的热点。履行社会责任是提升银行竞争力的重要途径，忽视社会责任问题或社会责任履行及管理不当，可能使银行陷入困境。本节站在商业银行内部管理的视角分析和研究了商业银行履行和管理社会责任的现状、面临的主要风险，并有针对性地给出应对措施，期望能够为商业银行的管理创新和可持续发展提供借鉴。

一、引言及文献综述

进入 21 世纪以来，银行业竞争已从单纯的硬件竞争开始向软实力并重，承担社会责任既符合现代社会的期盼，也是银行提高核心竞争力、改善与利益相关者关系、提升品牌价值，实现可持续增长的内在要求，更是构建和谐社会、低碳发展的必然要求。商业银行在现代经济社会发展过程中扮演着资源配置的特殊角色，中国银监会高度重视商业银行履行社会责任问题，长期致力于引导商业银行建立社会责任管理机制，期望各银行通过践行社会责任提升核心竞争力。2014 年 6 月，中国银行业协会发布《2013 年度中国银行业社会责任报告》，

---

① 本节执笔人：王清刚、沈继锋、张杰芳，主要成果已发表在《上海金融》2015 年第 6 期第 103 – 105 页。

从加强社会责任管理、支持国家改革和经济发展、助推普惠金融、公平善待消费者、践行绿色低碳金融、热心支持社会公益、致力构建和谐劳动关系七个方面全面展示了我国银行业积极承担社会责任的成果。报告显示，中国银行业在深化责任意识、完善责任治理体系、健全责任推进机制，力求打造"责任银行"，促进"和谐发展"，履责意愿、能力与效果进一步提升。

实际上早在18世纪中期，有些美国公司就开始履行部分社会职责，如帮助雇员修建住房，为雇员子女建学校等。美国学者Clark（1916）率先提出了企业社会责任思想，英国学者Sheldon（1924）正式提出企业社会责任概念。Wallich（1972）从可持续发展角度出发论证了企业社会责任的必要性，认为社会责任是企业持续立于市场竞争之林的必须，企业一味追求短期利润最大化的行为，最终只会葬送企业的前途。美国1997年制定的"Social Accountability 8000"是全球第一个可用于第三方认证的企业社会责任国际标准，内容涉及禁用童工、劳动保护、健康与安全、工会自由与集体谈判权、禁止歧视和惩罚措施、工作时间、薪酬和管理体系等。1996年9月，国际标准化组织（ISO）开始颁布关于环境管理的国际认证系列标准ISO14000，至2004年共形成100个系列标准，涉及环境管理体系、环境审核、环境标志、环境行为评价、生命周期评估、术语和定义、产品标准中的环境指标等。2003年6月，来自7个国家的10家大型银行在华盛顿正式加入"赤道原则"。赤道原则是根据世界银行和国际金融公司有关环保的指导方针起草确立的，采用这一原则的银行必须承诺贷款只投向那些能够满足具体环境保护要求的发展项目。目前，包括花旗集团、汇丰集团、美国银行、苏格兰皇家银行等在内的国际型大银行都采纳了这一战略，并将该原则应用于全球几乎所有行业的贷款项目，项目贷款人必须通过有关环保评估才能获得贷款。"赤道原则"充分体现了银行在低碳绿色发展中的作用。

近年来，我国政府非常重视企业社会责任问题，在加入一系列国际公约的同时，还颁布了很多法律法规以促进企业履行社会责任。例如，《公司法》明确规定：公司从事经营活动，必须遵守法律、行政法规，遵守社会公德、商业道德，诚实守信，接受政府和社会公众的监督，承担社会责任。2007年7月，中国人民银行、银监会等联合发布《关于落实环境保护政策法规防范信贷风险的意见》，旨在抑制银行向高污染高耗能企业发放贷款。2007年12月，银监会印发《关于加强商业银行社会责任的意见》，全面阐述了银行业履行社会责任的意义、措施和要求，引导银行业全面履行社会责任。中国银行业协会也于2009年

1月出台了《中国商业银行企业社会责任指引》，对商业银行承担社会责任的具体内容及如何履行社会责任提供了指引，明确要求商业银行将社会责任融入发展战略、治理结构、企业文化和业务流程中，依托战略、组织和流程的支持建立履行企业社会责任的长效机制，并建立适当内外部评估机制。

风险是对实现目标产生影响的各种不确定因素，是事件发生的可能性及其影响结果的组合。风险可体现在不同层次，如战略、运营、项目、产品、流程和作业层面，风险影响可以是正面的或负面的或两者兼有（ISO31000，2009）。银行商务活动随时可能面临各种风险，需要对各种风险因素进行分析、评估和控制，从而帮助商业银行实现目标。企业若不恰当处理与环境、员工、客户和其他利益相关者的关系，则可能招致声誉和价值受损。商业银行缺少社会责任风险意识，可能导致客户流失、信誉损失或诉讼增加。例如，环境与社会问题可能使银行的贷款项目受到处罚，使银行无从收回本息。张兆国（2009）认为企业忽视社会责任可能带来声誉损失、法律制裁、交易成本增加、消费者抵制、人才流失、再融资困难及经营停顿等。Jo et al.（2012）发现加强企业社会责任管理能显著降低企业风险，提升可持续发展能力。

纵观国内外相关文献，企业社会责任、风险管理等方面的研究很多，也颇有成效，但现有文献大多从宏观方面探讨企业社会责任问题，以理论分析为主，较少站在内部管理的视角研究企业社会责任问题，也很少有研究将银行业风险管理与企业社会责任结合起来。本文站在商业银行内部管理的视角分析和研究了商业银行履行和管理社会责任的现状、面临的主要社会责任风险，并有针对性地给出应对措施，期望能够为商业银行的管理创新和可持续发展提供借鉴。

二、商业银行社会责任的主要内容

世界银行将企业社会责任定义为企业与关键利益相关者的关系、价值观、遵纪守法，以及尊重人、社区和环境等有关政策和实践的集合。依据《中国商业银行企业社会责任指引》，商业银行社会责任是商业银行对其股东、员工、储户、借款人、商业伙伴、政府和社区等利益相关者及社会与环境的可持续发展所应承担的经济责任、法律责任、道德责任及慈善责任等。基于利益相关者理论，商业银行应履行的社会责任至少包括：

（一）维护股东合法权益，公平对待全体股东

商业银行对股东的责任首先体现为经济责任，应稳步提高经营效益，努力为股东创造价值，逐步提高股东回报。商业银行应做好投资者保护工作，按规定召开股东大会，充分尊重股东的参政、议事权利。重视投资者关系，积极主动地保持与股东的沟通，注重倾听投资者意见和建议。加强对外披露信息，切实保障投资者知情权，努力提高经营管理透明度，切实维护股东利益。

（二）以人为本，重视和保护员工的合法权益

员工是商业银行发展的内在动力，不断提高员工素质，维护员工合法权益，既是社会和谐稳定的需要，也是银行长期稳定发展的源泉。银行应遵循按劳分配、同工同酬原则，改善人力资源管理，重视员工健康和安全，促进员工全面发展，发挥员工积极性、主动性和创造性。银行应尊重员工人格，维护员工尊严，建立员工培训和晋升机制，及时办理员工社会保险，维护员工身心健康，遵守法定劳动时间和休息休假制度，加强职工代表大会和工会组织建设，切实维护员工合法权益。

（三）诚信经营，维护金融消费者合法权益

商业银行应重视金融消费者权益保护，维护客户合法权益，有效提示风险和披露信息，公平对待金融消费者，加强客户投诉管理，完善客户信息保密制度。商业银行应规范服务行为，优化服务流程，提高服务效能。畅通消费者维权渠道，切实承担起保护消费者权益的责任。按照公平、公正、公开原则，妥善解决与消费者的纠纷，找准问题成因，做好解释引导，维护社会和谐稳定。商业银行还加大消费者权益保护宣传力度，开展金融知识普及教育活动，引导和培育社会公众的金融意识和风险意识，帮助客户树立正确的投资和消费理念，营造良好的金融生态环境。

（四）遵纪守法，坚持社会公德和商业道德

商业银行应加强合规管理，规范经营行为，遵守法律法规和公司章程，遵守银行业从业人员行为准则，确立正确的经营理念及核心价值观，建设具有社会责任感的企业文化，促进社会与环境的可持续发展。商业银行应坚持反对不正当竞争，反对商业贿赂，反对洗钱，开展公平竞争，营造良好市场竞争秩序。

（五）节约资源，保护和改善自然生态环境

商业银行应制定并实施资源节约与环境保护计划，减少日常营运对环境的

负面影响。应确保经营战略、政策和程序符合国家产业政策和环保政策的要求，优化资源配置，支持社会经济和环境的可持续发展。商业银行应通过信贷等金融工具支持客户节约资源、保护环境，引导和鼓励客户增强社会责任意识。商业银行还应制定项目融资的环境影响评估程序，加强风险管理，不以降低信贷标准作为业务竞争手段，不向高污染、高耗能项目发放贷款。

（六）改善社区金融服务，促进社区发展

商业银行应关心社会发展，除了满足社区居民就业、创业、投资和财富管理等金融服务外，还要广泛参与环境保护、社区建设等社会公益活动。按照"便民、利民、惠民"的服务理念为社区提供金融服务，创新小企业贷款等金融服务机制，提高金融服务质量，支持社区经济发展。商业银行可以根据社区金融服务需求和自身网点布局情况，在金融服务较薄弱的大型社区内部或周边新设社区金融服务网点，强化社区金融服务。

（七）关心社会发展，支持社会公益事业

大力推动银行业支持社会公益和慈善事业，对于组织调动社会资源、缓解社会矛盾、促进社会公平、构建和谐社会等具有重要而深远的意义。商业银行应支持社会公益和慈善事业，奉献爱心和善举，扶助社会弱势群体。"予人玫瑰，手有余香"，通过捐赠等慈善公益事业，商业银行既能享受税收优惠，又能提升自身形象和公众认可度与赞誉度，提高市场占有率。

三、商业银行履行社会责任的现状分析

近年来，我国很多商业银行积极深化社会责任意识、完善责任治理体系、健全责任推进机制，履行社会责任的意识、能力和效果持续提升，取得了大量的积极成果。但不可否认，商业银行在履行和管理社会责任的过程中，仍然存在着这样或那样的问题，主要表现在以下几个方面：

（一）重视经营绩效，忽视消费者权益

商业银行与客户的业务往来，应当遵循平等、自愿、公平和诚实信用的原则。随着银行业改革的深化及经营门槛逐步变低，银行业的竞争逐渐进入白热化阶段。有些银行过度重视经营业绩，为了扩大业务量，把关不严、盲目开卡；有些银行为了争取市场份额，将信用卡业务外包给代办公司，代办公司的业务员则为了争取更多提成，甚至帮助办卡者造假，这些都让客户在信用卡透支的

道路上越滑越远。例如,某银行在没有充分审查申请人资料真实性、过度授信的情况下向不合规客户发放大量大额信用卡。在过度消费后又无力还款,有人甚至选择了自杀。再如,某银行在推销理财产品时,告知投资者该款产品为固定收益产品,但未将风险告知书给客户,在风险提示不够全面的情况下就让客户投资。这种对金融产品宣传和推广存在片面、夸大的倾向,不符合银行业审慎经营的原则的,同时给消费者造成了严重误导。2014 年上半年,上海银监局对辖内信用卡业务专项检查,对未依法审查申请人资料真实性、过度授信、异常交易管控不力等存在违规行为的 7 家商业银行进行了处罚。

(二) 破坏公平竞争环境,甚至存在违规违法行为

在银行业竞争日趋激烈的情况下,一些银行公平竞争和诚信意识淡薄,为扩大市场份额,在利益驱使下,不惜采取给回扣、请客送礼等非正常方式争夺银行客户资源,破坏公平竞争环境。银行要依法合规审慎经营,将各项业务引向正确轨道,推动银行业健康有效发展。然而现实中,很多员工对合规性经营缺乏科学的认识和理解,违法违规行为时有发生。例如,2014 年前三季度,仅仅江西银监局就作出行政处罚决定 6 起①,涉及九江银行、浦发银行九江分行、工商银行抚州分行、农业银行新余分行等的违法行为。再如,某银行管理层为了提高员工的工作积极性和福利待遇,采用虚开印制费、广告费、宣传费等方式套取国有资产,8 个月给员工多发了 29 万元工资奖金。虽然管理层的目的是正面的,但实际做法却是私分国有资产,侵害了国家利益。

(三) 员工压力过大,社会责任意识淡薄

在激烈的银行业竞争中,基层员工普遍感到工作压力过大,面临着各项任务指标,倘若完不成任务就会受到不同程度的处罚。银行基层员工平均收入不高且变动幅度大,还要面对各种各样的任务指标压力,精神高度紧张,身心健康受到一定程度的影响。有些银行薪酬体系设计不合理,高管与普通员工收入差距越拉越大,收入分配不公现象较为严重。例如,2014 年 7 月 7 日的《财会信报》以"高管薪酬遮遮掩掩 6 家拟上市银行涉嫌违规"为题,聚焦商业银行的高管薪酬披露问题。有些银行员工晋升机制不合理,容易恶化员工之间的关系,甚至侵犯员工的合法权益。还有很多银行从业人员社会责任意识淡薄,漠视金融消费者权益。例如,某银行的年轻储蓄员,因沉迷网络游戏而拮据,利

---

① 资料来自中国银行业监督管理委员会的网站:http://www.cbrc.gov.cn/chinese/home/docView/09988B302E6642D58A544592EA7C713C.html,浏览日期:2014 - 12 - 10。

用职务便利，转走客户两万元现金；某银行保安拾到客户大意遗失的银行卡，破译密码取走卡内现金。

（四）社会责任信息披露不够全面和充分

越来越多的商业银行开始发布社会责任报告，这是一个积极的进步，但很多银行发布的社会责任报告形式重于实质，缺乏实质性的内容，多是描述对社会责任的重视和认识，形式重于实质。还有很多银行选择性披露社会责任信息的意识很强，对提高自身形象有帮助的部分则浓墨重彩，视作不花钱的广告而大肆渲染作为披露的重点，而对存在不足或未采取有效措施或有损于自身利益的部分，则一笔带过甚至只字不提，可谓是报喜不报忧。例如，绝大多数商业银行社会责任报告披露的客户满意度都接近百分之百，而对于投诉率的披露则含糊其辞，与实际情况不符。这种选择性的社会责任披露有失公允，容易误导投资者、金融消费者等利益相关者对银行真实情况的判断，进而丧失了社会责任报告的实际意义，减弱了社会责任报告的价值。例如，2012年10月，建设银行作为"12石河子CP001"债券主承销商，未能及时有效督导发行人合规披露相关信息，被中国证监会给予诫勉谈话处分，并责令其整改，而其当年的社会责任报告并未提及此事。

（五）社会公益事业口惠而实不至

近年来，很多商业银行都大力宣扬其环保特性及为社会公益事业所做的贡献，以塑造自身的社会形象，提高公众知名度。但其真正的实际行动远没有他们宣传的那么好，存在"漂绿"和"漂红"嫌疑[1]。例如，很多银行一边喊着低碳环保的口号，一边滥发信用卡。有些银行为了自身利益，违背国家宏观调控政策，为高污染、高耗能产业提供贷款支持，盲目增长信贷，导致一些产业发展明显出现过热。

四、商业银行面临的主要社会责任风险

从前文商业银行履行社会责任的现状分析可以看出，商业银行在履行和管理社会责任方面至少面临着下列风险：

---

[1] "漂绿"通常指企业利用"绿色""环保""低碳""节能"等概念，进行无事实依据或仅基于部分事实根据的夸大性虚假宣传。很多公司大力进行环保宣传和形象公关，但其内容的真实性和可靠性却无从证实。"漂红"一般指捞取政治资本，提升自己的政治影响力，从而为自己牟取利益。

（一）侵害金融消费者利益

侵害金融消费者利益，可能导致商业银行的经济赔偿、信誉损失、形象受损，甚至法律诉讼。中国银监会主席尚福林曾经说过"脱离实体经济，脱离厂商民众，金融活动会成为无源之水、无本之木"。银行的业务活动离不开广大金融消费者，银行如果缺乏社会责任意识，仅仅着眼于当下的经营业绩，不能从客户的实际需求出发，不能有效提示风险，对客户提供不人性化的服务，甚至侵害金融消费者权益，将使金融服务质量大打折扣，从而影响银行自身的可持续发展。

（二）公平运营风险

商业银行在经营过程中如果存在商业贿赂、诚信缺失、隐瞒欺诈等行为，会使交易不透明，风险增大，可能使银行遭受处罚，声誉受损。银行作为一个经济实体，逐利是其本能，但如果其逐利行为凌驾于道德和法律之上，则隐含着巨大的社会责任风险。

（三）合规性风险

银行如果未能遵循法律法规、监管要求、相关规则、自律要求等，可能遭受法律制裁或监管处罚、重大财务损失或声誉损失。与银行经营业务相关的法律、规则及标准很多，包括法律法规、部门规章及其他规范性文件、经营规则、自律性组织的行业准则、行为守则和职业操守等。合规性风险是商业银行面临的主要风险之一。

（四）员工权益保护不够

员工权益保护不够，可能导致员工积极性受挫，影响银行的发展后劲，甚至危及社会稳定。如果银行关心员工不够，不注重员工权益保护，员工可能认为自身发展没有前途，工作不积极，从而使银行失去可持续发展的动力。如果银行的薪酬和激励约束制度不合理，关键岗位人员管理不善，可能导致人才流失、经营效率低下或商业秘密泄漏。

（五）社会责任信息披露风险

商业银行忽视企业社会责任信息披露或故作虚假陈述和宣传，与利益相关者沟通不畅等。可能导致银行形象受损，或被贴上"漂绿"和"漂红"的标签。

（六）其他方面的社会责任风险

低碳环境和公益事业投入不足或管理不善，可能导致商业银行形象和声誉受损。

五、改进商业银行社会责任风险管理的政策建议

（一）树立社会责任意识

树立社会责任意识，把社会责任理念及其核心价值观融入经营战略和日常管理中。在战略层面，商业银行应从经济利益最大化的追求转变为经济、社会、环境三者并重，战略决策和战略实施应综合考虑各利益相关者的价值取向和利益诉求。商业银行应努力提高各利益相关者的认同程度，协调好与各利益相关者的关系。商业银行的关键决策应进行社会责任评价；董事、监事和高管人员应强调社会责任管理的重要性，并与企业文化、核心价值观等相互配合，使企业上下形成统一的思想认识。在日常运营层面，商业银行应在年度经营计划中应设置社会责任管理目标，并通过预算工具配置相应资源，分解落实各项指标体系；应定期调查和评估社会责任管理现状，进行风险识别与评估，列示风险清单，建立风险数据库；针对风险清单，建立并实施风险应对的解决方案；对可能发生的重大社会责任事件，应设置紧急预案，并定期测试，以确保其有效性。在岗位操作层面，商业银行应按岗位责任制管理要求，控制操作风险。商业银行在履行和管理社会责任的过程中随时可能发生各种操作风险，例如，管理人员不按规程管理可能发生侵害员工权益的行为；员工违规作业可能导致错误、舞弊或灾难；业务人员诚信缺失可能欺诈利益相关者；相关人员能力不胜任可能导致企业社会责任信息披露不当等。岗位员工应对操作风险负责。

（二）明确社会责任风险管理的目标

明确社会责任风险管理的目标，目标引领行动，只有明确社会责任风险管理的目标，才能明确风险管控的方向，才能识别和评价影响目标实现的风险点，才能设计出科学适用的业务管控流程（流程是企业为了完成特定业务控制目标所采取的一系列动作的集合体）。依据《企业内部控制基本规范》，企业内部控制和风险管理的总体目标有五大方面：一是合理保证企业的各项经营管理活动合法合规，二是合理保证企业的资产安全完整，三是合理保证企业财务报告及相关信息真实完整可靠，四是提高企业经营的效率和效果，五是促进企业实现发展战略。依据《中央企业全面风险管理指引》，企业风险管理应做到：一是确保将风险控制在与总体目标相适应并可承受的范围内；二是确保企业内部及企业与外部信息沟通顺畅，编制和提供真实、可靠的财务报告及其他相关信息；

三是确保企业活动遵守有关法律法规;四是确保企业有关规章制度和为实现经营目标而采取重大措施的贯彻执行,保障经营管理的有效性,提高经营活动的效率和效果,降低实现经营目标的不确定性;五是确保企业建立针对各项重大风险发生后的危机处理计划,保护企业不因灾害性风险或人为失误而遭受重大损失。银行社会责任风险管控的目标应根据企业内部控制与风险管理五大目标的细分和具体化,包括利益相关者权益保护目标、公平运营目标、合规性目标、社会责任信息披露目标、环保和公益目标等。

(三)识别履行和管理社会责任的主要风险点

识别履行和管理社会责任的主要风险点。风险是对企业实现目标可能产生影响的各种不确定性因素,可能形成实际结果与预期目标的差异。风险管理是对风险进行识别、分析、评估和应对,从而避免或降低风险损失、放大风险收益的过程。商业银行应加强社会责任风险管理,突出风险控制的导向性,设计履行和管理社会责任的业务流程,识别执行社会责任管理各流程各环节的主要风险点,分析其产生原因、评估其发生概率及对银行的影响,针对风险点确立控制点,从而进一步在控制点上采取相应的风险管控措施,以实现业务管控目标。商业银行在设计和执行控制程序时,特别要关注重大风险的识别、分析、评估和控制。商业银行应在分析社会责任总体风险的基础上,把管控重点放在对重大风险的控制上来,针对重大风险点设置关键控制点(key control points),从而提高企业社会责任风险管理的效率效果。关键控制点是执行人能够进行控制,并且该控制对防范、消除或降低相关风险到可接受水平所必需的某一步骤。主要风险必须在关键控制点上加以预防和控制,关键控制点应设置在最佳、最有效的控制点上。

(四)注重人力资源等软环境建设

注重人力资源、企业文化、正直诚信与核心价值观等软环境建设。企业社会责任风险管理不仅要有科学的管理流程、实用的管理技术、先进的风险衡量工具,还要重视人力资源和企业文化的软实力建设,这是现代风险管理区别于传统风险管理的重要特征。企业文化是商业银行在经营实践中逐步形成的、为整体团队所认同并遵守的价值观、经营理念、企业精神和行为规范等。商业银行要注重培育正直、诚信及积极向上的核心道德价值观,包括树立良好的公众形象,员工行为正直公正,提倡对正义、公理、公德的忠诚,而非狭隘的"组织忠诚";正确对待利益冲突,保守职业谨慎;胸襟开阔,培养高尚的人格魅力;树立积极的进取精神和事业意识等。商业银行的人力资源政策应科学、规范、公平、公开、公正，这样才有利于调动员工的积极性、主动性和创造性。职业道德修养和专业胜任能力应是银行选拔和聘用员工的重要标准，切实加强员工培训和继续教育，不断提升员工素质。人力资源政策要体现"以人为本"的管理理念，力图实现董事、监事、高级管理人员和全体员工与企业共同发展，良性互动。

（五）坚持公平运营，严格控制合规性风险

合规是银行业一项核心的风险管理活动，商业银行应建立"合规文化"，在运营管理的每个细节和环节上始终坚持以是否合规来判断和决策。商业银行的董事、监事、高级管理人员和全体员工应统一思想和认识，遵纪守法，严格依法决策、依法办事、依法监督，合法经营和公平竞争。尊重并公平对待所有的金融消费者，不损害利益相关者及其他社会公众的利益。依据《商业银行合规风险管理指引》，商业银行应制定合规风险管理体系，包括制定并执行合规政策、设置合规部门并配置相应资源、制定并实施合规风险管理计划、合规风险识别和管理流程、合规培训与教育制度、举报监督和举报人保护机制等。

（六）强化社会责任信息披露工作

发布社会责任报告，披露社会责任信息是商业银行履行社会责任的重要组成部分。商业银行应制定并完善信息披露管理制度，明确重大信息披露事项的判定标准和报告程序，确定信息披露的收集、传递和披露程序，提高透明度和信誉，增强公众知情权，不断强化为各利益相关者和社会公众提供高质量信息披露的责任意识。这不仅能提高商业银行的服务能力和管理水平，而且有助于提高其品牌形象和综合价值，帮助其获得更多的资源。商业银行对外发布的社会责任报告应当内容真实完整，实事求是，不能作夸大宣传和虚假陈述。为提高社会责任报告的质量和可信度，商业银行可请独立第三方对其社会责任报告进行审验并出具审验声明或报告。

第三节　PDCA 循环在企业社会责任风险管理中的应用
——以国家电网公司为例[①]

社会培育企业，企业反哺社会。企业作为社会的一部分，应主动承担社会

---

① 本节执笔人：王清刚，吴丹丹。

责任。不承担社会责任或社会责任管理不当可能引发各种风险，影响企业的可持续发展，同时也会造成巨大的社会成本。我们首先概述了国家电网公司社会责任的主要内容，分析了国家电网公司履行和管理社会责任的现状、面临的主要社会责任风险，以国家电网公司安全生产管理为例，阐述了 PDCA 循环法在企业社会责任风险管理中的应用，期望能够为供电企业的管理创新和可持续发展提供借鉴。

一、引言及文献综述

进入 21 世纪以来，企业竞争已从单纯的硬件竞争开始向软实力并重，承担社会责任既符合现代社会的期盼，也是提高核心竞争力、改善与利益相关者关系、提升品牌价值、实现可持续增长的内在要求，更是构建和谐社会、低碳发展的必然要求。风险管理是指企业运用科学的方法，在面临风险时降低损失，实现最大保障利益的管理活动。企业在社会责任活动中随时可能面临各种风险，必须引起企业的高度重视。随着企业持续发展，企业社会责任风险管理必然会被迫切需要，并予以强化最终成为最核心的竞争力。Kytle 和 Ruggie（2005）指出，企业的自利性行为和其他组织的不确定性行为是企业社会责任风险产生的原因。张兆国（2009）认为企业忽视社会责任可能带来声誉损失、法律制裁、消费者抵制、人才流失及经营停顿等风险。杨清香、张晋（2010）指出，企业为规避社会风险需要及时应对利益相关者的诉求。陈佳贵等（2011）提出企业社会责任管理六维框架，具体包括：战略、治理、融合、绩效、沟通、研究。Timothy（2011）调查商业零售业的企业社会责任管理现状，并总结出推广经验。王清刚（2012）指出，缺乏风险控制的社会责任管理可能对企业的可持续发展带来致命伤害。Vallaster et al.（2012）指出，企业战略管理必须深入贯彻社会责任风险管理思想。Jo et al.（2012）发现加强企业社会责任管理能显著降低企业风险，提升可持续发展能力。王茂祥等（2013）认为，加强社会责任基础管理工作是规范化风险管理的基础。郭冬娟（2014）以国家电网公司为例研究电力企业的企业社会责任管理，在分析已有企业社会责任管理理论及模型的基础上，建立了适用于电力企业的塔状企业社会责任管理模型。

国家电网公司是中央直管的国有独资公司，是关系国民经济命脉和国家能源安全的特大型国有重点骨干企业，连续 13 年获中央企业业绩评级 A 级企业。

公司核心业务主要包括投资、建设、运营电网，以提供安全、清洁、经济、可持续的电力资源为宗旨。公司注册资本8295亿元，资产总额约40000亿元，供电范围包括26个省（自治区、直辖市），供电人数超过11亿。

近年来，我国日益重视社会责任在企业中的重要性，主动加入国际社会责任国际公约，同时出台了诸多促进有关社会责任的法律法规。2008年1月，国资委出台《关于中央企业履行社会责任的指导意见》，提出中央企业应不仅追求经济利益，也需承担对利益相关者和环境的责任。2012年2月，国资委在《中央企业社会责任管理指引》制定研讨会上将社会责任列为央企社会责任的关键点。同年3月，国资委将社会责任内容引入中央企业管理提升专项内容。党的十八届三中全会指出，要以社会责任等为重点，深化国企改革。

2018年《企业社会责任蓝皮书》调研结果显示，中国企业300强社会责任发展指数平均得分为34.4分，超六成的企业得分低于60分，超四成的企业仍为社会责任"旁观者"。这说明我国企业在履行社会责任方面的形势不容乐观。国家电网公司作为国有特大型骨干企业，高度重视社会责任的执行和管理问题，长期致力于引导国家电网建立社会责任管理机制，自觉践行企业社会责任，积极推进环境友好型和资源节约型社会建设，成为中央企业履行和管理社会责任的领跑者，有很多经验值得推广和借鉴。早在2005年就开始每年发布企业社会责任报告，是我国最早开始发布企业社会责任报告的公司。

对国内外相关文献总结后发现，尽管有关企业社会责任和风险管理的研究很多，也颇有成效，但现有文献大多从理论上分析企业社会责任问题，从内部管理角度分析企业社会责任问题很是罕见，结合电力企业风险管理与社会责任的研究更是稀少。在梳理和综述了相关研究成果的基础上，我们进一步分析国家电网公司履行和管理社会责任的现状、面临的主要社会责任风险，然后站在国家电网公司内部管理的视角，以国家电网公司安全生产管理为例，运用PDCA循环法将企业社会责任风险管理框架划分为计划（P）、实施（D）、检查（C）、改进（A）四个阶段，形成一个不断运转、动态优化的循环体系，以促进企业社会责任风险管理的有效性与持续性，期望能够为供电企业的管理创新和可持续发展提供借鉴。

二、国家电网公司社会责任的主要内容

作为国有供电企业，国家电网公司具有在基础及战略产业上的特殊地位，

基于此，公司全面梳理了其社会责任的主要内容，包括但不限于以下十个方面：

（一）坚持以履行社会责任为价值导向

发扬公司基本价值，规范行为准则，以承担社会责任赢得社会公信，推动公司内外和谐，落实可持续发展的重要目标。

（二）坚持从党和国家的大局出发，实现经济效益和社会效益的协调统一

公司提供的供电服务是党和国家工作的重要部署之一。为党和国家服务，也是公司责无旁贷的政治和社会责任。因此，公司应坚决执行党中央、国务院的决策，巩固和发展党的执政基础、维护人民利益。

（三）坚持科学发展，建设世界一流电网、国际一流企业

坚持走高质量创新发展的科学发展之路，优化经济增长，是新时代下我国企业的重要任务。实施精细化管理、集团集约化运行，优化内部资源配置，提高运营效率和效益。同时建设"以特高压电网为核心、各级电网协调发展"的坚强电网，促进国家资源优化配置以及经济社会可持续发展。使电网发展和公司发展并行，努力建设世界一流电网、国际一流企业。

（四）坚持提升经营效率和效益，促进社会财富最大化

公司创造社会财富，影响社会资源配置。因此，公司应关注效率和效益，坚持创新，优化整合资源，达成资产优良和运营高效，认真履行国有资产保值、增值责任，推动国家和社会的经济发展。

（五）坚持安全供电，为经济社会发展提供可靠电力支持

满足社会经济发展对电力供应的持续高要求，预防停电事故，确保电网安全、稳定运行，维护社会公共安全、国家能源安全，为构建社会主义和谐社会服务，是公司对国家、社会和人民承担的重要责任。

（六）坚持优质服务，持续为客户创造价值

服务能力是公司内在素质的重要指标，服务水平体现公司形象。构建优质服务常态机制，与客户形成良性的往来互动，提供创新性服务，引导客户科学用电、合理用电，为客户创造价值，为社会节约资源。

（七）坚持以人为本，达成员工与公司的共同发展

公司发展与员工发展相辅相成。公司提供发展平台，员工提供发展动力。落实以人为本原则，形成公正合理、互利共赢、规范有序、和谐稳定的社会主义新型劳动关系。提供学习培训机会，改善工作环境，维护员工合法权益。员工与企业戮力同心，促进"一强三优"战略目标的实现。

（八）坚持合作共赢，促进电力工业可持续发展

恪守电力工业客观规律，同心协力，共谋发展，是推动电力工业结构优化和持续健康发展的根本保证。与发电企业合作，推动电源和电网协调发展，坚持"三公"调度，维持公平竞争。促进电力装备水平创新升级，努力开发和使用清洁能源，促进资源节约型、环境友好型社会发展。

（九）坚持依法经营，接受政府监管和社会监督

遵纪守法、公平公正，梳理良好公司形象，推动经济社会可持续发展。响应国家能源战略号召，落实《电力监管条例》，接受政府监管和社会监督。

（十）坚持回报社会，争当优秀企业公民

热心公益、维护社会公德，推动良好社会氛围形成；爱护环境，推动可持续发展；向社会展示公司价值和良好形象，自觉承担社会责任，引领良好社会风尚；加强党风廉政建设和精神文明建设，服务和谐社会。

三、国家电网公司履行社会责任的现状分析

2005 年，国家电网公司在中国率先发布企业社会责任报告，到 2018 年，已连续发布了 13 份企业社会责任报告（2005—2017 年）并得到了外界的认同。2007 年 12 月，国家电网公司发布《国家电网公司履行社会责任指南》，更多企业意识到承担社会责任的重要性。2018 年 12，公司印发《国家电网有限公司海外社会责任指南》，成为中国企业履行海外社会责任的指导性文件。"一带一路"环境下，这份文件将推动全球企业社会责任发展的中坚力量。同时，公司自主研究了符合国情的企业社会责任理论模型，参与出版中国企业社会责任发展报告白皮书和中央企业社会责任专题研究，其社会责任指标体系研究获国家科技部软科学项目立项，公司成为我国首个 ISO26000 社会责任国际标准观察员企业。然而，公司在履行和管理社会责任的过程中，仍然存在诸多问题，主要表现在以下几个方面：

（一）落实社会责任报告，提高服务质量存在不足

国家电网公司在社会责任报告中将"服务党和国家工作大局、服务电力客户、服务发电企业、服务社会发展"作为企业宗旨，贯彻"优质服务是国家电网的生命线"理念。但实际运营中仍存在"四个服务"执行不到位的现象。例如，服务人员态度不佳、推卸责任、业务窗口标示不明确、电力抢修不及时等。

（二）社会责任信息披露不够全面和充分

综观国家电网的 13 份企业社会责任报告，国家电网只报告对社会责任有较大贡献的内容，并未披露履行社会责任不足或需要改进的内容。例如经济绩效中政府给予的重大资助项目，企业一直未披露。作为大型国有企业，国家电网应对环境保护承担更大的责任，但实际上报告中环境绩效披露较少，因此，报告绩效指标披露不充分，一些重要核心指标没有披露。

（三）电价不合理亟待解决

我国电价一直存在严重的交叉补贴问题，电价结构不合理。尽管居民电价远低于发达国家电价，但将我国居民对工业电价比价与发达国家比较后发现，我国比价与发达国家仍存在较大差距，美国比价约为 1.8，而我国比价约为 0.8。尽管政府出台了多项政策调整电价，但这些政策主要是针对工业电价的调整，并不涉及居民电价，因此进一步加剧了电价结构的扭曲。

（四）电网安全仍需加强

目前，我国电网安全仍然存在三大问题。一是在电高峰期电量供应不足，电网安全事故频发。某些地区供电设备长时间超负荷运转、旧设备没有及时更新，单变、单线供电设备较多等安全稳定问题突出。二是大电网运营能力较差。中国电力发展已经进入大机组、高电压、高自动化的时代，电力系统运转更加复杂，不仅要深入研究大电网运行模式，也要对故障的产生原因进行总结。三是事故应急措施薄弱。仅依靠企业资源无法应对全国的电网突发事故，这就要求企业与社会资源充分合作，建立事故预防、事故反馈、事故应对、事故总结等完整应急措施体系。保持电网的安全稳定运行将是对国家电网公司社会责任的重大考验。

（五）农电工待遇较低，员工权益有待重视

国家电网公司是经营电力产品的企业，员工无法避免与电接触。电的导致的触电、火灾、爆炸等危险事件，都会对员工生命造成威胁。另外，电网的建设和维护等都是危险性较大的高空作业和现场检修工作，职工违章违纪的行为时有发生，责任事故屡禁不止，这反映出在事故发生前供电企业向员工提供的安全技能培训不充足、不全面，在事故发生时供电企业的突发事件应急措施不健全，在事故发生后的安全管理改善不彻底等问题。此外，农电工在供电企业中占有较大比例，他们为所在片区的输配电以及客户电表的抄录、审核、收费做出了重要的贡献，企业能够重要一环，但由于编制问题，他们的工资、奖金、

福利等方面与正式职工差距甚大,甚至存在同工不同酬的现象,在一定程度上为供电企业造成方面影响。

（六）节能减排任务艰巨,环境保护责任重大

我国经济成就举世瞩目,但也付出了过度消耗资源、污染严重的代价,这显然不利于社会的可持续发展。为改变这种情况,近年来,我国在太阳能发电、核能发电等清洁能源发电领域取得许多成就,但依然摆脱不了煤电为主要电能的局面。我国环境保护、节能减排任务依然沉重,建设环境友好型和资源节约型社会已是供电企业刻不容缓的社会责任。

四、国家电网公司面临的主要社会责任风险

从前文供电企业履行社会责任的现状分析可以看出,供电企业在履行和管理社会责任方面至少面临着下列风险:

（一）社会责任信息披露风险

国家电网公司在社会责任报告中避重就轻,这使得利益相关者无法客观评估、使用报告内容,报告中所披露的信息也无法充分体现其价值,甚至可能导致自身形象和声誉受损。

（二）对外电力服务风险

国家电网公司在日常经营中没有尽到相关的法律责任或合同约定责任。如无预告地停电、电压不稳定导致客户人身伤害、经济损失,强制业务造成用户知情权、选择权受到侵害等,这些都可能使公司遭受法律官司,并行用户赔偿经济损失,形成服务风险。

（三）安全生产风险

国家电网公司在电力生产过程中产生的资产损失、电网运行过程中发生的电压波动等风险都属于安全生产风险。近两年,国内某些地区持续出现的电力短缺的情况,不仅给人民生活带来不便,更给国民经济造成损失。由于我国电力基础建设不够完善,电网分布不合理,一旦出现电力生产安全事故,将会给国民经济造成更严重的损失。

（四）环境保护风险

环保风险主要来源于电力生产与环境污染的矛盾。电网经营企业必须走环保型和资源节约型的路子,大力开发太阳能、风能、核能等清洁能源发电,加

快建设资源节约型社会，不仅有利于国家，更造福于国民。

（五）电价管理风险

最新数据显示，居民对工业电价比为0.8，存在严重的电价交叉补贴，即将工业用电的盈利弥补居民用电的亏损，不合理的电价结构，将会导致电价管理风险。对于工业用电，电价上升必然导致企业成本上升，企业必然会将该部分成本转加给消费者，最终结果是我国CPI指数不稳定。对于居民用电，由于电价得到补贴，国内居民电价处于较低水平，一方面低电价不利于引导居民节约用电；另一方面用电多的居民获得补贴多于用电少的居民，不利于社会财富的均匀分配。因此我国现如今的电价结构存在严重的电价管理风险，不利于资源节约型社会建设。

（六）员工权益保护不够

员工权益保护不够可能导致员工积极性受挫，影响国家电网公司的发展后劲，甚至危及社会稳定。如果国家电网公司关心员工不够，不注重员工权益保护，员工可能失去为前途奋斗的动力，消极工作，直接对公司的发展造成负面影响。如果国家电网公司的薪酬和激励约束制度不合理，管理层员工不积极，可能导致人才流失。

（七）对三农政策落实方面可能有风险

国家电网公司对农业、农村、农民的用电问题落实情况是国家三农政策的重要组成内容。供电企业应保障农业用电，向农民大力普及用电安全知识，要保证电力"村村通"，推动农村电网更新升级，确保用电安全，保证城乡电价相同，将实惠落实到每户农户。受制于各种现实条件，各地方供电企业在落实三农用电问题上可能存在一定的风险。

五、PDCA循环在国家电网公司社会责任风险管理中的应用

（一）社会责任风险PDCA管理理论基础

PDCA循环管理最早是由美国质量管理专家戴明提出的，所以又称为"戴明环"，工作过程依次为计划（Plan）—实施（Do）—检查（Check）—改进（Act）四个阶段，工作原理为按照PDCA循环过程循环往复，一次循环完成后进入下一循环，下一循环以上一次循环为基础，每一次循环都确定新的目标，解决新的问题，进而形成一种大环套小环，阶梯式上升的模式，如图5-4所示。

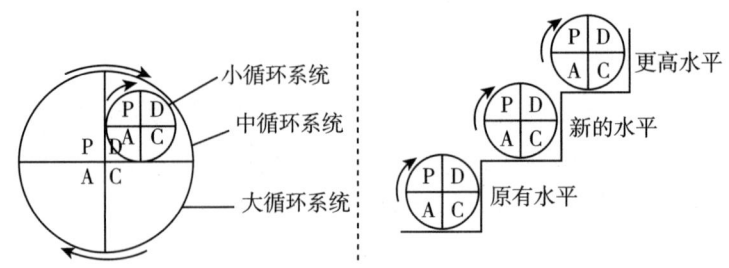

图 5-4 PDCA 循环模式示意图

PDCA 循环已经在质量管理、商业管理、医疗管理等方面取得显著成效，将 PDCA 循环管理模式应用于企业社会责任风险管理，势必将大大强化企业全方位全过程的社会责任管理工作，减少或避免社会责任风险。

企业社会责任风险管理是一个持续动态的过程，要求对社会责任风险进行持续的识别、评估、应对和监控，然后再应用监控产生的反馈结果来改进社会责任风险的识别、评估和应对过程，如此形成一个环形过程。企业社会责任风险管理作为企业的一项管理活动，其控制过程与 PDCA 循环理念具有一定的吻合性。因此，可以运用 PDCA 循环法将企业社会责任风险管理框架包含的内容划分为计划、实施、检查和改进四个阶段，形成企业社会责任风险管理 PDCA 循环，如图 5-5 所示。

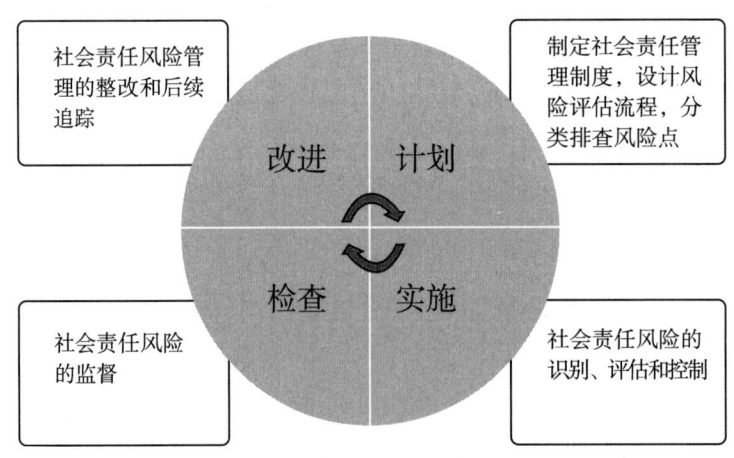

图 5-5 企业社会责任风险管理 PDCA 循环体系

(二) PDCA 循环社会责任风险管理中的应用举例

作为供电企业的命脉，安全生产对供电企业的重要性是不容轻视的，安全生产管理也是供电企业社会责任的重要内容之一。PDCA 循环法是科学的安全生产管理方法,它的存在能够解决安全生产管理难以落实、事故频发等问题。

生产风险可以划分为四个方面,具体是作业风险、设备风险、电网风险及环境与职业健康。不安全行为是导致事故发生的关键因素,为防止人的不安全行为,供电企业亟须建立起企业安全工作的中心。下面将以管理作用风险为例,将 PDCA 循法环与企业社会责任风险管理框架结合,如图 5-6 所示。

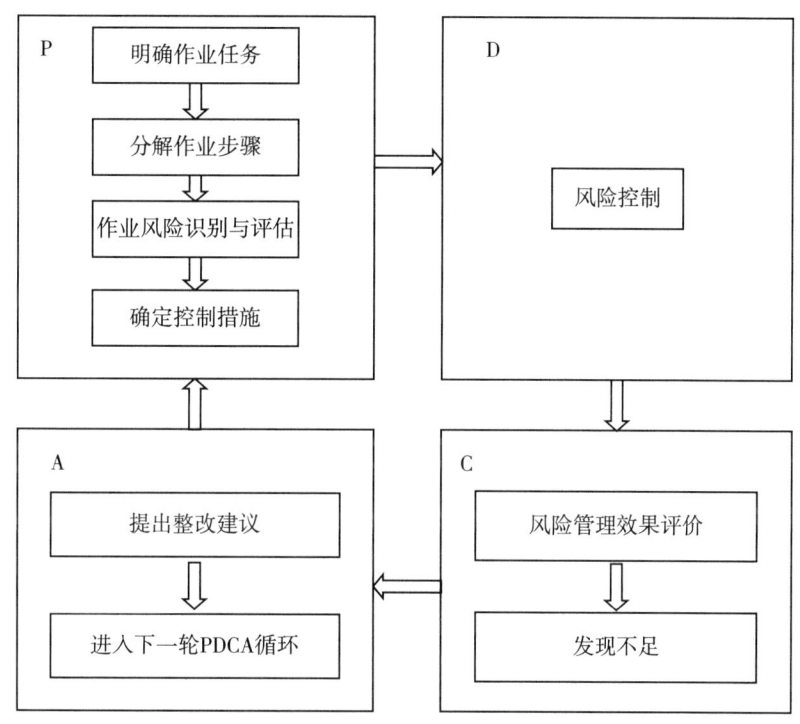

图 5-6 作业风险管理 PDCA 循环体系

1. P（Plan）阶段：识别和评估作业风险、制定相应的控制计划

识别作业风险需要考虑有关的规章制度,然后再将生产流程细化,在此基础上列举出每个流程中可能存在的风险,如图 5-7 所示。

以 10kV 台架变压器更换作业任务为例,根据作业风险识别的原则,首先细化变压器更换作业流程,考虑流程中的风险因素,识别风险阶段结束（如图 5-8 所示）。

供电企业根据识别的作业风险因素,分析其产生原因、评估其发生概率及对企业的影响。企业风险评估等级共分为四级,即重大风险（系数为 10 以上）、中等风险（系数为 4-9）和低度风险（系数为 4 以下）,如表 5-4 所示。

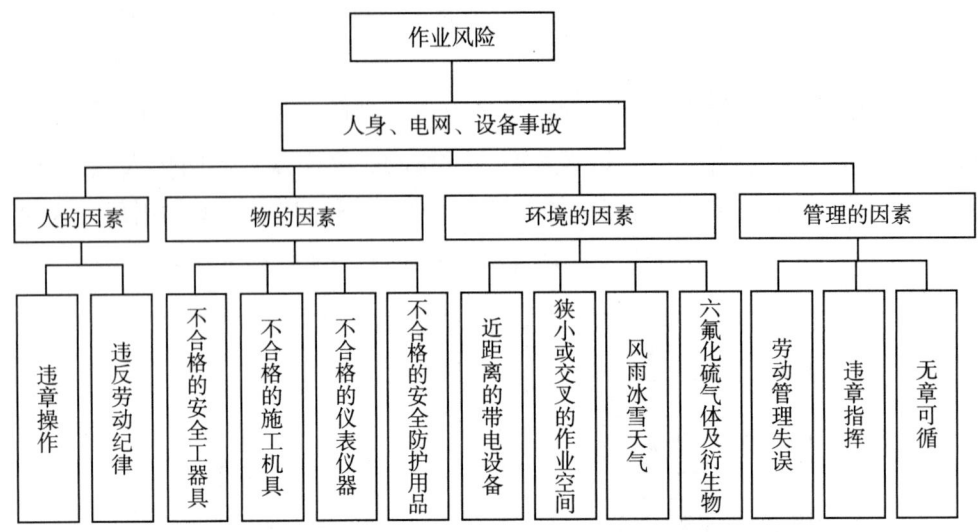

图 5-7 作业风险识别

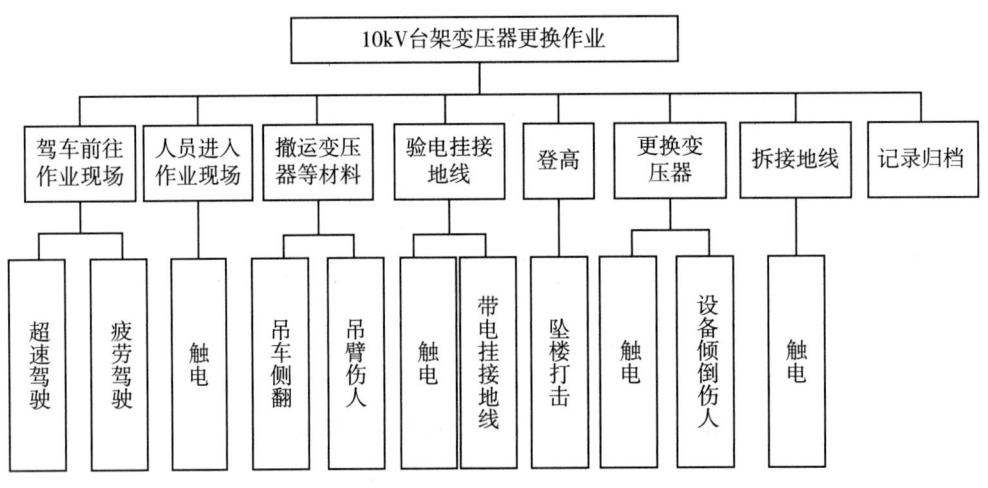

图 5-8 10kt 台架变压器更换作业风险识别

表 5-4 国家电网公司风险评估等级分类标准

等级	后果严重程度				发生可能性（发生频率）				
	电网安全	人员伤亡	社会形象	直接经济损失	1 5年及以上	2 每1—5年	3 每年发生	4 每半年	5 每月发生
1	未达到一般事故等级，但造成停电	3人以下人员重伤	在县所辖范围内受影响，但该影响可由所辖公司短期内自行消除	1000万元以下	1	2	3	4	5

续表

等级	后果严重程度				发生可能性（发生频率）				
					1	2	3	4	5
	电网安全	人员伤亡	社会形象	直接经济损失	5年及以上	每1—5年	每年发生	每半年	每月发生
2	符合一般事故等级标准	死亡3人以下，或重伤10人以下	在地市范围内受影响，但该影响需要一定时间、付出一定代价消除	1000万—1亿元	2	4	6	8	10
3	符合较大事故等级标准	死亡3—10人，或重伤10—50人	在网省范围内受影响，这种影响需要较长时间、付出较大代价消除	1亿—10亿元	3	6	9	12	15
4	符合重大事故等级标准	死亡10—30人，或重伤50—100人	在全国范围内受影响，需要通过长时间努力、付出巨额代价消除	10亿—50亿元	4	8	12	16	20
5	符合特别重大事故等级标准	死亡30人以上，或重伤100人以上	在国际范围内受到影响，这种影响难以消除	50亿元及以上	5	10	15	20	25

企业对重大风险的识别、分析、评估和控制，是设计、执行控制程序的关键。企业对社会责任整体风险识别、分析、评估后，将关键控制点设置在重大风险点上，使重大风险成为管控关键，提高风险管理效率、突出风险管理效果。关键控制点是风险管理人员将风险降低到可接受水平的必要步骤，该步骤中的预防、控制等应对程序必须针对主要风险。例如，在高空作业中，存在高空坠落的风险因素。其发生的可能性是中等3，后果的严重性是中等3，因此登高作业的风险系数为9，尽管属于低风险，但该风险容易控制，例如检查安全帽、安全服的佩戴，测试安全绳锁的牢固性，检查杆基基础的牢靠性等。因此这种低风险在作业过程中也需要予以关注。

综上所述，10kV台架变压器更换作业为例，绘制风险评估表，如表5-5所示，为作业风险控制提供依据。

表 5-5　　10kV 台架变压器更换作业风险评估表

作业步骤	风险因素	风险评估			控制措施
		严重性	可能性	等级	
驾车前往作业现场	超速驾驶	3	3	9	1. 遵守交通规则，对司机进行相关法规培训 2. 系好安全带
	疲劳驾驶	3	3	9	1. 合理安排工作，避免疲劳驾驶 2. 员工精神状态不佳时禁止驾驶
人员进入现场	触电	3	5	15	1. 确保现场安全措施满足要求 2. 工作负责人对工作任务和安全措施讲解详尽清晰

注：该表仅节选部分作业步骤。

2. D（Do）阶段：实施作业风险控制措施

管理作业风险的目的是将风险降至最低水平，确保人员、设备、电网的安全，为实现管理目的。对于无法管理且风险等级为重大风险作业，作业人员应当放弃作业、回避风险。对于相对能够管理的且风险等级为高、中、低的风险作业，作业人员应当根据 P 阶段的基础，采取适当的风险控制措施，将事故损失控制在可接受范围之内。例如，加强现场安全指导、标准化现场作业流程等。

以 10kV 台架变压器更换作业为例，供电企业总结了十项有效的控制措施，即戴安全帽、穿工作服、系安全带、停电、验电、接地、挂牌装遮拦、凭票操作、凭票工作、现场交底。作业人员在作业风险评估表的基础上，根据所编制作业表单执行作业。在作业前，作业人员需要逐项确认作业表单项目，检查作业现场状况，确认作业可能存在的风险，做好前期准备工作；在作业中，作业人员规范执行标准化操作，严格各项风险控制措施，并将实际作业流程记录在作业表单中；在作业后，作业人员检查作业质量，总结作业过程中存在的问题，并记录在作业表单中。

3. C&A 阶段：评估控制措施效果，纠正存在的漏洞

结束 D 阶段后，作业人员需将作业表单及时归档保存。在每月月末，供电企业应召开总结会议，汇总当月作业表单中的存在的问题，分析总结当月作业执行情况，并提出整改措施。最后要设置专门的督导人员，督促问题解决，形成 PDCA 闭环管理。

为了保障作业风险管理 PDCA 循环体系可以顺利实施，供电企业可以采取安全责任问责机制和绩效考核机制。问责机制是指供电企业根据作业中事故后果、损失的具体情况，对事故责任人问责、处罚。例如，在 10kV 台架变压器更换作业中出现变压器损坏情况，设备安装人员、作业现场负责人员等会受到相应的处罚。绩效考核机制是指供电企业设立安全生产绩效考核指标，根据当月、当季、当年的各作业安全生产现状，评估月末、季末、年末的安全生产绩效。

六、结论及政策建议

我们将 PDCA 循环的管理理念引入企业社会责任风险管理框架，将企业社会责任风险管理过程划分为计划、实施、检查和改进四个阶段，使得社会责任风险管理的步骤更易于理解与操作，也为社会责任风险管理的持续动态改进构筑了平台。

（一）分析作业流程、夯实循环基础

P 阶段是 PDCA 循环的开端，一个高质量的 P 阶段能够保证循环的高效运转。充分分析作业流程是制定控制计划的基础工作，计划如果脱离业务流程，作业控制活动也难以落实到作业流程中，无法实现风险控制目的。因此建立在作业流程上的控制计划，才能全面识别、评估作业风险，提高 P 阶段完成质量。此外，在分析作业流程时适当采用流程图、流程说明等工具，能够提高工作效率。

（二）利用 PDCA 循环不断完善现场作业控制

PDCA 循环管理理念的四个阶段与内部控制充分集合，将循环作为建立有效内部控制的基础，进一步完善供电企业的作业控制体系，增强作业控制各环节间相关性，促进作业控制的不断改进，优化控制实施效果。

在 P 阶段，供电企业应当尽可能的识别与评估作业中的所有风险，防止重大风险被遗漏，强化事故的事前作业控制程序，制定完善的控制计划，降低事故发生的可能性；在 D 阶段，供电企业应当落实各项作业控制程序，完成对事故的事中控制，降低事故造成的损失。在 C 和 A 阶段，供电企业应当对内部控制的实施效果总结并评估，对作业控制中存在的问题及时修正，形成作业控制与风险管理闭环，推动管理的持续提升。

（三）利用问责与绩效机制、提高 PDCA 循环效率

PDCA 循环成功建立后，有利于供电企业的社会责任风险管理。适当引入问责与绩效机制，有利于鞭策员工作业行为、激发员工落实作业管理积极性。以员工为动力，提高循环运转效率，使社会责任风险管理更加快速得以完善。

第六章　企业社会责任风险管理与企业价值创造

目标引领行动，任何组织都有自己的目标，例如，实现企业价值的最大化，为公众提供最佳服务，更加有效率地利用资源等。企业作为一个经济组织，其主要使命是为利益相关者创造价值。企业在追求价值的过程中面临很多不确定性，即风险。风险会对组织目标的实现产生影响。针对风险需要进行识别、评估和管控。有效的风险管理能使企业及时正确地应对不确定性及其不利或有利影响，增进创造价值的能力。

第一节　风险管理的价值创造机理及实证检验[①]

所有企业在生产经营和管理活动都经常面临各种各样的不确定性，不确定性既代表风险，也代表机会，既可能破坏企业价值，也可能会增加企业价值。良好的风险管理能使企业管理当局有效地应对各种不确定性以及由此带来的风险和机会，增进创造价值的能力。

一、风险是决定企业价值的重要因素

企业价值有多种不同的表现形式，如账面价值、市场价值、评估价值、清算价值等。由于账面价值以成本计量为主，与企业创造未来收益的能力之间相关性较弱。因此，企业价值一般不是指现有资产的账面价值，而是以企业内涵

---

① 本节执笔：王清刚、陈曦、郭晓慧。

价值为基础的市场价值。Modigliani and Miller（1958）从财务学的角度将企业价值定义为企业的市场价值，是企业股票的市场价值与企业债务的市场价值之和。当然，也有不少学者认为企业价值仅指股东权益的价值，不包括债务的价值。

企业价值主要由其内涵价值决定，从经济内涵来看，资产的本质是创造未来的现金流入量，负债的本质是未来的现金流出量，企业的内涵价值是创造未来现金净流量的能力。内涵价值主要表现为未来收益以及按与取得收益相匹配的风险收益率作为贴现率计算的现值，即企业所能创造未来现金净流量的折现值。现值越大，企业价值越大。现值大小主要由未来净现金流量、折现率和经济寿命三个因素决定，而这些都与企业风险管理密切相关。风险及风险管理与企业价值创造的内在逻辑如图6-1所示，在报酬与风险达到最佳均衡时可以实现企业价值的最大化。

（一）折现率对企业价值的影响

折现率一般按内涵收益率确定，既要考虑资本成本，又要考虑风险成本。资本资产定价模型（Capital Asset Pricing Model，简称CAPM）是计算资产内涵价值的最常用公式，如下式所示：

$$E(r_i) = r_f + \beta_{im}[E(r_m) - r_f]$$

上式中：$E(r_i)$是资产i的内涵收益率（也称为必要报酬率）；r_f是无风险收益率，主要反映资产的时间价值，可以用国债利率代替；$E(r_m)$是市场平均收益率，β_{im}是风险系数，表示资产i的收益率相对于市场平均收益率的变动幅度；$\beta_{im}[E(r_m) - r_f]$表示按β系数调整后的风险收益率，是承担相应风险所要求的额外补偿，即风险补偿（或风险溢价）。风险越高，要求的风险补偿也越高，内涵收益率就会提高，折现率提高，折现的结果应会降低，就会减损企业价值，这部分价值减损称为风险折价。例如，在二手车交易市场上，买卖双方存在严重的信息不对称，相关风险很高，买方会给出很高的风险折价，从而压低交易价格。如果企业实施良好的风险管理，降低企业整体风险水平，并为投资者等利益相关者认可，企业价值就会遭受较小的风险折价，从而保护公司价值，为公司创造价值。

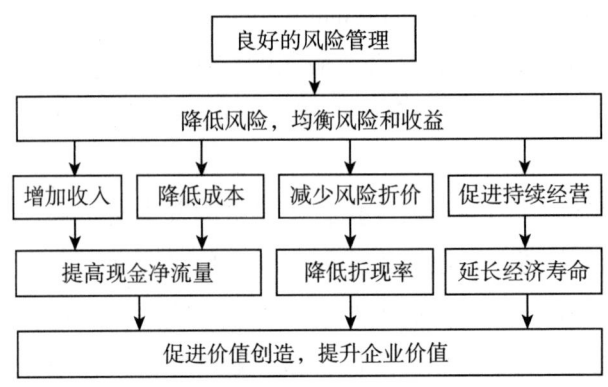

图 6-1　风险管理促进企业价值创造的内在逻辑

（二）未来现金流对企业价值的影响

从生产经营过程看，企业的采购、生产和销售等都离不开现金流，企业也只有通过销售收回现金才能最终实现所创造的价值。在"现金为王"的今天，现金流是企业生存和发展的"血脉"，是提升企业价值的关键所在，能帮助投资者看清企业的真正面貌。现金流增加代表着企业价值的增长，现金流充足说明企业的经营状况良好，承受风险的能力强，投资者信心充足。因此，企业价值的大小取决于企业资产创造未来现金流的能力。

风险管理的核心目标是提高企业运营的效率和效果，服务于企业的价值创造。良好的风险管理能够多维度提升企业收入，降低运营成本，从而提升企业的现金净流量创造能力。例如，控制融资风险，能够减少外部融资的交易成本；合理管理涉税业务，促进合规性，降低涉税风险，可以降低纳税成本；加强对外投资业务管理，降低投资风险，能够增加投资收益，减少投资损失。所有这些都可以平稳和增加企业收益和未来的现金净流量，降低资本成本（贴现率），从而增加企业价值，提高价值创造能力。

（三）经济寿命对企业价值的影响

生命周期和经济寿命是影响企业价值的重要因素，投资者和债权人等几乎所有的利益相关者都非常看重企业的可持续发展能力。风险管理的最终目标是促进企业实现发展战略，促进企业可持续发展。良好的风险管理有利于企业管理层将近期利益与长远利益、局部利益与全局利益结合起来，在生产经营和管理活动中做出符合战略要求、有利于提升可持续发展能力和创造长久价值的选择和判断，从而克服片面追求当前利益和局部利益的短期行为。

二、从合规控制到价值创造的风险管理

人们对风险的意识自古就有，人类社会从形成开始就一直面临着自然灾害和意外事故的侵扰。我国夏朝后期就有了"天有四殃，水旱饥荒，其至无时，非务积聚，何以备之"的描述。据史料记载，公元前 1700 年开始，我国在长江从事货运的商人们将一批货物分装在几条船上；公元前 2800 年左右，古埃及平民中开始盛行互助基金组织；公元前 916 年，《罗蒂安海商法》确定了共同海损制度①。

将风险管理纳入企业管理活动的范畴，并被学术界加以系统研究则起始于 20 世纪中期（Bernstein，1998）。早期的风险管理以合规控制为基础，注重纠错防弊，目标是以最小的成本实现损失最小化，后来逐步演变为以最小成本获得最大的安全保障（Lam & Kawamoto，1997），通过风险成本最小化实现企业价值最大化等。美国银行家协会则认为商业银行风险管理的目标并不是人们通常误认为的风险最小化，而是风险与收益的优化组合，是风险成本与风险收益的最佳动态均衡②。

经过不断发展和演进，现代企业的风险管理不再局限于过去的纠错防弊，不再局限于为防止损失而将风险降至可接受水平，已转向全面服务企业价值创造和价值管理。如图 6-2 所示，现代企业的风险管理已经迈向智能化、精益化管理阶段，被视为企业战略不可分割的一部分，构成企业管理的重要内容，能够有效地配置资源、优化过程，促进企业更好地实现目标。因此，风险管理必须服务于企业的价值创造。

（一）美国 COSO 委员会对风险管理价值创造的认识

美国 COSO 委员会作为内部控制与风险管理领域的权威机构，历来十分重视风险管理活动对企业价值创造的支撑。2017 年 9 月，美国 COSO 委员会发布《企业风险管理——整合战略和绩效（2017）》，对其 2004 版《企业风险管

---

① 海上贸易源远流长，在公元前 2000 多年的地中海，航海被视作一种海上冒险事业，载货木帆船构造简陋，抵御海上灾害事故的能力很差，一旦遇到风暴，多采取"抛货"保船的办法。经过长期实践，逐步形成了共同承担"抛货"损失的共同海损分摊原则。公元前 916 年，居住在爱琴海罗德岛的腓尼基人把这一原则收入《罗蒂安海商法》（Rhodian Law）。

② Division of Supervision and Regulation. Commercial Bank Examination Manual [R]. https：//www.federalreserve.gov/publications/files/cbem.pdf.

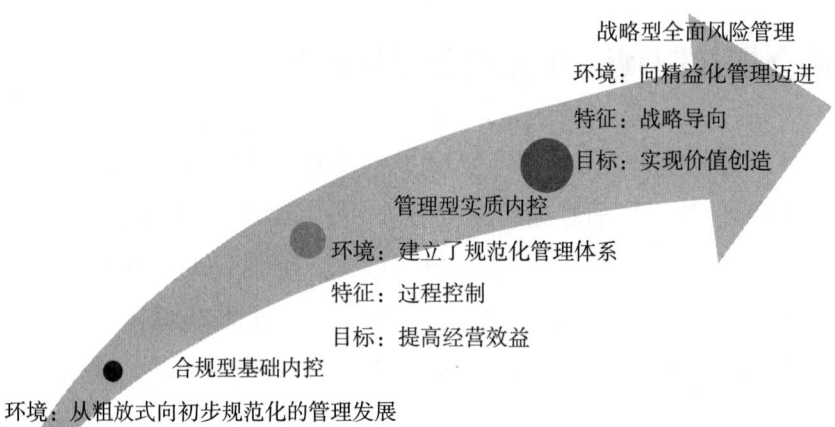

图 6-2 企业风险管理的发展与演进

理——整合框架》进行改进和完善。如图 2-4 所示,新框架更加注重风险管理对企业战略和愿景的支撑,与价值创造紧密关联,更加强调和业务活动的融合,倡导目标导向。

关于风险,COSO 原框架认为是事件发生并负面影响目标实现的可能性,强调风险是负面影响。新框架下,风险被定义为事件发生并影响组织实现战略和商业目标的可能性。风险的范围扩大,不仅包括负面影响,还包括正面影响。新框架对风险管理的定义是:组织在创造、保持和实现价值的过程中,结合战略制定和执行,赖以进行管理风险的文化、能力和实践。明确企业风险管理不是一种职能或部门,而是一种与战略制定及实施相整合的文化、能力和实践,旨在创造、维护和实现价值。新框架将风险管理直接从"一个流程或过程"提升到"服务企业价值创造的一种文化、能力和实践",贯穿于组织活动的各个层面。

(二)国际标准化委员会(ISO)对风险管理价值创造的认识

2018 年 2 月,国际标准化委员会(ISO)发布新版 ISO31000:组织的风险管理国际标准,取代其 2009 年 11 月发布老版 ISO31000。新标准聚焦组织的价值创造、维护和实现,强调风险管理对于决策支持的重要性,认为风险管理不是一项孤立的管理活动,需要与其他管理活动整合。2018 版新标准主要由原则、框架和流程三部分构成,如图 2-6 所示,可简称为"三轮框架"。原则轮突出了价值创造和保护的总原则,框架轮的核心是领导力与承诺,强化了领导层职责和整合的重要性,流程轮强调了风险记录与报告,延续了风险评估的经典流程,包括风险识别、风险分析、风险评价和风险应对等。

风险管理的目的在于创造、实现和保护价值,它能提升绩效,鼓励创新并支持目标的实现。原则轮展示了风险管理工作的价值和宗旨,指出了有序和高效的风险管理应遵循的原则。原则中最核心的内容为"价值创造与保护",这些原则是管理风险的基础,风险管理的目的就是控制损失,创造并保护价值。在组织的运营活动中,机遇和威胁并存,风险管理就是要趋利避害,创造价值。在某些特定领域,如金融业、从风险管理的角度出发,币值波动既能造成潜在损失,又是可能营利的机会。因此,风险管理过程越来越多地被认为是既要关注不确定因素带来的消极影响,又要关注这些不确定性因素的积极影响。

(三) 我国相关规范中的风险管理与价值创造

我国也十分重视风险管理对企业价值创造的引领和促进作用,早在 2006 年 6 月,国务院国有资产监督管理委员会就发布《中央企业全面风险管理指引》,明确了风险管理的核心目标是保障经营管理的有效性,提高经营活动的效率和效果,降低实现经营目标的不确定性。企业既要注重防范和控制风险可能造成的损失和危害,也要把机会风险作为企业的特殊资源,通过风险管理,为企业创造价值,促进经营目标的实现。

2008 年 5 月,财政部等五部委联合发布的《企业内部控制基本规范》将内部控制目标确定为合规目标、报告目标、资产目标、运营目标和战略目标五大类。内部控制与风险管理是融合发展的有机整体,如图 6-3 所示,我们认为内部控制与风险管理的核心目标是提高企业运营的效率效果,通过促进人、财、物、时间、技术等资源的优化配置,以更优的效率效果实现其运营目标,从而促进其战略目标的实现。

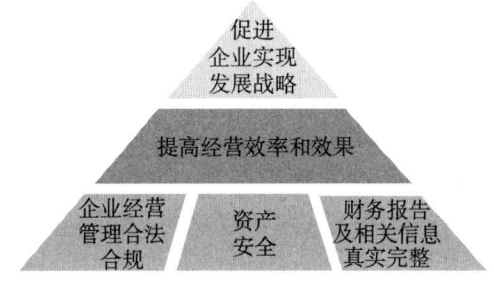

图 6-3 内部控制与风险管理的目标结构

2009年9月,国家质量监督检验检疫总局与国家标准化管理委员会联合发布《风险管理原则与实施指南》,为单位实施风险管理提供了通用原则和具体指南。该标准要求单位实施风险管理的第一条原则即为控制损失,创造价值。以控制损失、创造价值为目标实施风险管理,有助于组织实现目标、取得具体可见的成绩和改善各方面的业绩,包括人员健康和安全、合规经营、信用程度、社会认可、环境保护、财务绩效、产品质量、运营效率和公司治理等方面。

三、风险管理驱动价值创造的作用机理

根据美国哈佛商学院著名战略学家迈克尔·波特提出的"价值链分析模型(Michael Porter's Value Chain Model)",企业的价值创造活动可以分为基本活动和支持活动,基本活动涉及企业采购、生产、销售、售后服务等,支持性活动涉及人事、财务、计划、研发等。

1997年5月,中国人民银行发布《加强金融机构内部控制的指导原则》,提出三道风险监控防线:一线岗位监督、部门岗位制衡以及监督部门监控等。2013年1月,国际内部审计师协会(The Institute of Internal Auditors,IIA)发布《有效风险管控的三道防线》和针对内部控制的立场文件,将风险管理划分为运营和管理、风险和合规管理、内部控制和内部审计三道防线。2019年6月,IIA发布修订"三道防线模式"征求意见稿,认为原来的三道防线模式没有能力匹配现代组织面临的现实情况,修订建议的关键是将该模式的思想从价值保护扩大到价值创造。

借鉴并改进波特的价值链分析模型,我们认为企业价值创造的核心活动包括采购、生产、销售和客户服务等,辅助活动有基建、研发等,还有财务、信息、人资、风控、审计等支持性活动。企业应将有限的资源合理配置在最有效的价值创造环节,要在生产经营和管理活动中,探寻价值创造的运行模式和管理技术,建立起连接企业战略、商业目标、运营管理和绩效考评等关键企业活动的决策和风控体系,并将其应用于所有对企业价值有影响的因素和环节上。

风险管理就是对上述活动的具体环节进行协调和管控,管控其中的不确定性,确保这些价值活动有效开展,实现企业价值的创造与增长。我们通常所强调的控制,主要是对风险的控制,也就是对影响价值活动有效开展的人、财、物配置和使用中的不确定性进行管理,以促进企业的价值创造。结合IIA改进后

的风险管理三道防线模式,我们设计了企业风险管理价值创造的作用机理图,如图6-4所示。

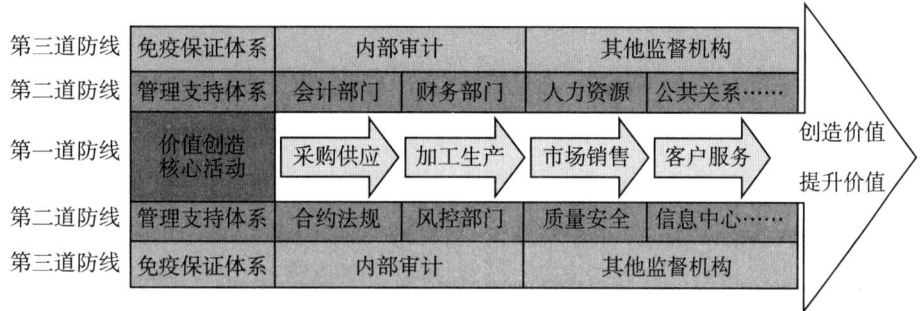

图6-4 企业风险管理价值创造的作用机理

第一道防线围绕企业价值创造的核心业务层开展,实施主体是采购、生产、销售和客服等部门的管理人员和业务人员。业务部门和业务人员不仅要对自己的业务和绩效负责,还要对与业务有关的风险防控承担责任,要均衡好风险和收益的关系。业务部门和业务人员要一手抓业务,一手抓业务风险的防控,确保公司业务在既定的风险容限和风险偏好下有序有效地开展。企业要对业务部门和业务人员进行风险管理相关知识的培训和专业支持,并持续督导业务风险的识别、分析和应对。

第二道防线围绕企业价值创造的管理支持部门开展,实施主体是风控、会计、财务、人力资源等职能部门,主要负责能力输出,在专业领域形成价值创造和保护的专项能力,并支持第一道防线更好地开展业务风险防控工作。职能管理人员必须围绕价值创造的核心活动开展管理和服务工作,能够与业务部门和业务人员并肩作战。在业务活动中,当业务部门和业务人员面临风险和不确定性问题,需要专业的支持意见时,职能管理人员要及时跟进,及时提供咨询服务和专业意见,协助业务人员控制好相关风险,防止风险进一步扩散。

第三道防线围绕内部审计等保证性职能部门开展,是风险管理的免疫保证系统,主要职能是通过监督、评价等活动来保护价值,防止价值毁损,更好地帮助企业实现价值。监事会、审计委员会、内部审计、外部审计等是风险管理监督与评价要素的重要构成。传统的内部审计被认为是非增值的成本中心,是一个"查错纠弊"爱找麻烦的部门,存在着重监督轻服务、重结果轻过程、重财务轻业务、重合规轻价值等问题,不受重视。经过不断发展和演进,现代内部审计被认为是一种独立、客观的确认和咨询活动,旨在增加组织的价值和改善组织的运营。它通过应用系统化、专业化的方法,评价并改善风险管控和治理过程的效率效果,帮助组织实现其目标,促进组织稳健运行和价值提升。

四、风险管理驱动价值创造的实证检验

(一)理论分析与研究假设

1. 企业风险管理第一道防线与企业价值

企业风险管理第一道防线围绕企业价值创造的核心业务活动开展,主要包括采购、生产、销售和客服等业务活动。业务部门和业务人员不能只专注业务,还必须注重对业务风险的防控。以华为公司为例,其第一道风险防线设置为业务主管/流程主管,他们是风险第一责任人,在业务和流程中要建立风险意识和管控能力,公司要求95%的业务风险必须在业务运营和流程化作业中解决,所有的业务/流程主管必须具备两个能力:一是创造价值能力,二是风险管理能力。

供产销是一般企业价值创造的核心活动。采购是高风险领域,采购质量和价格直接影响着后续的生产和销售等,而且业务发生频繁、交易金额大、运行环节多,容易产生漏洞。企业加强采购环节的管理和控制,有效控制采购风险,可以发挥采购的利润杠杆作用,提高价值创造能力(贺林和才宏远,2015)。企业在采购过程中积极履行社会责任,注重节约资源,利用可再生资源,加强原料供应地的生态保护,可以节约采购成本,促进企业可持续发展(王清刚,2012)。在生产过程中容易发生产品质量不达标、三废排放超标、安全生产事故、成本控制超标、产品技术落后等风险,这些都会损害企业的价值创造能力。李文杰(2009)运用价值流图析研究了企业的价值流情况,认为企业的生产过程实际上是价值流动及增加的过程,并运用精益生产原理,控制生产过程风险,消除不必要的浪费,以促使价值流高效运动。Shah et al.(2012)研究发现加强生产过程的风险评估,能够提高生产效率,带来成本节约,有利于提升企业价值[①]。销售和收款最终使产品价值得以实现,在产品营销和收款过程中,容易发生商业贿赂、虚假宣传、舞弊欺诈、坏账损失等风险,企业应加强对销售和收

---

① L. Shah, A. Etienne, A. Siadat. (Value, Risk) - basedPerformanceEvaluationofManufacturingProcesses [R]. IFACProceedingsVolumes, 18Jun2012, https://hal.archives-ouvertes.fr/hal-00707726.

款业务的风险管控。在客户服务环节，常见风险有客户服务水平低，消费者满意度不高，造成客户流失，或者是退货管理不善，可能造成商品毁损等。客服中心作为企业对外的窗口，应通过强化风险管控，努力提高服务质量和客户满意度，为提升企业价值服务。华为的持续成功，与其长期秉持"以客户为中心"的核心经营理念不无关系。

基于以上分析，我们提出假设 H1：

H1：风险管理的第一道防线，即核心业务活动的风险管控能促进企业价值创造。

2. 企业风险管理第二道防线与企业价值

企业风险管理第二道防线围绕企业价值创造的管理支持部门开展，实施主体是风控、会计、财务、人力资源等职能部门。仍以华为公司为例，其第二道风险防线设置在稽查、内控和风险监管等职能部门上，针对跨流程、跨领域的高风险事项进行拉通管理，做业务主管的帮手，不越俎代庖，业务主管仍是风险管理的责任人，这道防线是要帮助业务主管管好业务，及时发现问题、推动问题解决。

我国经济正面临着由高速发展向高质量发展的转型升级，企业管理也要由粗放式的规模扩张转向高质量的内涵式发展。高质量发展的企业一般具有价值引领、创新驱动、管理有效、能力突出、开放运营、绩效卓越、声誉良好等特征。在企业高质量发展的过程中，会计、财务、风控等职能部门发挥着至关重要的作用。诸波等（2017）研究认为管理会计作为决策支持信息系统，帮助组织管理者决策、创造组织价值。宋雪（2018）构建了评价企业管理会计应用情况的管理会计指数，发现其与企业价值创造能力之间显著正相关，证明了管理会计应用能够帮助企业创造价值。李心合（2007）认为现代企业内部控制应从财务报告导转向到价值创造导向，杨忠智（2007）认为内部控制是一种价值创造活动，能够降低代理成本。陈秉正（2003）、傅亚平（2006）认为风险管理通过降低企业经营管理中的交易成本和摩擦成本增加企业的价值。成小平等（2016）研究发现企业实施全面风险管理可以显著提高企业价值，实施年份越长对企业价值的影响越大。其他职能管理等支持部门也能企业价值创造服务，在此不再赘述。

基于以上分析，我们提出假设 H2：

H2：风险管理第二道防线，即管理支持部门的工作有助于企业价值创造。

3. 企业风险管理第三道防线与企业价值

企业风险管理第三道防线主要围绕内部审计等保证性职能部门开展，配合其他监督机构的作用共同构成了风险管理的免疫保证系统。再以华为公司为例，其第三道风险防线主要设置在内部审计部门。作为全球化的企业，华为十分重视内部审计体系的建设，强调内部审计是"司法部队"，通过独立评估和事后调查建立威慑。2016年12月1日，任正非在华为内部监管体系座谈会上发表"内外合规多打粮，保驾护航赢未来"的内部讲话，强调华为不能因为腐败而不发展，也不因为发展而宽容腐败。内外部监管部门的工作和职责不在部门内部，而是要服务于一线的业务，服务于公司的价值创造。

我国上市公司内部监督机构一般包括监事会、审计委员会和内部审计。监事会通常与董事会并列，主要职责是监督公司董事、经理和其他高级管理人员的业务胜任能力、道德操守、履职合规性等，对公司重大的经营、投资和财务活动进行监督，对相关控制活动的有效性进行监督。监事会通过加强对公司治理结构的监督，能够帮助董事会制定更为合理的公司战略，可以有效降低企业经营风险（纳超宏等，2019）。审计委员会协助董事会履行其内部控制、风险管理和财务报告方面的职能，包括监督财务报告相关风险、内部审计实施情况、反舞弊机制的建立和实施情况，并对重大财务活动风险实施监督。李冰清等（2018）研究发现审计委员会对风险管控的作用越来越大，公司风险管理能够显著提高公司价值。内部审计是规范公司运营的重要机制，主要负责持续监督和评价内部控制的有效性，改进风险管理机制等。内审部门能够通过提升数据质量、改善运营管理、提供咨询途径有效提高企业的经济价值（叶晓霖，2019）。虽然不同监督机构监督的对象、重点和措施存在差异，但都有助于提升企业的内部控制有效性和风险管理水平，促进企业创造价值。

基于以上分析，我们提出假设H3：

H3：风险管理第三道防线，即内部监督体系的工作有助于企业价值创造。

4. 企业风险管理整体水平与企业价值

风险管理不是单纯的流程、制度和措施，而是由一系列目标、要素和原则等构成的整合框架，是一种管理体系。2017年9月，COSO委员会发布新版《企业风险管理框架》，将风险管理定义为组织在创造、实现和维护价值的过程中，为战略制定与执行而管理风险所依赖的文化、能力和实践。2018年2月，国际标准化委员会发布新版《ISO31000：组织的风险管理国际标准》，对风险管理的原则、框架和流程进行了改进和优化，强调要将风险管理过程整合到组织的整体治理、战略规划、运营管理、报告过程、方针政策、价值观和文化中。风险管理可以在组织的多个领域和层次、任何时间存在，可以应用到整个组织、具体职能、项目和活动之中。风险管理三道防线理论主要围绕业务层面的风险管理设计，很难准确完整地描述企业风险管理的全部内容，特别是战略风险和公司治理风险，三道防线没有完整覆盖。为此，我们在这里拟增加一个反映企业风险管理整体水平的研究假设。

MM 理论认为，企业价值由盈利能力和与之相适应的风险水平决定，进行风险管理有助于企业价值的提升。风险管理可以通过减少不完美市场引起的各种摩擦成本来增加企业价值。大多数已有研究证明企业风险管理绩效能够对公司价值和财务业绩产生积极影响（Kenneth，1993；Meulbroek，2002；Nain，2004；Hoyt and Liebenberg，2011）。风险管理一方面可以降低企业收入的波动，降低破产的可能性，从而以更低的成本获得外部融资（Smithson et al.，2005），另一方面能使公司在经营中保持财务上的灵活性，从而在不利的经营环境中能够用最小的成本来支撑企业的发展（Leautier，2007）。风险管理通过降低流动性风险，使公司能够获得更好的投资机会，实现盈利能力的提高（Nocco et al.，2006；Donald et al.，2010）。Meulbroek（2002）研究发现通过加强风险管理和风险信息披露很可能降低监管审查和外部资本的预期成本。周宇梅和王毅（2009）研究发现加强风险管理已成为保险企业实现价值创造的必要手段，并提出了保险企业通过实施风险管理实现价值创造的思路、原则和实施路径。曾忠东（2010）分析了风险管理在增加公司价值方面的作用，并构建了基于价值创造的金融机构风险管理新框架，以优化公司收益与风险之间的动态关联。张芳洁等（2017）以寿险公司为样本进行实证研究发现完善全面风险管理组织结构体系、提升全面风险管理技术能力水平，能够显著提高寿险公司的企业价值。

基于以上分析，我们提出假设 H4：

H4：企业实施全面风险管理体系，有助于企业价值创造。

（二）样本选取和数据来源

我们以 2013—2017 年沪深两市 A 股上市公司为样本总体，为了避免异常值和特殊情况对实证结果造成干扰，对样本执行了如下筛选程序：

1. 剔除 ST、PT 公司，因为这类公司的情况异常，其波动性与正常交易股票存在较大差异，受交易规则的限制，容易造成检验结果的偏差；

2. 剔除保险、银行和证券等金融业的样本公司，这类公司有显著的行业特征，其披露状况同其他行业的差异比较明显；

3. 剔除在检验区间（2013—2017 年）财务数据缺失和异常的样本公司，目的是确保样本的连续性和完整性；

4. 为消除极端值对研究的影响，对连续变量在 1% 的水平上缩尾处理。

经过上述处理，最终得到 10836 个非平衡面板观测值。本研究数据主要来自 CSMAR、东方财富网 Choice，数据处理选用 Excel 和 Stata 软件。

1. 变量的选取与度量

（1）被解释变量杨松令等（2014）的度量方法，采用经济增加值（Economic Value Added，简称 EVA）进行测量。经济增加值 EVA 一定期间企业税后经营净利润（没有减除债务资本利息）与全部投入资本成本之间的差额。用公式表示：

经济增加值 = 税后净营业利润 – 调整后资本 × 加权平均资本成本率

这里：税后净营业利润 = 净利润 +（利息支出 + 研究开发费用调整项）×（1 – 25%）；

调整后资本 = 平均所有者权益 + 平均负债合计 – 平均无息流动负债 – 平均在建工程。

EVA 能够很好地反映企业的价值创造能力，体现企业为社会创造的价值贡献，有利于促进企业实施以价值为基础的管理。张颖（2013）和任立新（2015）分别以 EVA 为基础分析了不同类型企业提高价值创造能力的驱动因素。2014 年 1 月，国务院国有资产监督管理委员会专门印发《关于以经济增加值为核心加强中央企业价值管理的指导意见》的通知，要求中央企业以 EVA 管理理念，通过价值诊断、管理提升、考核激励、监测控制等工具，对企业价值驱动因素进行全过程管理。

（2）解释变量

企业风险管理第一道防线（ERM1）主要是围绕采购供应、加工生产、市场销售、客户服务等核心业务活动开展的风险管理。本研究首先选取与这些业务活动风险管理绩效相关的指标，如营业成本率、资产减值损失率、营业收入收现比率、存货周转率、市场占有率等分别赋 20% 权重合成，将得到的综合指标作为企业风险管理第一道防线的替代变量。

企业风险管理第二道防线（ERM2）主要是管理支持体系的风险管理活动，如会计部门、财务部门、风控部门、人力资源等部门的管理支持活动。管理支持部门的风险管理绩效是很难衡量的,对企业价值创造的影响是一种间接性贡献。前面分析过加强风险管理能够降低各种代理成本,考虑相关性和数据可得性,我们选取管理费用率、财务费用对负债的比率这两个指标的平均值作为企业风险管理第二道防线的替代变量。

企业风险管理第三道防线(ERM3)主要是内部审计等免疫保证体系的风险管理活动。借鉴林斌等(2017)的方法,用迪博数据库中(内部监督指数+1)的自然对数来衡量。变量加一后取自然对数,是为了防止某些变量为0,直接取自然对数后变成异常值。

企业风险管理总体水平(ERMT),风险管理是由一系列目标、要素和原则构成的有机整体。风险管理三道防线理论主要围绕业务层面的风险管理设计,很难准确完整地描述企业风险管理的全部内容,特别是战略风险和公司治理风险,三道防线没有完整覆盖,为此我们增加了一解释变量企业风险管理整体水平,使用迪博内控指数DIB_Index(百分数)来衡量。

(3)控制变量

影响企业价值创造的因素较为复杂,既有外部金融环境的因素,也有企业内部方面的因素。为了尽可能准确地刻画企业风险管理活动与企业价值创造的关系,在借鉴已有研究的基础上,我们选取了企业规模(Size)、上市年限(Age)、资产负债率(Leverage)、成长性(Revgrowth)、产权性质(SOE)、第一大股东持股比例(First_Share)、两职兼任(Duality)、行业(Industry)、年份(Year)等作为控制变量。

企业规模(Size),通常用总资产的对数衡量。规模较大的企业经营效益相对较好,用于控制公司规模与企业价值的关系(Hoyt & Liebenberg,2011)。大量研究表明,大型企业的风险管理相比中小型企业更完整更先进。因此,在分析中控制公司规模很重要,否则遗漏变量将导致模型产生内生性问题。

上市年限(Age),用公司上市时间的自然对数来衡量。上市年限不同公司所处的发展阶段也不同。上市时间越长,企业风险管理体系会更加完善,有更好的风险应对能力。

资产负债率(Leverage),用总负债占总资产的比率来衡量,这是衡量公司财务风险的一个重要指标。

成长性(Revgrowth)用营业收入增长率来衡量。

产权性质(SOE),当企业为国有企业时取1,非国有企业取0。

第一大股东持股比例（First_Share），股权集中度指标。

两职兼任（Duality），当董事长和总经理两职兼任时取1，否则为0。

上述主要变量的类型、符号、名称和定义如表6-1所示。

表6-1 主要变量说明表

变量类型	变量符号	变量名称	变量定义
被解释变量	EVA	企业价值	经济增加值＝税后净营业利润－调整后资本×加权平均资本成本率 这里：税后净营业利润＝净利润＋（利息支出＋研究开发费用调整项）×（1-25%） 调整后资本＝平均所有者权益＋平均负债合计－平均无息流动负债－平均在建工程。并将计算得到的经济增加值用总资产来平均
解释变量	ERM1	企业风险管理第一道防线	将营业成本率Costratio、资产减值损失率Impairment_loss、营业现金比率cash、存货周转率inventory、市场占有率Industry_Share五项指标分别赋20%权重合成
	ERM2	企业风险管理第二道防线	取管理费用率、财务费用对负债的比率这两个指标的平均值
	ERM3	企业风险管理第三道防线	取（内部监督指数＋1）的自然对数
	ERMT	企业风险管理总体水平	使用迪博内控指数DIB_Index（百分数）
控制变量	Size	企业规模	（总资产＋1）的自然对数
	Age	上市年限	（上市时间＋1）的自然对数
	Leverage	资产负债率	期末总负债/期末总资产
	Revgrowth	成长性	公司当年主营业务收入增长/上年主营业务收入
	SOE	产权性质	国有企业为1，否则为0
	First_Share	第一大股东持股比例	股权集中度指标
	Duality	两职兼任	哑变量，董事长与总经理是否兼任，兼任为1，否则为0
	Ins	行业	根据证监会的行业分类标准设置，当第i家公司第t年属于某个行业时，$Ind_{i,t}$为1，否则为0
	Year	年份	年度虚拟变量，当样本选自第t年时，$Year_{i,t}$取1，否则取0

2. 模型设定

为了验证前文提出的假设,构建如下的计量模型:

模型(1):

$$EVA_{i,t} = \alpha + \beta_1 ERM1_{i,t} + \beta_2 Size_{i,t} + \beta_3 Age_{i,t} + \beta_4 Leverage_{i,t} + \beta_5 SOE_{i,t} \\ + \beta_6 Revgrowth_{i,t} + \beta_7 First\_Share_{i,t} + \beta_8 Duality_{i,t} + \beta_9 Year + \beta_{10} Ind + \varepsilon$$

模型(2):

$$EVA_{i,t} = \alpha + \beta_1 ERM2_{i,t} + \beta_2 Size_{i,t} + \beta_3 Age_{i,t} + \beta_4 Leverage_{i,t} + \beta_5 SOE_{i,t} + \\ \beta_6 Revgrowth_{i,t} + \beta_7 First\_Share_{i,t} + \beta_8 Duality_{i,t} + \beta_9 Year + \beta_{10} Ind + \varepsilon$$

模型(3):

$$EVA_{i,t} = \alpha + \beta_1 ERM3_{i,t} + \beta_2 Size_{i,t} + \beta_3 Age_{i,t} + \beta_4 Leverage_{i,t} + \beta_5 SOE_{i,t} + \\ \beta_6 Revgrowth_{i,t} + \beta_7 First\_Share_{i,t} + \beta_8 Duality_{i,t} + \beta_9 Year + \beta_{10} Ind + \varepsilon$$

模型(4):

$$EVA_{i,t} = \alpha + \beta_1 ERMT_{i,t} + \beta_2 Size_{i,t} + \beta_3 Age_{i,t} + \beta_4 Leverage_{i,t} + \beta_5 SOE_{i,t} + \\ \beta_6 Revgrowth_{i,t} + \beta_7 First\_Share_{i,t} + \beta_8 Duality_{i,t} + \beta_9 Year + \beta_{10} Ind + \varepsilon$$

$EVA_{i,t}$ 表示企业价值增加值,其他相关变量的具体定义如表6-1所示。模型(1)(2)(3)分别用来检验企业风险管理第一道、第二道、第三道防线与企业价值创造的关系。模型(4)用来检验企业风险管理总体水平对企业价值创造的影响,如果 β_1 系数显著,则可以验证假设。

(三)实证分析

1. 主要变量描述性统计分析

表6-2　　主要变量的描述性统计分析

variable	N	mean	sd	min	p25	p50	p75	max
EVA	10836	0.006	0.046	-0.133	-0.020	0.002	0.029	0.162
ERM1	10836	2.572	10.41	-0.221	0.271	0.623	1.303	92.67
ERM2	10836	0.056	0.041	-0.017	0.032	0.049	0.069	0.284
ERM3	10836	2.502	0.435	0	2.555	2.656	2.715	2.809
ERMT	10836	6.412	1.235	0	6.202	6.631	6.993	8.083
Revgrowth	10836	0.222	0.540	-0.561	-0.008	0.119	0.291	3.996
Size	10836	22.28	1.258	19.61	21.38	22.10	23.00	26.02
Leverage	10836	0.422	0.204	0.053	0.257	0.413	0.577	0.902

续表

variable	N	mean	sd	min	p25	p50	p75	max
Age	10836	2.175	0.736	0.693	1.609	2.197	2.833	3.332
SOE	10836	0.019	0.135	0	0	0	0	1
First_Share	10836	0.350	0.149	0.087	0.232	0.331	0.450	0.751
Duality	10836	0.262	0.440	0	0	0	1	1

表 6-2 报告了主要变量的描述性统计分析结果，其中 EVA 最大值为 0.162，最小值为 -0.133，中位数为 0.002 小于其均值 0.006，标准差为 0.046，表明样本公司的价值创造能力和水平差异较大，且整体水平不高；ERM1 的最大值为 92.670，最小值为 -0.221，均值为 2.572 大于其中位数 0.623，标准差为 10.41，表明样本企业风险管理第一道防线的两极差异明显，且平均水平较低，总体来说样本公司业务部门、业务人员对核心业务活动层面的风险管理能力和水平不足；ERM2 的最大值为 0.284，最小值为 -0.017，均值为 0.056 大于其中位数 0.049，标准差为 0.041，表明样本企业风险管理第二道防线的两极差异较大，且平均水平较低，总体来看样本公司风控、财务等管理支持部门的风险管理能力和水平还有待提高；ERM3 的最大值为 2.809，最小值为 0，均值为 2.502 小于其中位数 2.656，标准差为 0.435，表明样本企业风险管理第三道防线的两极差异较大，且平均水平较低，总体来看样本公司内部审计等保证部门的风险管理能力和水平还有待提高；ERMT 的最大值为 8.083，最小值为 0，均值为 6.412，小于其中位数 6.631，标准差为 1.235。表明样本公司风险管理整体水平差异明显，这也和前面三道防线的数据结果基本一致。企业规模 Size 的最大值为 26.020，最小值为 19.610，均值为 22.280 大于其中位数 22.100，标准差为 1.258，说明样本公司规模相差不大。企业成长性 Revgrowth 的最大值为 3.996，最小值为 -0.561，均值为 0.222 大于其中位数 0.119，标准差为 0.540，说明样本公司的成长性差异较明显，且平均成长性较低。资产负债率 Leverage 的最大值为 0.902，最小值为 0.0530，均值为 0.422 大于其中位数 0.412，标准差为 0.204，说明样本公司的资产负债率两极差异明显。上市年限 Age 的最大值为 3.332，最小值为 0.693，均值为 2.169 小于其中位数 2.197，标准差为 0.740，说明样本公司的上市年限差异不大。产权性质 SOE 的均值为 0.0170，表明样本公司中国有企业的占比较低。第一大股东持股比例 First_Share 的最大值为 0.751，最小值为 0.087，均值为 0.350 小于其中位数 0.331，标准差为 0.149，

说明样本第一大股东持股比例差异较大。两职兼任（Duality）的最大值为1，最小值为0，均值为0.262，说明样本中董事长和总经理两职兼任的公司占比较低。

2. 相关性分析

表6-3报告了主要变量的相关性分析结果，其中企业风险管理第一道防线、第二道防线、第三道防线、风险管理总体水平与企业价值创造的相关系数分别为0.054、-0.251、0.040、0.253，均在1%的水平上显著，初步验证了假设1、假设2、假设3和假设4，说明风险管理能够显著促进企业的价值创造。企业成长性Revgrowth、企业规模Size、产权性质SOE、第一大股东持股比例First_Share、两职兼任Duality与企业价值创造的相关系数为正，且在1%的水平上显著。资产负债率Leverage、上市年限Age与企业价值在1%的水平上显著负相关。

表6-3　　　　　　　　主要变量的pearson相关性分析

	EVA	ERM1	ERM1	ERM1	ERM1	Revgrowth	Size
EVA	1						
ERM1	0.054***	1					
ERM2	-0.251***	-0.00600	1				
ERM3	0.040***	0.00700	-0.067***	1			
ERMT	0.253***	0.018**	-0.214***	0.387***	1		
Revgrowth	0.154***	0.040***	-0.080***	-0.044***	0.047***	1	
Size	0.120***	0.018**	-0.275***	0.169***	0.136***	0.045***	1
Leverage	-0.143***	-0.015*	-0.083***	0.031***	-0.112***	0.033***	0.521***
Age	-0.174***	0.00800	0.00700	0.201***	-0.103***	-0.0100	0.418***
SOE	0.024***	0.036***	-0.028***	-0.022***	-0.00400	0.036***	0.092***
First_Share	0.121***	0.031***	-0.190***	0.019**	0.095***	-0.030***	0.211***
Duality	0.047***	-0.0100	0.050***	-0.062***	0.00400	0.031***	-0.192***
	Leverage	Age	SOE	First_Share	Duality		
Leverage	1						
Age	0.393***	1					
SOE	0.043***	-0.048***	1				
First_Share	0.073***	-0.072***	0.203***	1			
Duality	-0.138***	-0.241***	-0.064***	-0.041***	1		

说明：*、**、***分别表示在10%、5%、1%的显著性水平下显著。

3. 回归分析

表 6-4　　　　　　　　　　　　多元回归分析

VARIABLES	模型（1）EVA	模型（2）EVA	模型（3）EVA	模型（4）EVA
ERM1	0.000*** (3.63)			
ERM2		-0.220*** (-14.76)		
ERM3			0.004*** (3.11)	
ERMT				0.006*** (13.84)
Revgrowth	0.011*** (10.70)	0.010*** (9.96)	0.012*** (10.92)	0.011*** (9.99)
Size	0.011*** (22.88)	0.009*** (18.29)	0.011*** (22.53)	0.009*** (19.25)
Leverage	-0.053*** (-17.74)	-0.050*** (-16.85)	-0.053*** (-17.67)	-0.046*** (-15.81)
Age	-0.003*** (-4.92)	-0.002*** (-3.28)	-0.004*** (-5.14)	-0.002*** (-3.14)
SOE	-0.008*** (-2.87)	-0.006** (-2.41)	-0.008*** (-2.94)	-0.006** (-2.02)
First_Share	0.024*** (7.80)	0.019*** (6.16)	0.024*** (7.78)	0.023*** (7.56)
Duality	0.001 (1.27)	0.002* (1.69)	0.001 (1.34)	0.001 (1.37)
Constant	-0.250*** (-23.76)	-0.194*** (-17.88)	-0.254*** (-23.80)	-0.256*** (-24.72)
Year	已控制	已控制	已控制	已控制
Industry	已控制	已控制	已控制	已控制
Observations	10836	10836	10836	10836
R-squared	0.134	0.164	0.134	0.161
F	42.57	48.82	42.51	49.26
r^2_a	0.132	0.162	0.131	0.159

说明：*、**、***分别表示在10%、5%、1%的显著性水平下显著。

表 6-4 报告了回归分析的结果,模型(1)(2)(3)中 ERM1、ERM2、ERM3 与企业价值之间的回归系数分别为 0.000、-0.220、0.004,均在 1% 的水平上显著,假设 H1、假设 H2、假设 H3 均得到验证,说明企业风险管理第一道防线与企业价值显著正相关。即企业核心业务层面的活动有利于发挥利润杠杆作用、降低生产成本、提高运营效率,这些因素都推动了企业价值提升。企业风险管理第二道防线与企业价值显著正相关,即职能管理等支持部门通过降低经营管理成本促进企业价值提升。企业风险管理第三道防线与企业价值显著正相关,即内部审计与其他监督机构通过提升企业的内部控制有效性和风险管理水平,促进企业创造价值。模型(4)中 ERMT 与企业价值之间的回归系数为 0.006,且在 1% 的水平上显著,假设 H4 得到验证,说明风险管理总体水平有助于企业实现价值创造。

4. 稳健性检验

为了进一步检验结论的稳健性,用总资产报酬率(ROA)代替 EVA 来测量企业价值创造能力,ROA 也能够较为全面地反映企业创造价值的能力。实证分析结果如表 6-5 所示。

表 6-5 稳健性检验多元回归分析

VARIABLES	模型(1) ROA	模型(2) ROA	模型(3) ROA	模型(4) ROA
ERM1	0.000 *** (2.60)			
ERM2		-0.231 *** (-15.79)		
ERM3			0.007 *** (5.81)	
ERMT				0.009 *** (18.08)
Revgrowth	0.012 *** (13.16)	0.011 *** (12.34)	0.013 *** (13.45)	0.011 *** (12.07)
Size	0.009 *** (19.49)	0.007 *** (14.93)	0.009 *** (18.98)	0.007 *** (14.91)

续表

VARIABLES	模型（1）ROA	模型（2）ROA	模型（3）ROA	模型（4）ROA
Leverage	-0.115*** (-39.25)	-0.111*** (-38.79)	-0.115*** (-39.15)	-0.106*** (-37.80)
Age	-0.005*** (-7.04)	-0.003*** (-5.25)	-0.005*** (-7.50)	-0.003*** (-4.55)
SOE	-0.009*** (-3.36)	-0.007*** (-2.78)	-0.009*** (-3.51)	-0.006** (-2.13)
First_Share	0.027*** (9.24)	0.022*** (7.45)	0.027*** (9.14)	0.025*** (9.01)
Duality	0.001 (0.55)	0.001 (0.99)	0.001 (0.66)	0.001 (0.67)
Constant	-0.140*** (-13.37)	-0.081*** (-7.66)	-0.149*** (-13.93)	-0.149*** (-14.65)
Year	已控制	已控制	已控制	已控制
Industry	已控制	已控制	已控制	已控制
Observations	10836	10836	10836	10836
R-squared	0.239	0.271	0.241	0.289
F	90.79	98.13	91.56	103.2
r^2_a	0.236	0.269	0.239	0.287

说明：*、**、***分别表示在10%、5%、1%的显著性水平下显著。

表6-5报告了回归分析的结果，模型（1）（2）（3）中ERM1、ERM2、ERM3与企业价值之间的回归系数分别为0.000、-0.231、0.007，均在1%的水平上显著。假设H1、假设H2、假设H3均得到验证。说明企业风险管理的第一道防线、第二道防线、第三道防线与企业价值显著正相关，即企业的核心业务活动、职能管理等支持部门的活动、内部审计与其他监督机构的活动有助于企业价值创造，这与主检验中的结果一致。模型（4）ERMT与企业价值之间的回归系数为0.009，在1%的水平上显著，说明风险管理总体水平（ERMT）有助于提升企业价值，假设H4得到验证。

（五）实证检验主要结论

本文以2013—2017年沪深两市A股上市公司为研究样本，考察了企业风险管理与企业价值创造之间的关系，经过实证检验，得出以下结论：

1. 企业风险管理第一道防线与企业价值显著正相关，说明企业核心业务层面的风险管理活动有利于发挥利润杠杆作用、提高运营效率，推动了企业价值的价值创造。

2. 企业风险管理第二道防线与企业价值显著负相关，说明职能管理等支持部门的活动有利于降低经营管理成本，促进企业创造价值。

3. 企业风险管理第三道防线与企业价值显著正相关，即内部审计与其他监督机构通过提升企业的内部控制有效性和风险管理水平，促进企业创造价值。

4. 企业风险管理总体水平与企业价值显著正相关，通过提高风险管理技术能力、降低风险事件发生的可能，促进企业创造价值。

五、基于价值创造实施风险管理的对策建议

基于上述研究，我们认为风险管理水平和能力能够对企业价值创造产生显著的积极影响，加强各层面的风险管理能够促进企业价值目标的实现。

（一）加强风险培训和专业支持，提升业务部门和业务人员的风险防控能力

作为企业风险管理的第一道防线，加强核心业务活动层面的风险防控对企业价值创造能够产生显著的积极影响。业务部门和业务人员要对业务风险负责，一手抓业务，一手抓风险，确保业务活动在既定的风险容限和管理政策下开展。企业要对业务部门和业务人员进行风险管理相关知识的专题培训，适时为他们提供业务风险防控的专业支持，确保他们既有业务能力，又有风险管理能力，确保绝大多数业务风险能够在这一层面得到有效控制。

（二）各管理支持部门要围绕价值创造，突出决策支持和专业服务

作为企业风险管理的第二道防线，风控、会计、财务、人力资源等管理支持部门的工作能够对企业价值创造产生显著的积极影响。职能部门主要通过两方面创造价值：一是支持性，为业务部门提供专业服务，确保经营部门高效运转；二是节约性，通过风险防范，降低成本，缩减重复性工作，减少经营和管理活动中的浪费。这些部门的工作要突出价值创造导向，服务业务部门和业务人员的价值创造活动。当业务环节面临风险和不确定性，需要专业支持的时候，相关的职能管理部门要能够及时跟进，提供专业的支持意见。

（三）内部审计等监督保证部门要转变职能，为企业价值创造保驾护航

作为企业风险管理的第三道防线，内部审计等监督部门对企业价值创造产生显著的积极影响。现代企业内部审计通过应用系统化、专业化的方法，开展客观的确认和咨询活动，目的是帮助组织增加价值和改善运营，促进组织稳健运营和可持续发展。内部审计增加企业价值的方式主要有两种：一是规范管理促进增收节支；二是完善制度，堵住漏洞，间接提高企业价值。内部审计也可以通过提高审计效率和审计质量，降低内部审计成本和外部审计成本，帮助企业增加价值。

不可否认的是，也有不少企业的内部审计从业人员的能力和素质跟不上业务发展需要，存在着重监督轻服务、重结果轻过程、重财务轻业务、重合规轻效益、重查处轻建议等问题，这种内部审计距离促进企业价值创造的使命要求较远，亟待转型升级，要能够运用专业优势审查评价并督促改善企业的业务运营和风险管理。

（四）提升企业风险管理整体水平，全面服务企业价值创造

企业风险管理整体水平能够对企业价值创造产生显著的积极影响。风险管理整体有效性越高，对企业价值创造的促进作用越显著，价值杠杆效用越明显。企业可以从以下方面实施基于价值创造的风险管理：

1. 战略层面将价值创造导向的风险管理原则根植于决策和运营全程

企业的使命是为利益相关方创造、实现和维护价值，这一过程充满各种不确定性，风险管理就是要控制和利用这些不确定性，为企业的价值创造服务。企业实施风险管理首先需要明确目标，要注重对战略和愿景的支撑，与价值创造紧密联系。风险管理的核心目标是提高企业运营的效果，最终促进公司实现战略。因此，企业应遵循风险管理的价值创造路径和影响因素，在战略层面将价值创造导向的风险管理原则根植于决策和运营全程，根植于企业为战略制定和战略执行所依赖的风险管理文化和管理实践中，并与企业的现有管理体系实现有机整合。风险管理不是孤立的管理活动，需要与其他管理活动整合，成为任何管理经营活动的一部分。

2. 在流程层面突出价值提升点，梳理主要风险点，设置关键控制点

直接影响企业价值创造的各种生产经营和管理活动要按事先设计的各种流程来实施。流程是企业为了完成特定业务或管理目标所采取的一系列动作集合体，是协调人财物与配置权责利的关键所在。流程的设计和实施必须突出价值

提升点，围绕业务活动和管理目标全面梳理主要风险点。设计和执行流程步骤应以防范和化解风险为出发点，主要风险和重大风险必须在关键控制点上加以预防和控制，关键控制点应设置在最佳、最有效的控制点上。企业应站在价值创造和价值管理的高度定期评估和审视相关的风险管理活动，结合绩效考评，持续优化相关风险管控流程。

3. 在制度的设计和实施层面要围绕价值流，匹配价值创造活动

制度设计是企业对实施各项业务和管理活动的办理政策、执行程序、具体内容和控制措施等进行科学规划，加以规范化和文件化的过程。制度要与流程匹配，制度设计的优劣直接关系到企业运营和管理的效率与质量，良好的制度设计不仅能合理保证企业运营合法合规，还可以提高企业运营绩效和风险防控能力，促进企业实现发展战略和运营目标。企业应上升到战略层面设计和实施管理制度，要将价值创造的思想理念和实施要点体现在制度的设计和执行中，制度应覆盖到价值创造链条的所有环节。在业务活动层面，企业应沿着价值链条全面梳理其中的价值流，找出影响价值保持或提升的关键节点，设计业务办理流程，设计和实施与价值流及业务流相匹配的管理制度。

4. 在人员层面积极吸引、培养和留住符合企业需要的优秀人才

人才是企业价值创造的源泉，拥有足够多具备良好专业素养和道德操守的员工队伍也是企业实施风险管理的重要保障。企业应设计和实施能够吸引、培养和留住优秀人才的人力资源政策与实践，提供必要的指导及培训，开发和使用符合企业需要的优秀人才及外包服务提供者。企业应明确相关岗位对实现目标所需胜任能力的具体要求，定期对相关人员及外包服务供应商进行胜任能力评估，并针对不足进行必要的改善。

5. 在文化层面积极培育与风险智能管理相匹配的企业文化

风险管理不仅是流程和措施，还是一种文化、实践和能力。企业实施风险管理，要注重企业文化、正直诚信、核心价值观等软环境的建设和培育，企业上下要能够形成统一的思想认识，使用标准统一的风险管理语言，明确对正直诚信与核心价值观的期望，通过员工行为准则规范企业所期望的员工行为，落实相关流程对个人和团队遵循行为准则的情况进行评估，及时对偏离员工行为准则的情况进行识别和整改。

第二节　风险智能管理的价值创造及实证检验[①]

在经济、社会快速发展的今天，企业间竞争日益激烈，广泛借助大数据和人工智能等新一代信息技术强化风险管理已成为企业核心竞争力的重要组成部分。在第二章第二节我们详细论述了风险智能管理的内涵、特征、框架和实施原则，本章第一节研究了风险管理的价值创造机理及实证检验。在此基础上，本节重点研究风险智能管理的价值创造机理及作用路径。

一、风险智能管理驱动价值创造的机理

风险智能管理是在风险管理工作中广泛使用大数据、云计算、人工智能等新兴技术开展风险识别、风险分析、风险应对和风险监督与报告等，以提高风险管理的效率效果。传统的风险管理被认为是一项狭窄的管理职能，主要集中在低层次的业务层面和职务岗位方面，以财务控制为主，重点是防范差错和舞弊。而风险智能管理则是一项全面系统的风险管理体系，贯穿于企业上下和业务始终，是全员控制，建立了明确的风险归属责任体系和科学的风险预警指标体系，需要依靠企业管理系统整体推进。风险智能管理强调不仅要有科学的管理流程、技术和方法，要采用先进的风险分析工具，还特别关注企业文化、核心价值观等软环境的建设和培育，重视人力资源的培养，包括企业价值维护和价值创造在内的统一的风险管理思想为企业上下所接受。

企业风险管理的目标，不仅仅是控制损失，更重要的是要利用风险管理能力获取持续的竞争优势，服务企业的价值创造（Bromiley et al.，2015）。本章第一节研究了企业风险管理的价值创造机理，在此基础上我们再来增量分析风险智能管理驱动企业价值创造的机理，主要体现在以下两个方面：

（一）大数据分析和智能化应用可直接为企业创造价值

大数据分析和智能化应用作为引领未来的战略性技术，已成为产业变革和

[①] 本节执笔：王清刚、陈曦、郭晓慧。

经济发展的新引擎，也为企业价值创造提供了新机遇，已成为企业间竞争的新焦点，是企业核心竞争力的重要组成部分，能够显著实现降本增收的价值创造目标。科技、安防、通信、客服、教育、医疗、交通、汽车装配、金融服务等行业对人工智能等科技的接受度较高，其行业利润率都出现了较为明显的增长。智能化应用对劳动力的替代一方面降低了劳动力成本，另一方面提高了劳动生产率，促使企业组织结构更加扁平化，降低了管理成本，提高了管理效率。例如，滴滴财务的客服中心，80%的问题都是机器人回答的，只有20%的问题才需要人工处理[①]。大数据是一座金矿，智能化应用将快速提升从这个金矿中淘出有价值东西的效率效果。大数据和人工智能还可以延长价值链条，催生一些新的价值生态，为企业带来更加广阔的影响和价值。

（二）大数据分析和智能化应用可提升企业风险管理绩效

在"互联网＋"时代，海量数据已经成为一种战略资源。企业面临风险的复杂性、隐蔽性和传染性不断加剧，在风险管理中坚持智能驱动，广泛应用大数据和人工智能是大势所趋。企业应从多维度及组合的角度，基于不同视角，充分利用大数据、云计算和人工智能等信息技术，建立风险度量模型和预警体系，利用其超强的计算能力、领先的语义分析技术和先进的舆情标签分析能力，助力企业的风险管理、业务支持和决策辅助。这对企业的风险管理水平和能力将有着质的提升。本章第一节已经研究并检验了风险管理的价值创造效应。因此，大数据分析和智能化应用可以通过提升企业风险管理绩效促进企业价值创造。

二、风险智能管理驱动价值创造的路径分析

按照风险诱因来源，企业面临的风险主要有系统风险和非系统风险两大类。风险智能管理驱动企业价值创造的主要路径可以基于这两个方面展开分析：

（一）降低非系统性风险，降低风险折价，提高企业价值

非系统性风险是影响企业生存和发展的内在风险因素，包括内部管理、人力资源、产品、技术、市场、信用、创新等。企业可以通过制定制度、设计控制流程、实施控制活动、进行风险评估、加强信息与沟通、强化监督评价等风

---

① 引自滴滴出行副总裁付军华在2017年中国财务管理全球论坛会议上的演讲：借助AI提升财务服务用户体验。http：//finance.sina.com.cn/meeting/2017－07－26/doc－ifyihrmf3476392.shtml。

险管理活动，降低非系统风险发生的频率和损失程度，降低风险折价和风险补偿成本，从而增加企业价值。企业可以借助人工智能、大数据分析等手段，建立风险预警体系，确保企业财务健康，经营稳健，从而降低违约率，减少危机发生的可能性，降低声誉风险，促进企业可持续发展，创造长久价值。企业通过风险智能管理体系，可以大幅度提高风险管理的效率效果，降低管理成本，提高企业价值创造的效率效果。

Erdaland Ekinci（2013）的研究证实银行业应用人工智能，可以从提高工作绩效和降低运营成本两个方面使银行受益。Xie et al.（2009）发现通过人工智能建立早期预警系统能够减少其业务失败概率。Dima and Vasilache（2016）认为运用大数据分析能够显著提高金融机构信用贷款违约风险评估的准确性。Lin et al.（2013）的研究发现人工智能凭借超强的处理和分析技术能够大幅度提高风险预警能力和预警准确性。人工智能方法的运用，可以使破产风险预测精度提高到80%以上（Erdal H. I. and Ekinci A.，2013）。大多数已有研究证明企业风险管理绩效能够对公司价值和财务业绩产生积极影响（如Kenneth，1993；Meulbroek，2002；Nain，2004；Hoyt and Liebenberg，2011），而本章第一节也实证检验了风险管理对企业价值创造的积极影响。

（二）通过套期保值和经营对冲等降低系统性风险，提高企业价值

系统风险又称市场风险，是由于政治、经济、社会等外部环境变化对所有企业能造成影响的风险，包括政策风险、经济周期性波动风险、利率风险、汇率风险等。系统风险不能通过分散投资加以消除，也称为不可分散风险。针对系统性风险，企业可通过套期保值和经营对冲等进行管理。借助人工智能和大数据分析等技术，企业可以建立更加可靠的分析工具和决策模型，从而更好地进行衍生品管理，服务于企业的价值创造。传统的风险对冲通常使用期货、期权和业务来对冲每笔交易，这种交易是有成本的，而且也只是锁定某种特定风险，同时会削减利用这种风险营利的可能性。而基于大数据和人工智能分析则可以更准确地预测风险，更敏锐地捕捉到各种细微变化，更好地量化交易，在时效性、准确性和稳定性上，显著改进风险对冲策略，以更低的成本实现更稳健的收益。

很多已有研究都发现风险对冲增加了公司的价值。风险对冲能够通过减少公司预期税务债务、避免投资不足、降低财务困境成本以及降低代理成本等方式给股东创造价值（Smith & Stulz，1985；Kenneth et al.，1993）。Smith & Stulz

（1985）认为当公司面临累进税率时，经营对冲可以减少应税收入的变动从而降低税务支出。Nain（2004）发现在外汇衍生品广泛使用的行业，选择不对冲的公司其价值约降低 5%。Carter et al.（2006）发现在美国的航空公司中，对航油进行了套期保值的公司其价值增加 5%—10%。Allayannis et al.（2001）发现在 720 家美国跨国公司中，使用外汇衍生品的公司其价值平均约高 5%。Clark & Judge（2009）发现使用外汇衍生品能够增加公司价值 11%—34%，但不同类型的外汇衍生品其价值效果不等。Caesar（2016）研究发现货币衍生品的使用对企业价值有积极影响，能够带来公司价值溢价。郭飞（2012）基于 2007—2009 年 968 家中国跨国公司的数据，研究了外汇衍生品使用和公司价值的关系，发现外汇衍生品使用带来了约 10% 的价值溢价，这一重要发现和基于发达国家的不少研究一致。

三、风险智能管理驱动价值创造的实证检验

（一）理论分析与研究假设

1. 企业信息化水平与企业价值

根据"MM"理论，理想状态下的公司价值由与其风险水平相适应的预期收益率进行资本化的收益水平决定。但现实生活并不存在完美的资本市场，企业价值就会受到其他因素的影响。随着互联网的高速发展，企业所处的环境也日新月异。波特基于价值链的角度分析了信息技术对企业价值的影响，认为信息技术通过改变价值链影响企业的竞争力。不断发展的信息技术为企业组织运行提供了强大的平台，使企业逐步实现了从采购、生产、销售、服务到会计、财务、人事、研发等整个组织的信息共享和集成化管理，并实现了物流和信息流的结合，从而推进了组织业务过程的变革。根据资源基础理论，企业信息化与业务战略、人力资源、组织等的紧密结合形成较强的应用能力是难以模仿的，能使企业获得持续的竞争优势。另外，信息化的推进能够变企业传统管理运行模式，通过整合企业各项资源，提高经营效率，降低信息化建设投入风险。同时作为公司治理手段之一，企业信息化建设还能够降低企业生产运营和管理成本，提升公司治理水平，最终提高企业价值和绩效。于晓胜（2009）发现信息技术已经渗透到价值链的每一个环节，影响着企业的全部价值活动。张逸林（2017）发现企业信息化基础投资、信息化应用状况和信息化效益对企业价值有

一定的影响。朱斌、杜群阳（2018）实证研究发现企业信息化投资对中小企业绩效有显著的正向影响。刘凤琴（2004）研究发现企业信息化与企业价值两者之间的关系是客观存在的，而且信息化因素是 IT 类企业价值增值的主要因素。李继学、高照军（2013）以中国上市企业 500 强为样本研究发现信息技术软件投资能够提高企业绩效。

基于以上分析，提出假设 H1：

H1：在其他条件一定的情况下，企业信息化水平与企业价值显著正相关。

2. 衍生工具使用与企业价值

现代金融理论认为，企业价值的规模取决于预期现金流和资金成本，企业的任何财务决策都不会对其价值产生影响，因此衍生品交易也不会影响企业的价值。但是，现实中的市场存在"噪声"，那么使用衍生品可以通过减少这些市场摩擦而提升企业价值。已有研究发现，衍生品的使用能有效降低企业盈利的波动并增强偿债能力、增加节税收益（Smith & Stulz，1985）、缓解财务困境（Stulz，1996）、稳定企业收益、减少代理冲突（Tufano，1996）、增加企业投资（Froot，1993）。De Marzo & Duffie（1995）发现利用衍生品管理风险的行为可以有效消除利润中的额外噪声，提高企业盈利，评价管理层能力和反映投资项目质量的信息可靠性，改善投资者与管理层之间的信息不对称。Allayannis & Weston（2001）通过对 720 家美国大型非金融企业 1990—1995 年的数据进行实证研究后，首次发现运用外汇衍生品对企业价值产生了正效应。同时，随着企业规模扩大和汇率风险增大，这种正效应水平也越高。Clark & Judge（2009）发现衍生品提升企业价值的幅度在 11%—34% 之间。郭飞（2012）根据 2007—2009 年我国上市（非金融）跨国公司的数据，得出"外汇衍生品给企业带来了平均 10% 的价值溢价"的结论。斯文（2013）以 2007—2011 年我国制造业上市公司观测数据为样本，发现衍生品提升企业价值的幅度大约为 19%。杜剑等（2019）实证研究发现金融衍生工具的使用确实能够达到提升企业价值的作用。

基于以上分析，提出假设 H2：

H2：在其他条件一定的情况下，衍生工具使用与企业价值显著正相关。

3. 企业信息化水平、衍生工具的调节效应

随着"互联网+"的发展，信息化成为现代企业的发展方向，而风险管理则是信息化过程中的一个重要环节。一方面，企业借助现代信息技术系统，提高风险管理的信息化水平，能够实现对企业风险全过程的动态、实时监控，如

借助人工智能、大数据分析等手段，建立风险预警体系，确保企业财务健康，经营稳健，减少危机发生的可能性。有利于提升企业的声誉，保障其可持续发展并创造价值。另一方面，管理系统智能化的趋势愈发明显，极大地提升了风险管理的高效性以及综合利用价值（王凡林，2010）。如风险智能管理体系，可以大幅度提高风险管理的效率效果，降低管理成本，提高企业价值创造的效率效果。

现代财务理论一般将企业风险分为系统性风险和非系统性风险。虽然企业风险管理的方法有很多。其中，运用衍生品进行套期保值最受推崇。衍生品的功能就是管理风险，其理论逻辑在于：首先，商品或资本的价格风险是企业风险的主要根源，即降低价格风险就可以降低企业风险。然后，套期保值可以降低价格风险。因此，可以运用衍生品通过套期保值来降低企业风险，维持经营的稳健，促使企业可持续发展并服务于企业的价值创造。

基于以上分析，提出假设 H3 和假设 H4：

H3：在其他条件一定的情况下，企业信息化水平在风险管理与企业价值间起正向的调节作用。

H4：在其他条件一定的情况下，衍生工具使用在风险管理与企业价值间起正向的调节作用。

（二）样本选取和数据来源

本节以 2015—2017 年沪深两市 A 股上市的公司样本总体，为了避免异常值和特殊情况对实证结果造成干扰，对样本数据执行了如下筛选程序：

1. 剔除 ST、PT 公司，因为这类公司的情况异常，其波动性与正常交易股票存在较大差异，受交易规则的限制，容易造成检验结果的偏差；

2. 剔除保险、银行和证券等金融业的样本公司，这类公司有显著的行业特征，其披露状况同其他行业的差异比较明显；

3. 剔除在检验区间（2015—2017 年）财务数据缺失和异常的样本公司，目的是确保样本的连续性和完整性；

4. 为消除极端值对研究的影响，对连续变量在 1% 的水平上缩尾处理。

经过上述处理，最终得到 5880 个非平衡面板观测值。本节数据主要来自 CSMAR、东方财富网 Choice，数据处理选用 Excel 及 Stata 软件。

1. 变量的选取与度量

（1）被解释变量

企业价值是本节的被解释变量。对于企业价值的衡量，借鉴吴国鼎（2017）

的方法，采用 Tobin's Q 进行测量。

(2) 解释变量

风险管理绩效是本节的解释变量，选取反映个别股票或股票基金相对于整个股市的价格波动情况的风险评价系数 Beta 来衡量风险管理绩效。

(3) 调节变量

企业的信息化水平，借鉴邓芳（2017）的测量方法，用信息化投资来反映。

企业是否使用衍生工具，借鉴郭飞（2012）的方法用哑变量来衡量，若企业使用衍生工具时取 1，否则为 0。

(4) 控制变量

影响企业价值的因素较为复杂，既有外部金融环境的因素，也有企业内部方面的因素。为了尽可能准确地刻画企业风险管理活动与企业价值之间的关系，在借鉴已有研究的基础上，选取企业规模（Size）、上市年限（Age）、资产负债率（Leverage）、成长性（growth）、产权性质（SOE）、第一大股东持股比例（First_Share）、两职兼任（Duality）、年份（Year）、行业（Industry）等为控制变量。

表 6-6　　　　　　　　　主要变量说明表

变量类型	变量符号	变量名称	变量定义
被解释变量	Tobin's Q	企业价值	上市公司市值/（资产总计－无形资产总额－商誉净额）
解释变量	Beta	风险管理绩效	风险评价系数，衡量个别股票或股票基金相对于整个股市的价格波动情况
调节变量	ITInvest	信息化水平	信息技术投资=（IT 硬件投资＋IT 软件投资）/（固定资产＋无形资产）
	Derivatives	衍生工具使用	哑变量，企业是否使用金融衍生工具，使用为 1，否则为 0
控制变量	Size	企业规模	（总资产＋1）的自然对数
	Age	上市年限	上市时间的自然对数
	Leverage	资产负债率	总负债/总资产
	Growth	成长性	当年上市公司主营业务收入增长/上年初的主营业务收入
	SOE	产权性质	国有企业为 1，否则为 0

续表

变量类型	变量符号	变量名称	变量定义
控制变量	First_Share	第一大股东持股比例	
	Duality	两职兼任	哑变量，董事长与总经理是否兼任，兼任为1，否则为0
	Ins	行业	根据证监会的行业分类标准设置，当第 i 家公司第 t 年属于某个行业时，$Ind_{i,t}$ 为 1，否则为 0
	Year	年份	年度虚拟变量，当样本选自第 t 年时，$Year_{i,t}$ 取 1，否则取 0

2. 模型设定

为了验证本节提出的假设，构建如下的计量模型：

模型（1）：

$$Tobinq_{i,t} = \alpha + \beta_1 ITInvest_{i,t} + \beta_2 Size_{i,t} + \beta_3 Age_{i,t} + \beta_4 Leverage_{i,t} + \beta_5 SOE_{i,t} + \beta_6 Growth_{i,t} + \beta_7 First\_Share_{i,t} + \beta_8 Duality_{i,t} + \beta_9 Year + \beta_{10} Ind + \varepsilon$$

模型（2）：

$$Tobinq_{i,t} = \alpha + \beta_1 Derivatives_{i,t} + \beta_2 Size_{i,t} + \beta_3 Age_{i,t} + \beta_4 Leverage_{i,t} + \beta_5 SOE_{i,t} + \beta_6 Growth_{i,t} + \beta_7 First\_Share_{i,t} + \beta_8 Duality_{i,t} + \beta_9 Year + \beta_{10} Ind + \varepsilon$$

模型（3）：

$$Tobinq_{i,t} = \alpha + \beta_1 ITInvest_{i,t} + \beta_2 Size_{i,t} + \beta_3 Age_{i,t} + \beta_4 Leverage_{i,t} + \beta_5 SOE_{i,t} + \beta_6 Growth_{i,t} + \beta_7 First\_Share_{i,t} + \beta_8 Duality_{i,t} + \beta_9 Year + \beta_{10} Ind + \beta_{11} ITInvest_{i,t} Beta_{i,t} + \beta_{12} Beta_{i,t} + \varepsilon$$

模型（4）：

$$Tobinq_{i,t} = \alpha + \beta_1 Derivatives_{i,t} + \beta_2 Size_{i,t} + \beta_3 Age_{i,t} + \beta_4 Leverage_{i,t} + \beta_5 SOE_{i,t} + \beta_6 Growth_{i,t} + \beta_7 First\_Share_{i,t} + \beta_8 Duality_{i,t} + \beta_9 Year + \beta_{10} Ind + \beta_{11} DerivativesBeta_{i,t} + \beta_{12} Beta_{i,t} + \varepsilon$$

$Tobinq_{i,t}$ 表示企业价值，其他相关变量的具体定义如表 6-6 所示。模型（1）（2）分别用来检验信息化水平与衍生工具使用与企业价值间的关系。模型（3）（4）分别用来检验信息化水平与衍生工具使用在风险管理对企业价值间的影响中的调节效应，如果 β_{11} 系数显著，则可以验证假设。

（三）实证分析

1. 主要变量描述性统计分析

表6-7 主要变量的描述性统计分析

variable	N	mean	sd	min	p25	p50	p75	max
Tobin's Q	5880	2.733	2.651	0.228	1.053	1.976	3.453	17.60
ITInvest	964	0.053	0.092	0.001	0.009	0.021	0.053	0.635
Derivatives	5880	0.034	0.180	0	0	0	0	1
Beta	5880	1.272	0.317	0.435	1.104	1.256	1.408	2.343
Growth	5880	0.227	0.639	-0.561	-0.025	0.106	0.282	4.712
Size	5880	22.500	1.265	19.730	21.630	22.330	23.250	26.060
Leverage	5880	0.444	0.202	0.058	0.283	0.438	0.596	0.894
First_Share	5880	0.351	0.150	0.085	0.234	0.332	0.451	0.742
Age	5880	2.376	0.756	0	1.946	2.565	2.996	3.367
Duality	5880	0.234	0.423	0	0	0	0	1
SOE	5880	0.019	0.136	0	0	0	0	1

表6-7报告了主要变量的描述性统计分析结果，其中企业价值Tobin's Q的最大值为17.600，最小值为0.228，中位数为1.976小于其均值2.733，标准差为2.651。表明样本公司的企业价值差异较大。信息化水平ITInvest的最大值为0.635，最小值为0.001，中位数为0.021小于其均值0.053，标准差为0.092。表明样本公司的信息化水平差异较大。衍生工具Derivatives的最大值为1，最小值为0，均值为0.034，说明样本中使用衍生工具的公司占比较低。风险管理Beta的最大值为2.343，最小值为0.435，均值为1.272大于其中位数1.256，表明样本公司的风险管理绩效差别不大。企业成长性Growth的最大值为4.712，最小值为-0.561，均值为0.227大于其中位数0.106，标准差为0.639，说明样本公司的成长性差异较明显，且平均成长性较低。企业规模Size的最大值为26.060，最小值为19.730，均值为22.500大于其中位数22.330，标准差为1.254，说明样本公司规模相差不大。资产负债率Leverage的最大值为0.894，最小值为0.058，均值为0.444大于其中位数0.438，标准差为0.202，说明样本公司的资产负债率两极差异明显。第一大股东持股比例（First_Share）的最大值为0.742，最小值为0.085，均值为0.351小于其中位数0.332，标准差为0.150，说明样本

公司的第一大股东持股比例差异较大，且平均水平较低。上市年限 Age 的最大值为 3.367，最小值为 0，均值为 2.376 小于其中位数 2.565，标准差为 0.756，说明样本公司的上市年限差异不大。两职兼任（Duality）的最大值为 1，最小值为 0，均值为 0.234，说明样本中董事长和总经理两职兼任的公司占比较低。产权性质 SOE 的最大值为 1，最小值为 0，均值为 0.019，表明样本公司中国有企业的占比较低。

2. 相关性分析

表 6-8 报告了主要变量的相关性分析结果，其中企业信息化水平与企业价值的相关系数为 0.148，在 1% 的水平上显著，初步验证了假设 H1。衍生工具与企业价值的相关系数为 -0.084，在 1% 的水平上显著。风险管理绩效 Beta 与企业价值的相关系数为 -0.070，在 1% 的水平上显著。企业规模 Size、资产负债率 Leverage、上市年限 Age、第一大股东持股比例 First_Share、产权性质 SOE 均与企业价值在 1% 的水平上显著负相关。相关系数分别为 -0.595、-0.458、-0.089、-0.347、-0.041。企业成长性 Growth、两职兼任 Duality 与企业价值的相关系数分别为 0.055、0.160，且在 1% 的水平上显著。

表 6-8　　　　主要变量之间的 Pearson 相关分析

	Tobin's Q	ITInvest_rate	Derivatives	Beta	Growth	Size	Leverage	First_Share	Age	Duality	SOE
Tobin's Q	1										
ITInvest_rate	0.148***	1									
Derivatives	-0.084***	0.00300	1								
Beta	-0.070***	0.059*	-0.028**	1							
Growth	0.055***	0.056**	0.030**	0.00800	1						
Size	-0.595***	0.00700	0.185***	-0.221***	0.057***	1					
Leverage	-0.458***	-0.00500	0.113***	-0.061***	0.043***	0.543***	1				
First_Share	-0.089***	-0.047*	0.047***	-0.035***	-0.026**	0.190***	0.071***	1			
Age	-0.347***	-0.0260	0.086***	-0.205***	0.00900	0.462***	0.376***	-0.083***	1		
Duality	0.160***	-0.0110	-0.027**	0.039***	0.027**	-0.188***	-0.131***	-0.033***	-0.240***	1	
SOE	-0.041***	-0.0150	0.031**	0.020*	0.040***	0.076***	0.034***	0.200***	-0.077***	-0.068***	1

注：*、**、*** 分别表示在 10%、5%、1% 的显著性水平下显著。

3. 回归分析

表6-9 回归分析

VARIABLES	模型（1） Tobin's Q	模型（2） Tobin's Q	模型（3） Tobin's Q	模型（4） Tobin's Q
Beta	-1.280*** (-5.49)	-1.512*** (-15.07)	-1.247*** (-5.39)	-1.516*** (-15.05)
ITInvest	2.453*** (2.28)		2.287*** (2.04)	
Beta_ITInvest			3.102 (1.22)	
Derivatives		0.573*** (5.06)		0.592*** (5.26)
Beta_Der				0.358 (1.09)
Growth	0.605*** (3.46)	0.385*** (5.54)	0.610*** (3.49)	0.385*** (5.54)
Size	-1.124*** (-11.17)	-1.145*** (-24.24)	-1.122*** (-11.15)	-1.145*** (-24.22)
Leverage	-1.946*** (-3.22)	-1.994*** (-9.04)	-1.953*** (-3.22)	-1.995*** (-9.04)
First_Share	0.275 (0.67)	0.356** (2.12)	0.251 (0.61)	0.356** (2.11)
Age	-0.180* (-1.70)	-0.028 (-0.64)	-0.180* (-1.70)	-0.029 (-0.65)
Duality	0.372** (2.44)	0.309*** (4.49)	0.378** (2.49)	0.310*** (4.50)
SOE	-1.064* (-1.66)	-0.114 (-0.88)	-1.089* (-1.68)	-0.118 (-0.91)
Constant	28.213*** (14.24)	29.180*** (30.55)	28.153*** (14.20)	29.173*** (30.54)
Observations	964	5,880	964	5,880
R-squared	0.518	0.460	0.519	0.460
F	29.56	120.2	28.50	116.4
r^2_a	0.503	0.458	0.503	0.458

注：*、**、***分别表示在10%、5%、1%的显著性水平下显著。

表6-9报告了回归分析的结果，模型（1）和模型（2）企业信息化水平

ITInvest、Derivatives 与企业价值之间的回归系数分别为 2.453、0.573，均在 1% 的水平上显著。说明企业信息化以及衍生工具的使用有助于提升企业价值，假设 H1 和假设 H2 得到验证。即提升企业信息化水平有助于提高经营效率、降低企业生产运营和管理成本。衍生工具的使用可以有效减少管理者承担的风险水平，稳定企业的收益，进而使企业价值得到提升。模型（3）中企业信息化水平与风险管理的交乘项系数为 3.102，但未通过显著性检验，假设 H3 没有得到验证。模型（4）中衍生工具使用与风险管理的交乘项系数为 0.592，也未通过显著性检验，假设 H4 也未得到验证。虽然交乘项系数在统计上不显著，但是 t 值分别为 1.22 和 1.09，将要达到显著性水平。

（四）实证检验主要结论

本节以 2015—2017 年沪深两市 A 股上市公司为研究样本，考察了企业信息化水平、衍生工具使用与企业价值之间的关系，并分别检验两者在风险管理与企业价值间的调节作用，得出了以下研究结论：企业信息化水平、衍生工具使用与企业价值之间显著正相关，企业信息化水平、衍生工具使用有助于提升企业价值创造水平。当企业信息化水平较高时，可以降低企业生产运营和管理成本、提高经营效率、降低信息化投入建设风险从而有助于企业价值增加。衍生工具使用有利于企业管理风险、稳定收益，最终也能促进了企业价值提升。进一步检验企业信息化水平、衍生工具使用在风险管理与企业价值间的调节作用时，发现调节效应并不存在。本节的研究结论意味着企业信息化水平、衍生工具使用并未影响风险管理对企业价值的关系。

四、基于价值创造实施风险智能管理的对策建议

在本章第一节我们给出了企业基于价值创造实施风险管理的对策建议，在此基础上我们主要从技术层面给出企业实施风险智能管理的对策建议。

如第二章所述，大数据和人工智能是双侧都很锋利的"双刃剑"，企业要用好这把双刃剑，趋利避害。企业既要充分利用大数据分析和人工智能技术来提升企业的风险管理水平及能力，服务企业价值创造，又要注重防控由此产生的技术、模型、数据、人员、黑客攻击、文化伦理等相关风险。

大数据和人工智能的快速发展和广泛应用可能引发新的技术风险，算法逻辑错误、场景匹配不当、安全漏洞和黑客攻击、数据数量或质量不足、处理过

程的隐藏性、输出结果的难审计和难溯源性等都可能导致企业面临新的风险，处理不好会给企业带来声誉或经济损失。企业应全面识别人工智能技术及其应用可能产生的各类风险，充分评估其应用蕴含的复杂性、不确定性、难解释性以及潜在后果等风险因素。企业应熟知并充分沟通智能化应用的固有缺陷和使用风险，强化日志和留痕管理，确保系统可审计、可溯源和可恢复。

企业应围绕战略目标，明确嵌入智能化系统之后管理层风险偏好的变化、确定风险承受度和风险可接受水平，并且随着内外环境变化定期或不定期审查风险敞口和相关控制措施，以确保它们与公司风险管理政策一致。企业需要设计一些关键性能指标和绩效指标，对系统应用测试和分析，确保系统使用全新或被更新的数据时，其性能符合公司的预期、风险偏好和风险承受。任何重要的算法都需要反复检测、审计和评估其计算结果的准确性和公允性。现阶段，人工智能应用具有动态性和相对不稳定性，企业应设计应急计划，以便在系统不可用或出现重大失误的情况下，能够及时终止进程，重回当前已有进程或人工控制界面，及时启动应急预案和补救措施。

另外，企业开展大数据分析和智能化应用可能面临人才短缺。无论是研究开发，还是应用落地，实施智能化应用和风险管理对人才的需求有增无减，而人才短缺可能成为企业将智能化应用于风险管理的最大短板。因此，企业应积极引进和培育相关人才，明确相关岗位对实现目标所需胜任能力的具体要求，定期对相关人员进行胜任能力评估，并针对不足进行必要的改善。对于人机互动和人类干预环节，企业应加强对操作人员的培训和督导，明确风险归属责任和问责制度，为智能化应用保驾护航。

第三节　社会责任风险管理与企业价值创造[①]

企业可能因社会责任问题导致经济损失、法律风险、道德缺失等，造成企业价值减损，甚至使企业难以持续发展。因此，加强社会责任风险管理是企业实施全面风险管理的重要内容。李伟阳等（2011）归纳了企业社会责任管理的

---

① 本节执笔：王清刚、郭晓慧。

演化路径：基于纯粹道德驱动的企业社会责任管理——基于社会压力回应的企业社会责任管理——基于风险防范的企业社会责任管理——基于价值创造的全面责任管理。第四章我们分别从利益相关者理论、生命周期理论等多个角度分析研究了企业社会责任的价值创造机理及实证检验；第五章主要采用案例研究法，分析了企业社会责任的风险管理问题；本章第一、二节分别研究了企业风险管理价值创造的作用机理及影响路径、风险智能管理的价值创造情况，并分别进行了实证检验。研究发现企业社会责任、企业风险管理、智能化应用都分别能够对企业价值和价值创造产生显著的积极影响。如果企业社会责任履行不好或管理不善，会不会伤害企业的价值创造能力或毁损企业价值呢？本节将对这一问题展开研究。

一、引言及文献综述

（一）企业社会责任与价值创造

企业是利益相关方依据各自的价值预期和判断，为追求价值创造而凝结的开放式系统。企业获得和使用各利益相关方提供的资源，理应承担对他们的责任，为他们创造价值。Arrow（1973）认为企业社会责任是为了弥补市场失灵而采取的措施之一，这种功能性需求使得企业社会责任的价值创造效应成为研究的热点，并出现分歧。在实证检验方面，当前文献关于企业社会责任对企业价值影响的研究未取得一致结论，有正相关、负相关和无相关等观点，但大多认为社会责任对企业价值有正向影响，特别是在非财务指标方面（刘建秋、宋献中，2011）。王清刚等（2015）和王琦等（2018）分别从供应链视角和利益相关方视角提供了企业社会责任的履行与企业价值正相关的实证证据。企业履行社会责任有利于促进消费者对本公司产品的持续体验以及提高企业员工组织承诺，从而正向影响企业绩效（Le et al., 2016；Linda et al., 2017）。在声誉机制的作用下，企业社会责任与企业价值之间会形成一个持续改进的良性循环（蔡月祥等，2015；廉春慧等，2018）。也有学者认为企业承担社会责任将增加经营成本，降低企业利润并使企业在竞争中处于劣势（Ingram and Fraiziner，1983）。Jensen and Meckling（1976）认为企业所有者与管理者之间信息不对称，管理者可能在企业社会责任行为上过度使用公司资源以提升其自身效用，与公司所有者的目标背离，产生较高的代理成本，从而损害企业价值。Vicente et al.

(2011)和 Barnett et al.（2012）认为从事与企业核心业务无关的社会责任活动意味着对股东利益和核心业务资源的剥夺。也有研究发现企业社会责任对财务绩效的影响存在着显著的滞后效应，社会责任与短期财务绩效显著负相关，与长期财务绩效显著正相关（窦鑫丰，2015；周丽萍等，2016）。

企业社会责任的价值驱动因素有减少成本、增加收入、商标与声誉、员工吸引和顾客满意等（Daudigeos et al.，2011；Saeed，2011）。Wang et al.（2012）发现社会责任能积极影响企业的长期绩效，特别是在非财务价值方面。冯琳（2011）分析了企业社会责任对当前价值、未来价值和潜在价值的作用机理，提出了三维价值创造的理论模型。高汉祥（2012）认为企业在价值创造过程中，社会责任是一种日益重要的因素，企业管理应"内生嵌入"社会责任。毕楠（2012）基于利益相关方视角，通过构建不同利益相关方对企业社会责任的作用机理及驱动模型，发现了各自驱动路径的差异性。

（二）企业风险管理与价值创造

风险是不确定性对目标的影响，风险可体现在不同层次，如战略、运营、项目、产品、流程和作业层面，风险影响可以是正面的或负面的或两者兼有（ISO31000，2009）。风险管理能够降低企业的直接和间接成本，降低收益的不确定性，也是改善决策过程、进行最佳运营实践的有效工具（Paape and Speltle，2012；Ellul and Yerramilli，2013）。风险管理能稳定企业经营环境，通过减少税收、交易费用、代理成本、信息不对称等市场摩擦成本增加企业绩效（James et al.，2012；Boyer et al.，2013）。Godfrey et al.（2009）发现加强社会责任风险管理能显著增加股东价值。Cristina Florio（2017）研究发现有效的风险管理通过减少企业风险暴露而带来更高的公司绩效，风险管理水平与企业价值正相关。德勤国际会计公司（2010）在 COSO 整合框架的基础上提出一种能够产生价值回报的风险智能管理框架，并在其客户中推广，取得很好的实践效果。Karan et al.（2011）研究了如何基于价值创造将风险管理植入企业生产经营过程。

（三）社会责任风险管理与企业价值创造

社会责任风险管理不仅是企业风险管理的重要内容，更是企业社会责任创造价值的补充和保障。企业履行社会责任可以塑造正面形象，带来积极的经济后果，但如果履行不好或管理不善，可能引发社会责任风险，造成声誉受损或经济损失。Jo et al.（2012）发现加强企业社会责任管理能显著降低企业风险，提升可持续发展能力。刘传俊等（2016）的研究表明企业履行对股东、债权人、政府、客户和员工的社会责任与风险承担能力正相关，履行社会责任能够提高企业的风险承担能力。田利军、陈甜甜（2015）的研究发现航空公司的社会责任担当对企业绩效有显著影响，且风险管理在其间的中介传导效应明显。Mercedes（2016）发现作为公司治理中的重要部分，良好的风险管理能在企业社会责任与企业价值之间起到正向的调节作用。Kate Hogarth（2018）研究证明企业声誉风险管理能力在企业社会责任与股东价值之间起积极的中介作用，表明企业风险管理水平的高低在企业社会责任价值创造的机制中将发挥作用。但是，陆静等（2019）的研究发现企业社会责任并没有通过风险承担变量对公司价值产生进一步影响，风险承担水平在企业社会责任与企业价值之间的中介作用并不显著。

（四）当前研究现状述评

企业社会责任、风险管理、价值创造等方面的研究很多，也颇有成效，为本文研究奠定了良好的文献基础，但相关研究并未取得一致的结论，实证检验结果也常出现矛盾的现象，相关研究领域仍然存有缺失，极少有将价值创造、风险管理和企业社会责任三者结合起来的研究。风险管理具有价值创造功能，但尚未有在企业社会责任领域的应用研究。拾遗补阙，本节主要研究企业社会责任风险管理对企业价值创造的支持和保障作用。

二、理论分析与假设提出

前面的章节我们已分别研究并检验了企业社会责任价值创造的作用机理及影响路径、风险管理价值创造的作用机理及影响路径、风险智能管理的价值创造情况、企业社会责任的风险管理问题等。研究主要基于正向影响的思路，本节主要基于负向影响的基本思路，分析和检验如果企业社会责任履行不好或管理不善，对企业价值创造能力和企业价值的伤害或毁损问题。

（一）媒体负面报道与企业价值创造

媒体具有外部治理效应。根据信号传递理论，媒体作为信息传递的重要中介，凭借舆论监督功能，在保护投资者权益、缓解信息不对称等方面发挥了重要作用（Dyck，2008；Rutsaert et al.，2013；李勇等，2015），能够约束和引导公司管理者的行为，帮助完善公司治理（Dyck et al.，2013；陈乾坤和赵建伟，2016）。企业社会责任的具体内容涉及广泛，可能影响众多的利益相关方，容易成为媒体跟踪的热点。近年来,随着市场环境日益复杂多变和快速发展的大众传媒的推波助澜,关于企业社会责任的相关报道频频出现。王帆(2016)研究发现媒体涉及企业的负面报道通常涉及产品质量、消费者权益、安全生产、环境污染等多种内容。这些内容都与企业社会责任风险管理相关。

在媒体报道倾向方面,王波等(2017)研究发现媒体关注对企业社会责任履行产生显著的正向影响,媒体关注度越高,企业社会责任履行越好。赵玉洁等(2019)的研究表明,媒体报道与股权融资成本显著负相关,上市公司的媒体报道数量越多,媒体报道语气越正面,股权融资成本越低。负面报道是媒体对企业发展中产生的负面事件进行深度挖掘曝光,可能使企业声誉资本受损的风险扩大(Wand and Ye,2015)。在声誉机制作用下,媒体负面报道会影响投资者情绪,负面报道越多,投资者情绪越趋于悲观,在"轰动效应"和"羊群效应"的作用下,市场悲观情绪会促使股价向下偏离其基本价值水平(Tetlock et al.,2007;Kothari et al.,2009;Salin and Hooker,2011;游家兴等,2012)。屈耀辉等(2013,2014)研究发现产品负面报道不仅对当事企业造成巨大影响,且还会产生溢出效应对业内竞争对手造成冲击,在危机时期,问题产品的市场份额会迅速下降。媒体负面报道对产品市场的影响是多方面和多层次的,特别是对农产品需求和价格的影响尤为明显(Attavanich et al.,2011)。环境保护问题也是媒体报道关注的重点,社会公众等利益相关者通过媒体报道对企业的环保政策施加,是成本很低的利益诉求。李百兴等(2018)的研究表明,对于重污染行业负面报道传播速度更快,对企业的影响也更迅速,如果媒体将近期的环境污染与企业生产相关联,政府可能会迅速对企业进行关停整治。媒体关于环境方面的报道,能够通过传统监督机制和声誉机制,进一步促使企业遵守环境规制,积极履行环境责任(张济建等,2016;周志方等,2017)。对于员工权益与企业内部公平而言,张璇等(2019)的研究表明,媒体负面报道通过声誉机制、行政介入机制、市场压力机制等使企业价值受损。

基于上述分析,我们提出假设 H1:

H1:媒体负面报道比例越大,企业因社会责任风险引发的价值减损越严重。

(二)员工——行业薪酬差距与企业价值创造

人才是价值创造的源泉,员工是企业核心竞争力的关键。企业对员工的责任影响员工行为进而影响企业价值创造的渠道主要有两条:一是社会认同理论,企业积极履行社会责任,声誉提高,会提升企业品牌和知名度,员工感受到企业的责任感和信誉度，会增加归属感和认同感，对员工行为产生积极影响，进而促进企业价值创造；二是社会交换理论，企业提供有竞争力的薪酬和晋升制度，建立人本理念的企业文化，会提升员工忠诚度，激励其努力工作等。李祥进等（2012）指出企业积极履行社会责任能显著影响了员工的工作成果。

在"互联网+"时代，企业组织结构日趋扁平化、柔性化和网络化，员工很容易跨越组织边界，受到外部工作机会的"诱惑"（熊冠星等，2017），外部环境会成为促使员工离职重要原因（Cosar et al.，2016）。员工一般通过薪酬外部比较来获得自我薪酬水平认知，员工薪酬与外部的差距会影响到员工对工作的投入程度（Lazer et al.，2001；Porter C.，2016）。特别是当员工受到不公平对待的时候，他们的自尊心会下降，同时导致员工产生职场越轨行为，如迟到、偷窃和恶意跳槽等（Ferris et al.，2012），这种行为可能导致企业经营效率降低、商业机密泄露、人才资源流失，最终显著降低公司未来的经营业绩（步丹璐，2013），使企业价值受损。当薪酬水平高于行业均值时，能够增强员工工作满意度，激发其勤勉敬业精神并缓解员工离职风险；当员工薪酬水平低于行业均值时，容易引起员工负向情绪和不公平感，进而减损其为组织奉献的意愿（张敦力，2015）。

基于上述分析，我们提出假设H2：

H2：员工薪酬与行业薪酬均值差距越大，越不利于企业价值创造。

（三）企业公平运营与价值创造

公平运营、合作互信、尊重对手既是企业的营商之道，也是企业应尽的社会责任。"正大光明地获胜"才能获得社会依赖和对手尊重，才能获得持久的竞争优势。公平运营涉及合法使用他人信息、尊重他人知识产权、禁止贿赂或不当报酬、与销售商和供应商合作共赢、尊重对手及公平竞争等内容。陈莉等（2012）通过问卷调查研究发现大多数企业都认为尊重知识产权、尊重国家法律法规对企业巩固核心竞争力、维护行业公平竞争环境和增强企业持续创新能力等具有重要意义。

合法合规是企业实施风险管理的重要目标之一，也是企业实现战略目标和可持续发展的基本前提。企业如果违法违规可能面临监管处罚、法律诉讼、媒体曝光等后果，从而导致企业声誉受损或经济惩罚。李晓玲（2019）研究发现不管是主动还是被动涉诉，法律诉讼的次数和涉诉金额均与企业商业信用融资能力显著负相关。违法违规和法律诉讼不仅给公司带来直接的经济损失、人力成本消耗（王彦超：2017），还可能损害企业声誉，对外传递负面信号，可能导致融资成本增加、销售受挫、价值减损等后果（林斌，2015；罗党论，2013）。

基于上述分析，我们提出假设 H3：

H3：企业涉入法律诉讼案件，会降低企业价值创造效应。

（四）社会责任信息披露质量与企业价值创造

自愿性信息披露能够有效降低资本成本（Botosan，1997；Core，2001；Botosan，2006；Leuz and Wysocki，2008），上市公司编制和发布社会责任信息是自愿性信息披露的重要内容，是利益相关方全面了解企业发展情况的重要途径。企业社会责任信息具有价值相关性，能够帮助投资者更加全面地评价企业的综合价值（Margolis and Walsh，2001；Orlitzky et al.，2003；沈洪涛等，2010）。社会责任信息披露通过增强企业与外部利益相关方的信任关系，提升企业形象与声誉，进而影响企业价值（代文，2016）。企业社会责任也可以成为企业创新的源泉，尤其是产品创新和管理创新（郑晓青，2013）。沈洪涛（2007）的研究实证了规模越大、盈利能力越好的公司越倾向于披露公司社会责任信息。企业社会责任对消费者的态度和行为有显著的积极影响（Sen et al.，2001；Mohr et al.，2005；Luo et al.，2006；沈鹏熠等，2016）等。周延风等（2007）研究发现企业社会责任行为对消费者购买意向和产品质量感知均有显著影响。有社会责任担当的企业能够激发消费者购买意愿，提升客户满意度，提高营销绩效，避免企业营销战略失误，使企业真正走上可持续发展的道路（甘碧群等，2004）。

也有研究发现不少企业的社会责任报告说的比做的好，存在夸大宣传的漂绿、漂红的嫌疑（李克、王清刚，2016），张继勋（2016）认为利益相关方应对企业披露社会责任的动机真诚性和内容可信性进行评估。高质量的社会责任信息披露能够提高企业社会责任信息的可信度，增强投资者信心，而虚假的信息会误导投资者，引起信任危机，损害公司声誉（马德芳等，2016）。

基于上述分析，我们提出假设 H4：

H4：企业社会责任信息披露质量越低，越不利于企业价值创造。

三、研究设计

（一）样本选择与数据来源

我们以 2013—2017 年沪深两市 A 股上市公司为样本总体，为了避免异常值和特殊情况对实证结果造成干扰，对样本执行了如下筛选程序：

1. 剔除 ST、PT 公司，因为这类公司的情况异常，其波动性与正常交易股票存在较大差异，受交易规则的限制，容易造成检验结果的偏差；

2. 剔除保险、银行和证券等金融业的样本公司，这类公司有显著的行业特征，其披露状况同其他行业的差异比较明显；

3. 剔除在检验区间（2013—2017 年）财务数据缺失和异常的样本公司，目的是确保样本的连续性和完整性；

4. 为消除极端值对研究的影响，对连续变量在 1% 的水平上缩尾处理。

经过上述筛选程序，取得 2744 个有效样本，共获得 13720 个时间序列样本观察值。

在样本数据来源方面，企业社会责任负面新闻数据来源于香港中文大学报刊新闻量化舆情数据库，企业社会责任信息披露水平数据来源于润灵环球企业社会责任评级报告，员工薪酬与行业薪酬均值相对差距、企业是否发生诉讼案件及其他控制变量数据均来自深圳国泰安 CSMAR 金融数据库，运用 STATA 15.0 对数据进行处理。

（二）主要变量定义

1. 被解释变量

企业盈利是企业价值创造的直接表现，总资产报酬率（ROA）能够较为全面地反映企业创造价值的能力，我们计划采用 ROA 作为衡量企业价值创造的变量。

2. 解释变量

社会责任风险（CSR_Risk）是因企业社会责任履行不好或管理不善而引发的各种风险，如声誉风险、法律处罚、经济受损、市场萎缩等。企业社会责任风险可能来自多个方面，如产品质量、消费者权益、侵害员工权益、环境污染、安全生产责任事故等；社会责任风险也可能涉及众多利益相关方，如社会公众、政府机构、内部员工、消费者及供应链上下游企业等。上市公司负面新闻往往与其发生并造成不良社会影响的事件有关，这些负面报道大多涉及产品质量、消费者权益、安全生产、环境污染等企业社会责任内容。因此，我们主要以企业负面新闻报道数量占比、员工薪酬相对差距、企业是否涉入诉讼案件、企业社会责任信息披露质量为代理变量来衡量企业社会责任风险管理水平。

（1）媒体负面报道比例（ANeg_repra）

香港中文大学报刊新闻量化舆情数据库中将新闻按照情感因素分为三类：正面新闻、中性新闻和负面新闻。我们根据该数据库计算一年内上市公司累计出现负面新闻的总数占当年全部新闻数量的比例,以媒体负面报道比例作为企业社会责任风险管理总体情况的代理变量,该比例越大,说明该公司社会责任风险管理总体水平越低。

(2) 员工——行业薪酬相对差距(W_gap)

参考黎文靖和胡玉明(2012)的做法,在现金流量表"支付给职工以及为职工所支付的现金"科目中,扣除企业为职工所支付的养老保险金等社会基本保障费用以及高管薪酬总额后得到企业员工净薪酬,即支付给职工及为职工支付的现金/1.56-董事、监事及高管薪酬年度报酬总额。①在此基础上定义:员工年平均薪酬=员工净薪酬/(员工人数-高管人数),披露的行业平均薪酬与员工年平均薪酬的比值即为员工——行业薪酬相对差距(W_gap)。以该指标作为企业对员工社会责任风险管理情况的代理变量,该比例越大,说明企业内员工的薪酬水平相对行业均值水平越低,对内部员工的社会责任风险越大。

(3) 企业是否涉入诉讼案件(Litigation)

根据 CSMAR 数据库中上市公司诉讼数据统计,以上市公司当年是否卷入合同纠纷、债权纠纷、倾销反倾销、不当竞争纠纷、税务纠纷、损害赔偿纠纷等诉讼案件,作为企业在合法合规和公平运营方面社会责任风险管理情况的代理变量。

(4) 企业社会责任信息披露水平(CSR_Score)

企业社会责任信息披露质量。我们从企业社会责任信息质量评价数据的可获得性、权威性和客观性等角度考虑,参考了何贤杰等(2012)的做法,使用独认第三方评级机构"润灵环球"对我国上市公司披露的社会责任信息进行的评级得分,作为评价上市公司社会责任信息披露质量高低的标准。企业社会责任评分越高,企业对其履行社会责任信息的披露越完整,企业履行社会责任的情况越好。设置变量 CSR_Score 表示企业社会责任信息披露质量评分的取值。

3. 控制变量

在控制变量方面,参考陈共荣等(2013)以及 Nekhili et al. (2017)的研究,设置成长性(Growth)、企业规模(Size)、资产负债率(Lev)、上市年限(Age)、第一大股东持股比例(First_Share)、是否两职合一(Duality)、产权性质(SOE)作为控制变量。此外,由于不同年份和行业情境下上市公司社会责任风险具有显著差异,本文还设置了年份(Year)及行业(Industry)虚拟变量。

上述变量的类型、名称和释义如表 6 - 10 所示。

表 6-10 主要研究变量定义

类型	变量名		变量解释
被解释变量	ROA		总资产收益率 = 净利润/平均资产总计, 平均资产总计 = (资产总计期末余额 + 资产总计期初余额)/2
解释变量	CSR_Risk	ANeg_repra	上市公司一年内全部负面新闻数占其新闻总数比例
		W_gap	员工——行业薪酬相对差距 = 行业年平均薪酬/员工年平均薪酬； 员工净薪酬 = 支付给职工以及为职工所支付的现金/1.56 - 董事、监事及高管薪酬年度报酬总额； 员工年平均薪酬 = 员工净薪酬/(员工人数 - 高管人数)
		Litigation	上市公司是否涉入诉讼案件, 涉入为1, 否则为0
		CSR_Score	基于润灵环球发布的企业社会责任信息披露质量得分, 取(企业社会责任信息披露质量评分得分 + 1)的自然对数
控制变量	Growth		公司成长性, 营业收入增长率 = 当年上市公司主营业务收入增长/上年初的主营业务收入
	Size		公司规模, 取(期末总资产 + 1)的自然对数
	Lev		资产负债率 = 期末总负债/期末总资产
	Age		公司上市年限取对数
	First_Share		股权集中度, 第一大股东持股比例
	Duality		董事长与总经理是否兼任, 兼任为1 否则为0
	SOE		是否为国有企业, 国有企业为1, 否则为0
	Year		年度虚拟变量
	Industry		行业虚拟变量

注：

1. 员工净薪酬 = 支付给职工以及为职工所支付的现金/1.56 - 董事、监事及高管薪酬年度报酬总额

这里除以1.56是将支付给职工以及为职工所支付的现金, 还原为直接支付给员工个人的现金, 不包括企业为员工所负担的社会保险费用：福利费（14%）、养老保险（20%）、医疗保险（12%）、失业保险（2%）、住房公积金（7%）、生育保险（0.5%）、工伤保险（0.5%）。

2. 相关变量加一后取自然对数, 是为了防止某些变量为0, 直接取自然对数后变成异常值。

（三）模型构建

为检验上市公司社会责任风险管理的各个方面对于企业价值创造的影响, 构建以下多元回归模型：

$$ROA_{i,t} = \alpha + \beta_1 CSR\_Risk_{i,t} + \beta_2 Growth_{i,t} + \beta_3 Size_{i,t} + \beta_4 Lev_{i,t} + \beta_5 Age_{i,t}$$
$$+ \beta_6 First\_Share_{i,t} + \beta_7 Duality_{i,t} + \beta_8 SOE_{i,t} \sum Year + \sum Ind + \varepsilon_{i,t}$$

其中，i 为截面，即代表第 i 个企业，t 代表年份，取值为 2013—2017 年，α 为截距项，ε 为误差项。由前文假设将社会责任风险（CSR_Risk）分别替换为媒体负面报道比例（ANeg_repra）、员工——行业薪酬相对差距（W_gap）、是否涉入诉讼案件（Litigation）、企业社会责任信息披露水平（CSR_Score）各自回归，其他变量释义见变量定义表。此外，在回归中控制行业和年度固定效应的同时，使用公司层面的聚类稳健标准误计算 t 检验值。

四、实证检验

（一）描述性统计

对样本原始数据进行的描述性统计结果如表 6-11 所示：

表 6-11　　　　　　　　主要变量描述性统计

variable	N	mean	sd	min	p25	p50	p75	max
ROA	2744	0.040	0.047	-0.134	0.0140	0.0320	0.0620	0.190
ANeg_repra	2744	0.226	0.119	0	0.145	0.211	0.290	0.680
W_gap	2744	0.265	0.121	0.058	0.186	0.247	0.326	0.799
CSR_Score	2744	3.703	0.254	3.158	3.522	3.676	3.862	4.350
Litigation	2744	0.233	0.423	0	0	0	0	1
Growth	2744	0.139	0.370	-0.561	-0.0270	0.0860	0.226	3.996
Size	2744	23.24	1.367	19.78	22.19	23.17	24.16	26.02
Lev	2744	0.493	0.199	0.0530	0.345	0.504	0.646	0.904
Age	2744	2.501	0.590	0	2.079	2.639	2.944	3.332
First_Share	2744	0.383	0.158	0.0870	0.255	0.381	0.501	0.751
Duality	2744	0.167	0.373	0	0	0	0	1
SOE	2744	0.020	0.140	0	0	0	0	1

由表 6-11 可知，反映企业价值创造的 ROA 指标值最小值为 -0.134，最大值为 0.190，平均值为 0.0400，标准差为 0.047，表明所选样本企业价值能力整

体不高，分布较为均匀。媒体负面报道比例（ANeg_repra）最小值为 0，最大值为 0.680，平均值 0.226，标准差 0.119，说明样本公司因社会责任履行或管理问题而被媒体负面报道的情况差异较大，公司负面报道占其媒体报道数量的比例平均为 22.6%。员工——行业薪酬相对差距（W_gap）最小值为 0.058，最大值为 0.799，平均值 0.265，标准差 0.121，说明样本上市公司的薪酬水平相对行业平均水平而言比较高，均高于行业均值。出现这种情况的原因可能是因为行业薪酬均值的统计基础不仅包括上市公司，还包括非上市公司，多数情况下非上市公司的薪酬比上市公司低。上市公司社会责任信息披露质量（CSR_Score）均值为 3.703，平均值为 0.254，中位数为 3.676，差异较小，但略微呈现出右偏趋势，说明已披露社会责任报告的上市公司其信息披露质量总体较好。上市公司是否涉入诉讼案件（Litigation）显示有超过七成的样本上市公司统计值为 0，说明我国大部分上市公司注重合法合规问题，在经营管理过程中的能遵守公平运营原则，较少卷入诉讼案件。

控制变量方面，75% 的样本公司成长性指标（Growth）低于 0.226，最低的达到 -0.561，呈现出右偏分布，说明大部分样本上市公司成长性水平不高。资产负债率（Lev）和公司规模（Size）均值和中位数非常接近，分布较为均匀。公司上市年限（Age）均值为 2.501，中位数为 2.639，呈现出左偏分布。股权集中度（First_Share）的均值为 0.383，中位数为 0.381，体现样本上市公司股权集中度较高。两职合一（Duality）均值为 0.167，75% 分位数为 1，说明只有少数公司采取董事长与总经理兼任的制度。股权性质（SOE）均值为 0.020，标准差为 0.140，说明大多数样本公司并非国有企业。

（二）相关性分析

变量之间的相关系数分析结果如表 6-12 所示。通过 Pearson 相关系数检验发现，媒体负面报道比例（ANeg_repra）与企业价值创造（ROA）在 1% 水平上显著负相关，相关系数为 -0.079；员工——行业薪酬相对差距（W_gap）与企业价值（ROA）在 1% 水平上显著正相关，相关系数为 0.040，与预期符号不符，可能是因为借助相关系数矩阵方法直接对员工——行业薪酬相对差距与企业价值创造进行相关性检验，无法得出两者准确的内在联系，因此，还需要进一步的检验。上市公司是否涉入诉讼案件（Litigation）均在 1% 水平上与企业价值（ROA）负相关，相关系数为 -0.110，说明公司涉诉会对企业价值造成伤害。企业社会责任信息披露质量（CSR_Score）与企业价值（ROA）呈现正相关，但不显著，说明该指标与企业价值的关系尚不明朗，需进一步检验。其余控制变量与企业价值创造及各主要自变量相关系数的符号基本与预期一致，且具有较高的显著性水平。此外，各变量间的相关系数均低于 0.5，且通过 VIF 分析，发现所有变量 VIF 平均值为 2.81，一般认为 VIF 值大于 10 时会存在严重的多重共线性问题，故本研究涉及的变量之间多重共线性问题较小，适合进行多元回归分析。但各假设是否成立有待通过多元回归分析进一步验证。

表 6-12　　　　　　　各变量的 Pearson 相关系数矩阵

	ROA	ANeg_repra	W_gap	Litigation	CSR_Score	Growth	Size
ROA	1						
ANeg_repra	-0.079***	1					
W_gap	0.040***	-0.023**	1				
Litigation	-0.110***	0.029***	-0.0140	1			
CSR_Score	0.0240	-0.077***	-0.140***	0.050***	1		
Growth	0.143***	-0.00800	0.121***	0.035***	-0.00800	1	
Size	-0.124***	-0.038***	-0.211***	0.051***	0.416***	0.045***	1
Lev	-0.401***	0.060***	-0.095***	0.128***	0.145***	0.033***	0.522***
Age	-0.248***	0.070***	-0.223***	0.121***	0.066***	-0.0100	0.417***
First_Share	0.089***	-0.00300	-0.086***	-0.038***	0.151***	-0.030***	0.210***
Duality	0.082***	-0.0140	0.097***	-0.00500	-0.080***	0.031***	-0.193***
SOE	0.00400	-0.00600	-0.049***	0.0130	0.033*	0.036***	0.095***
	Lev	Age	First_Share	Duality			
Lev	1						
Age	0.393***	1					
First_Share	0.072***	-0.072***	1				
Duality	-0.139***	-0.241***	-0.040***	1			
SOE	0.045***	-0.048***	0.202***	-0.065***	1		

注：*** 表示在 0.001 内显著，** 表示在 0.01 内显著，* 表示在 0.1 内显著。

（三）多元回归分析

为了检验社会责任风险各变量与企业价值创造的关系，本文对样本数据进行了回归分析，表 6-13 报告了分析结果。其中，列（1）报告了在企业外部社会公众方面，上市公司外部负面形象与企业价值创造的关系。媒体负面报道比例（ANeg_repra）与企业价值创造（ROA）的相关系数为 -0.026，在 1% 水平上显著相关，表明上市公司社会责任履行或管理不当可能使企业发生风险事件并引发媒体进行负面报道，从而不利于企业价值的实现，验证了假设 H1。

列（2）报告了在企业内部员工方面，行业年平均薪酬与上市公司员工年平均薪酬的相对差距与企业价值创造的关系。员工——行业薪酬相对差距（W_gap）与企业价值创造（ROA）在 1% 水平上显著正相关，系数为 -0.010，表明行业年平均薪酬水平与上市公司员工年平均薪酬相比越高，上市公司给予员工的薪酬水平在行业内越低，上市公司对内部员工履行社会责任、管理上市公司内部的社会责任风险的能力越低，从而会负向影响企业价值创造，验证了假设 H2。

列（3）报告了在公平运营方面，上市公司的违法违规表现对企业价值创造的影响。上市公司是否涉入诉讼案件（Litigation）与企业价值创造（ROA）的相关系数为 -0.005，在 1% 水平上显著相关，表明无论企业作为起诉方还是被起诉方，卷入此类案件均即说明企业未妥当处理与供应链上各主要利益相关方有关的社会责任风险，从而减损企业价值，验证了假设 H3。

列（4）报告了在社会责任信息披露方面，企业社会责任信息披露质量与企业价值的关系。社会责任信息披露质量（CSR_Score）与企业价值（ROA）呈现负相关关系，但并不显著。可能是由于当前社会责任信息披露制度还尚不规范，除了少部分应归披露社会责任报告的上市公司，其他选择自愿披露上市公司所披露的社会责任报告缺少规范性、可靠性，无法直接向利益相关方提供准确的信息，因而不能直接作用于企业价值创造。

此外，从控制变量的回归结果中可以发现，上市公司成长性水平（Growth）越高、规模（Size）及第一大股东持股比例（First_Share）越大，越有利于企业价值增长。资产负债率（Lev）与企业价值负相关，表明过多的负债不利于企业价值的提升。企业上市年限（Age）与企业价值创造负相关，初步显示出了企业生命周期理论在实践中的表现。股权性质（SOE）与企业价值创造负相关，表明国有企业的价值竞争力还需进一步提高。两职合一（Duality）在本模型中与企业价值创造的关系并不显著。

表 6-13　　社会责任风险与企业价值的回归分析

VARIABLES	ROA (1)	ROA (2)	ROA (3)	ROA (4)
ANeg_repra	-0.026*** (-3.81)			
W_gap		-0.013* (-1.81)		
Litigation			-0.004** (-2.37)	
CSR_Score				-0.000 (-0.05)
Growth	0.019*** (5.87)	0.019*** (5.81)	0.019*** (5.83)	0.019*** (5.84)
Size	0.011*** (13.62)	0.011*** (13.13)	0.011*** (13.48)	0.011*** (12.75)
Lev	-0.147*** (-23.53)	-0.146*** (-23.14)	-0.145*** (-23.05)	-0.147*** (-23.36)
Age	-0.003* (-1.94)	-0.003** (-2.31)	-0.003** (-2.10)	-0.003** (-2.15)
First_Share	0.017*** (3.39)	0.015*** (2.95)	0.016*** (3.22)	0.017*** (3.30)
Duality	0.006*** (2.79)	0.006*** (2.67)	0.006*** (2.68)	0.006*** (2.66)
SOE	-0.009** (-2.25)	-0.009** (-2.04)	-0.008* (-1.88)	-0.009** (-2.06)
Constant	-0.154*** (-8.80)	-0.151*** (-8.29)	-0.159*** (-9.10)	-0.160*** (-8.97)
Year	已控制	已控制	已控制	已控制
Industry	已控制	已控制	已控制	已控制
Observations	2744	2744	2744	2744
R-squared	0.346	0.343	0.343	0.342
F	38.73	39.05	39.07	38.62
r^2_a	0.339	0.336	0.336	0.335

注：***、**、* 分别表示在1%、5%、10%水平上显著，括号内为经过个体 cluster 修正的 t 统计量。

(四) 稳健性检验

为了进一步验证上述回归结果的稳健性,本节构建综合性社会责任风险管理指标(TCSR_Risk1)作为解释变量重新进行检验。对于媒体负面报道比例(ANeg_repra),构建一个虚拟变量,通过计算该指标各年度样本均值,定义样本公司媒体负面报道比例高于样本均值为1,否则为0;对于员工——行业薪酬相对差距(W_gap),构建一个虚拟变量,定义年度行业平均薪酬占上市公司员工平均薪酬比例大于50%为1,否则为0;对于企业社会责任信息披露质量(CSR_Score),同样构建一个虚拟变量,通过计算该指标各年度样本均值,定义企业社会责任信息披露质量低于样本均值为1,否则为0。之后,将上述三个指标与上市公司是否涉入诉讼案件(Litigation)加总,得到综合社会责任风险管理指标CSR_Risk1,将CSR_Risk1除以4得到CSR_Risk2,代入原回归模型中,使用总资产收益率(ROA)作为企业价值创造重新进行检验,不改变本文的结论。

表 6-14　　综合风险指标与企业价值创造的回归分析

VARIABLES	ROA	ROA
CSR_Risk1	-0.004*** (-4.76)	
CSR_Risk2		-0.017*** (-4.76)
Growth	0.019*** (5.92)	0.019*** (5.92)
Size	0.010*** (12.38)	0.010*** (12.38)
Lev	-0.144*** (-22.93)	-0.144*** (-22.93)
Age	-0.003* (-1.90)	-0.003* (-1.90)
First_Share	0.015*** (3.11)	0.015*** (3.11)
Duality	0.006*** (2.84)	0.006*** (2.84)

续表

VARIABLES	ROA	ROA
SOE	-0.008* (-1.88)	-0.008* (-1.88)
Constant	-0.139*** (-7.70)	-0.139*** (-7.70)
Year	已控制	已控制
Industry	已控制	已控制
Observations	2744	2744
R-squared	0.347	0.347
F	39.55	39.55
r²_a	0.340	0.340

注：***、**、*分别表示在1%、5%、10%水平上显著，括号内为经过个体cluster修正的t统计量。

五、结论及政策建议

本节基于2013—2017年沪深两市A股上市公司的样本数据，分析检验了企业社会责任风险对于企业价值创造的影响。其中，媒体有关企业经营的负面报道占全年新闻总数的比例越大，企业价值创造效应越低；企业给予内部员工的薪酬相对于行业薪酬均值水平越低，企业价值创造效应越低；企业由于合同纠纷、安全生产等责任事故卷入诉讼案件，也不利于企业价值创造；企业社会责任信息披露质量与企业价值的关系尚不明确，但基于稳健性检验中依据企业社会责任信息披露质量构建的指标可以看出，企业社会责任信息披露质量越低，越不利于企业价值创造。

基于以上结论，我们认为，企业社会责任风险管理贯穿于企业运营的方方面面，企业应从以下几方面改善社会责任风险管理水平：

（一）合规运营，公平运营，恪守法律和道德底线

违法违规可能面临监管处罚、法律诉讼、媒体曝光等后果，可能导致企业声誉受损或经济惩罚。合法合规是风险管理的重要目标之一，也是企业实现战略目标和可持续发展的基本前提。企业在运营管理的每个环节上都要始终坚持以是否合规来判断和决策。公平运营、尊重对手既是企业的营商之道，也是企

业应尽的社会责任。企业运营过程中应注意合法使用他人信息、尊重知识产权、禁止贿赂或不当报酬、尊重对手和公平竞争，努力做到公平运营。合规运营和公平运营对形成企业核心竞争力、保持长久价值创造能力至关重要。

（二）注重员工权益，激活价值创造的源泉

人才是价值创造的源泉，员工是企业核心竞争力的关键。员工权益会影响员工行为，进而影响企业价值创造能力。员工薪酬低于行业均值、不公平对待、不注重员工权益可能降低员工满意度，容易引发员工负向情绪，减损其为组织奉献的意愿和行为。因此，企业要注重人力资源、企业文化、核心价值观等软环境建设，以实际行动践行以人为本理念，尊重人才，尊重劳动，努力为全体员工搭建发展平台，提供发展机会，增强其主人翁意识和社会责任感，激发其积极性、创造性和团队精神。

（三）坚持合作共赢，共享价值创造成果

企业对待供应商和客户等产业链上下游的合作伙伴，应坚持合作共赢，共同做大产业，做大市场，共享价值创造成果。很多情况下的竞争往往不是单个企业间的竞争，而是整条产业链的竞争。产业链的竞争力和可持续发展离不开广大合作伙伴的共同参与，不与合作伙伴争利，坚持合作共赢，才能降低供应链风险。坚持绿色供应，推动供应商节能减排，提高能源利用效率，在降低运营成本的同时，也提高了供应链竞争力和价值创造能力。

社会成就企业，企业回报社会。作为负责任的企业公民，企业要充分考虑自身运营对社区和公众的影响，采取积极有效的措施，帮助当地解决民生问题、支持当地传统活动、关怀当地弱势群体、帮助当地灾难救助、支持当地教育、捐助慈善活动等。短期来看这些付出无助于企业价值提升，但可以降低企业可持续发展过程中的政治风险和文化冲突，为企业发展创造良好的外部环境。

（四）定期发布社会责任报告，与媒体保持良好沟通

社会责任报告是企业与利益相关方沟通的重要桥梁，企业应定期发布社会责任报告，努力提高报告质量，必要时请第三方机构对社会责任报告审验鉴证。这有助于提高企业透明度，增强公众知情权，提升品牌形象和综合价值，帮助其获得更多的资源。媒体作为信息传递的中介，对缓解企业与利益相关者的信息不对称有积极作用，媒体凭借其舆论监督功能，具有外部治理效应。企业社会责任内容涉及广泛，可能影响众多的利益相关方，容易成为媒体跟踪热点。企业应重视媒体关系，保持良好沟通，积极应对和妥善处理媒体负面报道，降

低负面报道对企业价值的影响。

第四节 企业社会责任、财务风险与公司价值[①]

社会成就企业,企业回报社会。企业与社会、环境和谐发展,才能实现可持续繁荣。消费安全、绿色节能、循环经济、低碳环保等事关民生和社会和谐。近年来,中国企业频发危及生命健康,自然资源严重破坏恶性事件,"三鹿奶粉事件""康菲溢油事故""紫金矿业环境责任事故"……一串串重大责任事故向人们发出警告的同时,企业履行社会责任也重新回到公众视野。同时,加入WTO后,中国外贸型企业走向国际市场时,经常被西方发达国家设置的社会责任贸易壁垒阻碍[②],屡屡受挫,而且郭毅(2013)通过对调查问卷分析表明:企业规模越大,面临来自供应链上国际贸易伙伴的社会责任要求的可能性也越大。因此,企业忽视社会责任的战略决策和经营管理,不仅对社会和公众造成严重危害,而且对企业自身价值造成重大毁损。

一、引言及文献综述

党的十八大明确提出以人为本、和谐稳定、美丽中国等理念,党和国家领导人多次强调企业要关心社会,担当社会责任。在需求、资源、环境约束日益强化的条件下,中国企业必须走内涵式的价值创造之路。借助现代信息技术,有效的社会责任管理可为企业规避风险、获取收益、创造价值。企业进行有效的社会责任管理不仅利于规避各类道德风险、从长远来看还可形成特殊竞争力,由单纯追求个体利益的最大化转向与各利益相关者友好合作,共同创造价值,

---

① 本节执笔人:王清刚、罗素婧;主要成果已发表在《会计论坛》2013年第1期,第54-65页。
② 社会责任贸易壁垒是以环境、劳工权益、商业道德等社会责任国际标准为借口设置的贸易保护措施。随着国际贸易的发展和贸易自由化程度的提高,关税已大幅度下降,一些传统非关税堡垒也在逐步地被消除和规范。一些发达国家利用与发展中国家之间的经济水平、教育文化和道德标准差异,开始构筑起一种新型的、更为隐蔽的社会责任贸易壁垒。社会责任贸易壁垒最典型的代表是"Social Accountability 8000标准",另外,还有ISO14000系列标准、ISO26000等。家利用与发展中国家之间的经济水平、教育文化和道德标准差异,开始构筑起一种新型的、更为隐蔽的社会责任贸易壁垒。社会责任贸易壁垒最典型的代表是"Social Accountability 8000标准",另外,还有ISO14000系列标准、ISO26000等。

实现社会、环境和经济的良性循环、和谐发展。然而，中国企业社会责任管理水平整体较低，根据中国社科院发布的《中国企业社会责任调查报告（2012）》，中国企业社会责任发展平均得分仅为 23.1 分（满分为 100 分），有六成企业得分在 20 分以下。尽管 2018 年这一平均上升到 34.4 分，但极少有企业能站在价值创造高度将社会责任纳入企业管理系统，多数企业在战略规划、日常管理和绩效评价等活动中都缺少社会责任考量。

（一）关于企业社会责任的内容和范围

Carroll（1983）提出影响深远的企业社会责任框架，把企业社会责任划分为经济责任、法律责任、伦理责任和自愿责任四个方面。国际化标准组织（2010）在其发布的社会责任标准 ISO26000 文件中提出，组织社会责任是组织通过透明的道德行为来确保对自身决策和活动的社会与环境影响负责，这些行为的特点包括有利于可持续发展、健康和社会福利，充分考虑利益相关者期望，符合法律法规和国际行为规范，并全面融入组织，在组织与社会、环境的关系之中得到充分体现。国家电网公司综合自身的多年研究成果和实践经验，提出了实践层面的企业社会责任定义，认为企业社会责任是指企业通过透明和道德的行为，有效管理自身决策和活动对利益相关者、社会和环境的影响，追求经济、社会和环境的综合价值最大化的意愿、行为和绩效（李伟阳，2011）。2010 年 4 月，财政部等五部委联合发布《企业内部控制应用指引第 4 号——企业社会责任》，强调企业应从安全生产、产品质量、环境保护、职工权益等方面落实企业社会责任。

本节基于利益相关者视角，系统梳理了企业生产经营过程中的主要社会责任，主要包括：一是在原料采购过程中，企业应重视原料来源地的生态环境保护，努力节约资源，适度开采，同时，注重供应商管理及关系维护，努力实现共赢多赢，避免侵害供应商权益等；二是在产品生产过程中，安全生产、员工健康事关企业发展、员工权益和社会稳定，企业应加强管理，建章立制，并确保落实到位，履行对员工的社会责任；低劣的产品质量损人不利己，企业应努力提升产品（包括服务）质量，对消费者负责；三是在产品销售过程中，企业在努力拓展市场、增加销量的同时，也要诚信经营，遵循商业道德，企业应坚持共赢多赢的原则，为股东赚取利润，并且维护消费者权益；四是企业在筹资活动中，应合理搭配长短期负债，按时偿本付息，维护自身信用，履行对债权人的责任。企业对债权人利益保护的程度或水平，对交易成本和交易效率、交易风险有着重要的影响；五是企业在投资活动中，要维护股东的利益，承担起代理人的角色，保证股东的利益最大化，这是企业最基本的社会责任，也是履行其他社会责任的前提；六是其他社会责任活动。缴纳税费是企业应尽的法律义务，是政府提供公共服务的经济来源；企业还应主动补偿生产经营中的环境负影响，积极组织或参与公益活动、慈善事业，披露企业社会责任信息等。

（二）企业社会责任与财务风险

企业财务风险是企业财务活动中各种不确定性因素的影响，使企业实际收益与预期收益发生偏离，从而使企业蒙受经济损失的可能性。McGuire et al. (1988) 研究结果显示用收益标准差衡量的财务风险与企业社会责任显著负相关，同时资产负债率与企业社会责任之间也具有显著的负向关系，再次证明了 Cornell (1987) 的观点：企业与利益相关者隐性契约越多，负债率也越低。即企业履行社会责任能显著降低企业财务风险。Menz (2010) 从债券市场的角度实证研究发现：不同于一贯的理论观点，债权人对社会责任履行好的企业反而要求更高的风险溢价，即债券市场对于企业债券的定价暂时并不受社会责任的影响。赵文英等（2010）研究表明对社会责任的履行有利于营造良好的外部与内部环境，以降低财务风险的发生，并以三鹿事件为案例，分析了社会责任事件对财务风险的放大影响。以上学者从不同角度分析企业社会责任对财务风险会产生影响，大部分研究结果表明企业社会责任履行的越好，其财务风险也会随之减小，风险更便于控制与管理。

（三）企业社会责任与公司价值

企业是持有不同价值愿景的显性和隐性利益相关者，依据各自的价值预期和判断，为追求价值增值而凝结的开放式系统。企业获取并利用各利益相关者提供的人力、物力资源，利益相关者从企业获取对等的价值回报。值得注意的是，除了企业签订的显性契约，大量隐性契约也存在企业的生产活动中，对这部分利益相关者权利的忽视会带来企业价值损失的可能性。

企业社会责任的价值驱动因素有减少成本、增加收入、商标与声誉、员工吸引和顾客满意等（Saeed, 2011），企业可以：通过减少碳足迹等环保举措，降低运营成本；通过持续改善产品品质，增加运营收入；通过持续的负责任的理念和行为，赢得良好的公司声誉；通过关注员工权利，提高员工工作满意度，增加岗位粘性；通过不断满足顾客需求，增加顾客满意度等。

高汉祥（2012）认为企业应以价值创造为导向审视公司治理理论，企业社会责任是价值创造过程中不可忽视的重要因素，公司治理应"内生嵌入"社会责任。毕楠（2012）基于利益相关者视角，试图构建企业社会责任对于各利益相关者的作用机理及驱动路径的理论模型，研究发现供应商、竞争者、社区、政府和非政府组织能够有效驱动企业承担社会责任，而员工和消费者推动企业履行社会责任则主要是通过促进企业经济效益的增长来实现。郭洪涛（2013）基于调研报告的分析，试图构建社会责任综合价值创造、提升企业核心竞争力的形成路径，并进一步分析了阻碍企业社会责任创造综合价值的因素，调查结果表明，外部利益相关者对企业社会责任缺乏关注度，内部利益相关者较为重视企业内部社会责任、自身利益的保障。

在实证检验方面，大致归类为如下三种观点：企业履行社会责任与公司绩效显著正相关（温素彬，2008；Hannu & Mikael，2010；朱松，2011；Jelena，2012；易冰娜等，2012）；企业社会责任活动与公司价值之间存在负相关关系（Friedman，1970；Aupperle，1985；Cardebat，2010；李正，2006；邵君利，2009）；企业社会责任与公司绩效之间无显著性的相关性（Alexander，1978；Velde，2005；陈玉清等，2005）。部分学者根据企业特性等标准对样本公司进行分类实证检验，杨汉明（2011）的研究表明无论是国有控股企业还是非国有控股企业，可持续增长率、企业经营业绩对社会责任均不存在显著的正向促进作用，即丰厚的物质基础不一定带来社会责任的自觉履行；杨忠智（2013）研究发现行业竞争属性、公司治理结构特征对企业社会责任有显著影响，而且垄断行业内的企业社会责任表现明显优于非垄断行业。胡亚敏（2013）研究发现农业上市公司社会责任表现会在一定程度上促进经济绩效的提升，但是两者之间的关联度不高，一方面是由于企业本身的重视程度不够，另一方面是社会的信誉反馈机制匮乏。蒋红芸（2013）运用案例研究法，发现医药制造业企业的社会责任对财务效益有正向促进作用，且长期来看效果更加显著。王艳婷（2013）实施了问卷调查，结果显示企业履行社会责任会给员工造成良好氛围，增强员工的社会参与度，而且企业内部员工认同程度越高，企业对社会责任的参与程度也越高，进而促进企业价值的提升。

（四）当前文献评述

可以看出，当前文献关于企业社会责任对企业价值的影响未取得一致结论，但大多数认为社会责任对企业价值有正向影响。当前关于社会责任经济后果的探讨多集中于社会责任对财务绩效或企业价值的影响，且由于研究方法、对社会责任衡量的差异并未取得一致结论，对于社会责任与财务风险的相关研究，却很少涉及。对企业履行社会责任源动力的探寻，不能仅仅停留在企业财务绩效或企业价值层面，还应该微观延伸到对企业风险的分析。本节基于利益相关者理论，选取了与企业社会责任活动密切相关的七个利益相关者：股东、员工、债权人、供应商、政府、客户和公众，作为衡量企业社会责任的研究视角，实证检验社会责任与财务风险、价值创造的相关性，并从财务风险的角度为企业社会责任经济后果的探讨提供了新的思路。

二、理论分析及研究假设

（一）企业社会责任对财务风险的研究假设

风险是不确定性对目标的影响，风险可体现在不同层次，如战略、运营、项目、产品、流程和作业层面，多数风险最终会转化为企业的财务风险。企业财务风险是企业财务活动中各种不确定性因素的影响，使企业实际收益与预期收益发生偏离，从而使企业蒙受经济损失的可能性。企业在制定社会责任相关决策时，应考虑对各利益相关者的影响及由此带来的财务风险。大部分已有研究表明社会责任履行能显著降低财务风险，提升企业价值。Cornell（1987）认为企业履行社会责任能显著降低企业财务风险。McGuire et al.（1988）研究结果显示用收益标准差衡量的财务风险与企业社会责任显著负相关。Richardson et al.（1999），Verrecchia et al.（2001）通过实证检验发现社会责任信息披露水平与股权融资成本呈现负向关系，社会责任信息具有良好的讯号传递作用，能降低企业面临的融资约束和财务风险。Harjoto and Laksmana（2016）研究了风险承担的两个方面，认为企业社会责任是一种减少公司偏离最优风险承担水平的有效机制。赵斯昕等（2012）认为我国企业履行社会责任不充足常引起四种风险：发生安全事故、企业形象受损、环境污染处罚、员工积极性受挫。企业通过社会责任报告与利益相关者保持良好的沟通，积极履行对应的社会责任，可以明显减小长期资本周转压力，降低财务风险。以社会责任为基础的财务战略决策有利于提高各利益相关者资源供给的协同效应，降低财务风险。据此，我们提出第一个假设：

假设 H1：公司履行社会责任越好，其财务风险越低。

（二）企业社会责任对企业价值的研究假设

企业可以被看作是各种资源所有者之间契约的联结，除了股东和管理层之外，其他利益相关者还包括员工、债权人、供应商、政府、客户及社会公众等。各利益相关者通过向企业投入各自拥有的资源与企业建立利益关系，企业通过分配股利、支付利息、支付薪酬、缴纳税费等方式向各利益相关者给予回报，各利益相关者的需求是否被满足及满足程度应作为对企业履行社会责任的衡量标准。

1. 股东作为企业最重要的利益相关者，为企业的长期发展提供稳定的资金，企业对股东主要是经济责任，履行越充分，越容易提高股东投资信心，提升企业筹资能力和水平，使企业长期发展进入良性循环。

2. 员工是企业创造价值重要的源泉，企业对员工的责任包括提供有竞争力的薪酬、培训和晋升机会，有人文情怀的文化和组织关怀等。企业对员工的社会责任能使员工感知到组织关怀，激发工作热情，提高生产效率，提升企业价值。李祥进等（2012）指出企业的社会责任行为能显著影响企业员工的工作绩效。

3. 债权人是企业资金的另一个重要来源，较股权融资而言，债务融资由于财务杠杆效应和税收挡板效应，成本较低且不会对股权产生稀释作用。企业对债权人的责任主要是到期还本，按约付息。短期来看，企业对债权人的责任会增加财务成本，导致盈利水平下降；但从长期来看，良好的负债结构能够通过杠杆效应和税收挡板效应降低企业财务风险，提升公司价值。

4. 维护稳定的供应商关系，通过合作实现共赢多赢对企业财务风险的控制、价值的提升具有重要作用。企业对供应商的主要责任是按约支付货款，不过度压低价格等。企业要想长远发展，要将与供应商的关系从传统的"利润争夺战"转向可持续发展的"合作共赢"。在经济全球化的今天，企业产品的竞争已升级为价值链的竞争。容庆等（2008）对供应链视角下企业社会责任的特点进行了归纳，认为供应链社会责任具有继承性和传递性，供应链上任一企业对社会责任的贡献都会让整个供应链受益。

5. 纳税既是企业应尽的义务，也是打造政企关系的重要手段。政府在资源配置方面具有主导地位，企业履行社会责任有利于某些稀缺资源的获取，为自身赢得更加宽松的发展环境。王怀明（2007）的研究发现我国上市公司对国家、投资者和公益事业的社会责任贡献与企业绩效正相关。王晓巍（2011）的研究也表明企业承担对国家的社会责任与企业价值正相关。

6. 产品或服务质量是企业责任中社会影响面最广、公众感知最明显的一项责任。消费者是公司实现其价值的最终来源，企业只有切实履行对客户和消费者的社会责任，才能得以长远发展。Jacques（2010）对微软公司自1975年成立以来便形成的社会责任文化进行调查发现：履行社会责任能更好地帮助企业了解消费者的需求，从而促进微软不断创新，开拓市场。张广玲（2010）研究发现企业良好的社会责任行为会增强消费者购买意愿，信息传导机制体现为消费者的感知质量和感知风险。

7. 企业履行对公众的责任，能给企业带来道德资本、改善企业形象、提高企业声誉，有助于获取各利益相关者的支持，如遇不利情况，可减轻甚至消除不利因素对企业带来的负面影响，避免企业价值损失（Fombrun，2000）。企业履行对公众的责任更易获得政府青睐，为其创造有利的商业和制度环境，形成特有的竞争优势，避免财务风险，提升企业价值。

根据上述分析，我们提出第二个假设：

假设H2：公司履行社会责任越好，其企业价值越高。

三、研究设计

基于利益相关者理论和上述分析，下面从股东、员工、债权人、供应商、政府、客户和社会公众七类主要利益相关者分类选取社会责任指标，运用内容分析法来分析利益相关者权重指标、贡献指标并构建社会责任指数，对社会责任与财务风险、企业价值的相关性进行了实证检验，并进一步研究行业差异性对企业履行社会责任经济后果的影响。

（一）变量设定

研究变量主要分为社会责任变量、财务风险变量、企业价值变量及包括公司规模、杠杆率、行业、年度在内的控制变量。

1. 企业社会责任

如何衡量企业对各利益相关者承担的社会责任是本节研究的关键指标，也是我们的重要创新，下面详细分析和论述。

（1）各利益相关者的权益诉求及其权重赋值

前面分析了股东、员工、债权人、供应商、政府、客户和社会公众等企业主要的利益相关者及其利益诉求，企业社会责任表现可以通过企业对各利益相关者的贡献值分类梳理予以确定。借鉴沈洪涛（2005）的做法，通过公司财务报告中的损益表，可以找到企业与利益相关者之间发生的支出费用明细，这些费用可以量化利益相关者对企业生产经营的投入，如债权人的利息收入是对其提供资金的时间价值和风险补偿，员工的工资薪酬是对其提供劳动力的回报，政府的企业税收收入是对其提供稳定的经济环境及良好的公共服务的对价补偿。因此，可以依据一定期间内企业提供给股东、员工、债权人、供应商、政府、客户和公众的投资报酬来分配企业中除股权和债务之外所剩余的权益。企业权益及相关利益分配诉求如图6-5所示。

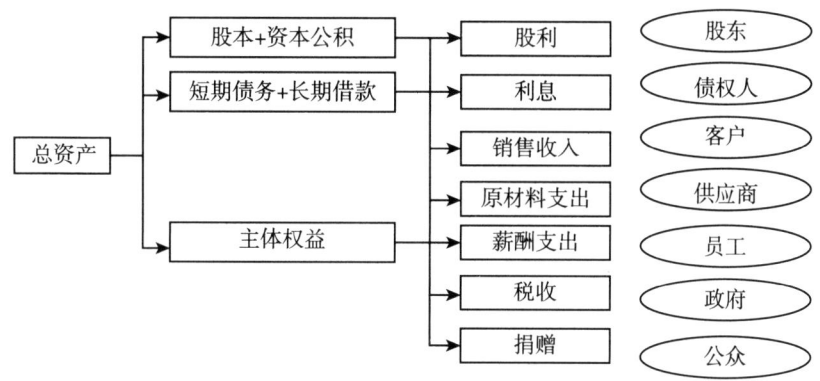

图6-5 企业权益及相关利益分配示意图

权益分配的计算分两步进行，首先计算扣除股本和债务的主体权益，并分配主体权益中利益相关者各自对应的比例，然后计算总资产中各利益相关者对应的利益权重。公式如下：

第一步：计算各方应分配的主体权益

股权 = 股本 + 资本公积

债务 = 短期借款 + 一年内到期的长期负债 + 长期借款 + 应付债券

主体权益 = 总资产 - 股权 - 债务

各利益相关者在主体权益中应享有的份额或比率如表6-15所示：

表6-15   各利益相关者在主体权益中的分配比率

利益相关者	在主体权益中的份额（a+b+c+d+e+f+g=∑）	比率
股东	a = 股利	$A_1 = a/\sum$
债权人	b = 财务费用	$B_1 = b/\sum$
客户	c = 主营业务收入净额	$C_1 = c/\sum$
供应商	d = 本期支付的商品或劳务现金 + 期末应付 - 期初应付 + 期初预付 - 期末预付	$D_1 = d/\sum$

续表

利益相关者	在主体权益中的份额（a+b+c+d+e+f+g=∑）	比率
员工	e=本期为员工支付的现金+期末应付工资和福利－期初应付工资和福利	$E_1 = e/\sum$
政府	f=主营业务税金及附加+所得税	$F_1 = f/\sum$
公众	g=本期对外捐赠额	$G_1 = g/\sum$

第二步：计算各利益相关者的利益权重如表6-16所示：

表6-16　　　　　　　　各利益相关者的利益权重

利益相关者	权重
股东	（股权+主体权益×A_1）/总资产
债权人	（债务+主体权益×B_1）/总资产
客户	（主体权益×C_1）/总资产
供应商	（主体权益×D_1）/总资产
员工	（主体权益×E_1）/总资产
政府	（主体权益×F_1）/总资产
公众	（主体权益×G_1）/总资产

我们从国泰安CSMAR数据库中选取了总样本2451家A股上市公司在2009—2012年的财务报表进行分析①。由于权重分析是以财务数据为基础，而部分企业财务费用、应付账款等数据出现了负值，会计上属于正常范围，但是作为权重，负值不能代表任何信息，属于无意义的数据，所以删除了各类利益相关者权重为负值的数据，四个会计年度共有6534条数据，其中2009年1392家企业，2010年1618家企业，2011年1745家企业，2012年1779家企业。

从表6-17可以看出，所有行业中，股东权益比重均占首位，高于其他利益相关者，但是比重都在50%以下。现代企业制度下，股东对企业以投资额为限承担有限责任，并且所承担风险可通过多元化投资来降低，与其他利益相关者相比，公司股东拥有更多隐蔽、便捷的退出途径。股东以外的其他利益相关者权益占比总和远高于股东权益比重，说明其他利益相关者承担的总风险也高于

---

① 对公众的捐赠支出部分通过查找财务报表附注，手工筛选得出。

公司股东。这也再次证明"股东利益至上"理论在现代公司治理环境下,不符合市场经济"风险－收益"原则。分行业来看,房地产行业中,债权人权益比重30.05%高于股东权益比重19.06%,这与近几年我国房地产市场持续发热,大量房地产企业高额举债,试图获取超额收益,导致杠杆系数过高;其他行业,同一利益相关者在不同行业中的权益大小有所差异,但各类利益相关者按权益大小排序大致相同。因此,除发展过热的房地产行业,我国上市公司中的利益相关者权益比重不存在明显的行业差异。

表6-17　　　　　A股上市企业各利益相关者权重

	股东	债权人	客户	供应商	员工	政府	公众①
工业	36.95%	22.58%	21.83%	15.77%	2.31%	0.54%	0.02%
商业	28.69%	18.94%	26.94%	22.38%	2.08%	0.96%	0.01%
公用事业	31.31%	24.54%	25.31%	13.18%	4.09%	1.54%	0.03%
房地产	19.06%	30.05%	24.17%	21.23%	1.63%	3.82%	0.04%
综合	34.53%	19.61%	25.00%	16.87%	2.96%	0.99%	0.04%
平均值	35.10%	22.35%	22.73%	16.61%	2.23%	0.93%	0.05%

从表6-17可以看出,除了股东,债权人是企业第二大利益相关者,说明债务资金是企业筹资的重要来源。随着负债比率的提高,债权人面临的风险也变大,有动力参与企业治理。客户的平均权益为22.73%,也占有相当大的比重,说明企业与消费者之间的关系显得尤为重要,当今企业的竞争不仅是商品和市场的竞争,更是服务的竞争,只有充分了解消费需求,满足消费需求,才能促进企业更好地发展。供应商以16.61%的比重随后,供应商关系的维护与企业上游市场的开放程度密切相关,同时也与供应商是否在企业有变相的长期资产投资有关。

在企业权益诉求比重最小的三个利益相关者分别是:员工、政府和公众,平均权重总和只有3.21%。对于员工享有的权益比重,为方便计量我们仅选取了企业支付给员工的直接薪酬支出,没有包括其他不好衡量的发展机遇、企业文化、精神满足感等无形收益,人力资源是最具特殊性的资源,不具有消耗性,所以单纯以薪酬支出来衡量人力资源在企业中的权重有失偏颇,这也是我们研

---

① 由于四舍五入的差异,本列数值通过倒挤计算得到。

究的局限性。在市场经济中，政府在企业发展中只是公共服务的提供者，市场秩序的监管者，政治干预程度一般较低，其权益比重也不高。社会公众不属于核心利益相关者，在企业中的权益比重也就最小。

（2）社会责任指标选取

在识别了企业各利益相关者种类和计算权重后，更重要的是如何衡量各利益相关者对应的社会责任指标，哪些财务比率最能代表企业履行的社会责任？在得到每一项社会责任得分后，结合利益相关者的权重，可以算出加权平均值，也就是企业对利益相关者履行社会责任的量化指标。

以利益相关者理论为基础的指标选取，必须遵循相关、可比、可计量的原则。相关是指选取最能代表企业对利益相关者履行的社会责任的指标，对每一个利益相关者，企业可能与之存在多种利益关联，所以必须选取最核心的社会责任指标；可比是指企业数据可以进行企业间的横向比较和企业不同年度的纵向比较，所以我们选取的指标均为相对值，而非绝对值；可计量是指通过明确的评价标准和计算方法，计算出具体和直观的数值。笔者结合企业财务报表，根据以上原则，选取了如下指标作为评价标准：

股东社会责任选择净资产收益率（ROE），ROE 是反映股东盈利能力的重要比率，体现了股东投入资本的回报率。计算公式为：净资产收益率 = 净利润/平均股东权益，一般认为，该指标越高，企业盈利能力越强，企业满足股东盈利目标的程度就越高，维护股东权益就越好。

债权人社会责任指标选择利息保障倍数，计算公式为：利息保障倍数 = 息税前利润/财务费用，该指标用于评价企业所挣收益支付利息费用的能力和债权人投资的安全性，体现了企业当期的偿债能力，指标越高，偿债能力越强；指标越低，财务风险越高，偿债能力越弱。

客户社会责任指标选择营业收入增长率，计算公式为：营业收入增长率 =（本年营业收入 – 上年营业收入）/上年营业收入，本指标主要反映了产品（服务）开拓市场的能力。比率越高，企业的产品（服务）市场占有率越高，发展潜力越大，更能满足客户需求。

供应商社会责任指标选择应付账款周转率，计算公式为：应付账款周转率 = 营业成本/应付账款平均占用额，周转率越高，企业支付供应商货款的时间越短，占用其资金的程度越低，考虑供应商的利益越多，更加利于长期合作，共同发展。

员工社会责任指标选择工资福利率，计算公式为：工资福利率＝支付给职工以及为职工支付的现金/净利润。工资福利率用以衡量企业对员工利益的照顾程度。该比率越高，说明企业为员工支付的各项费用越多，对员工的利益照顾越充分。

政府指标社会责任指标选择税费比率，计算公式为：税费比率＝（上缴的各项税费总和－收到的税费返还）/净利润，税费比率越高表明企业通过缴纳税费方式对政府做出的贡献也越大。

公众社会责任指标选择捐赠比率，计算公式为：捐赠比率＝各项捐赠支出/净利润，该比率越高说明企业对社会公众关注越多，社会公益事业参与越积极，与公众的互动越频繁，更乐于承担对公众的社会责任。指标定义见表6－18：

表6－18　　　　　　　　社会责任指标定义

利益相关者	财务指标	计算方法
对股东的责任	净资产收益率	净利润/股东权益余额
对债权人的责任	利息保障倍数	息税前利润/财务费用
对客户的责任	营业收入增长率	$\frac{本年营业收入－上年营业收入}{上年营业收入}$
对供应商的责任	应付账款周转率	营业成本/应付账款平均占用额
对员工的责任	工资福利率	$\frac{支付给职工及为职工支付的现金}{净利润}$
对政府的责任	税费比率	$\frac{上缴的各项税费总和－收到的税费返还}{净利润}$
对公众的责任	捐赠比率	$\frac{各项捐赠支出}{净利润}$

（3）社会责任指数计算

在确定各利益相关者的权重和社会责任指标后，还涉及社会责任指数计算的问题。如果单纯用财务指标衡量的社会责任指标来代表企业的社会责任表现，不仅有偷换概念的嫌疑，而且不具有任何理论支持。我们拟采取功效系数法，确定每一项社会责任指标在行业中所处的相对位置并结合利益相关者权重来计算社会责任指数。功效系数法又叫功效函数法，它根据多目标规划原理，为每一项评价指标设定一个满意值和不允许值，以满意值为上限，以不允许值为下限，计算各项指标对满意值的实现程度，以此确定各指标的分数，再通过加权平均得到综合得分，从而评价被研究指标的总体状况。功效系数常常被运用于企业的业绩评价中，功效系数法的优点是减少了单一标准评价造成的评价结果偏差，设置了在相同条件下评价某指标所参照的指标值的范围，并根据实际值在标准范围内所处位置计算评价得分。将功效系数法引入财务综合分析，可以弥补加权平均法的缺陷。

针对社会责任指数的计算方法，具体操作如下：

第一，根据证监会发布的上市公司行业分类方法，将所有公司分成工业、商业、公用事业、房地产及综合类五大行业，按行业分类，将每一项社会责任指标的数值升序排列并五等分，然后计算每等分的平均值。例如，1/5 分位数到 2/5 分位数之间所有数值的平均值，称为标准值。五档标准值依次被设定为较差值、较低值、平均值、良好值和优秀值。

第二，依照五档标准值将所有数据分位六个区间，赋予 6 个标准系数：0、0.2、0.4、0.6、0.8、1，即数值低于等于较差值的为 0，介于较差值和较低值之间的为 0.2，介于较低值和平均值之间的为 0.4，介于平均值和良好值之间的为 0.6，介于良好值和优秀值之间的为 0.8，高于优秀值的为 1。

第三，按以下方法对每个利益相关者指标计分：

（1）本档基础分 = 本档标准系数

（2）调整分 =（实际值 − 本档标准值）×（上档标准系数 − 本档标准系数）/（上档标准值 − 本档标准值）

（3）单项指标得分 = 本档基础分 + 调整分

第四，总得分 = $100 \times \sum$ 单项指标得分 × 权重。企业社会责任总得分为衡量七类利益相关者的七项指标得分的加权平均数，总分为 100 分。

举例如下，A 公司 2012 年度的净资产收益率指标实际值为 0.45，其所在行业的净资产收益率平均值为 0.35，良好值为 0.55，则 A 公司 2012 年度该指标实际值介于平均值和良好值之间，本档标准系数为 0.6，上档标准系数为 0.8。假设股东在企业利益相关者中的权重比例为 30%，则本档基础分为 0.6，调整分 =（0.45 − 0.35）×（0.8 − 0.6）/（0.55 − 0.35）= 0.09，单项指标得分 = 0.6 + 0.09 = 0.69。

我们从国泰安 CSMAR 中国上市公司财务报表数据库中选取了总样本 2451

家 A 股公司 2009—2012 年的报表进行分析，计算各利益相关者的社会责任指标得分[①]。剔除空缺值后共得到 5305 个企业年度数据，其中 2009 年 1123 个，2010 年 1304 个，2011 年 1486 个，2012 年 1392 个。首先对获取的企业对利益相关者履行社会责任的定量化指标进行描述性统计（见表 6-19）：

表 6-19　　　　　　　　　　　社会责任指标描述性统计

利益相关者	指标	均值	标准差	最小值	中位数	最大值
股东	净资产收益率	0.0764	0.6742	-43.9664	0.0793	16.7645
债权人	利息保障倍数	21.8004	139.156	-1394.5540	4.3990	6413.4760
客户	营业收入增长率	0.8487	16.5220	-0.9532	0.1241	701.5921
供应商	应付账款周转率	12.2395	76.7008	0.0817	5.6007	4386.0120
员工	工资负利率	3.1925	17.3985	-89.7188	1.0863	852.0992
政府	税费比率	1.4475	8.1029	-129.2307	0.7122	243.5929
公众	捐赠比率	0.0077	0.0392	-0.9410	0.0014	0.9055

在社会责任具体指标的基础上，根据前面介绍的功效系数法，对数据进一步加工处理，就可以得到企业年度社会责任指数得分。下面将分行业、分年度来具体分析社会责任指数，如表 6-20 所示。

表 6-20　　　　　　　各行业和各年度社会责任指数平均值

年份	工业	综合	商业	房地产	公用事业	平均
2009	55.6807	55.8161	53.2563	58.7070	55.9884	55.7687
2010	62.1375	59.0714	59.0664	57.9275	59.5089	60.9114
2011	60.7259	57.9209	61.4337	54.5996	60.3561	59.8885
2012	53.3782	53.3996	54.0056	51.4289	56.5799	53.5449
平均	58.1283	56.5680	57.0466	55.5511	58.1032	57.6033

从表 6-20 可以看出，五个行业中的社会责任平均指数差异很小，工业和公用事业类企业的社会责任平均指数相对较高，房地产类企业社会责任指数相对最小。按照年度分类，2010 年度所有企业的社会责任指数得分最高，2012 年度得分最低，为了进一步分析不同年度、不同行业的企业社会责任指数的差异，我们对行业差异和年度差异进行了非参数检验，结果如表 6-21 所示。

---

① 关于社会责任指数的计算，数据处理均由 Excel 完成。

表 6-21　社会责任指数的行业和年度差异的非参数检验

	观察值	中位数	卡方值	显著性水平
年度差异	5305	58.1294	232.145	0.0001
行业差异	5305	58.1294	18.214	0.0011

表 6-21 中非参数检验的结果显示，我国上市公司的社会责任指数在各年度、各行业间存在显著的差异。因此，行业特征和年度变化都会影响企业社会责任的履行。观察企业社会责任得分分布情况（见图 6-6）可以看出，样本数据整体呈现正态分布，绝大部分企业的年度社会责任得分在 40 分至 80 分之间，这部分数据占 86%，得分在 60 分以上的企业占 43.45%，也就是说近一半的企业履行社会责任达到了平均水平。得分在 40 分以下的企业占 9%，还有相当数量的企业履行社会责任现状堪忧。

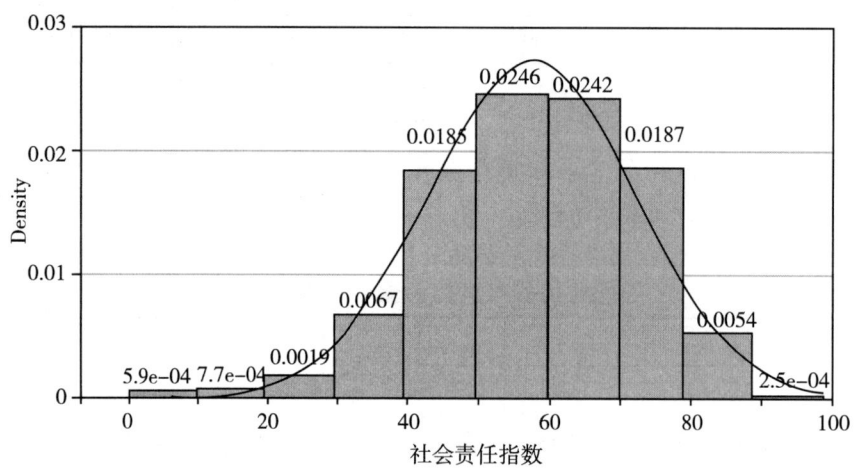

图 6-6　社会责任指数频率分布

2. 财务风险变量

选取 Altman Z-Score 衡量财务风险。对于 Z-Score 的计算，考虑到我国资本市场的特殊性，我们采用李焰（2008）修正过的计算公式：

$Z = 1.2X1 + 1.4X2 + 3.3X3 + 0.6X4 + 0.999X5$

X1 = 营运资本/总资产，X2 = 留存收益/总资产，X3 = 息税前利润/总资产，X4 =（每股市价×流通股股数 + 每股净资产×非流通股股数）/总负债，X5 = 销售收入/总资产

Z-Score 越高，企业财务风险越低，财务状况越稳定。

3. 企业价值变量

选取了市场指标 Tobin's Q 值来衡量企业价值。计算公司为 Tobin's Q =（权益的市场价值 + 负债账面价值）/总资产的账面价值，TQ 值越高，代表企业价值越高。

4. 控制变量

（1）公司规模（LNBVA）。大型企业由于拥有更多的资源，更受公众瞩目，相比中小型企业更可能关注其相关利益者，也有能力更好地履行公司社会责任，所以我们使用资产账面价值的自然对数来控制公司规模相关变量。

（2）杠杆率（BVLE）。为了控制资本结构与财务风险、企业价值的关系，我们设定了一个杠杆率变量，它等于负债的账面价值与权益账面价值的比率。关于这个变量还未取得一致的结论，首先，利用债务的抵税效应，提高企业价值；另一方面，增加负债率可能增加财务风险，进而造成公司陷入财务困境。

（3）行业。每个行业都有其固有的行业特性，同时面对的社会责任压力也不同，会形成各个行业特有的社会责任，因此行业特征是公司社会责任中也必须考虑的一个因素

（4）年度。为了克服年份对企业价值的影响，加入了年份作为控制变量。

（二）模型构建

借鉴国内已有的有关企业社会责任与企业价值的关系研究（沈洪涛，2005；朱松，2011），针对上文提出的假设，我们采用多元回归分析方法建立如下模型：

模型 1：

$Z - SCORE_{it} = \alpha_{it} + \beta_1 CSR_{it} + \beta_2 CSR_{it-1} c_{it} + \beta_3 CSR_{it-2} + c_{it} Z_{it} + \mu_{it}$，$i = 1, 2, \ldots, N$；$t = 1, 2, \ldots, T$

其中 $Z - SCORE_{it}$ 为 Altman Z - Score，反映企业的财务风险，CSR 为社会责任指数，Z_{it} 为控制变量，α_{it} 为模型的常数项，μ_{it} 表示随机误差项，k 为自变量个数，N 为截面成员个数，T 为每个截面成员的时期总数。

模型 2：

$Tobin's\ Q_{it} = \alpha_{it} + \beta_1 CSR_{it} + \beta_2 CSR_{it-1} c_{it} + \beta_3 CSR_{it-2} + Z_{it} + \mu_{it}$，$i = 1, 2, \ldots, N$；$t = 1, 2, \ldots, T$

其中 $Tobin's\ Q_{it}$ 为企业价值，其他变量含义同模型 1。

考虑到企业社会责任方面的良好表现被利益相关者认知并做出反应，最终

转化为经济效益需要一定的世界,所以除了考察当期社会责任指数对财务风险、企业价值的影响外,还加入了前两期的社会责任指数,即 CSR_{it-1} 和 CSR_{it-2}。

用模型 1 来检验假设 H1,模型 2 对应检验假设 H2,然后将总样本分为两组:重污染性行业和非重污染性行业,分组回归检验社会责任履行对财务风险和企业价值的影响。

(三)样本与数据来源

我们选取了 2009—2012 年深沪所有主板 A 股公司共 2594 家作为样本总体,剔除了存在重大问题、连续两年甚至连续三年亏损的企业(即 ST 和 *ST 类股票)共 102 家,并由于行业的特殊性,41 家金融类企业也不作为样本,最终得到有效样本共 2451 家上市企业。所选样本期间是数据可获得的最近期间,同时由于 2008 年世界金融危机的影响,研究期间选择从全球经济逐渐复苏稳定的 2009 年开始。样本公司的所有财务数据和其他数据均来自国泰安 CSMAR "公司财务指标分析数据库"和"公司财务报表附注数据库"。

社会责任数据来源为上市公司财务报告,主要基于如下原因:

首先,企业社会责任在我国仍处于发展阶段,企业社会责任报告暂不属于所有上市公司的强制性披露内容,且不需要第三方审验。基于沪深两交易所要求,对深市"深证 100"成分股公司、沪市"上证公司治理板块"、金融类公司以及境内外同时上市的公司要求强制发布社会责任报告。交易所鼓励其他有条件的上市公司,特别是钢铁、冶金、电力等上市公司,在年报披露的同时披露社会责任报告①。数据显示,发布 2012 年社会责任报告的近 600 家公司中,有近 400 家公司有强制披露要求,可见,外部压力是导致社会责任报告发布的重要原因,政策强制要求促进了企业 CSR 信息的公开。

其次,社会责任报告发布的具体内容还处于摸索阶段,上交所和深交所对于社会责任报告的明确规定多集中在披露形式等方面,对于具体的披露内容及方式多为原则性的指导。实践中,绝大多数公司的社会责任报告披露内容以文字描述为主,数据列示没有统一标准,而在大样本实证检验的前提下,我们很难从企业社会责任报告中提取大量可计量的社会责任信息。

我们选择了具有统一标准格式的企业财务报告作为研究数据来源,一定程度上保证了研究数据的可获得性、准确性和可比性。不可否认,我们选取的有

---

① 上交所发布的《关于做好上市公司 2013 年年度报告工作的通知》和深交所发布的《关于做好上市公司 2012 年年度报告披露工作的通知》中有明文解释。

关社会责任的会计指标并不能完全等同于企业的社会责任表现。一方面，财务报告列示的大多是可货币计量的信息，而社会责任实践中大量因素不能货币量化；另一方面，财务报告指导可能存在盈余管理问题，进而造成企业社会责任信息有失偏颇。

四、实证检验与结果分析

企业社会责任与财务风险、企业价值的实证检验包括两个部分，首先通过相关系数判断两两变量之间的相关性，即属于同向变化还是反向变化或者两者无关；然后通过多元回归进一步了解相关关系的密切程度，揭示企业社会责任与经济效益和风险的内在关联。

（一）描述性统计分析

对被解释变量财务风险 Z 值和企业价值 TQ 与解释变量社会责任指数 CSR 进行合并汇总，剔除缺失值，得到四年共 5305 个样本数据，样本的描述性统计结果如表 6-22 所示。

表 6-22　　　　　　　　　主要变量的描述性统计

变量	均值	标准差	最小值	中位数	最大值
Z	3.7962	4.1717	-3.2368	2.7612	82.1374
TQ	1.7526	1.0250	0.3975	1.4525	14.9147
CSR	57.6033	14.5667	0.0000	58.1294	98.5211
LNBVA	22.0310	1.2573	19.0265	21.8222	28.4052
BVLE	1.4286	1.6209	0.0171	1.0031	35.9848

描述性统计显示，财务风险指标 Z 值最小值为 -3.2368，最大值为 82.1374，差异显著；被解释变量 TQ 平均值为 1.7526，最小值为 0.3975，最大值为 14.9147，表现出较大差异；社会责任指数在前文有具体分析。总资产的对数标准差为 1.2573，中位数和平均值的差异很小，差异不显著；杠杆率的标准差为 1.6209，变化幅度在可接受的范围内。

为了进一步考察变量的年度变化趋势，我们对所有变量连续四年的平均值进行了统计，结果如表 6-23 所示。TQ 值从 2009 年开始，逐渐下滑，2012 年降至最低 1.3823；财务风险 Z 值和 TQ 值一样，逐年下滑，表示我国上市公司近四年财务风险总体上有增加的趋势；CSR 指标变化基本平稳，2010 年达到最高值 60.9114，2012 年处于最小值状态 53.5449；总资产的对数和企业的杠杆率两个控制变量没有明显的变化趋势，最近四年的数值处于平稳状态。

表 6-23　　　　各变量连续四年平均值比较

变量	Z	TQ	CSR	LNBVA	BVLE
2009 年	4.1943	2.0789	55.7686	21.8592	1.4203
2010 年	4.7689	2.1346	60.9114	21.9697	1.4048
2011 年	3.7713	1.5178	59.8885	22.0361	1.3096
2012 年	2.5903	1.3823	53.5449	22.2219	1.5849

为了验证解释变量之间是否存在显著的相关性，从而对回归分析结果可能产生影响，在实证分析之前，我们需要先做相关性分析。表 6-24 列示的是本章所有样本各变量之间的 Pearson 相关系数，结果显示，解释变量 CSR 与被解释变量 Z、TQ 在 1% 的显著性水平上显著相关，表明模型中的解释变量和控制变量能比较好的解释财务分析和企业价值。而且，解释变量 CSR 及控制变量之间的相关系数都不高，企业价值（TQ）和财务风险（Z）的相关系数最大为 0.5666，其他相关系数均较小。所以，从相关系数上看本节样本数据之间不存在多重共线性关系。

为了进一步验证变量之间的多重共线性问题，我们做了 VIF 值检测，检测结果证平均值为 1.89，最大值为 3.86，不超过 10，所以再次证明本节模型中的变量之间不存在明显的多重共线性问题，对后续的回归分析不造成影响。

表 6-24　　　　主要变量 Pearson 相关系数表

变量	Z	TQ	CSR	LNBVA	BVLE
Z	1.0000				
TQ	0.5666***	1.0000			
CSR	0.1532***	0.1048***	1.0000		
LNBVA	-0.3306***	-0.3774***	0.1073***	1.0000	
BVLE	-0.3188***	-0.1595***	-0.1331***	0.2958***	1.0000

说明：*、**、*** 分别表示在 10%、5%、1% 的显著性水平下显著，下表同。

（二）样本总体的回归分析

我们根据研究模型针对假说进行了多元回归分析，回归结果如表 6-25 所示，模型 1 和模型 2 中 F 值分别为 58.69 和 53.03，且都通过了 1% 水平下的置信水平检验，表示模型在整体上通过了 F 检验，说明企业对利益相关者承担的社会责任与财务风险、企业价值线性相关。两个模型调整后的 R^2 分别是 0.2910 和 0.2579，拟合度比较高，说明模型中自变量对被解释变量企业价值和财务风险起到了很好的解释作用。

从表 6-25 可见，模型 1 中，自变量 CSR 及其滞后变量 CSR_{t-1}、CSR_{t-2} 与被解释变量财务风险 Z 值相关性的符号一致，均为正相关，说明企业社会责任履行越好，Z 值越大，企业财务风险则越小。再看相关系数和 T 值，都通过了 1% 的显著性检验，表明 CSR 与 Z 值有强烈的正向相关关系，可见，有良好的社会责任表现的企业财务状况更加稳定。值得注意的是，在控制变量方面，企业总资产的自然对数的回归系数为 -0.5539，并通过了 1% 水平的显著性检验，与 Z 值显著负相关，说明企业规模越大，财务风险越不容易控制。杠杆率的回归系数为 -0.3369，且在 1% 的置信水平上显著，杠杆率越高，负债率越高，企业财务风险也越大。所以，样本数据回归分析结果支持了假设 1。

模型 2 中，自变量 CSR 及其滞后变量 CSR_{t-1}、CSR_{t-2} 与被解释变量企业价值 TQ 相关性的符号与预期一致，均为正相关，三者的回归系数分别是 0.0072、0.0029 和 0.0021，均通过了 1% 的显著性检验。说明社会责任履行对企业价值的提高有明显的促进作用，社会责任通过利益相关者认知、传导并作出反馈，会带来成本费用的缩减、社会收益的增加及潜在的战略优势。同时，由于企业社会责任投资特有的滞后性收益特征，市场对企业价值的评估会受到其对企业过去社会责任履行情况的影响，所以，滞后一期、滞后二期，当期社会责任表现与企业价值有显著的正相关关系。控制变量方面，总资产对数的回归系数为 -0.2273，在 1% 的置信水平上显著，即企业资产规模越大，企业价值越低，与预期相反，可能是由于近年来我国股市低迷，很多大型企业在股市上的表现差强人意，企业价值也就相对较低。杠杆比率的回归系数为 -0.0274，通过了 1% 的显著性检验，与预期一致，企业负债率越高，企业价值越小，高负债企业表示更高的财务风险、企业前景的不确定性也更高，所以市场评估的企业价值也越低。

表 6-25　　　　　　　　　　　回归分析结果

变量	预期符号	模型 1（Z）		模型 2（TQ）	
		系数	T 值	系数	T 值
截距		11.6488***	12.19	5.7707***	21.81
CSR	+	0.0279***	9.12	0.0072***	7.02
CSR_{t-1}	+	0.0173***	3.70	0.0029***	2.46
CSR_{t-2}	+	0.0139***	4.50	0.0021***	2.10
LNBVA		-0.5539***	-12.51	-0.2273***	-18.19
BVLE		-0.3369***	-7.71	-0.0274***	-4.27
Ind$i$		控制		控制	
Year$i$		控制		控制	
样本数		1961	1961	1961	1961
F 值		58.6900***		53.0300***	
Adj–R^2		0.2910		0.2579	

（三）考虑行业差异的回归分析

企业对社会责任的关注，从外部动因来看，主要源自政府的法律法规，其中环境保护方面的监管起源最早，法律体系最完善，企业也最重视这方面的社会责任。同时，在法律法规的约束下，由于存在行业差异，不同行业的企业受到不同程度的政府监管压力，因此重污染型行业的企业自主履行社会责任的意识更加强烈。王建明（2008）基于受托责任理论进行分析得出，重污染行业相比非污染行业引发环境问题的可能性更大，需要承担的环境责任相对更多，并通过实证检验分析证明环境信息披露质量受到行业差异的显著影响，在重污染行业和非污染行业之间存在明显的差异。因此，我们在总样本回归分析的基础上将进一步分"重污染行业"和"非重污染行业"两个子样本做回归分析。

我们将样本公司行业进一步分类，根据 2012 版证监会行业分类名称，结合我国环境保护部 2008 年发布的《上市公司环保核查行业分类管理名录》中关于重污染行业的细分，整理得出煤炭开采和洗选业、石油和天然气开采业、黑色金属矿采选业等十五类为重污染行业。我们利用虚拟变量来衡量企业是否属于重污染行业，当上市公司属于上述十五类行业是赋值 1，否则为 0。

针对"重污染行业"和"非重污染行业"两个子样本组的回归结果如表 6-26 所示。四个检验模型均通过了显著性水平为 1% 的 F 值检验，同时重污染行业组的拟合优度分别为 0.3662、0.3093，非重污染行业的拟合优度为

0.2613、0.2578，说明模型中的变量能很好地解释财务分析和企业价值，而且在相同控制变量和相同模型的同等条件检验下，重污染行业子样本的调整 R2 高于非重污染行业子样本，即重污染类子样本的解释力度相较而言更高。

当期社会责任表现（CSR）无论是重污染行业还是非重污染行业均都与 Z 值和 TQ 正相关，且通过了 1% 的显著性检验，但是重污染行业的 CSR 系数 0.0281 和 0.0091 均大于非重污染行业的 CSR 系数 0.0234 和 0.0052，说明前者对财务风险和企业价值的影响程度要稍微胜过非污染行业内企业对财务风险和企业价值的影响程度。滞后期回归结果中，重污染行业类企业除了 CSR_{t-1} 与 Z 值的回归系数不显著外，其他结果均在 1% 的置信水平上显著；非重污染行业类企业两期滞后数据只对 Z 值显著正相关，对 TQ 的影响在数据上不显著，说明此类企业前期的社会责任表现对当期企业价值的影响不大。控制变量中，资产规模的对数在所有回归中均负相关，且通过了 1% 的显著性检验，杠杆率中有三个指标显著，只有一个指标不显著。分析得出，重污染行业履行社会责任，为利益相关者创造综合价值更容易获得市场反馈，提高企业价值，降低财务风险，在价值提升的利益驱动下，此类行业中的企业会更加注重社会责任实践来改善与利益相关者的关系，更倾向于主动承担环境责任在内的企业社会责任，同时受到各方面综合因素的影响，股票市场也会做出积极回应，所以对重污染行业内企业的社会责任表现更加敏感。

表 6-26　考虑行业差异的回归分析

变量	预期符号	重污染行业		非重污染行业	
		Z	TQ	Z	TQ
截距		12.2416***	6.3174***	10.8859***	0.1368***
CSR	+	0.0281***	0.0091***	0.0234***	0.0052***
CSR_{t-1}	+	0.0169	0.0085***	0.0165***	0.0005
CSR_{t-2}	+	0.0176**	0.0065***	0.0089***	-0.0002
LNBVA		-0.5505***	-0.2764***	-0.5071***	-0.2017***
BVLE		-0.7175***	0.0164	-0.2715***	-0.0263***
Ind$i$		控制		控制	
Year$i$		控制		控制	
样本数		571	571	1390	1390
F 值		17.24***	40.47***	47.92***	49.17***
$Adj-R^2$		0.3662	0.3093	0.2613	0.2578

(四) 稳健性检验

由于影响财务风险和企业价值的因素很多,但由于本节重点关注社会责任对两者的影响,加上主观估计上的失误没有将所有影响因素其放入解释变量,而是统一归入扰动项中,从而可能造成解释变量和扰动项相关,即内生性问题。对于企业财务研究中由于自变量中遗漏了一些影响因变量的不可观测的且随个体或时间变化的潜在因素时,我们可以采用面板数据固定效应模型回归来解决。接下来我们从所有年度样本中选取了一个最大平衡面板数据子样本,取得792家上市公司连续四年的相关财务数据共3168条记录。表6-27是稳健性检验的回归结果。对于面板数据,我们首先检验样本是否存在个体效应,个体效应的P值为0.0000,说明存在显著的个体效应,不能使用混合回归模型。对于到底是选用固定效应模型还是随机效应模型的问题,我们做了Hausman检验,P值为0.0689,在10%的显著性水平上拒绝了原假设,如果以10%显著性水平为标准就采用固定效应;但在5%水平上接受了原假设,显然5%的显著性水平比10%的显著性水平得到的估计结果更可信,所以应该采用随机效应模型进行估计。

根据表6-27结果显示,社会责任变量CSR及其滞后变量与财务风险、企业价值的相关系数符号均与预期相符,且通过了1%的显著性检验,模型1的整体拟合度为0.3101,模型2的拟合度为0.2829,模型自变量均很好地解释了因变量,总体而言,回归结果没有显著变化。所以,稳健性检验的结果支持了前文的实证研究结论。

表6-27　　　　　　　　　　稳健性检验回归结果

变量	预期符号	模型1（Z）		模型2（TQ）	
		系数	z值	系数	z值
截距		11.4322***	9.85	6.6572***	17.55
CSR	+	0.0312***	11.74	0.0056***	6.92
CSR_{t-1}	+	0.0184***	6.11	0.0048***	5.24
CSR_{t-2}	+	0.0112***	4.10	0.0022***	2.62
LNBVA		-0.5539***	-12.51	-0.2653**	-15.97
BVLE		-0.5462***	-10.71	-0.0131	-1.13
样本组		792	792	792	792
$Adj-R^2$		0.3101		0.2829	

（五）实证分析结论及局限

本节从利益相关者理论出发，结合我国上市公司的实际情况，选取了最具代表性的社会责任衡量指标，运用功效系数法分行业进行绩效评价，并对利益相关者进行权重分析，最终得出一个全面而且可比的社会责任定量指标，对量化的企业社会责任与财务风险、企业价值的关系进行了深入的理论分析和实证检验。

前文通过实证研究，我们发现了我国 A 股公司 2009—2012 年社会责任履行的年度情况和行业状况：从行业分析来看，行业社会责任平均指数差异很小，工业和公用事业类企业的社会责任平均指数相对较高，房地产类企业社会责任指数相对最小；按照年度分类，2010 年度所有企业的社会责任指数得分最高，2012 年度得分最低，总体而言，社会责任指数的年度差异和行业差异很明显，说明企业与企业之间社会责任履行情况区别也很大。我们在计算社会责任指数的基础上，进一步验证了企业社会责任与财务风险、企业价值的关系问题，得出结论如下：一是我国企业社会责任与财务风险有显著的负向相关性，即企业社会责任情况履行越好，财务风险越低，企业财务状况越稳定；二是我国社会责任与企业价值有显著的正向关系，即企业社会责任的履行会在一定程度上促进企业价值的提升；三是前期社会责任对当期财务风险显著负相关，对当期企业价值显著正相关，即 CSR 对企业绩效的推动兼有滞后性；四是相对于非重污染行业，重污染行业的财务风险和企业价值对社会责任指数更加敏感，即社会公众对此类行业的社会责任预期更高。

由于近年来我国企业社会责任还处在发展过程中，社会责任信息的披露虽然逐年改善，但是我国政府部门和证券交易所还未强制要求所有上市公司都披露社会责任信息，发布社会责任报告；另外，已经发布"社会责任报告"（或"可持续发展报告"）的企业多采取了结合自身情况的文字叙述和图文表格结合的方式披露相关信息，没有统一的披露格式，计量标准。考虑到数据的可比性和相关性，我们采用的社会责任指数计量方法主要是基于企业财务报表，既没有考虑企业财务报表的盈余管理问题，也没有考虑社会责任的特殊性，不可货币计量的部分社会责任未囊括进来，这也是未来研究需要探索的领域。

五、研究结论及政策建议

（一）研究结论

本节基于利益相关者理论，我们从企业利益相关者中选取股东、员工、债权人、供应商、政府、客户和社会公众七个主要方面，并分类选取社会责任指标，构建社会责任指数，对社会责任与财务风险、企业价值的相关性进行了实证检验，并进一步对上市公司行业进行归类分为重污染行业和非重污染行业，研究了行业差异性对企业履行社会责任经济后果的影响，得出如下结论：

1. 企业对利益相关者承担的社会责任按行业、年度分类，具有显著的差异性，大部分企业的社会责任表现处于中下等水平，我国企业履行社会责任的内部动因和外部压力还有待进一步加强。

2. 前期及当期社会责任与企业财务风险有显著的负向关系。即改善利益相关者关系，关注利益相关者权益，会显著降低当期财务风险，保障财务状况稳定。其中，在同等显著性水平下，重污染行业的相关系数大于非重污染行业，即易对环境造成影响的企业履行社会责任将会带来更加显著的财务风险降低。

3. 前期及当期社会责任与企业价值显著正相关。即追求企业和利益相关者的综合价值提升最终会被市场识别和肯定，反映为企业市场价值的提高。企业履行社会责任具有重要的信号传递作用，表明企业具有可持续发展的战略规划，对社会、环境、合作伙伴负责任的组织行为及和谐的组织文化，这些都代表了企业拥有良好的发展潜力，最终表现为企业市场价值的提升。同样地，在同等显著性水平下，重污染行业的相关系数大于非重污染行业，即易对环境造成影响的企业积极履行社会责任，向社会公众传递了积极的信号，市场对其价值评估的反馈也更加敏感。

（二）相关建议

根据上述研究结论，我们提出以下三个方面的建议：

1. 企业社会责任与财务风险有显著的负向相关性，社会责任与企业价值有显著的正向关系，经验证据为企业社会责任的履行提供了源动力的支持，有效处理企业与利益相关者关系将会带来企业风险的降低，企业价值的提升。在需求、资源、环境约束日益强化的条件下，我国企业必须转变观念，转变企业经济发展模式。社会成就企业，企业回报社会。企业与社会、环境和谐发展，才能实现可持续繁荣。企业是创造财富与履行社会责任的统一体,履行社会责任是企业义不容辞的义务,也是企业改进发展质量、提升企业综合价值的重要渠道。企业管理应摈弃传统的"股东利益至上"原则,从以质量和营销为中心转向融入社会责任的全面责任管理。

2. 相对于非重污染行业,重污染行业的财务风险和企业价值对社会责任指数更加敏感,即社会公众对此类行业的社会责任预期更高。根据权利义务对等原则,企业享有的社会权利越多,承担的义务就越多,环境污染性企业在生产过程中占用了大量环境资源,理应承担更多的社会责任。企业作为经济个体,资源和能力有限,企业履行社会责任应该结合行业性质、公众对行业社会责任的敏感性、企业资源及外部监管,进行合理的资源分配,量力而行。

3. 相关政府部门、行业协会应进一步完善企业社会责任实践指引和社会责任信息披露管理。不同行业,不同年度的企业社会责任具有显著的差异性,大部分企业的社会责任表现处于中下等水平,我国企业履行社会责任缺乏强大的外部牵引机制。外部法律法规约束不足,会给企业带来很大的自主选择空间,选择性履行短期效应明显的社会责任,选择性披露企业的利好消息,报喜不报忧[①]。建议相关政府部门、行业协会针对行业特性,企业发展阶段,出台对应的社会责任法律规范或实践指引,建立完善的社会责任公共咨询平台,并加强后续的法律监管,为企业社会责任的发展创造统一的标准指引。

---

① Hobson. Jessen, Kachelmeier Steven, 2005, Strategic Disclosure of Risky Prospects: A Laboratory Experiment, Accounting Review, Vol. 80 Issue 3, pp. 825–846.

主要研究结论、对策建议和未来展望

企业的使命主要是为利益相关者创造价值，风险是企业价值创造过程中的不确定因素，针对风险需要进行管理和控制。因此，风险管理的目的在于创造、实现和保护企业价值。在经济、社会和技术快速发展的今天，企业内外环境发生重大变化，竞争日益激烈，各种风险和不确定因素明显增多，广泛借助大数据和人工智能等新一代信息技术强化风险管理已成为企业核心竞争力的重要组成部分。借助风险智能管理，企业可以提升价值创造的效率效果。

随着全球社会责任运动的持续升温，企业社会责任日益成为人们关注的热点问题，我国历届党和国家领导人都十分重视企业社会责任问题。特别是联合国 2015 年 9 月通过的《2030 年可持续发展议程》，其核心内容涵盖经济、社会、环境等三大领域的 17 项目标和 169 项具体任务，加上中国政府发布的《中国落实 2030 年可持续发展议程国别方案》，成为引领企业社会责任发展的新动能和纲领性文件。很多研究都证明了企业社会责任具有价值创造功能，本书基于多个不同视角所做的相关研究也证明了这一点。企业社会责任已经成为与人力资源、财务资本、科学技术同样重要的竞争要素，履行和管理社会责任是企业走向价值创造，并与利益相关者共享价值，共创和谐社会的有效路径与管理工具。

企业忽视履行和管理社会责任可能带来重大风险，对企业价值造成伤害，甚至重大毁损，还有的企业因此而清算终结。在经济全球化进程中，中国企业时常遭受西方发达国家设置的社会责任贸易壁垒。近年来，中国企业履行社会责任情况尽管有很大提升，但管理水平整体仍然较低，极少有企业能站在价值创造高度将社会责任风险纳入企业管理系统。

基于上述背景，本书将风险管理、智能化应用、企业社会责任与价值创造等议题联系起来研究，分别研究并检验了社会责任与企业价值创造、风险管理与企业价值创造、风险智能管理与企业价值创造、社会责任风险管理与企业价值创造的关系，并基于风险智能管理框架，以 BJNY 公司为试点，探索将风险智能管理融入企业社会责任风险管理体系的思想理念、操作路径和实践成效。研究成果能为企业基于价值创造实施社会责任管理及其风险控制提供理论依据和系统方案，能为企业建立符合国际标准的社会责任管理体系提供决策参考价值，能促进企业由被动地履行社会责任转向基于创造价值的全面责任管理。

一、主要研究结论

（一）关于风险智能管理的框架和内涵

风险智能管理由风险治理、风险归属及风险管理流程等层次构成，具体应用涉及人员、流程、制度、技术和信息等方面，结合发展战略、商业目标、经营计划和风险归属配置资源，通过企业文化和价值观培育等可持续发展因素不断改进。风险智能管理不是单纯的流程和制度安排，也不是一项单独的管理职能，而是一个整合框架，是全面风险管理，涉及全员、全过程和全方位，是一种服务于企业价值创造的文化、实践和能力，是一种能与现有管理体系有机整合的风险管理体系。在技术应用方面，风险智能管理广泛使用大数据和人工智能等现代信息技术开展风险识别、风险分析、风险应对和风险监督与报告等。在内部环境培育方面，风险智能管理注重风险管理文化、核心价值观、人力资源等软环境的建设和培育。

（二）大数据和人工智能应用是把"双刃剑"

数字化、网络化和智能化让工作变得更轻松，让生活变得更美好，但风险和挑战无处不在、无时不在。这是一把"双刃剑"，而且两侧的刃比其他任何技术都更加锋利。企业要用好这把"双刃剑"，趋利避害，既要充分利用大数据分析和人工智能技术来提升企业的风险管理水平及能力，又要注重防控由此产生的算法错误、数据质量、人机互动、黑客攻击、文化伦理、人才短缺等特殊风险。

（三）风险管理具有价值创造功能

经过不断发展和演进，现代企业的风险管理不再局限于过去的纠错防弊，不再局限于为防止损失而将风险降至可接受水平，已转向全面服务企业价值创造和价值管理。经过理论分析和实证检验，风险管理的三道防线、整合框架和智能化应用都与企业价值创造显著正相关，风险管理能够通过增收节支、降低收入波动、平衡风险与收益、降低经营风险、改善运营质量、减少各种摩擦成本等方式为企业创造价值。

（四）企业社会责任具有价值创造功能

企业是创造财富与履行社会责任的统一体，大多数已有研究证明企业社会责任具有价值创造功能，企业履行对不同利益相关方的责任具有不同的价值创造效应。本书基于利益相关者和企业生命周期等多个不同角度的研究发现：企业履行对股东、债权人及消费者的社会责任与企业价值显著正相关；企业履行对员工及政府的社会责任，在不同研究中的结论并不一致，从短期财务绩效看呈负相关，从长生命周期来考察，对企业价值提升有显著促进作用；而企业履行对环境、当地社区和社会公众的责任对企业价值没有显著影响，有的研究中表现为负向影响。

（五）中国企业社会责任实践持续向好，但问题仍然存在

进入21世纪以来，中国企业社会责任理论研究与实践推进持续快速发展，成效显著，在诸多领域取得重大成绩：一是中国已经建成较为完备的企业社会责任法规体系，二是中国企业履行社会责任的内外环境持续向好，三是中国企业社会责任国际化步伐不断加快，四是中国企业社会责任报告质量逐步提升。但仍然存在不少问题：一是大多数企业未能从价值创造的战略高度认知企业社会责任；二是中国企业社会责任管理水平整体不高，较少有企业能站在价值创造高度将社会责任风险纳入企业管理系统，多数企业在战略规划、日常管理和绩效评价中都缺少社会责任风险考量；三是大数据和智能化在企业风险管理中的应用还需要加强，大多数企业对此反应滞后，缺少有效工具应对日益复杂多变的各种风险。

（六）企业社会责任风险管理创造价值的主要路径

1. 降低不确定性，稳定经营环境，避免企业因社会责任问题陷入困境或危机，促进企业可持续发展。

2. 减少费用或损失，例如，减少碳足迹可降低交通费用，降低能耗可节省电费，无纸化办公可降低管理费用，控制合规性风险能避免企业因社会责任问题遭受处罚或声誉受损，控制安全生产风险能降低事故损失。

3. 降低各种代理成本，例如，环境保护、促进就业和公益活动等可享受税收优惠，良好的风险管理能降低融资成本和采购价格。

4. 放大收益，例如，避免侵害利益相关者的权益能更好地获取相关资源，具有社会责任的人力资源政策可提高企业生产力，优质的产品和服务能扩大

销售。

5. 抓住机遇，具有先进风险管理水平的企业善于抓住机遇，变不利威胁为有利机遇。

6. 智能化应用不仅可以直接为企业创造价值，而且可以通过提升企业风险管理绩效间接为企业创造价值。

二、构建风险智能管理体系

（一）根据战略目标及实施规划设定风险管理策略

风险管理是企业在创造、实现和维护企业价值的过程中，企业为战略制定和战略执行所依赖的风险管理文化、能力和实践。风险管理的最终目的是促进企业实现发展战略。企业构建风险智能管理体系，首先需要根据战略目标及实施规划设定风险管理目标，在对战略目标进行分解，形成具体的商业目标和经营计划的基础上，确定企业管理层风险偏好、风险承受度和风险可接受水平，明确风险管理有效性的标准，有效配置风险管理所需的人、财、物等资源，制定风险管理手册，并将风险管理策略框架应用于企业各个领域的风险管理政策中。

（二）明确风险归属责任，构建风险管理职责体系

企业需要明确风险归属责任，通过书面授权文件清晰地定义风险归属，合理划分决策机构、执行机构和监督机构的职责权限，明确治理层（董事会、监事会、管理层等）和内部机构层面（业务单元和职能部门，直至每个岗位）的风险管理职责，确保每一项风险都有明确的责任承担人，这是有效实施风险管理的基础和前提。使每个岗位的员工既要对工作负责，又要对工作相关的风险承担责任。每位员工必须具备两个能力：一是业务工作能力，二是风险管理能力。

（三）充分利用大数据和人工智能等现代信息技术

企业应从多维度及组合的角度，基于不同视角，充分利用大数据、云计算和人工智能等现代信息技术，建立风险度量模型，定性和定量分析相结合，综合评估风险发生的可能性、影响程度以及风险之间的潜在关系，有针对性地选择风险承受、回避、分担、降低等应对方式，通过有效的风险控制活动和沟通报告机制，将剩余风险控制在可接受水平之内。企业应坚持智能驱动，快速适

应内外部环境变化，及时重估风险，优化内控流程，更新风险监控预警等。同时，企业还应注意防控智能化应用引发的特殊风险。

（四）构建风险智能管理信息系统

企业应充分利用现代信息技术，构建风险智能管理信息系统，对相关的内外部信息进行识别、收集、整理、分析、处理、预警并提出应对策略。企业应统一风险定义标准，统一建设并发布风险信息库、风险应对案例库、目标体系、指标体系、法规库、流程库、业务规则库等风险管理信息系统，并动态更新，持续优化这一风险管理信息系统。

（五）积极推进风险管理与其他管理活动整合

风险管理不是一项孤立的管理活动，需要与其他管理活动整合，孤立的风险管理工作并无实际意义，风险管理应成为所有经营和管理活动的一部分。企业应充分运用集成平台将风险信息与相关业务信息系统集成整合，确保风险管理与内控流程融入日常经营管理活动中，并支持结构化的风险管理手册。系统要能够根据风险监控自动启动相关业务管理流程，协同相关业务部门开展风险应对；能够通过风险指标、业务监测、访问控制、流程控制等手段全方位动态监控风险，全面掌握风险分布、构成、等级、因素、后果、状态信息，通过智能预警，提高集团风险防控力。

（六）培育风险管理文化，统一风险管理语言

风险智能管理不仅强调设计科学的风险管理流程，使用先进的技术和方法，采用先进合理的风险衡量工具。它还特别关注商业道德、企业文化、核心价值观等软环境的建设和培育，重视人力资源建设。董事会和管理层要建立并使用统一的风险管理语言，对识别、分析和管理风险有一致的信念和态度，通过各种表述方式形成企业的风险文化。企业董事、监事和高级管理层应以身作则，诚实守信，恪尽职守，依据规程和制度实施管理。

三、防控智能化应用可能引发的特殊风险

（一）在战略上做好拥抱智能化应用的顶层设计

智能化技术对创造和维护企业价值的贡献不可否认，智能化应用能够提升企业运营绩效，保持竞争优势。企业应主动张开双臂拥抱智能化时代的到来，在战略上重视智能化应用，做好顶层设计，充分评估智能化技术及其应用蕴含

的复杂性、不确定性、难解释性以及发展速度等风险因素。董事会应制定网络安全战略、信息隐私与保护策略、网络预警及网络响应与恢复策略等，审批包含智能化技术的风险管理框架。高管层需要通过参与目标制定和决策执行等实施智能化技术风险管理策略，为企业智能化应用保驾护航。企业需要设计一些关键性能指标和绩效指标，对智能化算法进行频繁且连续的测试和统计分析，确保智能化系统使用全新或被更新的数据时，其性能符合公司的预期、风险偏好和风险承受。企业应熟知并充分沟通智能化技术的固有缺陷和使用风险，明晰交易流程，强化留痕管理。企业需要明确智能化风险归属责任和问责制度，确保每个智能化应用程序都有明确的负责人。

（二）加强技术研究，建立免疫系统

企业应在技术安全方面投入资源。第一，依据相关法规制定智能化应用技术标准，对智能化开发和应用的安全技术标准作出明确规定，以降低合规性风险；第二，建立智能化应用的安全测试制度，设计以认知技术为核心的安全免疫系统，对算法模型进行反复检验和专家论证，以降低算法风险；第三，研发智能化的技术防御和应急处置措施，提升智能化安全防护技术和攻击防御能力，加强"技术攻防战"，通过"对抗样本攻击"和"逆向攻击"等手段，检测可能导致的算法错误和内部数据泄露风险，提前整改安全漏洞，降低算法训练和使用过程中因"数据噪声"或"环境不适应性"所带来的技术故障风险；第四，在网络安全防护上，应加强技术研究，建立有效防护，抵御网络攻击。企业应对智能化计算进行安全防护，使计算全程可测可控，不被干扰。

（三）根据数据来源及变化，不断训练优化智能化模型

数据质量和数据代表性是运用智能化模型产生算法偏差的重要原因。针对此类风险，一个比较好的做法是对智能化模型根据每天或一定时间窗口内的新增数据，进行模型全量数据或增量数据优化训练，确保智能化模型进化到适用于最新的数据源。对于需要通过网络爬虫方式获取舆情信息的，企业应严格遵守各网站的机器人协议进行数据爬取，或进行数据方面的合作，否则若处理不当可能会引发声誉和法律风险。

（四）加强培训和沟通，控制人员风险和文化冲突

由于智能化应用的动态性和相对不成熟性，人机互动和人类干预是智能化应用中常见的环节，为控制人机交互风险，企业应加强对操作人员的培训和督导。企业可能需要部署业务连续性计划，如设计"紧急开关"或"交还人工"

的流程，以便在智能化系统不可用或出现重大失误的情况下，能够及时终止智能化进程，重新回到当前的已有进程或人工控制界面，或者及时启动应急预案和补救措施。企业还应该定期对智能化系统进行压力测试，分析可能遇到的最坏的情形及其应对措施。智能化应用会对企业内外产生广泛而深远的影响，一个有效的智能化风险管治过程应吸收企业所有利益相关者的积极参与，特别是消费者和供应链上业务合作伙伴的参与。企业需要确保财务、风控、合规和内部审计等部门的员工具备足够的专业胜任能力，能够正确理解和应对智能化应用中的每个风险点，而且他们应该有相应的权威与业务人员沟通抗衡，并在必要时采取额外的控制措施，以确保风险管理有效进行。为了让更广泛的利益相关者能参与到整个智能化风险管理的生命周期中，需要培育与之相匹配的智能化文化，及时疏导相关人员的焦虑，避免道德和伦理风险。同时，企业应严格遵照相关法规和监管要求设计和使用智能化技术，不得违规收集和使用个人信息，不得利用智能化技术和大数据"杀熟"，不得借助智能化技术夸大宣传，误导消费者和社会公众。

四、基于价值创造实施风险智能管理

（一）加强风险培训和专业支持，提升业务部门和业务人员的风险防控能力

作为企业风险管理的第一道防线，加强核心业务活动层面的风险防控对企业价值创造能够产生显著的积极影响。业务部门和业务人员要对业务风险负责，一手抓业务，一手抓风险，确保业务活动在既定的风险容限和管理政策下开展。企业要对业务部门和业务人员进行风险管理相关知识的专题培训，适时为他们提供业务风险防控的专业支持，确保他们既有业务能力，又有风险管理能力，确保绝大多数业务风险能够在这一层面得到有效控制。

（二）各管理支持部门要围绕价值创造，突出决策支持和专业服务

作为企业风险管理的第二道防线，风控、会计、财务、人力资源等管理支持部门的工作能够对企业价值创造产生显著的积极影响。职能部门主要通过两方面创造价值：一是支持性，为业务部门提供专业服务，确保经营部门高效运转；二是节约性，通过风险防范，降低成本，减少经营和管理活动中的浪费。这些部门的工作要突出价值创造导向，服务业务部门和业务人员的价值创造活动。当业务环节面临风险和不确定性，需要专业支持的时候，相关的职能管理

部门要能够及时跟进，提供专业的支持意见。

（三）内部审计等监督保证部门要转变职能，为企业价值创造保驾护航

作为企业风险管理的第三道防线，内部审计等监督部门对企业价值创造产生显著的积极影响。现代企业内部审计通过应用系统化、专业化的方法，开展客观的确认和咨询活动，目的是帮助组织增加价值和改善运营，促进组织稳健运营和可持续发展。内部审计增加企业价值的方式主要有两种：一是规范管理促进增收节支；二是完善制度，堵住漏洞，间接提高企业价值。内部审计也可以通过提高审计效率和审计质量，降低内部审计成本和外部审计成本，帮助企业增加价值。有不少企业的内部审计从业人员的能力和素质跟不上业务发展需要，存在着重监督轻服务、重结果轻过程、重财务轻业务、重合规轻效益、重查处轻建议等问题，这种内部审计距离促进企业价值创造的使命要求较远，亟待转型升级，要能够运用专业优势审查评价并督促改善企业的业务运营和风险管理。

（四）提升企业风险管理整体水平，全面服务企业价值创造

风险管理存在于整个组织所有层级、职能、项目和活动之中。上述三道防线理论主要围绕业务层面的风险管理设计，很难准确完整地描述企业风险管理的全部内容，特别是战略风险和公司治理风险，三道防线没有完整覆盖。为此，企业还需要从以下方面提高风险管理整体水平：

1. 战略层面将价值创造导向的风险管理原则根植于决策和运营全程

企业的使命是为利益相关方创造、实现和维护价值，这一过程充满各种不确定性，风险管理就是要控制和利用这些不确定性，为企业的价值创造服务。企业实施风险管理首先需要明确目标，要注重对战略和愿景的支撑，与价值创造紧密关联。风险管理的核心目标是提高企业运营的效果，最终促进公司实现战略。因此，企业应遵循风险管理的价值创造路径和影响因素，在战略层面将价值创造导向的风险管理原则根植于决策和运营全程，根植于企业为战略制定和战略执行所依赖的风险管理文化和管理实践中，并与企业的现有管理体系实现有机整合。风险管理不是孤立的管理活动，需要与其他管理活动整合，成为任何管理经营活动的一部分。

2. 在流程层面突出价值提升点，梳理主要风险点，设置关键控制点

直接影响企业价值创造的各种生产经营和管理活动要按事先设计的各种流程来实施。流程是企业为了完成特定业务或管理目标所采取的一系列动作集合

体，是协调人财物与配置权责利的关键所在。流程的设计和实施必须突出价值提升点，围绕业务活动和管理目标全面梳理主要风险点。设计和执行流程步骤应以防范和化解风险为出发点，主要风险和重大风险必须在关键控制点上加以预防和控制，关键控制点应设置在最佳、最有效的控制点上。企业应站在价值创造和价值管理的高度定期评估和审视相关的风险管理活动，结合绩效考评，持续优化相关风险管控流程。

3. 在制度的设计和实施层面要围绕价值流，匹配价值创造活动

制度设计是企业对实施各项业务和管理活动的办理政策、执行程序、具体内容和控制措施等进行科学规划，加以规范化和文件化的过程。制度要与流程匹配，制度设计的优劣直接关系到企业运营和管理的效率与质量，良好的制度设计不仅能合理保证企业运营合法合规，还可以提高企业运营绩效和风险防控能力，促进企业实现发展战略和运营目标。企业应上升到战略层面设计和实施管理制度，要将价值创造的思想理念和实施要点体现在制度的设计和执行中，制度应覆盖到价值创造链条的所有环节。在业务活动层面，企业应沿着价值链条全面梳理其中的价值流，找出影响价值保持或提升的关键节点，设计业务办理流程，设计和实施与价值流及业务流相匹配的管理制度。

4. 在人员层面积极吸引、培养和留住符合企业需要的优秀人才

人才是企业价值创造的源泉，拥有足够多具备良好专业素养和道德操守的员工队伍也是企业实施风险管理的重要保障。企业应设计和实施能够吸引、培养和留住优秀人才的人力资源政策与实践，提供必要的指导及培训，开发和使用符合企业需要的优秀人才及外包服务提供者。企业应明确相关岗位对实现目标所需胜任能力的具体要求，定期对相关人员及外包服务供应商进行胜任能力评估，并针对不足进行必要的改善。

5. 在文化层面积极培育与风险智能管理相匹配的企业文化

风险管理不仅是流程和措施，还是一种文化、实践和能力。企业实施风险管理，要注重企业文化、正直诚信、核心价值观等软环境的建设和培育，企业上下要能够形成统一的思想认识，使用标准统一的风险管理语言，明确对正直诚信与核心价值观的期望，通过员工行为准则规范企业所期望的员工行为，落实相关流程对个人和团队遵循行为准则的情况进行评估，及时对偏离员工行为准则的情况进行识别和整改。

五、构建风险导向的企业社会责任管理框架

企业风险管理和社会责任管理要注重对企业战略和愿景的支撑，与价值创造紧密关联，强调和业务融合。我们基于智能风险管理，从以下四个方面对企业构建风险导向的企业社会责任管理框架给出政策建议。

（一）战略管理层面

企业应在战略层面转变发展理念，把社会责任理念及其核心价值观融入企业战略和日常运营中，要从经济利益最大化的追求转变为经济、社会、环境三者并重，战略决策和战略实施应综合考虑各利益相关者的价值取向和利益诉求，协调好与各利益相关者的关系，企业发展必须重视社会责任风险管理，关键决策应进行社会责任风险评价。

（二）日常经营管理层面

企业社会责任日常管理应突出风险导向，日常经营管理由经理层负责，为控制社会责任管理中的经营风险，企业应设置专职机构，赋予清晰的责权，明确岗位责任制；在发展战略和年度经营计划中应设置社会责任管理目标，并通过全面预算管理工具配置社会责任管理资源，分解落实各项指标体系；应定期调查和评估社会责任管理现状，进行风险识别与评估，列示风险清单，建立风险数据库；针对风险清单，建立并实施风险应对的解决方案，制定相应的管理制度；对可能发生的重大社会责任事件，应设置紧急预案，并定期测试，以确保其有效性。

（三）作业管理层面

在作业管理层面，由岗位员工对其负责的操作风险负责，即实现岗位责任制。为控制社会责任管理中的操作风险，企业应执行如下的风险分析和应对程序：第一，设置企业社会责任风险管理总体目标，确立实施社会责任管理的基本原则；第二，分析企业社会责任管理总体风险，设定各项企业社会责任风险管理具体目标；第三，设计各项社会责任相关业务的办理流程，梳理流程各业务、各环节的具体风险，分析其原因，评估其概率及潜在影响，确定风险等级，列示风险清单；第四，针对风险点设置控制点，针对主要风险点，设置关键控制点，在控制点上采取风险管控措施，将风险降低至可接受水平之内；第五，根据PDCA循环理论，定期评价各项社会责任风险管理情况，并针对缺陷和薄弱

环节执行持续改进计划。

（四）定期编制企业社会责任风险管理报告

完整的社会责任风险管理框架还应建立企业社会责任风险管理定期报告制度，向有关方面报告和沟通企业社会责任风险管理工作总体情况、工作亮点及成效、主要风险事件、对重大社会责任风险的研判、当前的工作难点和存在问题及意见建议等。

六、基于价值创造管理企业社会责任风险

（一）站在价值创造和战略高度规划社会责任风险管理策略

风险管理的最终目的是促进企业实现发展战略，服务于企业价值创造，社会责任风险管理也不例外。企业社会责任风险管理应与企业战略目标、战略规划和商业目标、经营计划匹配，根据管理层风险偏好，确定与企业社会责任相关的风险承受度和风险可接受水平，有效配置社会责任风险管理所需资源，识别和分析各项社会责任主要风险点，分门别类地形成社会责任风险清单，编制社会责任风险手册，形成相关的管理制度。企业在分析社会责任总体风险的基础上，应聚焦重大风险，针对重大风险点设置关键控制点，主要风险必须在关键控制点上加以预防和控制。关键控制点应设置在控制效果最佳、最有效的环节或流程步骤上。

（二）明确风险归属责任，编制社会责任风险管理权责体系

企业应通过书面授权文件清晰地定义社会责任风险归属，合理划分各项社会责任事务的决策、执行和监督的职责权限，明确各项社会责任事务涉及的业务单元、职能部门和具体岗位的风险管理职责，确保每一项社会责任风险都有明确的责任承担人，每一位员工都要对岗位操作风险承担责任。

（三）充分利用大数据和人工智能等现代信息技术

智能化应用不仅可以直接为企业创造价值，而且可以通过提升企业风险管理绩效间接为企业创造价值。企业应从多维度及组合的角度，基于不同视角，充分利用大数据和人工智能等现代信息技术，对社会责任相关的内外部信息进行收集、识别和分析，评估社会责任相关风险，建设和沟通社会责任风险信息库，利用大数据分析建立社会责任风险度量模型和预警指标。为快速适应内外部环境变化，企业应及时重估相关风险，优化内控流程，更新风险预警信息等。

同时，企业还应注意防控智能化应用可能引发的特殊风险。

（四）推进社会责任风险和业务风险整合管理

大多数情况下，企业社会责任风险并不是孤立存在的，而是与其他业务活动相伴而生，例如，环境污染风险、安全生产风险和产品质量风险常与生产过程相伴，供应商关系和消费者权益等方面的风险多与企业购销活动有关。这就要求企业积极推进社会责任风险和业务风险的整合管理，让其成为日常管理工作的一部分。

（五）合规运营，公平运营，恪守法律和道德底线

违法违规可能面临监管处罚、法律诉讼、媒体曝光等后果，可能导致企业声誉受损或经济惩罚。合法合规是风险管理的重要目标之一，也是企业实现战略目标和可持续发展的基本前提。企业在运营管理的每个环节上都要始终坚持以是否合规来判断和决策。公平运营、尊重对手既是企业的营商之道，也是企业应尽的社会责任。企业运营过程中应注意合法使用他人信息、尊重知识产权、禁止贿赂或不当报酬、尊重对手和公平竞争，努力做到公平运营。合规运营和公平运营对形成企业核心竞争力、保持长久价值创造能力至关重要。

（六）注重员工权益，激活价值创造的源泉

人才是价值创造的源泉，员工是企业核心竞争力的关键。员工权益会影响员工行为，进而影响企业价值创造能力。员工薪酬低于行业均值、不公平对待、不注重员工权益可能降低员工满意度，容易引发员工负向情绪，减损其为组织奉献的意愿和行为。因此，企业要注重人力资源、企业文化、核心价值观等软环境建设，以实际行动践行以人为本理念，尊重人才，尊重劳动，努力为全体员工搭建发展平台，提供发展机会，增强其主人翁意识和社会责任感，激发其积极性、创造性和团队精神。

（七）坚持合作共赢，共享价值创造成果

企业对待供应商和客户等产业链上下游的合作伙伴，应坚持合作共赢，共同做大产业，做大市场，共享价值创造成果。很多情况下的竞争往往不是单个企业间的竞争，而是整条产业链的竞争。产业链的竞争力和可持续发展离不开广大合作伙伴的共同参与，不与合作伙伴争利，坚持合作共赢，才能降低供应链风险。坚持绿色供应，推动供应商节能减排，提高能源利用效率，在降低运营成本的同时，也提高了供应链竞争力和价值创造能力。

社会成就企业，企业回报社会。作为负责任的企业公民，企业要充分考虑

自身运营对社区和公众的影响，采取积极有效的措施，帮助当地解决民生问题、支持当地传统活动、关怀当地弱势群体、帮助当地灾难救助、支持当地教育、捐助慈善活动等。短期来看这些付出无助于企业价值提升，但可以降低企业可持续发展过程中的政治风险和文化冲突，为企业发展创造良好的外部环境。

（八）定期发布社会责任报告，与媒体保持良好沟通

社会责任报告是企业与利益相关方沟通的重要桥梁，企业应定期发布社会责任报告，努力提高报告质量，必要时请第三方机构对社会责任报告审验鉴证。这有助于提高企业透明度，增强公众知情权，提升品牌形象和综合价值，帮助其获得更多的资源。媒体作为信息传递的中介，对缓解企业与利益相关者的信息不对称有积极作用，媒体凭借其舆论监督功能，具有外部治理效应。企业社会责任内容涉及广泛，可能影响众多的利益相关方，容易成为媒体跟踪热点。企业应重视媒体关系，保持良好沟通，积极应对和妥善处理媒体负面报道，降低负面报道对企业价值的影响。

七、未来研究展望

人工智能和大数据等新兴技术在企业生产经营和管理活动中的运用尚处于起步阶段，多数企业仍心存疑虑，对其接受程度相对滞后，并没有大规模应用或将其部署到核心业务中。这导致我们在研究过程中数据收集困难，缺少足够的案例应用实践和大样本数据的支持。如何广泛借助现代信息技术进行风险智能管理，还需要进行深入探索。如何测度企业社会责任风险管理绩效，目前没有权威的文献基础和指标体系，现有数据库也没有直接相关的资料。在部分研究中，我们使用了手工收集数据，也使用文本分析法，从上市公司年报、企业社会责任报告、新闻报道、网站和数据库中采集相关数据，这在一定程度可能影响实证结果的稳定性。针对上述问题，我们计划作为未来进一步深入研究的方向。

主要参考文献

[1] 毕楠. 企业社会责任价值创造的驱动因素与作用机理研究 [J]. 当代经济研究, 2012 (07): 50-56.

[2] 毕秀玲, 刘延芳. COSO 新内部控制框架视角下的网络风险管理 [J]. 财务与会计, 2016 (02): 58-60.

[3] 步丹璐, 白晓丹. 员工薪酬、薪酬差距和员工离职 [J]. 中国经济问题, 2013 (01): 100-108.

[4] 曹亚勇, 王建琼, 于丽丽. 公司社会责任信息披露与投资效率的实证研究 [J]. 管理世界, 2012 (12): 183-185.

[5] 程新生, 谭有超, 刘建梅. 非财务信息、外部融资与投资效率——基于外部制度约束的研究 [J]. 管理世界, 2012 (07): 137-150+188.

[6] 陈宏辉, 张麟, 向燕. 企业社会责任领域的实证研究: 中国大陆学者 2000~2015 年的探索 [J]. 管理学报, 2016, 13 (07): 1051-1059.

[7] 陈佳贵, 黄群慧, 彭华岗等. 中国企业社会责任研究报告 (2017) [M]. 北京: 社会科学文献出版社, 2017.

[8] 陈欣, 林晓璇. 基于生命周期视角的企业社会责任表现差异研究 [J]. 工业技术经济, 2014 (7): 51-57.

[9] 陈乾坤, 赵建伟. 媒体关注对创业板 IPO 首日收益影响研究 [J]. 投资研究, 2016, 35 (09): 114-124.

[10] 池国华, 杨金. 高质量内部控制能够改善公司价值创造效果吗?——基于沪市 A 股上市公司的实证研究 [J]. 财经问题研究, 2013 (08): 94-101.

[11] 戴亦一, 彭镇, 潘越. 企业慈善捐赠: 诉讼风险下的自我救赎 [J]. 厦门大学学报 (哲学社会科学版), 2016 (02): 122-131.

[12] 戴文涛. 中国上市公司内部控制评价模式构建与企业内控评价 [J]. 当代会计, 2014 (02): 3-4.

[13] 窦鑫丰. 企业社会责任对财务绩效影响的滞后效应——基于沪深上市

公司面板数据的实证分析 [J]. 产业经济研究, 2015 (03): 74-81.

[14] 冯巧根. 基于企业社会责任的管理会计框架重构 [J]. 会计研究, 2009 (08): 80-87+96.

[15] 方红星, 金玉娜. 公司治理、内部控制与非效率投资: 理论分析与经验证据 [J]. 会计研究, 2013 (07): 63-69+97.

[16] 高汉祥. 公司治理与社会责任: 被动回应还是主动嵌入 [J]. 会计研究, 2012 (4): 58-64.

[17] 甘碧群, 曾伏娥. 企业营销行为的道德感知与测度: 消费者视角 [J]. 管理世界, 2004 (07): 86-92.

[18] 贺林, 才宏远. 采购创造价值的借鉴与实践 [J]. 中国金融, 2015 (06): 88-89.

[19] 何贤杰, 肖土盛, 陈信元. 企业社会责任信息披露与公司融资约束 [J]. 财经研究, 2012, 38 (08): 60-71+83.

[20] 晋耀红. 基于人工智能的企业风险控制 [J]. 人工智能, 2018 (01): 110-119.

[21] 金仁仙. 中国企业社会责任政策的分析及启示 [J]. 北京社会科学, 2019 (08): 22-33.

[22] 金蜜蜂. 电子信息行业企业社会责任系列标准发布 [EB/OL]. (2017-09-16) [2019-02-20]. http://www.sohu.com/a/192480780_370262. 2017-09-16.

[23] 贾敬全, 卜华. 公司社会责任风险管控策略研究 [J]. 经济体制改革, 2014 (03): 124-127.

[24] 贾兴平, 刘益. 外部环境、内部资源与企业社会责任 [J]. 南开管理评论, 2014, 17 (06): 13-18+52.

[25] 孔东民, 林之阳. 企业社会责任、公司价值和基金业绩 [J]. 华中科技大学学报 (社会科学版), 2018, 32 (03): 62-72.

[26] 李端生, 王东升. 基于财务视角的商业模式研究 [J]. 会计研究, 2016 (06): 63-69+95.

[27] 李鸿磊, 柳谊生. 商业模式理论发展及价值研究述评 [J]. 经济管理, 2016, 38 (09): 186-199.

[28] 李连华, 聂海涛. 我国内部控制研究的思想主线及其演变: 1985~2005 [J]. 会计研究, 2007 (03): 71-78+93.

[29] 李海、张勉. 企业文化是核心竞争力吗？——文化契合度对企业绩效的影响 [J]. 中国软科学, 2012 (4): 125-134.

[30] 李为人, 李斌. 在税收风险分析中引入人工智能技术的思考 [J]. 税务研究, 2018 (06): 29-34.

[31] 李国平, 韦晓茜. 企业社会责任内涵、度量与经济后果——基于国外企业社会责任理论的研究综述 [J]. 会计研究, 2014, (08): 33-40.

[32] 李茜, 熊杰. 企业社会责任缺失对财务绩效的影响研究 [J]. 管理学报, 2018 (2): 255-261.

[33] 李四海, 宋献中. 新政治经济学视域下的企业社会责任: 一个分析性框架 [J]. 社会学评论, 2018, 6 (02): 33-46.

[34] 李志斌, 章铁生. 内部控制、产权性质与社会责任信息披露——来自中国上市公司的经验证据 [J]. 会计研究, 2017, (10): 86-91.

[35] 李伟阳, 肖红军, 王欣. 社会责任国际标准ISO26000在中国的"合意性"研究 [J]. 经济管理, 2011, 33 (9): 81-89.

[36] 李伟阳, 肖红军. 企业社会责任的逻辑 [J]. 中国工业经济, 2011 (10): 87-97.

[37] 李祥进, 杨东宁, 雷明. 企业社会责任行为对员工工作绩效影响的跨层分析 [J]. 经济科学, 2012 (05): 104-118.

[38] 李冰清, 王涵, 房璐, 魏然. 公司市值、公司治理与风险管理研究——基于面板联立方程模型的经验 [J]. 保险研究, 2018 (01): 79-89.

[39] 李心合. 内部控制: 从财务报告导向到价值创造导向 [J]. 会计研究, 2007 (04): 54-60+95-96.

[40] 李明, 管威. 企业社会责任风险与企业绩效的交互跨期影响——基于171家制造业上市公司的分析 [J]. 企业经济, 2017, 36 (05): 27-34.

[41] 李百兴, 王博, 卿小权. 企业社会责任履行、媒体监督与财务绩效研究——基于A股重污染行业的经验数据 [J]. 会计研究, 2018 (07): 64-71.

[42] 李姝, 谢晓嫣. 民营企业的社会责任、政治关联与债务融资——来自中国资本市场的经验证据 [J]. 南开管理评论, 2014, 17 (06): 30-40+95.

[43] 李姝, 赵颖, 童婧. 社会责任报告降低了企业权益资本成本吗？——来自中国资本市场的经验证据 [J]. 会计研究, 2013 (09): 64-70+97.

[44] 龙文滨, 宋献中. 基于资源投入视角的社会责任决策与公司价值效应

研究 [J]. 南开管理评论, 2014, 17 (06): 41-52.

[45] 黎文靖, 胡玉明. 国企内部薪酬差距激励了谁? [J]. 经济研究, 2012, 47 (12): 125-136.

[46] 林斌, 林东杰, 谢凡, 胡为民, 阳尧. 基于信息披露的内部控制指数研究 [J]. 会计研究, 2016 (12): 12-20+95.

[47] 林斌, 曹健, 舒伟. 信息技术内部控制研究——基于COBIT5的分析 [J]. 江西财经大学学报, 2016 (01): 36-44.

[48] 刘凤琴, 马俊海, 谢敏, 施立峰. 中小企业信息化对企业价值增值作用的实证分析 [J]. 商业研究, 2004 (20): 60-64.

[49] 刘力钢, 刘建基. 大数据情境下企业价值创造路径及效果评价 [J]. 企业经济, 2017, 36 (04): 54-59.

[50] 吕长江, 张海平. 股权激励计划对公司投资行为的影响 [J]. 管理世界, 2011 (11): 118-126+188.

[51] 卢美月, 张文贤. 企业文化与组织绩效关系研究 [J]. 南开管理评论, 2006 (6): 26-30.

[52] 陆静, 徐传. 企业社会责任对风险承担和价值的影响 [J]. 重庆大学学报 (社会科学版), 2019, 25 (01): 75-95.

[53] 罗珉, 李亮宇. 互联网时代的商业模式创新: 价值创造视角 [J]. 中国工业经济, 2015 (01): 95-107.

[54] 孟晓俊, 肖作平, 曲佳莉. 企业社会责任信息披露与资本成本的互动关系——基于信息不对称视角的一个分析框架 [J]. 会计研究, 2010 (09): 25-29+96.

[55] 潘琰, 欧凌燕. IT全程嵌入式企业内部控制框架的构建 [J]. 福州大学学报 (哲学社会科学版), 2010, 24 (06): 20-25+108.

[56] [美] P. 科特, L. 赫斯克特. 企业文化与经营业绩 [M]. 李晓涛, 译. 北京: 中国人民大学出版社, 2004.

[57] 齐丽云, 魏婷婷. 基于ISO26000的企业社会责任绩效评价模型研究 [J]. 科研管理, 2013, 34 (3): 84-92.

[58] 宋建波, 苏子豪, 王德宏. 中国特色内部控制规范体系建设的思考 [J]. 会计研究, 2018 (09): 11-16.

[59] 宋雪. 管理会计创造价值的实证研究 [J]. 科研管理, 2018, 39

(04): 166-176.

[60] 沈超红, 黄爽. 基于"合约相关者剩余"的商业模式研究 [J]. 管理学报, 2019, 16 (02): 210-218.

[61] 沈洪涛, 陈涛, 黄楠. 身不由己还是心甘情愿: 社会责任报告鉴证决策的事件史分析 [J]. 会计研究, 2016 (03): 79-86+96.

[62] 沈弋, 徐光华, 王正艳. "言行一致"的企业社会责任信息披露——大数据环境下的演化框架 [J]. 会计研究, 2014 (9): 29-36.

[63] [美] 斯蒂芬·P. 罗宾斯, 玛丽·库尔特. 管理学 [M]. 11版. 孙建敏, 黄卫伟, 等, 译. 北京: 中国人民大学出版社, 2013.

[64] 石京民, 李健. 基于 CiteSpace 的国内外企业社会责任研究比较分析 [J]. 北京理工大学学报 (社会科学版), 2019, 21 (01): 65-73.

[65] 斯文. 衍生品使用与企业价值——来自我国制造业上市公司的经验证据 [J]. 投资研究, 2013, 32 (07): 126-138.

[66] 汤谷良, 张守文. 大数据背景下企业财务管理的挑战与变革 [J]. 财务研究, 2015 (01): 59-64.

[67] 万骁乐, 郝婷婷, 戎晓霞, 孟庆春. 共创视角下考虑开放式创新的供应链价值创造研究 [J]. 中国管理科学, 2017, 25 (07): 57-66.

[68] 万寿义, 刘正阳. 制度背景、公司价值与社会责任成本——来自沪深300 指数上市公司的经验证据 [J]. 南开管理评论, 2013 (1): 83-91.

[69] 王江哲, 陈晓菲, 刘益. 商业模式整合、冲突与企业绩效间关系研究 [J]. 管理评论, 2019, 31 (07): 225-238.

[70] 王欣. 社会责任融合视角的企业价值创造机理 [J]. 经济管理, 2013, 35 (12): 182-193.

[71] 王雷, 廖晛, Mahmood Movahedipour, 王珏华. 大数据驱动的创造共享价值研究 [J]. 北京邮电大学学报 (社会科学版), 2016, 18 (06): 58-63.

[72] 王晓巍, 陈慧. 基于利益相关者的企业社会责任与企业价值关系研究 [J]. 管理科学, 2011, 24 (06): 29-37.

[73] 王立彦, 林小池. ISO14000 环境管理认证与企业价值增长 [J]. 经济科学, 2006 (3): 97~105.

[74] 王清刚. 企业社会责任管理中的风险控制研究——以 BJNY 集团的环境、健康和安全管理为例 [J]. 会计研究, 2012 (10): 54-56.

[75] 王凡林,关振宇. 网络依赖型企业IT风险的识别与治理 [J]. 社会科学家,2016 (01): 85-90.

[76] 吴汉东. 人工智能时代的制度安排与法律规制 [J]. 法律科学(西北政法大学学报),2017,35 (05): 128-136.

[77] 魏炜,朱武祥,林桂平. 基于利益相关者交易结构的商业模式理论 [J]. 管理世界,2012,(12): 125-131.

[78] 肖红军. 国有企业社会责任的发展与演进: 40年回顾和深度透视 [J]. 经济管理,2018,40 (10): 5-26.

[79] 肖红军,李伟阳,胡叶琳. 真命题还是伪命题: 企业社会责任检验的新思路 [J]. 中国工业经济,2015 (02): 102-114.

[80] 肖红军,李伟阳. 国外企业社会责任研究新进展 [J]. 经济管理,2013,35 (09): 179-188.

[81] 谢志华. 内部控制、公司治理、风险管理: 关系与整合 [J]. 会计研究,2007 (10): 37-45+95.

[82] 薛琼,肖海林. 企业社会责任与企业绩效关系: 研究进展、理论综合和问题前瞻 [J]. 现代管理科学,2015 (05): 21-23.

[83] 徐珊,黄健柏. 媒体治理与企业社会责任 [J]. 管理学报,2015,12 (07): 1072-1081.

[84] 熊冠星,李爱梅,王笑天,蔡晓红,魏子晗. 员工"薪酬感知域差"与离职决策研究——基于"齐当别"决策模型视角 [J]. 管理评论,2017,29 (09): 193-204.

[85] 于飞,刘明霞. 制度压力对企业社会责任的影响作用——基于高层管理者视角 [J]. 技术经济,2015,34 (11): 127-135.

[86] 杨忠智. 公司内部控制的价值分析 [J]. 经济管理,2007 (18): 15-19.

[87] 叶陈刚,裘丽,张立娟. 公司治理结构、内部控制质量与企业财务绩效 [J]. 审计研究,2016 (02): 104-112.

[88] 易冰娜,韩庆兰. 民营企业社会责任与企业财务绩效关系的实证研究 [J]. 中南大学学报(社会科学版),2012,18 (01): 126-130.

[89] 赵振,彭毫. "互联网+"跨界经营——基于价值创造的理论构建 [J]. 科研管理,2018,39 (09): 121-133.

[90] 赵斯昕,丁日佳,信春华. 基于社会责任的企业全面风险管理框架体

系建构 [J]. 商业研究, 2012 (2): 102-107.

[91] 赵春. 基于数据挖掘技术的财务风险分析与预警研究 [D]. [博士学位论文]. 北京化工大学, 2012.

[92] 张正, 孟庆春. 技术创新、网络效应对供应链价值创造影响研究 [J]. 软科学, 2017, 31 (12): 10-15.

[93] 张茜, 李靖宇, 饶佳艺, 乔晗, 汪寿阳. 基于利益相关者分析"女神的新衣": 如何构建 TV + 商业模式 [J]. 管理评论, 2015, 27 (08): 234-241.

[94] 张丹妮, 周泽将. 履行企业社会责任会降低银行贷款成本吗? [J]. 金融论坛, 2017, 22 (12): 21-32.

[95] 张振川. 现代企业风险价值管理问题探讨 [J]. 会计研究, 2004 (03): 55-58.

[96] 张敦力, 江新峰. 管理者能力与企业投资羊群行为: 基于薪酬公平的调节作用 [J]. 会计研究, 2015, (8): 11-18.

[97] 张兆国, 靳小翠, 李庚秦. 企业社会责任与财务绩效之间交互跨期影响实证研究 [J]. 会计研究, 2013 (08): 32-39+96.

[98] 张继勋, 贺超, 韩冬梅. 社会责任负面信息披露形式、解释语言积极性与投资者投资判断——一项实验证据 [J]. 南开管理评论, 2016, 19 (06): 133-140.

[99] 曾忠东. 金融机构风险管理的新框架——基于价值创造视角 [J]. 四川大学学报 (哲学社会科学版), 2010 (03): 103-108.

[100] 资武成. "大数据"时代企业生态系统的演化与建构 [J]. 社会科学, 2013 (12): 55-62.

[101] 钟宏武, 许英杰. 欧洲的社会责任投资政策概览 [J]. 世界环境, 2011 (03): 14-15.

[102] 钟宏武, 等. 中国企业社会责任报告编写指南 CASS - CSR 4.0 [M]. 北京: 经济管理出版社, 2017.

[103] 张世君. 企业社会责任的多元属性及其实现机制的构建 [J]. 管理世界, 2017, (9): 174-175.

[104] 周宇梅, 王毅. 保险企业价值创造——基于风险管理的视角 [J]. 保险研究, 2009 (06): 57-62.

[105] 周宏, 建蕾, 李国平. 企业社会责任与债券信用利差关系及其影响机

制——基于沪深上市公司的实证研究 [J]. 会计研究, 2016 (05): 18-25+95.

[106] 周延风, 罗文恩, 肖文建. 企业社会责任行为与消费者响应——消费者个人特征和价格信号的调节 [J]. 中国工业经济, 2007 (03): 62-69.

[107] 诸波, 李余. 基于价值创造的企业管理会计应用体系构建与实施 [J]. 会计研究, 2017 (06): 11-16+96.

[108] 朱松. 企业社会责任、市场评价与盈余信息含量 [J]. 会计研究, 2011 (11): 27-34+92.

[109] Aki, P. &P. Laura. The Role of Business Models in Finnish Construction Companies [J]. Australasian Journal of Construction Economics & Building, 2013, 13 (3): 13-23.

[110] Albareda L, Lozano J M, Ysa T. Public Policies on Corporate Social Responsibility: The Role of Governments in Europe [J]. Journal of Busines Ethics, 2007, 74 (4): 391-407.

[111] Allayannis G., Ihrig J., Weston P. Exchange Rate Hedging: Financial versus Operational Strategies [J]. American Economic Review, 2001, 91 (2): 391-395.

[112] Alexander G, Buchholz R A. Corporate Social Responsibility and Stock Market Performance [J]. Academy of Management Journal, 1978, 56 (21): 479-486.

[113] Amy Jacques. Socially Conscious: Companies Share CSR Best Practices [J]. Public Relations Tactics, 2010, 17 (7): 12-13.

[114] Anonymous. Risk management at the heart of good corporate governance [J]. Management Accounting, 1997, 75 (1): 24-25.

[115] Arikan, D. Kantur, C. Maden, E. Investigating the mediating role of corporate reputation on the relationship between corporate social responsibility and multiple stakeholder outcomes [M]. Quality & Quantity, 2014.

[116] Arrow, K. J. Social responsibility and economic efficiency [J]. Public Policy, 1973, 40 (21): 303-317.

[117] Attig, N., Cleary, S., Ghoul, S.. Corporate Legitimacy and Investment-Cash Flow Sensitivity [J]. Journal of Business Ethics, 2014, 121 (2): 297-314.

[118] Aupperle K E, Carroll A B, Hatfield J D. An Empirical Examination of the Relationship Between Corporate Social Responsibility and Profitability [J]. Academy of Management Journal, 1985, 28 (2): 446-463.

[119] Barnett, M. L. & R. M. Salomon. Does it Pay to he Really Good? Addressing the Shape of the Relationship between Social and Financial Performance [J]. Strategic Management Journal, 2012, .33 (11): 1304-1320.

[120] Block, J. H., M. Stiglbauer., A. L. Kühn., D. Wagner. Corporate social responsibility communication of German family firms: a content analysis [J]. Umwelt Wirtschafts Forum, 2015, 23 (4): 997-1013.

[121] Bridges, S. & J. K. Harrison. Employee perceptions of stakeholder focus and commitment to the organization [J]. Journal of Managerial Issues, 2003, 21 (4): 498-509.

[122] Carroll A. B. A Three-Dimensional Conceptual Model of Corporate Performance Business and Society Review [J]. The Academy of Management Review, 1979, 4 (04): 497-505.

[123] Cary, T. &K. Pavol. Cyber-Physical Smart Manufacturing Systems: Sustainable Industrial Networks, Cognitive Automation, and Data-Centric Business Models [J]. Economics, Management & Financial Markets, 2019, 14 (2): 58-63.

[124] Campell, J. L. Why Would Corporations Behave in Socially Responsible Ways? An Institutional Theory of Corporate Social Responsibility [J]. Academy of Management Review, 2007, 32 (3): 946-967.

[125] Cheng, B., Ioannou, I., Serafeim, G.. Corporate Social Responsibility and Access to Finance [J]. Strategic Management Journal, 2014, 35 (8): 1-23.

[126] Chandra S. M. & Z. Ramona K. The Theory of Entrepreneurship [J]. Entrepreneurship Research Journal, 2015, 5 (4): 251-268.

[127] Cheng, S. & K. Z. Lin. &W. Wong. Corporate social responsibility reporting and firm performance: evidence from China [J]. Journal of Management & Governance, 2016, 20 (3): 503-523.

[128] Cho, S. Y. &C. Lee. Managerial Efficiency, Corporate Social Performance, and Corporate Financial Performance [J]. Journal of Business Ethics, 2017, 158 (2): 467-486.

［129］Chae B. A complexity theory approach to IT-enabled services (IESs) and services innovation: Business analytics as an illustration of IES ［J］. Decision Support Systems. 2014, 57 (1): 1-10.

［130］Cinquini, L. & D. M. Alberto. New Business Models and Value Creation: Introductione ［J］. Sxi-Springer for Innovation series, 2013, 8 (6): 1-4.

［131］Clark J Maurice. The Changing Basis of Economic Responsibility ［J］. The Journal of Political Economy, 1916, 24 (3): 229.

［132］Claire A. S. A stakeholder model of business intelligence. System Sciences ［C］. Proceedings of the 37th Annual Hawaii International Conference, 2004.

［133］Cowper-Smith, Allan, Grosbois, Danuta. The Adoption of Corporate Social Responsibility Practices in the Airline Industry ［J］. Journal of Sustainable Tourism, 2011, 19 (1): 59-77.

［134］Cosar A. K, tuner N, Tybout J. Firm Dynamic, Job Turnover and Wage Distributions in an Open Economy ［J］. The American Economic Review, 2016, 106 (3): 625-663.

［135］Cristina Florio, Giulia Leoni. Enterprise risk management and firm performance: The Italian case ［J］. The British Accounting Review, 2017, 49, 56-74.

［136］Cropanzano R, Mitchell M S. Social Exchange Theory, An Interdisciplinary Review ［J］. Journal of Management, 2005, 31 (6): 874-900.

［137］David A. Carter, Daniel A. Rogers, Betty J. Simkins. Does Hedging Affect Firm Value? Evidence from the US Airline Industry ［J］. Financial Management, 2006, 35 (1): 53-86.

［138］Dan S. Dhaliwal, Oliver Zhen Li, Albert Tsang, and Yong George Yang. Voluntary Nonfinancial Disclosure and the Cost of Equity Capital: The Initiation of Corporate Social Responsibility Reporting ［J］. Accounting Review, 2011, 86 (1): 59-100.

［139］Desheng Dash Wu, Shu-Heng Chen, David L. Olson. Business intelligence in risk management: Some recent progresses ［J］. Information Sciences 2014, 256 (1): 1-73.

［140］Dev Kumar, B. & N. NZisuh Michael. Emerging digital business models in developing economies: The case of Cameroon ［J］. Strategic Change, 2018, 27 (2):

129 – 137.

[141] Diem Hang, L. M. & D. L. Ferguson. Customer Relationship Enhancements from Corporate Social Responsibility Activities Within the Hospitality Sector: Empirical Research from Vietnam [J]. Corporate Reputation Review, 2016, 19 (3): 244 – 262.

[142] Donaldson, T., & Dunfee, T. W. Ties That Bind: A Social Contracts Approach to Business Ethics [R]. Harvard Business Press. 1999.

[143] Dyck A., D. Moss, L. Zingales. Media versus special interests [J]. Journal of Law and Economics, 2013, 56 (3): 521 – 553.

[144] Ellul, A., Yerramilli, V. Stronger risk controls, lower risk: Evidence from U. S. bank holding companies [J]. The Journal of Finance, 2013, 68 (5): 1757 – 1803.

[145] El Ghoul, S., Guedhami, O., Kwok, C. Does Corporate Social Responsibility Affect the Cost of Capital [J]. Journal of Banking & Finance, 2011, 35 (9): 2388 – 2406.

[146] Erdal H. I., Ekinci A. Comparison of Various Artificial Intelligence Methods in the Prediction of Bank Failures [J]. Computational Economics, 2013, 42 (2): 199 – 215.

[147] Erhemjamts O., LI Q., Venkateswaran A. Corporate social responsibility and its impact on firms' investment policy, organizational structure and performance [J]. Journal of Business Ethics, 2013, 118 (2): 395 – 412.

[148] Eveline Van De Velde, Wim Vermeir, Filip Corten. Corporate Social Responsibility and Financial Performance [J]. Corporate Governance, 2005, 5 (3): 129 – 138.

[149] Ferris D. L., Spence, J. K., Browm D. lnterpersonal lnjusticeand Workplace Deviance the hole of Esteem Threat [J]. Journal of Management, 2012, 38 (6): 1788 – 1811.

[150] Frooman J. Stakeholder Influence Strategies [J]. Academy of Management Review, 1999, 24 (2): 191 – 205.

[151] Friedman, M. The social responsibility of business is to increase its profits [N]. New York Times Magazine, 1970, 9 (13): 1 – 6.

[152] Gadre – Patwardhan S., Katdare V., Joshi M. R.. A Review of Artificial-

ly Intelligent Applications in the Financial Domain [M]. Artificial Intelligence in Financial Markets. Palgrave Macmillan UK, 2016.

[153] Gjolberg, M. The Origin of Corporate Social Responsibility: Global Forces or National Legacies [J]. Social-Economic Review, 2009, 7 (4): 605-637.

[154] Glenn, P. & G. Emanuel. Digital business models: Taxonomy and future research avenues [J]. Strategic Change, 2018, 27 (2): 87-90.

[155] Godfrey, P. C. & J. M. Hansen. The Relationship between Corporate Social Responsibility and Shareholder Value: An Empirical Test of the Risk Management Hypothesis [J]. Strategic Management Journal, 2009, 30 (4): 425-445.

[156] Harjoto M, Laksmana I. The impact of corporate social responsibility on risk taking and firm value [J]. Journal of Business Ethics, 2016 (1): 1-21.

[157] Henri, S. & T. Ane. The Impact of Corporate Social Responsibility on Firm Value: the Role of Custom Awareness [J]. Management Science, 2013, 59 (3): 1045-1061.

[158] Hoyt, R. E., Liebenberg, A. P. The Value of Enterprise Risk Management [J]. Journal of Risk and Insurance, 2011, 78 (4): 795-822.

[159] Ingram, R. W. & K. B. Fraziner. Narrative disclosures in annual reports [J]. Journal of Business Research, 1983, 31 (112): 854-872.

[160] ISO. ISO26000: Guidance on Social Responsibility [S]. Geneva: 2010.

[161] Javier Bajo, L. Borrajo, F. De Paz, M. Corchado, María A. Pellicer. A multi-agent system for web-based risk management in small and medium business [J]. Expert Systems with Applications, 2012 (39): 6921-6931.

[162] Jean-Marie Cardebat, Nicolas Sirven. What Corporate Social Responsibility Reporting Adds to Financial Return? [J]. Journal of Economics and International, 2010, 2 (2): 20-27.

[163] Jean B. McGuire, Alison Sundgren, Thomas Schneeweis. Corporate Social Responsibility And Firm Financial Performance [J]. The Academy of Management Journal, 1988, 31 (4): 854-872.

[164] Jensen, M. C. & W. H. Meckling. Theory of the Firm: Managerial Behavior, Agency Costs and Ownership Structure [J]. Journal of Financial Economics, 1976, 3 (4): 305-360.

［165］Johnson M., Christensen C., Kagermann H. Reinventing Your Business Model [J]. Harvard Business Review, 2008, 86 (12): 50 – 59.

［166］Kate Hogarth, Marion Hutchinson, Wendy Scaife. Corporate Philanthropy, Reputation Risk Management and Shareholder Value: A Study of Australian Corporate giving [J]. Journal of Business Ethics, 2018 (151): 375 – 390.

［167］Kenneth A. Froot; David S.; Scharfstein Jeremy; C. Stein. Risk Management: Coordinating Corporate Investment and Financing Policies [J]. Journal of Finance, 1993, 48 (12): 1629 – 1658.

［168］Kecskés, A. & P. A. Nguyen & S. Mansi. Does Corporate Social Responsibility Create Shareholder Value? T Importance of Long – Term Investors [J]. Journal of Banking and Finance, 2017 (20): 1257 – 1300.

［169］Klaus Michael Menz. Corporate Social Responsibility: Is it Rewarded by the Corporate Bond Market? A Critical Note [J]. Journal of Business Ethics, 2010, 96 (1): 117 – 134.

［170］Lazer D. Regulatory, Interdependence and International Uovernance [J]. Journal of European Public Policy, 2001, 8 (3): 474 – 492.

［171］Levitt, Theodore. The Dangers of Social Responsibility [J]. Harvard Business Review, 1958, 36 (9 – 10): 41 – 50.

［172］Le Mong Diem Hang, David L. Ferguson. Customer Relationship Enhancements from Corporate Social Responsibility Activities Within the Hospitality Sector: Empirical Research from Vietnam [J]. Corporate Reputation Review. 2016, 19 (3): 244 – 262.

［173］Linda Mory, Bernd W. Wirtz, Vincent Göttel. Corporate social responsibility: the organizational view [J]. Journal of Management & Governance, 2017, 21 (1): 145 – 179.

［174］Liu, H. Daniels, M. Oosterhout & J. Dalen. Business Intelligence for Improving Supply Chain Risk Management [J]. International Journal of Advanced Logistics, 2013, 2 (2): 18 – 29.

［175］MacLean R, Nalinakumari B. The new rule makers: The paradigm shift in environmental, health, safety, and social responsibility "regulations" now underway [J]. Corporate Environmental Strategy, 2004, 11 (8): 183 – 198.

[176] Masli A, Peters Gary F, Richardson Vernon J, Sanchez J M. Examining the Potential Benefits of Internal Control Monitoring Technology [J]. Accounting Review, 2010, 85 (3): 1001-1034.

[177] Martina, D. & F. Sara. Adapt and strive: How ventures under resource constraints create value through business model adaptations [J]. Creativity & Innovation Management, 2017, 26 (3): 233-246.

[178] Matthew U. Scherer. Regulating Artificial Intelligence Systems: Risks, Challenges, Competencies, And Strategies [J]. Harvard Journal of Law & Technology, 2016, 29 (2): 353-400.

[179] McGuire, J. B., Sundgren, A. and Schneeweis, T. Corporate Social Responsibility and Firm Financial Performance [J]. The Academy of Management Journal, 1988, 31 (4): 854-872.

[180] Mc Williamsz, A. & D. Siegel. Corporate social responsibility: a theory of the firm perspective [J]. Academy of Management Review, 2001, 26 (1): 117-127.

[181] Mcier, B. C., Wald J. K. The Causes and Consequences of Securities Class Action Litigation [J], Journal of Corporate finance, 2011, 17 (3): 649-665.

[182] Mcafee A, Brynjolfsson E. Bid data: The management revolution [J]. Boston: Harvard Business Review. 2012, 90 (10): 60-68.

[183] Md. Faruk Hussain Khan, Shadman Sipar Ocean, and Wali Mohammad Abdullah. Artificial Intelligence: Global Risk and Long Term Strategy for Ending Fast Take off [J]. Journal of Computing, Communications & Instrumentation Engg, 2016, 3 (2): 366-369.

[184] Mercedes, R. Social responsibility and financial performance: The role of good Corporate governance [J]. Business Research Quarterly, 2016, 19 (2): 137-151.

[185] Morris M., M. Schindehutte and J. Allen. The Entrepreneur's Business Model: Toward a Unified Perspective [J]. Journal of Business Research, 2005, 58 (6): 726-735.

[186] Mouraviev, N. & K. Kakabadse. Public-Private Partnership's Procurement Criteria: The case of managing stakeholders' value creation in Kazakhstan [J]. Public Management Review, 2015, 17 (6): 769-790.

[187] Mory, L. & W. Bernd. Corporate social responsibility: the organizational view [J]. Journal of Management & Governance, 2017, 21 (1): 145-179.

[188] Momin, M. A. & L. D. Parker. Motivations for Corporate Social Responsibility Reporting by Suhsidiaries in an Emerging Country: The Case of Bangladesh [J]. The British Accounting Review, 2013, 45 (3): 198-212.

[189] Nain, A. The Strategic Motives for Corporate Risk Management [C]. University of Michigan Working Paper, 2004.

[190] Nekhili M., H. Nagati, T. Chtioui and C. Rebolledo. Coporate Social Responsibility Disclosure and Market Value: Family Versus Nofamily Firms [J]. Journal of Business Research, 2017 (77): 41-52.

[191] Nikolaeva, R. & M. Bicho. The Role of Institutional and Reputational Factors in the Voluntary Social Responsibility Reporting Standards [J]. Journal of the Academyof Marketing Science, 2011, 39 (1): 136-157.

[192] Paape L., Spekle R. F. The adoption and design of enterprise risk management practices: An empirical study [J]. European Accounting Review, 2012, 21 (3): 533-564.

[193] Payam, P. & M. Mohammad. A Systemic Framework for Business Model Design and Development – Part A: Theorizing Perspective [J]. Systemic Practice & Action Research, 2018, 31 (4): 437-461.

[194] Pedrini, M. & V. Bramanti. The impact of national culture and social capital on corporate social responsibility attitude among immigrants entrepreneurs [J]. Journal of Management & Governance, 2016, 20 (4): 759-787.

[195] Perrini, F. & A. Russo. Deconstruction the Relationship between Corporate Social and Financial Performance [J]. Journal of Business Ethics, 2011, 102 (3): 59-76.

[196] Porter, M. E. Kramer M. R. Corporate Strategy and Sociality: The Relationship between Corporate Competence and Corporate Social Responsibility [J]. Harvard Business Review, 2006, 128 (12): 76-99.

[197] Porter C. M, Woo S. E, Campion M. A. Internal and External Networking Differentially Predict Turnover through Job Embeddedness and Job offers [J]. Personnel Psychology 2016, 69 (3): 635-672.

[198] Porter, M. E. & M. R. Kramer. The big idea: Creating shared value [J]. Harvard Business Review, 2011, 39 (1): 2-17.

[199] Saeed, G. Value creation model through corporate social responsibility [J]. International Journal of Business & Management, 2011, 6 (9): 148-154.

[200] Salin V, Hooker N H. Stoke market reaction to food recalls [J]. Review of Agricultural Economics, 2011, 23 (1): 33-46.

[201] Sen. S. & C. Bhattachary. Does doing good always lead to doing better? Customer reactions to corporate social responsibility [J]. Journal of Marketing Research, 2001, 38 (5): 225-243.

[202] Seong, Y., Cho, Cheol, L. Corporate Social Responsibility Performance and Information Asymmetry [J]. Journal of Accounting and Public Policy, 2013, 32 (1): 71-83.

[203] Sheldon, Olive. The Philosophy of Management [M]. London: Sir Isaac Pitmanand Sons Ltd, 1924.

[204] Shih-Chia Huang, Suzanne McIntosh, Stanislav Sobolevsky, Patrick C. K. Hung. Big Data Analytics and Business Intelligence in Industry [J]. Information Systems Frontiers. 2017, 19 (6): 1229-1232.

[205] Simpson, G. W. & T. Kohers. The link between corporate social and financial performance: evidence from the banking industry [J]. Journal of Business Ethics, 2002, 35 (2): 97-109.

[206] Sunil Mithas and Roland T. Rust. How Information Technology Strategy and Investments Influence Firm Performance: Conjecture and Empirical Evidence [J]. MIS Quarterly. 2016, 40 (1): 223-245.

[207] Timmers, P. Business Models for Electronic Markets [J]. Electronic Markets, 1998 (8): 3-8.

[208] Vance, S. G. Are socially responsible corporations good investment risks [J]. Management Review, 1975 (8): 18-24.

[209] Vallaster Christine, Lindgreen Adam, Maon Francois. Strategically Leveraging Corporate Social Responsibility: A Corporate Branding Perspective [J]. California Management Review, 2012, 54 (3): 34-60.

[210] Vicente, L. C. & F. S. Freire. Corporate social responsibility, firm value

and financial performance in Brazil [J]. Social Responsibility Journal, 2011, 7 (2): 295 – 309.

[211] Waddock, S., & Graves, S. The corporate social performance – financial performance link. Strategic Management Journal, 1997, 18 (4): 303 – 319.

[212] Wang Lidong, Chery Ann Alexander. Big Data Driven Supply Chain Management and Business Administration [J]. American Journal of Economics and Business Administration, 2015, 7 (2): 60 – 67.

[213] Yongtae Kim, Myung Seok Park, and Benson Wier. Is Earnings Quality Associated with Corporate Social Responsibility? [J]. The Accounting Review, 2012, 87 (3): 761 – 796.

[214] Zheng, L. & B. Nauzer. Regulatory pressure, block holders and corporate social responsibility (CSR) disclosures in China [J]. Social Responsibility Journal, 2014, 10 (2): 226 – 245.

[215] Zott C., Amit R., Massa L. The Business Model: Recent Developments and Future Research [J]. Journal of Management, 2011, 37 (4): 1019 – 1042.